환경의 학제적 이해

초록 눈으로 세상읽기

UNEP 한국위원회 엮음

한울
아카데미

국립중앙도서관 출판시도서목록(CIP)

초록 눈으로 세상읽기 / 엮은이: UNEP 한국위원회 ; 지은이: 한면희, 최병두, 한경구, 김정희, 권성아, 차명제, 최미희, 조명래, 권영근, 김기윤, 박병상, 박진희. -- 파주 : 한울, 2007
  p. ;   cm. -- (한울아카데미 ; 963)

ISBN 978-89-460-3781-6 93300
ISBN 978-89-460-3782-3(학생판) 93300

539.9-KDC4
628-DDC21   CIP2007002594

발간에 부쳐

　환경문제는 이제 몇몇 전문가들만의 관심사가 아니다. 우리 인간들뿐만 아니라 지구 상에 우리와 공생하는 모든 생명체들은 조그마한 환경의 변화가 우리의 삶에 미치는 영향을 충분히 경험하고 있다. 비단 세계 각지에서 일어나는 기상이변과 자연재해와 같은 시급한 위협 때문만이 아니더라도 이제는 환경과 함께 살아가는 우리가 어떻게 올바르게 환경과 어우러져 살아갈 수 있을지 고민하고 노력해야 할 때이다.
　우리나라는 급속한 산업화, 도시화의 후유증과 경제개발에 따른 자원과 에너지의 무분별한 소비로 환경 상태가 큰 몸살을 앓고 있다. 경제를 발전시키기 위해서는 어떤 것도 희생할 수 있다는 생각은 환경에 매우 부정적인 영향을 미쳐왔다. 아이러니하게도 경제가 좋아지고 사람들의 생활이 풍족해지면 사람들은 환경문제에 매우 민감해지고 경제가 나빠지고 먹고살기가 힘들어지면 환경에 대한 관심보다는 개발을 주장한다는 사실이다. 이러한 우리들의 이율배반적인 행위가 근본적으로 고쳐지지 않는다면 지구의 미래는 밝지 않을 것이다.
　인간들의 여러 가지 이해관계에 얽혀 정치적이고 경제적인 잣대로 재단되어온 환경에 대한 생각은 이제 좀 더 생명에 대한 근본적인 관점으로 변해야 할 시기이다. 우리의 삶에 직접적인 영향을 끼치는 환경의 중요성에 대해 생각하고, 환경보호를 위한 각종 행위를 우리의 삶에 어떻게 올바르게 적용시킬 것인지를 좀 더 근본적으로 생각해보아야 한다. 지금은 이러한 방식으로 우리가 처한 환경적인 위기를 함께 극복해 나아가야 할 시기이다.

이 책은 환경에 대한 올바른 사고의 틀을 만들어가는 방식을 함께 고민해보려는 의도로 만들었다. 이 책에서는 정치, 경제, 사회, 문화, 과학 등 다양한 각도로 환경문제를 정의하고 설명함으로써 환경문제에 대한 총체적인 이해를 돕고자 한다. 환경은 더는 자연 그대로를 정의하는 말도 아니고 인간이 살아남기 위해 지배하는 대상은 더욱 아니다. 인간과 상생해야 하는 관점으로 지구생태환경을 이해하고 다루어 궁극적으로 우리 삶과 질의 향상으로 이어지게끔 해야 한다.

환경문제를 해결하기 위한 많은 국제 사회의 노력이 이루어지고 있다. 그러나 이러한 거시적인 노력도 필요하지만, 우리 개개인이 환경문제의 근본이라는 생각을 잊어서는 안 된다. 이 책을 출판하기 위해 좋은 글을 주신 여러 필자들, 또 이 책을 만들기 위해 수고한 여러 분들의 노력들이 헛되지 않기를 기원한다.

2007년 8월
UNEP 한국위원회 사무총장
김재범

머리말

　1990년대 후반까지만 해도 국민의식 조사를 하면 '경제성장보다 환경보전이 더 중요하다'는 응답이 7할 이상을 차지했다. 그러나 최근의 비슷한 조사에서는 '환경보전보다 경제성장이 더 우선되어야 한다'는 응답이 다수다. 왜냐고 물으니 "경제가 안 좋은 만큼, 경제를 되살리기 위해 환경이 부득이하게 희생되어야 한다"는 이유를 들었다. 1990년대 후반에 견준다면 지금의 경제적 사정은 누가 봐도 나아졌건만, '경제가 안 좋으니, 경제를 살리기 위해 환경을 희생해야 한다'는 국민의식에는 뭔가 모순이 있다.
　1997년 외환위기 이후 우리 주변에는 지구화, 신자유주의, 시장개방, 선진화, 소득 2만 달러, 신성장동력 창출 등의 말이 난무해왔다. 이러한 말의 성찬 속에서 우리는 부지불식간에 모든 것을 '경제'로 환원시키는 경제제일주의 사고를 해오지 않았나 한다. 물론 경제 중심으로 생각한다고 해서 환경을 소홀히 하는 이른바 '환경불감증 또는 녹색문맹'이 자동적으로 생겨나는 법은 아니다. 오히려 그 반대일 수 있다. 가령 먹고사는 것이 힘든 세상이라고 하지만, 길가는 삼척동자를 붙잡고 물어봐도 '환경은 중요하고 지켜야 한다'는 '준비된 답'을 자동적으로 내놓는다. 문제는 환경을 이토록 소중하게 여기지만, 경제 우선 사고 속에서 환경을 그 자체로 대하기보다 경제적인 그 뭔가에 대한 수단과 도구로 여긴다는 사실이다.

지율 스님이 단식농성을 할 때 많은 사람들은 공사 중단으로 하루에 몇억씩 손해가 발생하고, 또한 국가경쟁력을 높이기 위해 인프라 건설이 반드시 필요하다는 보수 언론들의 '선동'에 따라 천성산 터널 공사는 어떤 경우라도 재개되어야 한다고 목소리를 높였다. '사람이 도롱뇽보다 못하냐'는 푸념으로 지율 스님의 농성을 폄하했던 이들이 자연을 살리기 위해 인간의 문명적 편익을 포기할 수 없다는 것은 너무나 자명한 이치였던 것 같다. 도롱뇽을 살리는 것이 곧 근본적이면서 값진 생명적·공생적 가치를 실현하는 삶의 방식이 됨을 우매한 우리 인간들은 깨닫지 못하고 있는 것이다.

환경이 경제의 도구가 되어야 한다는 생각은 환경경제학자들이 제시하는 '오염자부담원칙'에서 가장 정치하면서 정교하게 포장되어 있다. 환경을 시장에서 거래되는 재화로 간주하고, 또한 시장 질서를 지키기 위해서 오염을 일으킨 사람에게는 비용을 부담시켜야 한다는 것이 오염자부담원칙이다. 이러한 원칙이 적용될 때 비로소 환경이 제대로 지켜질 수 있다고 한다. 그러나 이 원칙은 시장을 통해 거래되는 재화로서 환경의 성격을 강화시켜 돈만 내면 환경 훼손이 정당화될 수 있는 왜곡된 환경의식을 조장하는 심각한 오류를 담고 있다.

환경보다 경제를 우선하는 국민의식은 이렇듯 환경 자체를 소홀히 여기는 의식이 아니라 우리의 이기적 욕망인 경제를 위해 환경을 도구로 삼는 사고를 말하는 것이다. 환경의 도구화는 자연의 상품화 또는 자본화와 같은 표현이다. 이 현상은 어제 오늘만이 아니지만, 시장만능주의 이념인 신자유주의가 풍미하는 오늘날에 와서 더욱 두드러진다. 경제활동이 전에 없이 확장되고 심화된 결과, 환경과 자연의 보이지 않는 세계에까지 인간의 이기적 욕망을 충족시키는 상품과 돈의 논리가 침투해 생태계를 유기적으로 교란시키고 있다.

　인간은 생태계의 흐름을 구성하는 하나의 생물적 단위에 불과하다. 때문에 생태계에 누적된 오염물질이 생태계의 흐름을 타고 인간에게로 돌아오면, 인간의 생명시스템이 역으로 교란되고, 그 결과 생명의 단축이 불가피해진다. 산업생산을 늘리기 위해 투입된 물질들이 생태계의 흐름을 타고 인체로 들어와 내분비계를 교란시키는 환경호르몬의 존재는 이러한 기제를 극명하게 보여주고 있다. 이를 우리는 '환경과 자연의 역습'이라 한다. 오늘날 자연의 역습은 가까이는 생활환경 전역에서, 멀리는 지구 전역에서 나타나고 있다. 일상 환경 속에 미만(彌滿)한 오염물질은 각종 환경성 질환을 유발하고, 대기권에 가득 찬 이산화탄소는 지구 전체를 뜨겁게 달궈 환경 재앙을 불러온다. 환경문제는 생명과 생존의 문제이고 지구의 미래에 관한 문제이니, 우리가 직면한 여러 문제 중에서 그 어느 것보다 근원적인 것이다.

　그래서 누구나 환경을 중요하게 여기고 있지만, 그 누구도 이를 내 생각, 내 생활방식, 내 사회를 바꾸는 것으로 옮아내지 못하고 있다. 환경에 대한 이해는 환경 그 속으로 들어가야 한다. 환경과 자연 속으로 들어가 그 내재적 가치에 동화되고, 그러한 상태의 눈과 마음으로 일상의 문제로부터 사회의 문제, 지구의 문제를 읽고 해석할 수 있어야 한다. 초록의 눈과 마음으로 세상을 읽고 느끼고 실천할 때, 근원의 위기인 환경문제 해결의 진정한 단초들을 찾아갈 수 있다는 말이다.

　그렇다면 어떻게 하면 초록의 눈과 마음으로 세상을 읽을 수 있을까? 이 책은 이에 대한 대답을 주려는 뜻으로 마련된 것이다. 말하자면 이 책은 초록으로 세상 읽을 수 있는 지식, 즉 '초록 지식' 혹은 '초록 앎'을 담고 있다. 인문과학, 사회과학, 자연과학, 각 분야에서 초록으로 세상을 읽고 그리는 초록이론 중에서 국내 학자들이 그간 연구하고 정리한 것을 선별해 이 책으로 엮었다. 이른바 '근대환경론'은 서구 학계가 만든 것이 대부분이고, 그동안 우리는 이를 수입해 공부하기에 급급했다. 그러나 세월이 흐르면서 일부 선각적인 국내 학자들은 치열과 고민과 재해석을 통해 우리의 초록 이론을 생산하고자 했다. 이 책은 이러한 초록이론 중에서 각 학문 분야를 대표하는 내용을 선정해 수록했다. 전체 12장으로 구성된 이 책은, 1장에서 5장까지는 인문과학 분야, 6장부터 9장까지는 사회과학 분야, 10장에서 12장까지는 자연과학 분야의 글로 구성되어 있다. 그러나 현재의 목차에서는 이러한 구분이 드러나지 않는다. 환경이 가지는 다양성과 상호성의 미덕을 살리기 위해, 각 분야의 글을 차이 없이 배치시킨 것이다. 장별 내용을 간략히 살펴보면 다음과 같다.

  1장 한면희의 '생태주의 이념과 현황, 그리고 전망'은 초록 사고의 뿌리, 유형, 한계 등을 살펴본 뒤 인간 중심주의를 넘어서는 '인도주의적 생태주의'라는 '초록이론'을 제시하고 있다. 2장 최병두의 '지구공동체 윤리로서 환경정의'는 환경(자원의 배분)을 둘러싼 구성원 간의 공평한 관계로 규정되는 환경정의를 지구공동체를 꾸려가는 '초록윤리'로 재정의하고 있다. 3장 한경구의 '문화생태학이란 무엇인가'는 인간이 어떻게 환경을 사용했고, 또한 적응한지를 논하는 문화생태학을 소개하면서 문화 다양성이 담보되는 지속 가능한 삶의 양식이라는 '초록 삶'의 의미를 부각시켜주고 있다. 4장 김정희의 '살림과 여성 생명운동'은 생명의 위기 시대를 극복하기 위해 여성성이 반영되는 살림의 원리를 삶의 세계 전반으로 확대 적용하는 여성생명운동이라는 '초록 실천'을 제안하고 있다. 5장 권성아의 '홀리스틱 생태교육에 대한 이해'는 인간과 자연을 하나로 통합하는 앎을 다루는 '홀리스틱 교육'이라는 '초록 가르침'을 제창하고 있다. 6장 차명제의 '21세기 지구화 시대의 녹색당은 어떤 의미가 있는가'는 정치의 세계를 초록으로 작동시키는 정치세력으로서 녹색당의 의미를 새롭게 조망하면서 '초록정치론'의 가능성을 탐색하고 있다. 7장 최미희의 '환경경제학을 넘어 생태경제학으로'는 환경을 시장 재화로 전락시킨 환경경제학 대신 환경을 생태적 가치 그 자체로 다루는 생태경제학을 진정한 '초록경제론'으로 제시하고 있다. 8장 조명래의 '환경수도의 개념과 전략'은 독일의 환경수도로 불리는 프라이부르크를 모델로 하여 생태적 원리로 구성되는 '초록도시론' 설명하고 있다. 9장 권영근의 '쿠바 농업에 대한 사례연구와 농업의 패러다임 전환'은 농업을 더 이상 생산의 개념으로서 아니라 인간과 자연이 공존하는 생태적 삶의 개념으로 규정한 뒤 '초록생명산업'으로서 농업의 길을 찾고 있다. 10장 김기윤의 '생태학과 자연 이해'는 생태학에서 말하는 생태계라는 개념이 그리는 세계를 자연과 동일시하는 데 따른 인식의 오류와 한계를 지적하고 나아가 자연에 대한 성찰적 앎, 즉 진정한 '초록 앎'이 될 대안생태학을 열고자 한다. 11장 박병상의 '생명공학의 문제와 그 근본대책'은 생명공학이 만연한 생명의 위기를 해소하는 데 도움을 주기는커녕, 오히려 어려움을 가중시키고 있다고 지적하면서 건강한 '초록 삶'이 진정한 해법임을 강조한다. 12장 박진희의 '대안적인 과학기술의 모습'은 각종 위험과 위해를 필연적으로 발생시키는 주류 과학기술을 넘어서기 위해 과학기술의 생태적 전환, 즉 '초록과학기술'로의 전환을 요청하고 있다.

　이렇듯 이 책은 초록으로 세상을 읽고 해석하는 데 길라잡이가 될 수 있는 각 분야의 초록 앎과 실천을 모아놓았다. 각 주제는 해당 분야에서 이미 잘 알려져 있는 것이지만, 각 장을 집필한 필자들은 어느 누구보다 이를 치열하게 고민해왔다. 이 때문에 우리는 각 장에서 전개되는 논의의 수준이 깊고 풍부할 뿐 아니라 무엇보다 이를 표현해내는 글이 농익어 있다는 것을 느낄 수 있다. 이 책을 접하는 독자들은 참으로 행복한 분들로 여겨진다. 왜냐하면 이 한 권의 책으로 한국적 초록담론의 세계를 두로 섭렵해볼 수 있기 때문이다. 물론 이는 단순한 희망과 바람일지 모른다. 책의 품질은 결국 독자들이 손에 넣고 읽으면서 느낄 때 판명되는 것이다.

이 책은 UNEP 한국위원회가 기획한 것으로, 초록의 눈으로 세상을 보고 느끼며, 이를 통해 우리 사회가 초록사회로 전환할 수 있는 가능성을 우리 모두가 함께 고민해보려는 의도로 집필되었다. 그 의도가 독자들에게 충분히 전달되었으면 한다. 바쁘신 중에도 주옥같은 글을 주신 필자들에게 편집책임자로서 더없는 고마움을 표하고 싶다. 아울러 원고를 모으고 훌륭한 책이 되도록 애써준 UNEP 한국위원회와 도서출판 한울의 관계자에게도 감사하는 마음을 전한다.

2007년 8월
편집책임자 조명래

차례

발간에 부쳐　3
머리말　5

1장 생태주의 이념과 현황, 그리고 전망_ 한면희

  1. 환경문제와 생태적 인식 …… 15
  2. 보수적 환경주의와 한계 …… 18
  3. 급진적 생태주의의 트로이카 …… 22
  4. 제3의 길로서 인도적 생태주의 …… 32

2장 지구공동체 윤리로서 환경정의_ 최병두

  1. 세계화·지방화 시대의 윤리로서 환경정의 …… 39
  2. 환경정의운동의 등장과 발달 …… 45
  3. 환경정의 이론의 발달과 유형 …… 52
  4. 시장의 논리를 넘어 환경정의의 윤리로 …… 61

3장 문화생태학이란 무엇인가_ 한경구

  1. 머리말 …… 73
  2. 문화생태학의 등장 …… 78
  3. 문화생태학의 의의 …… 83
  4. 문화생태학 이후의 발전 …… 86
  5. 맺음말 …… 92

4장 살림과 여성 생명운동_ 김정희

1. 머리말 …… 97
2. 천대받으면서 여전히 궁상맞고 위기에 빠진 살림 …… 98
3. 부활하는 살림 …… 105
4. 살림의 경계, 살림의 길 …… 109

5장 홀리스틱 생태교육에 대한 이해_ 권성아

1. 인류문명의 발전 및 그 한계와 교육 …… 121
2. 홀리스틱 교육의 필요성과 특징 …… 125
3. 홀리스틱 생태교육의 내용과 방법 …… 131
4. 홀리스틱 교육과 홍익인간과의 만남 …… 136
5. 홀리스틱 교육에 입각한 한국 교육의 반성 …… 143
6. 한국적 홀리스틱 생태교육의 추구 …… 149

6장 21세기 지구화 시대의 녹색당은 어떤 의미가 있는가_ 차명제

1. 머리말 …… 155
2. 서구에서의 녹색당 형성 과정 …… 159
3. 녹색당의 창당 …… 165
4. 신사회운동이 녹색당을 창당할 수 있었던 요인 …… 168
5. 녹색당의 핵심 가치 …… 169
6. 녹색당의 특징 …… 172
7. 한국에서의 녹색당 성립 가능성 …… 173
8. 맺음말 …… 175

7장 환경경제학을 넘어 생태경제학으로_ 최미희

1. 머리말: 지구 생태계 위기와 경제학의 역할 …… 179
2. 생태경제학적 접근 …… 180
3. 생태경제학 접근방식의 실제 …… 192

4. 생태경제학의 당면 과제 …… 202

8장 환경수도의 개념과 전략: 생태도시 모델을 중심으로_ 조명래

1. 머리말: 환경수도란(독일 프라이부르크의 경험) …… 209
2. 생태도시의 구성원리와 조성방안 …… 212
3. 제안: 창원시 환경수도 만들기의 방안 …… 234

9장 쿠바 농업에 대한 사례연구와 농업의 패러다임 전환_ 권영근

1. 지속 가능한 사회란 무엇인가 …… 245
2. 쿠바 농업에 대한 사례연구 …… 255
3. 농업의 본래적 개념에 대한 재검토 …… 265
4. '다원적 기능'인가, '본래적 가치'인가 …… 271
5. 적극적 공생형 환경전략의 사례 만들기: 농업과 환경의 조화를 통한 인간과 자연이 공생하는 생명공동체 형성 정책 추진 …… 276

10장 생태학과 자연 이해_ 김기윤

1. 생태계 생태학은 자연의 거울인가 …… 289
2. 생태계 개념의 출현 …… 292
3. 생태계 개념의 확립 …… 295
4. 생태계 개념에 대한 생태학 내부로부터의 도전 …… 299
5. 생태계 개념에 대한 생태학 외부로부터의 도전 …… 304
6. 생태계 개념의 심미적·도덕적·형이상학적 권위 …… 306

11장 생명공학의 문제와 그 근본 대책_ 박병상

1. 머리말 …… 311
2. 생명공학의 겉과 속 …… 314

3. 대안 …… 325
4. 맺음말 …… 330

12장 대안적인 과학기술의 모습_ 박진희

1. 위기의 지구환경 …… 335
2. 환경정책과 과학기술 개발 패러다임의 변화 …… 337
3. 지속 가능한 과학기술의 출현 …… 340
4. 과학기술의 생태적 전환을 넘어서 …… 343

1장

생태주의 이념과 현황, 그리고 전망

한면희(녹색대 교수)

1. 환경문제와 생태적 인식

인류가 환경문제를 본격적으로 인식하기 시작한 시기는 20세기 중반 들어서이다. 그 이전까지는 환경문제가 발생해도 다소 우연적이고 지엽적인 것으로 파악했지, 인류가 구조적으로 직면한 현안으로 생각하지 않았다. 그런데 환경문제가 갈수록 빈번해지고 심화되면서 문제를 바라보는 다양한 시각이 조성되었고, 이에 따라 제시된 해법도 심한 편차를 드러내기 시작했다.

환경문제를 도외시하지 않고 문제로서 해결하고자 하는 시각을 단순화해서 두 가지 유형으로 분류할 수 있다. 한 가지 시각은 현 문명이 가져다주는 혜택을 매우 긍정적으로 평가하면서, 현 문명의 틀을 유지하는 범위 안에서 환경문제를 해결하고자 시도한다. 이런 입장은 보수적 환경주의(environmentalism)로 나타난다.

반면, 또 다른 시각은 환경문제가 장차 위기로 심화될 것이고, 이런 위기 발생에는 현재의 물질 중심적 산업문명이 직접적 원인이기 때문에 현 문명의 생활양식과 제도, 가치관을 넘어서는 새 문명의 단계로 진입해야 한다고 인식한다. 이런 입장은 1960년대 말과 1970년대 초를 거치면서 급진적 생태주의(radical ecology)로 불리기 시작했다.

환경문제에 대한 인식과 해법 제시 과정에서 보수적 입장은 환경주의로 표현되고, 진보적 입장은 생태주의로 나타내는 경향이 조성되어 있다. 이에 환경과 생태에 대한 용어 사용법에 대한 이해가 필요하다. 흔히 '환경(environment)'은 어원학적으로 인간이 중심이고 인간 이외의 자연은 주변이라는 의식이 반영되어 주조된 표현이다. 인간은 목적이고 자연은 도구라는 인식 속에서 '환경'이라는 용어를 쓰기 때문에, 이것은 인간 중심주의 사조가 배어 있는 표현이다.

이에 반해 '생태(eco)'는 생태학(ecology)의 자연 이해에서 등장한 개념이다. 생태학은 전통 생물학과 다른 뿌리, 구체적으로 열역학 물리학에서 탄생했다(Callicott, 1989: 106). 근대의 전통 생물학은 뉴턴을 비롯해 근대 과학에서 공유하고 있던 주객 이분법의 전제 속에서 자연, 특히 생물에 초점을 맞추어 기술적 접근을 전개했다. 이 경우 자연적 존재는 서로 분리되어 각각의 특성을 드러내는 것으로 나타나고, 자연은 그런 자연적 존재들의 단순집합으로 간주된다. 근세철학자 데카르트(R. Descartes)가 주창한 것처럼 인간은 물질로 간주되는 자연과 달리 정신을 지닌 주체이기 때문에, 대상인 물질적 자연을 지배할 수 있는 존재로 묘사된다. 그런데 생태학은 이런 생물학적 자연 이해와 패러다임을 달리한다. 그래서 자연적 존재(단위 생태계, 생물종, 동식물 개체, 빛, 물, 대기, 흙, 바람 등)가 서로 분리되어 있는 것이 아니라 유기적으로 연계되어 각종 지구 생명체를 부양하는 것으로 인식하기 시작했다. 물론 인간과 인간문화도 그런 자연의 생명에너지 흐름에 편입되어 있는 것으로 보기 시작한 것이다. 따라서 '생태'는 자연적 존재의 유기적 연관성을 바탕으로 생태계를 생명부양 체계로 인식하는 개념이다.

  여기서 생태적 인식(ecological cognition)도 세분화할 필요가 있다. 과거 근대물리학이 기축 학문의 역할을 담당한 것처럼, 오늘날에는 생태학이 일정하게 그런 역할을 담당하는 것으로 보인다. 근대물리학은 개체론(individualism)의 방법에 따라 분리주의 사유체계를 드리운 반면, 생태학은 전체론(holism)의 방법에 따라 유기적 연계주의 사유를 펼치고 있다. 이때 영어 에콜로지(ecology)는 크게 세 가지 의미를 지니는 것으로 번역할 수 있다. 첫째는 생태학이고, 둘째는 생태론이며, 셋째는 생태주의이다. 생태학은 흔히 자연과학의 자연 기술(description)에서 나타난 분야이다. 그것은 자연적 사실에 근거해 생태계에서 이루어지는 자연적 존재 간의 연계성을 기술하는 데 우선적 주안점을 둔다. 그리고 생태론은 자연과학의 생태학적 기술에 근거해 사회적 현상을 인과적으로 설명(explanation)하고 환경문제를 해소하는 데 주된 초점을 맞추는 사회과학의 영역이다. 더 나아가서 생태주의는 역시 생태학의 인식에 배어 있는 세계관을 적극 들추어내어 발전시키고, 이것을 자연과 인간사회의 관계 설정에 따른 가치관으로 확장하며, 이런 이념을 토대로 새 문명사회를 지향하는 형이상학적·윤리적 해석(interpretation)의 단계에 위치하는 영역이다. 물론 이 세 표현이 선명하게 구분되는 것이 아니라 서로 연계되어 사용되고 있다는 것에 유념해야 할 것이다. 이런 인식적 분류 속에서 보수적 환경주의와 진보적 생태주의를 평가하면서 미래사회에서의 그 역할을 전망해보자.

2. 보수적 환경주의와 한계

환경재난이 갈수록 빈번해지면서 이를 문제로 인식하기 시작하는 견해가 나타났다. 그런데 현재의 산업문명이 한편으로 환경문제라는 어두운 그림자를 드리우고 있기는 하지만, 그것이 가져다주는 이익은 실로 놀랍고 엄청난 것이어서 현 문명의 제도를 유지함으로써 그 혜택을 그대로 누리면서 문제를 풀 수 있다고 보는 견해가 출현했다. 바로 보수적 환경주의이다. 이런 견해는 기본적으로 인간 중심주의(anthropocentrism) 세계관을 바탕으로 실증주의 과학관과 실용주의 가치관, 그리고 공리주의 경제관을 배후에 거느리고 있다(Norton and Hargrove, 1994: 242~243).

환경주의는 전통적 세계관에 따라 자연이 인간을 위해 존재하고 또 인간을 위해 쓰일 때 비로소 가치, 즉 도구적 가치(instrumental value)를 갖게 된다고 여긴다. 이렇게 보면, 자연은 오직 자원일 뿐이다(McLaughlin, 1993: 67). 다만 이런 입장은 환경문제가 발생하지 않던 시절에는 하찮게 여겨지던 것들을 문제 발생 이후에는 좀 더 중요하게 여기게 되었다고 본다. 예컨대 공기와 물은 과거 지천으로 널려 있어서 인간에게 자유재처럼 여겨졌고, 대지와 해양도 끝없이 펼쳐진 것으로 간주했다. 그러나 인구가 증가하고, 산업화가 일어나면서 그런 것이 맑고 깨끗하며 광활한 상태에서 점차 오염되거나 협소해지는 상태의 변이가 나타난 것이다. 이런 변화는 견디기 어려운 것이었다. 이에 하찮은 가치를 지닌 자연을 점차 중요한 도구적 가치를 지닌 것으로 격상해서 보기 시작했다.

환경주의는 정책적으로 환경에 대한 체계적 관리의 형태로 나타난다. 각 나라의 환경 담당 부서도 모두 이런 역할을 수행하기 위해 탄생한 것이다. 이때 인간에게 유용함을 가져다주는 실용주의 관점에서 문제에 다가가게 된다. 다시 말해서 정치와 경제, 사회, 문화, 과학기술 등의 여러 사안과 관련해서 인간사회에 유용하면 검은 고양이를 내세우든 흰 고양이를 활용하든 쥐만 잘 잡으면 되듯이 환경문제 해결에 다가가면 된다고 여긴다.

환경주의는 현 사회의 제도와 질서를 유지하고자 하기 때문에 지금의 경제와 과학기술에 대해 전폭적 신뢰를 보내는 편이다. 경제적 접근으로 이행할 때 공리주의 정책으로 이행한다. 공리주의는 한 행위나 정책이 그것에 영향을 받는 최대 다수에게 최대의 쾌락이나 행복을 가져다줄 때 그런 행위나 정책을 윤리적으로 옳다고 본다. 당연히 대의제 국가에서 투표권을 지닌 현재의 최대 다수 시민을 의식해야 하기 때문에 다수에게 이익이 되는 정책을 채택하는 것이 정치인과 정책전문가의 당연한 자세이고 또 그렇게 정치적 결정을 내리는 것이 지속적으로 권력을 유지하는 비결로 여긴다.

이런 분위기 속에서 최근에는 환경경제학이 활성화되기 시작했다. 환경경영도 마찬가지다. 과거 경제가 환경문제를 성가신 혹으로 여기던 시절에는 정책이 사후 관리 해법(end-of-pipe solutions) 위주였다. 그래서 국가는 굴뚝과 하수구에서 오염물질이 방출되는 양의 기준을 지정해, 기준을 넘어설 때 처벌과 벌금을 부과하는 규제 위주의 정책을 펼쳤다. 그러다가 지속적인 경제성장을 도모하기 위해서는 환경경제 및 환경경영의 차원으로 격상시켜서 기업이 스스로 환경문제를 끌어안아야 할 것으로 인식하기 시작했다. 구체적으로 상품생산을 디자인하는 과정에서 디지털 운용방식에 따라 원료를 대폭 절감하는 공정을 채택함으로써 자원 절약을 도모하고 그만큼 오염 요인도 줄이고자 한다. 물론 과거 자행했던 오염의 외부화, 즉 굴뚝과 하수구를 통해 오염 정화비용을 기업 바깥인 세상으로 전가하던 행태도 바꾸어서 비용을 들여서라도 오염을 스스로 처리하자는 내재화를 선언한다.

이렇게 자원 절약과 오염 내재화를 밝히면서 자연보호 운동가들에게도 일정한 목소리를 내기 시작했다. 그것은 특정 자연지역, 예컨대 새만금갯벌 등을 보호할 것인지 아니면 개발하여 최대 다수 시민에게 이익이 돌아가도록 할 것인지 여부를 비용 지불 의사에 의해 결정하자고 제안한다. 상품의 가격을 시장에서 경매로 결정할 때 최적에 이름으로써 자본가와 소비자 모두가 이익을 보게 되는 것처럼, 자연보호와 개발 여부도 그렇게 하자는 것이다. 이렇게 되면 고갈이 우려되는 재생 불가능한 자원은 값이 올라 이용이 줄어들 것이고, 그렇지 않은 것은 이용이 활성화되어 다수 시민이 경제적 혜택을 지속적으로 입을 수 있다는 것이다.

물론 경제 운영에 따른 일정한 정도의 오염은 불가피하지만, 그것도 대단한 위력을 지닌 과학기술의 육성과 투자에 맡기면 해결될 수 있다는 실증주의 과학관을 견지한다. 지금 당장 해결하지 못한 오염도 시일이 경과하면 환경공학 기술이 결국 해결할 것이므로 환경문제로 인해 성장을 멈출 이유가 없다고 지적한다. 이렇게 환경주의는 자연을 인간의 목적 달성을 위한 수단으로 여기면서 환경문제도 해결할 수 있다는 입장을 견지한다.

과거 기업이 환경문제를 외면하거나 시늉만 내면서 마지못해 뒤처리에 나서던 시절에 비교하면 최근의 적극적 환경주의 시도는 반기지 못할 이유가 없다. 마땅히 후원할 필요도 있다. 그렇다면 그것만으로 문제가 원천적으로 해결될 수 있을까? 그렇지 못하다는 것이 또 다른 쪽의 시각이다. 중요한 비판 몇 가지만 들어보자. 첫째, 자연을 인간의 목적 달성을 위한 도구로만 보는 보수적 입장을 견지하는 한, 자연에 대한 가중된 압박은 불가피하고, 그에 따라 재난이 위기로 증폭될 것이다. 둘째, 하딘(G. Hardin)이 예로 든 공유지 비극(tragedy of the commons)의 비유를 통해 드러난 바와 같이, 모두가 부자 되기를 꿈꾸는 한 지구

상의 인류문명에 비극이 찾아올 수밖에 없다. 예컨대 13억과 10억이 넘는 인구를 가진 중국과 인도의 경제가 계속 성장해 미국식 생활양식을 향유하게 되면 지구가 어떻게 될지를 생각해보면 분명해진다. 셋째, 자연의 가치가 특성상 시장의 가치로 환원될 수 없기 때문에 시장이 생태적 진실을 제대로 반영할 수 없고, 그에 따라 근본적 환경문제가 남게 된다. 시장은 비용-이익 분석에 따른 효율적 순이익 극대화를 추구하기 때문에, 재생 불가능한 자원과 재생 가능한 자원의 이용에 구분을 두지 않게 된다. 또한 자본은 이윤동기 때문에 개발을 위해 경매에 적극적이지만 자연보호 운동가는 이윤동기를 갖지 않기 때문에 비용 지불 의사를 제시할 수 없다. 예컨대 한국농촌공사는 대형 건설업체와 컨소시엄을 결성해 새만금갯벌 간척에 수조 원의 비용 지불 의사를 제시하겠지만, 새만금 지킴이와 삼보일배 성직자들은 입찰가격을 제시할 수 없다는 데 주목해야 한다. 넷째, 과학기술이 필요하지만 현재의 그것은 자연에 억압적일 뿐 아니라 여전히 또 다른 유형의 문제를 낳기 때문에 문제를 원천적으로 해소하리라고 기대할 수 없다. 다섯째, 인간의 경제는 지구 생물권 경제의 하위에 속하고, 지구의 순 1차광합성생산(NPP), 즉 식물이 광합성 작용을 통해 스스로 생존하면서 인간을 포함한 모든 유기물에게 식량으로 제공할 수 있는 총량이 제한적이기 때문에, 물질적 크기가 증가하는 인간의 경제성장은 종국적으로 한계에 봉착할 수밖에 없다(Daly, 1993: 267~269). 따라서 실증주의와 공리주의, 실증주의 이념을 배후에 깔고 경제와 과학기술에 의해 문제를 풀고자 하는 인간 중심적인 보수적 환경주의는 근원적으로 한계를 지닌다고 보아야 한다.

3. 급진적 생태주의의 트로이카

1960년대 말에 접어들면서 환경문제 해결에 보수적 접근이 명확히 한계를 지니고 있다는 시각이 조성되기 시작했다. 그래서 심층생태주의(deep ecology)라는 표현을 주조하고 또 그 이념을 구체화한 아느 네스(Arne Naess)는 환경주의가 표피적이어서 환경오염과 자원고갈에만 매달리는 등 선진국 사람들의 건강과 물질적 풍요를 위한 것으로 제한되어 있을 뿐 실질적으로 지구를 구할 수 있는 해법이 못 된다는 지적을 하고 나섰다(Naess, 1973: 95). 이 입장은 환경위기의 뿌리가 인간 중심주의에 따른 자연 지배적 세계관에서 비롯되었기 때문에 이것을 바로잡지 않고서는 어떤 근원적 해법도 나올 수 없다고 진단했다.

비슷한 시기에 또 다른 유형의 사조가 탄생했다. 머레이 북친(Murray Bookchin)으로 대표되는 사회생태주의(social ecology)가 탄생한 것이다. 이 사조는 심층생태주의와 다른 방식으로 원인을 진단했다. 즉 인간과 자연의 지배 및 수탈 관계에 앞서서 인간사회에서의 사회적 요인, 즉 서열화(hierarchy)가 환경문제의 실질적 뿌리임을 지적한 것이다.

이런 흐름은 전통적으로 여성해방에 전념하던 페미니즘에도 변화를 초래했다. 두 진보적 흐름에 자극을 받아 생태여성주의(eco-feminism)가 출현한 것이다. 이 입장은 한편으로 심층생태주의에 영향을 받아서 여성과 자연의 운명을 영성적으로 적극 연결시키고 있었고, 또 다른 한편으로 사회생태주의에 영향을 받아서 남성에 의한 여성 억압제도인 가부장제(patriarchy)라는 사회적 요인이 자연의 영역으로 확장되어 환경문제를 초래하고 있다고 인식하기 시작한 것이다.

이렇게 해서 생태주의의 트로이카가 1970년대 초반에 탄생했다. 그런데 이때의 트로이카를 급진적이라고 일컫고 있다. 그 이유로는 다음

두 가지를 들 수 있다(Zimmerman, 1993: vii). 첫째, 환경위기의 원인을 근원적으로 추적해 세계관이나 사회적 기원 등으로 제기하고 있다. 둘째, 위기 극복의 해법으로 혁명이나 문화 패러다임의 교체를 통해서만 지구 행성을 구할 수 있다는 것이다.

먼저 급진적 흐름을 주도한 심층생태주의를 살펴보자. 이것은 영국의 계관시인 워즈워스를 비롯해 미국의 소로, 로렌스, 헉슬리 등 많은 문인들이 시와 소설, 에세이 형태로 자연의 아름다움을 예찬한 바 있고, 이를 가슴속 깊이 간직하고 있던 낭만주의자들을 필두로 흉물스럽게 파괴되어가는 자연과 대비하면서 잃어버린 자연의 미와 숭고함을 회복하는 운동을 전개하기 시작한 데에서 비롯된다. 수려하거나 장엄한 자연은 인간의 무한한 감성을 자극했고 또 신비스럽게 드리워진 영성적 분위기는 인간에게 겸손의 미덕과 번뜩이는 창조적 이미지를 북돋우었다. 마침내 이성에도 호소해 자연보전을 실천에 옮기자는 운동으로 전개되었다. 이렇게 해서 1960년대 말부터 시작해서 1970년대 초반에 이르면서 심층생태주의가 탄생했다.

심층생태주의에 이론적 정당화를 부여한 것은 노르웨이 철학자 아느네스였고, 이를 다듬고 확산시키는 데 기여한 사람으로는 사회학자 드볼(B. Devall)과 철학자 세션스(G. Sessions) 등을 꼽을 수 있다. 물론 카프라(F. Capra) 같은 과학자도 대중적 전파에 막대한 기여를 한 바 있다. 어쨌든 이런 부류의 사람들이 일관되게 주장하는 점은 오늘의 환경위기가 인간 중심주의 세계관에서 비롯되었다는 것이다.

네스는 1973년에 근본적 자연보전운동을 '심층생태주의'라는 언어적 표현으로 처음 명명하는 논문을 발표했다. 여기서 그는 인간 중심주의가 아닌 생태 중심주의를 천명했다. 먼저 그는 "환경 위에 군림하는 인간 이미지를 거부하고 관계적인 전체적 장의 이미지를 선호"하면서, 원리상의 생물권 평등주의(biospherical eqalitarianism)를 주창했다. 이것은 인간과 더불어 모든 자연적 존재가 "살고 활짝 피어날 수 있는 평등한 권리"를 갖고 있다는 인식이다(Naess, 1973: 95). 이어서 네스는 1976년에 노르웨이에서 출간한 저서에서 또 하나의 궁극적인 최고 규범을 제시했다. 이것은 흔히 큰자기실현(Self realization)으로 불리는 것으로서 자아(ego) 개념을 넘어서는 것이다. 개체론적 인간 이해는 인간성이 개인에게 고립적이면서 선천적으로 구비되어 있다고 보는데, 이에 따를 경우 자아실현은 타인과 경쟁하면서 성취해야 할 성질의 것이 된다. 반면 큰자기실현은 스스로를 타인과 다투면서 고립된 속 좁은 자아를 실현하는 과정이 아니라, 오히려 타인과 하나됨을 확인하는 경로를 거치게 된다. 흔히 아프리카 일각에서 어린이들이 기아에 허덕이게 될 때, 「우리는 하나(We are the world)」라는 노래를 부르면서 구호의 손길에 내 일처럼 동참하는 것을 포함한다. 우리 모두가 하나임을 확인하는 것이다. 그런데 네스의 주문은 이것을 인간으로 국한하지 않고 모든 자연적 존재로 확장해 나와 자연(적 존재)이 하나임을 확인하는 것이다.

　드볼과 세션스는 네스의 견해를 수용해 자기실현과 생명 중심적 평등을 심층생태주의의 두 가지 핵심 규범으로 천명했다. 그래서 환경위기 시대에 인간과 자연 우리 모두가 구제되기 전에는 아무도 구제될 수 없으며, 인간인 내가 살 권리를 갖듯이 자연(적 존재)인 너도 동일하게 살 권리를 갖는다는 선언으로 드러났다. 그리고 네스와 세션스는 15년에 걸친 심층생태주의 운동의 흐름을 압축해 다음과 같은 8개 항의 실천강령을 1984년에 발표하게 된다(Devall and Sessions, 1985: 70).

심층생태주의 기본 원칙
① 인간과 인간 이외의 존재인 지구 생명의 생존과 번성은 본래적

가치(같은 말로 내재적 가치, 고유한 가치)를 갖는다. 이런 본래적 가치는 인간의 목적을 위해 인간 이외의 세계를 사용하는 것에 독립해 있다.
② 생명 형태의 풍부함과 다양성은 이런 가치 실현에 기여하고 또한 그것이 본래적 가치를 지닌다.
③ 인간은 자신들의 생기적 필요(vital needs)를 만족시킬 때를 제외하고 생명 형태의 풍부함과 다양성을 감소시킬 어떤 권리도 갖고 있지 않다.
④ 인간의 생활과 문화의 번성은 인구의 실질적 감소와 양립한다. 인간 이외 생명의 번성은 인구 감소를 필요로 한다.
⑤ 현재의 인간이 인간 이외의 세계에 간섭하는 것이 지나치며 그리고 그 상황은 빠르게 악화되고 있다.
⑥ 이에 정책의 변화가 요청된다. 이런 정책 변화는 기초적인 경제적·기술적·이데올로기적 구조에 영향을 끼친다. 그 결과 초래되는 상태는 현재와 근본적으로 다를 것이다.
⑦ 이데올로기적 변화는 점증하는 한층 높은 생활수준에 집착하는 것이 아니라, 주로 (고유한 가치 상황에 놓인) 삶의 질을 제대로 이해해 변경하는 데 있다. 큰 것과 위대한 것 사이에는 심오한 의식의 차이가 놓여 있다.
⑧ 앞 조항들을 승인하는 사람들은 필요한 변화를 이행할 직·간접의 의무를 갖는다.

심층생태주의는 인간뿐만 아니라 자연적 생명도 생존하고 번성해야 할 가치를 본래부터 그 안에 갖고 있다는 내재적 가치(intrinsic value)를 갖는 것으로 규정하고, 인구수를 대폭 감소시키면서 인간의 생활양식도 전적으로 조촐하게 조성해야 한다고 여기는 데서 알 수 있듯이, 인간 중심주의 태도와 세계관을 문제의 당사자로 지목해 그 대립 항인 생태 중심주의를 표방하는 것으로 문제를 극복하고자 한다고 할 수 있다.

  반면 심층생태주의와 다른 방식으로 문제를 조망하는 견해도 태동했다. 다름 아니라 사회생태주의이다. 이것은 머레이 북친이라는 아나키스트에 의해 창조적으로 전개되는데, 그 차별적 특성은 북친이 뉴욕 자연사 박물관에서 직접 겪은 일화를 소개하는 것에서 엿볼 수 있다(Bookchin, 1991: 31). 이 박물관은 환경재난이 심화되던 시기에 전시회를 개최했는데, 그 기본 콘셉트는 자연파괴와 그에 따른 생물의 멸종이 인간에게서 비롯된다는 것이다. 박물관에 들어서면 박제된 형태로 멸종을 당했거나 멸종위기에 처한 각종 동·식물종을 관람하고, 마지막으로 대형 거울 앞에서 인간인 자신의 모습을 바라보면서 스스로의 행위를 반성하도록 기획된 것이다.

  마침 전시회에 북친이 방문했을 때 학생들을 이끌고 참가한 백인 교사가 행사의 기본 취지를 열심히 설명하고 있었고, 할렘 가에서 온 흑인 소년도 거울 앞에서 자신의 초라한 모습을 비추어보고 있었다. 이때 과연 우리는 남루한 차림새의 흑인 소년도 자연에서 마구잡이로 석유를 채굴해 떼돈을 벌고 있는 석유 메이저 엑손 사의 회장과 마찬가지로 동류 인간으로서 유사한 책임을 짊어져야 한다고 말하는 것이 온당한가? 북친은 단호하게 그렇게 책임을 물을 수 없다고 보았다. 인간이라고 해서 모두가 도매금으로 책임을 져야 하는 것은 아니기 때문이다. 그렇다면 무엇이 잘못되었는가? 전시회 주최 측이 인간 중심의 자연 지배적 세계관을 위기의 뿌리로 본 콘셉트에 오류가 있다는 것이다. 북친은 할렘 가의 흑인 소년까지 싸잡아서 인간 일반이 모두 책임을 져야 한다는 방향으로 흘러가지 않으려면, 오히려 자연을 앞장서서 파괴하면서 이익을 독점적으로 향유하는 엑손 사와 다국적기업, 이를 획책하는 선진국 지배계급에게 분명한 책임을 묻고자 한다면, 인간 중심주의보다 더 근원적으로 사회적 요인, 즉 인간에 의한 인간 지배로 나타나는 사회적 위계질서가 문제의 주범이라는 인식에 이를 필요가 있다고 보았다. 이런 서열화 의식과 제도로 인해 사회가 계층 및 계급으로 분화되어 온갖 사회문제를 초래하다가, 마침내 자연의 영역으로 이어져서 환경위기를 초래하고 있다는 것이다. 그래서 북친은 근본 뿌리가 사회적 요인에서 비롯된 것임을 인식하지 못할 때 그 실천적 해법도 빗나갈 수 있기 때문에 자신의 견해를 극구 사회생태주의라고 명명한 것이다.

북친은 기본적으로 아나키스트이다. 이때 아나키즘(anarchism)은 흔히 무정부주의로 불리지만, 정확성을 기할 때 그것은 무강권주의로 볼 수 있다. 왜냐하면 일체의 강제적 권력이 사라진 사회, 즉 인간 간에 일체의 구속과 억압, 착취가 사라진 공동체를 추구하기 때문이다. 프랑스의 아나키스트 푸르동(P. J. Proudhon)은 인간이 자유로운 삶을 구가하기 위해서 타인을 존중하면서 서로 협력해 자율적 소공동체를 꾸리고, 이런 기초적 코뮌이 다른 단위와 호혜적으로 사회적 연대를 도모하는 방식으로 연맹 공동체를 조성하는 상호부조주의(mutualism)를 내세웠다(프레포지에, 2003: 180). 이런 곳에서는 개개인이 자유롭게 삶을 영위하면서 다른 사람들과 협력해 공동체의 선을 이루기 때문에 강제된 국가의 법과 정부가 없고, 그에 따라 개인의 자유를 속박하는 사태가 발생하지 않을 것이다.

북친은 바로 이런 아나키즘의 기본 정신에 생태주의 이념을 결합시키고자 했다. 그래서 그의 견해를 때때로 에코 아나키즘이라고도 한다. 그는 심층생태주의가 서양이 아닌 동양에서 지혜의 일부를 빌리는 과정에서 신비주의에 빠질 수 있다고 비판하면서, 서양의 합리적 전통에서 해법을 찾았다. 토대는 아나키즘이지만, 거기에 헤겔의 변증법과 다윈의 진화론적 자연주의를 결합해 창조적 영역을 개척한 것이다. 대표적으로 변증법적 자연주의의 눈으로 과거를 진단하면서 새로운 미래상을 전망했다.

　변증법적 자연주의에 따르면, 원시자연은 제1자연이다. 우주와 지구의 진화 과정에서 원시자연이 이어지다가 마침내 인간종이 탄생했고, 인간이 고등의식을 갖게 되면서 자연과 새로운 형태의 교섭을 하게 되면서 제2자연이 태동하기 시작했다. 인간이 생존하기에 알맞도록 문화를 구축했고, 그것이 질적 변화 과정을 거치면서 오늘날과 같은 현대 산업문명이 탄생한 것이다. 그런데 제2자연의 인간문명이 자연에 과도한 압박을 주면서 문제가 발생하기 시작했다. 이때 북친은 자연 수탈적 문화인이 또 다른 변화를 도모하는 의식적 실천을 수행함으로써 새로운 세상, 즉 제3자연이 열릴 것으로 전망하고 있다. 변증법적 자연주의에서는 인간이 순수한 물질적 신체만으로 이루어져 있지도 않고 또 신체 없는 순수의식도 아니다. 마찬가지로 진화를 거치는 자연은 인간종을 탄생시켰기 때문에 순수물질도 아니고 순수의식도 아닌 연속적 존재이다. 따라서 인류는 자기 의식적일 뿐 아니라 자기 의식적인 자연의 일부를 구성한다. 마침내 인류가 스스로의 책임을 다하게 됨으로써 자연의 섭리에 인간의 문화가 포섭되는 새로운 지평, 즉 제3자연에 이르게 되는데, 이것이 북친이 말하는 자유 자연(free nature)이다. 이런 자기 의식적 자연은 의식적이고 윤리적인 인간사회를 새롭게 품고 있는 것이므로 또한 생태사회를 뜻할 것이다.

　생태사회를 희구하는 인간은 누구나 자유롭게 생활을 영위하지만, 소공동체 안의 다른 사람들과 협력해 실천적 행위를 수행한다. 공동체의 의사결정은 모두가 머리를 맞대고 합의를 도출하는 직접 민주주의를 실현한다. 이를 위해 누구나 충분히 교육을 받을 수 있는 여건을 조성한다. 그리고 이런 소공동체는 자신의 생태적 기반에 과부하를 주지 않는

선에서 생산 및 소비 활동을 수행한다. 유기농업으로 농사를 짓고, 재생 불가능한 에너지 사용에 신중을 기하면서, 태양력과 풍력 등 재생 가능한 에너지를 사용하는 생태기술을 개발한다. 협력해 이룬 생산물의 분배에서도 기여 몫이나 능력에 따라 배분하는 것이 아니라, 각자가 필요한 것을 공동생산물에서 갖다 쓰게 된다. 재산의 사적 소유를 초월해 물질적으로도 연대하는 새로운 차원의 사회로 돌입하는 것이다. 물론 공동체 간의 상호부조적 연대를 통해 연맹 공동체가 국가를 대신하게 한다. 이 과정에서 기초 단위의 위임을 받은 피위임자가 소속 단위의 의사에 반해 사적 이익을 추구하는 경우, 언제든 위임된 권한이 회수되는 소환과 재소환이 빈번하게 이루어진다. 북친은 이와 같은 형태로 자연의 일부로 편입되는 생태사회를 희구한다.

환경재난에 따른 위기감이 고조될 무렵인 1970년대 초반 이후에 또 다른 운동 흐름이 조성되었다. 다름 아니라 페미니즘 운동이 생태주의의 기본 정신을 수용하면서 스스로 변화를 꾀하기 시작한 것이다. 그래서 생태여성주의가 탄생하게 된다. 생태여성주의의 주된 토양은 급진적 여성주의(radical feminism)였다. 급진적 여성주의는 다른 입장과 다소 달랐다. 자유주의적 여성주의는 여성도 사회적 조건만 조성되면 남성만큼 이성적이기 때문에 사회의 공적인 영역에서 남녀차별을 받을 하등의 이유가 존재하지 않으며, 이에 따라 법과 제도에서 이루어지는 남녀차별 불식에 주안점을 두었다. 마르크스주의적 여성주의는 자유주의처럼 인간이 고립된 경쟁적 자아를 갖는다고 보지 않고 오히려 인간성이 사회적 요인, 대표적으로 생산양식 등에 의해 영향을 받아 형성되기 때문에 여성이 가정에서 나와 사회적 실천에 동참하게 될 때 비로소 남성처럼 인간다워진다고 보았고, 이에 따라 여성해방의 첫 번째 조건은 공적인 산업의 영역에 투신하는 것이라고 주장했다.

반면 여성주의의 두 번째 물결을 형성한 급진적 여성주의는 여성이 남성과 동등하게 사회제도에서 이성적 존재로 대우를 받거나 여성이 무계급사회의 공적인 산업에 동참한다고 하더라도 여전히 남성에 의한 여성 억압은 지속될 것이라고 보았다. 그 이유는 양자가 가부장제가 문제의 뿌리임을 명료하게 보지 못하고 있기 때문이라고 주장했다. 즉 의식 속에 깊이 뿌리박혀 있는 남성 우월의식과 이를 정당화하는 각종 사회제도를 존속시키는 한 여성해방은 요원하다는 것이다. 그래서 생물학적 성(sex)과 사회적 성별(gender)로 분리된 체계에 도전하기 시작했다. 성이 다르다는 이유로 사회적 성차별이 이루어지고, 이에 따라 조성된 성애(sexuality)문화에서 여성은 늘 대상화되어 고통을 받고 그리고 보이게 또는 보이지 않게 남성이 드리워놓은 덫에 걸려 허우적댈 수밖에 없다는 것이다.

　급진주의는 가부장적 본질주의와 관련해서 두 입장으로 갈리는 경향을 보였다. 급진 자유지상적 여성주의는 본질주의를 배격하면서 재생산 생물학에 치중해 여성이 출산의 주도권을 차지할 필요가 있다고 보았다. 그래서 여성이 이성애를 통해 자녀를 출산하든 또는 동성애를 선호하면서 복제 양 돌리의 예처럼 체세포 핵이전에 의한 복제기술에 의해 남성의 씨를 받지 않고서도 자녀를 맞이하든, 더 나아가 먼 후일 인공지능 기술에 의해 사이보그 자녀를 사들이든 자유로운 의사에 맡기자는 입장을 취했다. 이와 달리 급진 문화적 여성주의는 가부장적 본질주의를 역전시켜서 여성적 가치와 여성성이 남성적인 것에 비해 오히려 우월하다는 주장을 하기 시작했다. 이에 따르면 여성이 자녀를 출산할 수 있는 것은 축복이고, 그에 따라 가슴과 엉덩이가 처지고 배불뚝이 여성이 되더라도 오히려 여성적 가치를 구현하는 것이기 때문에 예찬할 필요가 있다고 보았다. 그런데 얼마 되지 않아서 지구촌 환경위기에 대한 불안감이 고조되자 여성과 지구를 결속시켜서 보는 시각이 탄생했다. 그래서 급진주의에서도 문화적 여성주의에 주된 영향을 받은 문화적 생태여성주의(cultural ecofeminism)가 먼저 태동했다(Plumwood, 1992: 10).

문화적 생태여성주의는 여성이 자녀를 낳아 키우듯이 지구의 자연도 숱한 생명체를 탄생시켜 부양하기 때문에 여성이 남성에 비해 훨씬 더 자연에 가깝다고 여겼다. 그래서 자연을 구하는 데 여성이 남성보다 더 적합하다는 것이다. 이 입장은 여성성을 우수한 것으로 강조하면서 여성 고유의 방식을 문제 해결에 적용하고자 한다. 때때로 남성성에 수반된 이성 격하운동을 전개하기도 하고, 여성적 감성을 적극 찬양하기도 했다. 여성의 신체적 속성과 생리적 주기를 살펴보면, 지구의 그것과 흡사하다. 러브록(J. Lovelock)이 가설로 제안한 것처럼, 지구도 태양을 위시한 주변 환경의 변화에도 불구하고 수많은 생명체를 탄생시켜 부양하면서 생명체가 살기 알맞도록 조성하고 있기 때문에 지구는 생명 실체로서 가이아(Gaia) 여신인 것이다. 특히 어머니 지구를 자연에 내재하는 여신으로 조망하면서 초월적인 가부장적 남성 신과 대비시켰다. 일각에서는 서양의 기독교가 다른 지역으로 파고들면서 토착적인 자연의 정령을 제거한 것에 대해 몹시 비통해하면서 옛 신화를 부활시켜 다양한 형태의 자연적 여신을 숭배하자는 운동을 전개하고 있다. 이 과정에서 잃어버린 자연 영성을 회복하는 시도를 감행하고 있다.

여성이 남성보다 우월하다는 급진 문화적 여성주의나 여성이 자연과 연결되어 있기 때문에 지구를 구하는 데 남성이 아닌 여성이 더 적합하다는 주장은 그동안 억눌려온 많은 여성들이 품었던 한을 일거에 날릴 수 있는 낭보였다. 그래서 많은 여성들이 환호하면서 반겼다. 그러나 여성계 내에서 이를 비판적으로 검토하는 분위기가 부분적으로 조성되면서 사회적 생태여성주의(social ecofeminism)가 고개를 들기 시작했다.

여성이 남성보다 우월하다는 주장은 전도된 가부장적 본질주의로서 또 다른 이분법적 사유를 영속화하는 오류를 저지르는 것이라는 점이었다. 또한 여성이 남성보다 자연에 더 가깝다는 것은 여성과 남성 모두 생물학적 존재이면서 사회인이라는 특성에 비추어볼 때 무의미한 말이라는 주장도 제기되었다.

　사회적 생태여성주의는 영성을 몹시 중시한 문화적 접근과 달리 사회주의나 아나키즘으로부터 일정한 영향을 받았기 때문에 역사와 사회적 맥락을 좀 더 중요시했다. 기본적으로 사회(문화)와 자연의 이분법에 도전하면서, 그 역전된 형태도 허용하지 않고자 했다. 역사적 행위자로서 여성은 변증법적 절차를 통해 이론과 실천의 유기체적 종합을 도모함으로써 인류와 자연이 화해하도록 해야 한다고 보았다. 즉 인간이 자연과 무관하게 전적으로 자유롭지도 않고 그렇다고 해서 자연에 편입되어 자연의 구속을 받아야 하는 것도 아니기 때문에 진화를 관리하면서 새로운 세상을 열어나갈 필요가 있다고 여겼다(킹, 1996: 185, 191).

4. 제3의 길로서 인도적 생태주의

　보수적 환경주의는 강한 인간 중심성을 견지하기 때문에 환경문제를 근원적으로 푸는 데 한계가 있다. 이를 넘어설 필요가 있는 것이다. 그래서 심층생태주의는 인간이 중심이 아닌 생태 중심주의를 천명했다. 문화적 생태여성주의도 여성과 자연을 연결시키면서 같은 궤도로 진입하고 있다. 인간이 자연에 대해 그리고 남성이 여성에 대해 저지른 짓을 생각한다면, 이런 대조적 행보가 납득되고도 남는다. 그것이 은유적 선언과 시적 비유로 드러나도 좋다. 다만 현실을 실제로 바꾸는 구체적 실천을 도모할 때 생태 중심주의는 인간과 사회에 곤혹스러움을 던진다는 데 주목할 필요가 있다.

생태 중심주의가 갖는 한계는 그것을 운동이념으로 채택한 환경 NGO 어스 퍼스트(Earth First!)에서 확인할 수 있다. 이 단체는 어머니 지구를 구하기 위해서 불가피할 경우 불법도 불사하는 전략을 채택했다. 수려한 삼림에 도로를 놓고자 대기 중인 불도저에 한밤중에 다가가서 엔진에 모래를 집어넣어 작동 불능으로 만들기, 벌목이 예정된 나무에 대못을 미리 박아 넣어 제재소의 기계를 파손하기 등을 행했다. 그런데 이 정도에서 그치지 않았다. 창립자 포먼(D. Foreman)은 기아에 처한 "에티오피아에서 할 수 있는 가장 사악한 것이 원조라면, 가장 선한 일은 자연이 균형을 추구하도록 순응하는 것"(머레이 북친, 1997: 161)이라고 말한 바 있다. 생태 중심주의는 원리적으로 자연의 섭리에 인간과 사회가 포섭되어야 함을 요구한다. 그런데 이것은 인간이 치열하게 그 원리를 지키고자 할 때 인간 고유의 생존 방식인 문화를 해체하고 동물로 돌아가야 함을 함축하는 것이다.

사회에 불의가 판칠 때, 이를 외면하거나 도망가는 것은 비겁하지만 그렇다고 영웅심의 발로로 객기를 부리면서 만용으로 다가가는 것도 온당하지 않다. 이런 상황에서는 비겁과 만용의 중용인 용기로 맞서는 것이 최선이다. 마찬가지로 환경위기 시대에 강한 인간 중심주의가 환경 문제를 그대로 존속시키면서 심화시키기 때문에 바른 해법일 수 없지만, 그 반대 항인 생태 중심주의도 인류문화가 택할 것이 못 된다고 본다. 이에 필자는 제3의 길로서 인도적 생태주의(humanitarian ecology)가 이념적으로는 물론, 실천적으로도 최선의 해법이라고 생각한다. 그 길은 인간문화와 자연이 상생하는 길이어서, 인간을 위한다는 미명 아래 자연을 함부로 희생시키지 않으며 또한 자연의 법칙에 순응하고자 인간

다수를 냉엄한 자연에 희생시키는 반인도주의로 빠지지 않을 것이다.

넓은 의미에서 인도적 생태주의의 범주에 포함되는 견해가 이미 존재한다. 사회생태주의와 그것에 영향을 받은 사회적 생태여성주의가 그런 범주에 진입할 것으로 보인다. 다만 이런 사상에도 다소 한계가 있다. 역시 서구 중심적이어서, 아나키즘이나 사회주의의 기반 위에서 변증법과 진화론을 버무려서 새로운 지평을 열고자 하고 있고, 그래서 동양의 사상을 쉽게 신비적인 것으로 배척하는 경향이 있다.

필자는 동아시아의 생명사상이 서양의 생태주의와 상보적일 수 있다고 본다. 그래서 일찍이 기(氣)-생태주의 사상을 제안한 바 있다(한면희, 1997: 5장; 한면희, 2002: 45~76). 동의학은 오장육부를 유기적으로 연결하는 실체를 기로 보고, 기의 흐름 통로인 경락체계에 의해 질병을 진단하고 치유한다. 이때 인체에 흐르는 기는 자연에서 온 것이다. 장자(莊子)는 자연을 기를 호흡하는 거대한 땅덩어리라고 표현했으며, 순자(荀子)도 인간과 동·식물, 자연에 기가 두루 퍼져 있다고 했다. 기가 응집하면 생명이 탄생하고, 기가 흩어지면 죽음에 이르게 된다. 물론 각종 생명체는 다양한 기를 받아들여서 생존하고, 또 고유한 형태로 기를 생산해 생명의 그물에 실어 보냄으로써 다른 생명체가 살아가도록 한다. 생태계와 생물종의 관계는 자연의 그물과 그물코의 관계와 같다. 그물코에 해당하는 각종 생물종은 고유한 역할을 수행하면서 기를 산출하고, 그물의 망은 그것을 받아 다른 곳으로 전달해 다른 생물종이 그것에 기대어 살아갈 수 있게 한다. 숱한 개체 동·식물은 무수히 탄생했다가 사라지는 과정에서 특수한 종의 역할을 수행함으로써 보이지 않게 지구가 생명의 부양체계가 될 수 있도록 기여한다. 인간종도 이 과정에 있을 뿐이다. 따라서 기-생태주의 사상은 자연에 조성되어 흐르는 기를 생태계의 생명 에너지로 인식하고, 그에 따라 생태학적 기가 원활히 순환하게 하면서 인간의 고유한 문화가 꽃을 피워야 한다고 조망한다.

우리 조상은 기를 인간의 눈으로 조망하면서 생기(生氣)와 사기(邪氣)로 분별했고, 그에 따라 인간 자신의 건강과 생명을 지키고자 했다. 인간, 특히 아이를 낳아 기력이 몹시 허약해진 산모의 경우 풍습한을 대표적 사기로 평가해 주의할 것을 당부했다. 저항력이 약할 때 풍기나 습기, 한기에 많이 노출되면, 여러 형태의 질병에 걸리게 되기 때문이다. 이때 인간의 눈으로 조망한다고 해서 그것이 곧바로 인간 중심주의로 이행되는 것은 아니다. 심한 바람이나 습기 많은 지역, 차가운 기운에 오랫동안 직접 노출되는 것을 피할 뿐이지, 바람이나 물, 추위를 원천적으로 제거하려고 한 것은 아니다. 자연에 피해를 주지 않으면서도 자연을 가려내어 선택함으로써 인간에게 해가 닥치는 것을 차단하고자 한 것이다. 또 다른 사례로 질병 치유의 일환으로 몸에 기가 순환하도록 쇠붙이로 침을 만들어 썼다고 해서, 또는 쑥을 뜯어 뜸을 뜨는 데 썼다고 해서 철이 동나거나 쑥이 멸종되는 지경으로 치닫게 한 것은 아니었다.

오히려 우리의 전통문화는 지혜롭게도 자연과 상생하면서 인간의 이로움을 취했다. 대표적으로 풍수학을 들 수 있다. 그 첫 번째 원리가 득수(得水)이고, 두 번째 원리가 장풍(藏風)이다. 물을 얻을 수 있어야 인간의 문화생활이 가능한데, 그러려면 바람 따라 흐르는 습기 머금은 구름을 가두어 비를 내리도록 해야 한다. 그런 역할은 높이 치솟은 산이 하기 때문에 산줄기를 신령한 용으로 비유했다. 흔히 말하듯 풍수학의 명당을 좌청룡, 우백호, 북현무, 남주작으로 표현할 수 있다. 좌우로 산을 거느리며 주산(主山)에서 산줄기가 뻗어내려 오는데, 이런 '음의 도래〔陰來〕'를 '양의 형세로 받드는〔陽受〕' 곳이 명당이다. 이런 곳에 마을과 집터가 자리를 잡으면 좋다고 여겼다. 왜냐하면 인간에게 생기가 조성되어 원활히 공급되는 곳이기 때문이다. 산이 구름을 붙잡아 비를 내리게 하니, 내와 천, 강이 조성된다. 역시 물을 필요로 하는 온갖 자연 생명체가 탄생한다. 그리고 산세에 따라 기후대도 달라지니 생물종도 다양하다. 이런 생태계 여건은 인간이 필요로 하는 것을 쉽게 구할 수 있는 곳이어서 그 일부에 문화가 들어서게 되는데, 생물종의 다양성이 숨쉬는 생명의 보고이기도 하다. 인간문화에 좋은 것을 취했는데 자연의 생명부양체계를 존중하면서 다가가는 것이니 그야말로 인간문화와 자연이 상생하는 경로인 것이다.

  인간이 자연에 상생적으로 다가가는 접근은 특성화된 문화 형성으로도 이어졌다. 그래서 탄생한 것이 백두대간과 정맥의 문화이다. 이것은 땅 속 자원의 분포도에 의해 줄을 긋는 서양식 산맥 개념과 달리, 땅 바깥의 지형 개념에 의해 조성된 것이다. 산자분수령(山自分水嶺)이라고 해서 산줄기가 물을 가르는 재(고개)이기 때문에, 이 개념에 의해 산세가 물을 품는 유역권 문화가 조성된다. 과거 높은 재를 넘는 것이 힘들었기 때문에 백두대간의 동쪽 낙동강유역권과 서쪽이 서로 다른 고유한 문화를 조성했고, 심지어 서남쪽도 백두대간과 호남정맥 사이를 두고 섬진강유역권과 영산강유역권으로 분화되었다. 예컨대 영남은 상대적으로 긴 강과 많은 산으로 이루어진 생태계 영향을 부분적으로 받아 동적인 춤의 문화가 발전했고, 호남은 넓은 들을 품은 생태계 영향으로 인해 정적인 문화인 판소리가 발전했다. 판소리의 경우에도 섬진강유역권은 창법이 웅장하면서도 소리 끝맺음이 분명한 동편제가, 호남정맥 바깥의 영산강유역권은 부드러우면서 애절하고 소리의 끝이 길게 이어지는 서편제가 특징적으로 발달한 것이다. 춤이든 판소리든 작은 공간으로 충분했으니 많은 땅을 필요로 하지 않았고, 이에 따라 인간이 자연과 더불어 사는 문화예술의 지평을 열었던 것이다.

  기-생태주의로 조망하면, 자연은 유기적으로 이어진 내적 관계망을 통해 기가 흐르는 생명의 장이고, 그 장에서는 매듭으로서 각 생물종이 고유한 역할을 통해 기를 받고 기를 산출하는 데 기여하며, 인간은 생기 흐름이 원활히 이루어지게 하는 범위 안에서 문화를 구축하며 삶을 영위하게 된다. 따라서 기-생태주의는 동양의 자연관이 그런 것처럼 강한 인간 중심주의로 흐르지 않으면서 또한 인간의 문화적 삶을 평안하게 유지하도록 돕기 때문에 인도적 생태주의로 자리매김할 수 있다고 본다. 유교의 가부장제를 경계한다면, 『주역(周易)』에 쓰인 것처럼 태극에서 탄생한 음양(陰陽)의 이기는 서로 조화를 추구하는 개념이기 때문에 변증법의 대립 항의 상호투쟁을 극복할 수 있는 성격의 것이다. 서양의 경우 모순관계의 대립선상에 놓여 있는 여성이 남성을 타도하지 않을 수 없고 또한 자연이 인간을 거부하게 될 것이므로 인간이 문화를 해체하고 자연으로 돌아가자는, 그러나 결코 그렇게 할 수 없는 딜레마에 놓이게 될 것이다. 반면 동아시아의 자연관과 기-생태주의 사상에 따르면 여성이 남성을 변화시켜 음양의 조화를 이루며 함께 문화를 새롭게 구축하고자 할 것이고, 인간도 자연과 상생하는 문화로 다가가니 자연의 배척을 받을 리 없게 될 것이다. 필자는 보수적 환경주의의 지평을 넘어서는 새 문화를 구축하되, 생태 중심주의로 미끄러지지 않는 인도적 생태주의의 지평으로 진입하는 것이 최선이라고 본다. 이를 위해 환경위기를 극복할 새로운 생태사회는 한편으로 서양의 생태주의 사상으로부터 중요한 통찰을 얻고, 또 다른 한편으로 동아시아의 자연관에 기반을 둔 생명사상과 고유한 자연친화적 문화를 존중하면서 개척되어야 할 것이다.

참고문헌_ 1장 생태주의의 이념과 현황, 그리고 전망

한면희. 1997. 『환경윤리』. 철학과현실사.
_____. 2002. 「한반도 녹색 공동체의 이념: 기-생태주의와 백두대간의 문화」. ≪환경철학≫, 창간호. 한국환경철학회.
북친, 머레이(Murray Bookchin). 1997. 『사회 생태론의 철학』. 문순홍 옮김. 솔.
킹, 이네스트라(Ynestra King). 1996. 「상처의 치유」. 아이린 다이아몬드 외 옮김. 『다시 꾸며보는 세상』. 이화여자대학교 출판부.
프레포지에, 장(Jean Préposiet). 2003. 『아나키즘의 역사』. 이소희 외 옮김. 이룸.

Bookchin, M. 1991. *Defending the Earth*. Boston: South End Press.
Callicott, J. B. 1989. *In Defense of the Land Ethic*. Albany: State University of New York Press.
Daly, H. E. 1993. "Sustainable Growth: An Impossibility Theorem." in H. E. Daly et al.(eds.). *Valuing the Earth: Economy, Ecology, Ethics*. Cambridge: The MIT Press.
Devall, B. and G. Sessions. 1985. *Deep Ecology*. Salt Lake City: Peregrine Smith Books.
McLaughlin, A. 1993. *Regarding Nature*. Albany: State University of New York Press.
Naess, Arne. 1973. "The Shallow and the Deep, Long-Range Ecology Movement: A Summary." *Inquiry*, 16.
Norton, B. and E. Hargrove. 1994. "Where Do We Go from Here?" in F. Ferre et al.(eds.). *Ethics and Environmental Policy*. Athens: The University of Georgia Press.
Plumwood, Val. 1992. "Feminism and Ecofeminism." *The Ecologist*, Vol.22, No.1.
Zimmerman, M. E. 1993. "General Introduction." in M. E. Zimmerman et al.(eds.). *Environmental Philosophy*. Englewood Cliffs. N. J.: Prentice Hall.

2장

지구공동체 윤리로서 환경정의

최병두(대구대 교수)

1. 세계화·지방화 시대의 윤리로서 환경정의

이미 10년 전의 일이지만, 1997년 6월 5일 세계환경의 날 제25주년을 기념하기 위해, 세계 환경지도자 서울 원탁회의가 있었다. 이 자리에 참석했던 세계 각국의 대표들에 의해 채택된 「환경윤리에 관한 서울 선언문」이 유엔환경계획(UNEP)의 사무총장에 의해 선언되었다. 이 선언문은 서론이라고 할 수 있는 '전문'과 4가지 원칙들, 즉 물질만능주의 극복과 정신문화의 창달, 환경정의의 추구, 과학기술의 환경친화성 증진, 책임 분담과 협력 극대화 등의 원칙을 천명하고 있다(환경부, 1997).

전문의 내용과 이를 뒷받침하기 위해 제시된 4가지 원칙들 중 특히 새로운 강조는 '환경정의의 추구'라고 할 수 있다. 이 원칙이 서술된 부분을 인용하면 다음과 같다.

지구는 인간을 비롯한 모든 생명체의 삶의 터전이다. 따라서 지구환경을 이용함으로써 얻어지는 혜택과 그에 따르는 책임은 지구공동체의 모든 구성원에게 공평하게 나누어져야 한다. 특히 국제사회는 개발로 얻어지는 사회적·경제적 이익을 국가와 민족, 그리고 세대 간에 최대한 공평하게 분배하고, 그에 따르는 부담이 편중되지 않도록 더욱 노력해야 한다.

환경윤리의 모색에서, 우리는 어느 누구에게나 온전한 환경을 누릴 권리와 번영을 추구할 권리가 있음을 인정하고 이를 존중해야 한다. 아울러 환경오염의 영향은 누적적이고 장기적임에 비추어, 철저한 사전 예방조치로 미래세대의 환경권을 보호해야 할 의무를 지고 있다.

이러한 환경정의의 추구 원칙은 세계화 시대 지구공동체의 모든 구성원이 인정하고 지켜나가야 할 윤리 또는 이념이라고 할 수 있다. 그러나 이 문장을 역으로 해석하면, 현재 인간을 비롯한 모든 생명체의 삶의 터전인 지구가 위기에 처해 있으며, 특히 지구환경의 이용을 통해 얻는 혜택과 그에 따르는 책임이 지구공동체의 구성원들 사이에 공평하게 분배되고 있지 않음을 알 수 있다. 즉 국제사회는 개발로 얻어지는 경제적·사회적 이익을 국가와 민족, 지역이나 집단 또는 세대 간에 불평등하게 분배하고, 이에 따르는 부담도 편중되게 부가하고 있음을 알 수 있다.

사실 현대 사회는 심각한 환경위기에 처해 있지만, 이에 대한 거듭된 경고에도 불구하고 현대인들은 자신이 처해 있는 위기상황을 제대로 실감하지 못하고 있다. 지구온난화, 열대 우림의 파괴, 사막화의 촉진, 생물종 다양성의 감소 등이 세계적 규모로 진행되고 있으며, 이러한 경향이 지속될 경우 지구환경이 어떠한 위기에 처하게 될지는 잘 알려져 있다(최병두, 1995). 그러나 이러한 문제들을 유발하는 석탄과 석유 등의 화석연료 사용은 여전히 증대하고 있으며, 삼림 파괴와 사막화를 촉진하는 대규모 남벌과 무분별한 개발이 멈추지 않고 있다. 이러한 문제들이 지속되는 것은 이를 유발하는 원인이 해결되지 않고 있기 때문이라고 할 수 있다. 즉 현대 사회의 발달, 특히 자본주의적 산업 발전과 도시화의 진전은 화석연료의 사용 증대나 대규모 남벌과 무분별한 개발을 촉진하고 있기 때문에, 지구적 규모의 환경위기는 점점 더 심화되고 있다.

그뿐만 아니라 오늘날 세계적 규모로 진행되고 있는 환경문제는 자연환경에서 발생하는 문제들과 더불어 인간사회에 유용한 자원의 배분이나 환경문제를 해결하기 위한 비용의 배분에서 국가 간, 지역 간, 계층 간의 불평등 문제도 포함한다. 선진국의 1인당 각종 자원의 이용량은 제3세계 국민들의 이용량에 비해 몇 배에 달하며, 한 국가 내에서도 지역이나 계층에 따라 자원의 이용량은 큰 차이를 보인다. 환경문제로 인해 유발되는 사회적 피해에 대해서도 선진국은 상대적으로 풍부한 자본과 발달한 환경기술을 통해 좀 더 효율적으로 대처할 수 있는 데 비해, 제3세계 국가들은 자본 부족과 낮은 환경기술로 인해 대처할 수 있는 능력이 미흡하다. 한 국가 내에서도 부유한 집단은 환경문제와 이로 인한 피해에 대처할 수 있는 경제적·정치적 능력이 높은 반면, 빈곤한 집단은 이러한 피해에 대처하기 위해 필요한 비용 지불이나 방어 능력이 부족하기 때문에 그 피해에 더 많이 노출될 수 있다. 이와 같이 자원 이용 및 환경피해를 둘러싸고 발생하는 국가 간, 지역 간, 계층 간 불평등은 이른바 세계화·지방화 과정 속에서 점차 심화되는 경향을 보이고 있다.

포괄적 의미에서 세계화란 세계의 각 부분들(지역들) 간 상호관계가 좀 더 치밀해지는 과정이며, 이로 인해 각 부분들의 변화와 더불어 세계 전체가 사회공간적으로 급속하게 재편되는 과정이라고 할 수 있다. 이러한 세계화 과정은 기본적으로 현재 우리 사회를 규정하는 경제 정치체제인 자본주의의 최근 경향, 즉 이른바 '신자유주의적' 발전 과정과 연관된다. 1970년대 서구 선진자본주의 국가들은 심각한 경제침체에 봉착하자, 경제를 활성화하기 위해 국가의 긴축재정과 탈규제 정책을 시행하게 되었다. 이에 따라 복지정책과 더불어 환경 규제 등을 위한 국가 개입이 축소되면서, 자유시장 논리가 우리 사회를 점차 지배하게 되었다. 특히 1980년대 중반 이후 냉전체제의 해체로 자본주의 경제가 전 세계로 확산됨에 따라, 자유시장과 자유무역을 지향하는 선진국들의 신자유주의적 정책이 여타 국가들에도 직·간접적으로 요청되었다. 이에 따라 개별 국가의 경계를 초월한 자본(특히 금융자본)과 노동 및 정보의 초공간적 이동이 이루어지게 되었으며, 다(또는 초)국적기업들이 세계 경제를 장악하게 되었다. 그뿐만 아니라 이 과정에서 전후 세계 경제질서를 규정하던 GATT(관세 및 무역에 관한 일반협정) 체제가 더 완전한 자유무역을 전제로 한 세계무역기구(WTO) 체제로 전환되었고, 그 외 여러 국제기구들, 예를 들어 국제통화기금(IMF), 세계은행 등이 세계 경제질서를 좌우하게 되었다.

세계의 각 국가, 그리고 도시와 지역들은 이러한 세계화 과정의 영향에 따라 근본적인 변화, 즉 흔히 세계화 과정에 대칭되는 '지방화' 과정을 겪게 되었다. 세계의 각 국가들은 기존에 담당했던 역할을 시장 메커니즘에 돌리면서, 서민계층이나 소수집단, 또는 소외지역들에 대한 복지정책을 축소시키고, 지역경제의 활성화를 위해 각종 규제제도를 완화시켰다. 또한 각 국가는 수동적이든 피동적이든 간에 자유무역을 위한 관세의 완화 또는 철폐를 추구하면서, 다국적 자본이 더 높은 이윤을 얻기 위해 개별 지역에까지 직접 투입되었다. 대부분의 국가와 지방정부들은 경제침체를 명분으로 지역주민들의 생활과 직결된 복지 지출을 축소하는 한편 역외자본을 유치하기 위한 다양한 개발정책을 시행하게 되었다. 그러나 이러한 정부(중앙 및 지방)의 신자유주의적 정책들은 국가 또는 지역경제를 회복시키고 있다는 징후를 별로 보이지 않을 뿐만 아니라 오히려 계층 간 및 지역 간 격차, 즉 사회공간적 양극화 현상을 점차 심화시키고 있다. 또한 이러한 신자유주의적 개발정책들은 그동안 시민사회의 노력으로 쌓아온 환경 관련 규제제도들을 완화 또는 폐지시킴에 따라, 환경문제를 다시 악화시키고 있다.

환경정의운동은 이러한 세계화·지방화 과정에 직·간접적으로 대응하는 과정에서 촉발하여, 개별 지역에서뿐만 아니라 세계적 차원으로 확산되고 있다. 환경정의란 "모든 사람들이 건강한 환경으로부터 얻은 혜택을 동등하게 공유할 수 있는 권리"를 의미한다. 여기서 환경이란 자연 그 자체라기보다는 "우리가 살아가고, 일하고, 놀고, 공경하는 장소들"을 의미한다(Adamson et al., 2002). 환경정의는 환경재난으로부터 모든 인종과 사회경제적 집단들의 평등한 보호, 모든 지역과 사람들의 자연자원의 평등한 접근과 보존을 의미한다. 이를 실현하고자 하는 환경정의운동은 특히 빈민이나 유색인의 지역사회에서 환경오염의 편향된 발생을 제기하고, 이들이 환경퇴락과 오염으로부터 초래되는 위험에서 피해를 받지 않고 살아갈 수 있도록 보호하며, 생활과 문화를 유지하기 위해 필요한 자연자원들에의 균등한 접근을 요구한다. 주변화된 지역사회의 구성원들이 그들의 가족, 공동체, 그리고 일터와 놀이터 등에 영향을 미치는 환경적 퇴락에 초점을 두고 관심을 불러일으킴에 따라, 이들은 생태적 정의와 사회적 정의의 통합에 기초한 정의로운 공동체를 구축하고자 한다.

이러한 점에서 환경정의는 "지속 가능한 공동체를 유지하는 문화적 규범과 가치, 규칙, 규정, 행동, 정책, 그리고 의사결정"과 관련되며, 이에 의해 "실현되는 공동체 안에서 사람들은 환경이 안전하고 영양을 공급하며, 생산적이라는 확신을 가지고 상호 교류할 수 있다"(Bryant,

1995: 6). 그러나 사전적 의미에서 환경정의는 좀 더 직접적으로 환경 불평등을 비판하면서, 이러한 환경문제가 사회정의와 직결되어 있음을 함의한다. 즉 환경정의론자들은 "환경문제가 사회정의 이슈와 무관"하다는 견해를 비판하면서, "환경 이슈를 인식하고 탐구함에 있어 계급과 인종 및 성의 사회·경제적 관계가 핵심"이라고 주장한다.

> 인종과 계급, 그리고 성에 근거해 차별을 낳는 권력 불평등과 기회 불평등이 존재한다는 사실은, 어떤 인간집단이 환경파괴에 따른 해로운 영향을 부당하게 부담해 고통을 받고 있음을 의미한다. 환경정의는 현재 진행되는 착취와 불평등으로 인해 어떤 사회집단이 지속적으로 특권을 유지하게 되는 사회의 생산체제가 환경 및 인간 복지와 연관되어 있다고 인식한다(Talbot, 1998: 93).

이러한 점에서 환경정의론자들은 노동과 더불어 자연을 착취하고 이에 따라 생산된 자원과 사회적 부를 불평등하게 분배하는 현 사회체제에 대해 비판적인 입장을 가지고, 이를 전환시키고자 한다.

세계적 환경정의는 지역적 환경정의의 연장선상에서 출발할 수 있다(Jamieson, 1994). 예를 들어 미국의 경우, 환경정의운동은 유럽 이주민들과 싸운 미국 원주민(인디언)들의 이야기에서 출발해, 서구 자본주의의 팽창과 이 과정에서 특히 주요하게 내재된 식민주의와 제국주의가 제3세계 자연자원을 어떻게 착취했는지에 대해 관심을 가진다(Katz, 1997). 선진자본주의 국가들에 의한 제3세계 국가들의 자연자원 수탈과 환경파괴 과정은 원주민들의 환경권과 환경의식을 짓밟으면서, 결국 원주민들의 문화와 생활양식을 소멸시키게 된다. 또한 최근 지구적 남·북 문제는 단순한 경제적 격차나 불균등의 문제가 아니라 환경적 불평등 또는 부정의의 문제로 이해될 수 있어야 한다(한면희, 2002: 239~257). 세계적 환경정의에 관한 논의에서 한층 중요한 점은 현재 진행되고 있는 세계화 과정 속에서 환경정의가 어떻게 무시되고 있으며, 또한 이에 따라 세계적 환경정의를 재구성하고 실현시킬 수 있는가 하는 것이다.

예를 들어 멕시코의 치아파스(Chiapas)에서 자파티스타 국민해방군(the Zapatista National Liberation Army)은 1994년 1월 1일 4개 도시를 장악하면서 세계적 관심의 초점이 되었다. 사실 이날은 북미자유무역협정(NAFTA)이 발효되는 날이었다. 자파티스타들은 NAFTA와 같은 세계적 제도들이 자급자족적 소농체제를 희생시키는 대규모 다국적 기업농들에게 이윤을 보장해준다는 점에 의문을 제기하고, 환경정의운동을 국제적 연대의 중심 이슈로 가져오는 것이 긴요하다고 주장했다. 이들은 여성, 농부, 토착민, 그리고 도시의 서민들이 연대하면, 정부, 대기업, 그리고 NAFTA와 WTO와 같은 세계적 기구들에 대해 맞설 수 있음을 보여주었다(Adamson et al., 2002). 환경정의운동의 일환으로 이해될 수 있는 자파티스타의 활동 사례에서 나아가, 사실 1999년 미국 워싱턴의 시애틀에서 이루어졌던 WTO 반대운동과 그 이후 지속된 신자유주의적 세계화에 대한 반대운동은 지구적 환경정의를 위한 운동으로 인식될 수 있다.

2. 환경정의운동의 등장과 발달

환경정의운동은 미국에서 지역사회와 종교계가 주도했던 여러 갈래의 환경 관련 운동에서 출발한다(Gottlieb, 1993; Dowie, 1995 참조). 예를 들어 1960년대 후반 미국 사회에서는 '인종적 정의를 위한 연합기독교위원회(the United Church of Christ Commission for Racial Justice)'를 중심으로 인종격차에 초점을 둔 새로운 사회운동이 등장했다. 이 위원회는 인종차별에 반대하는 다양한 활동을 전개하는 과정에서, 특히 1987년 환경과 관련된 인종적 차별에 관한 한 보고서를 출판했다. 이 보고서에 의하면, 인종이 상업적 유해폐기물 처리장의 입지에서 결정적으로 주요한 요인이며, 빈민과 유색인 지역사회는 편중된 건강 위험으로 고통을 받고 있다는 점이 밝혀졌다. 이 보고서는 '환경적 인종주의(environmental racism)'라는 용어를 만들어내었다. 여기서 인종주의는 "환경적 정책결정과 규제 및 법률의 적용, 유색인 지역사회로 유해폐기물 시설의 편중된 입지, 지역사회에 유독물과 공해물질의 폐기에 대한 공적 처벌, 그리고 환경운동의 지도력에서 유색인의 배제 등에서 나타나는 인종적 차별"을 의미한다(Bullard, 1993). 이러한 사실은 빈민과 유색인 지역사회에서 환경정의를 요구하는 운동의 중요한 계기가 되었다.

환경정의운동의 또 다른 중요한 계기들로서, 캘리포니아, 텍사스, 플로리다 지역의 농장노동자 캠페인, 뉴멕시코에 조직된 치카노(Chicano), 그 외 미국뿐만 아니라 세계 여러 곳에서 발생했던 원주민 저항운동(부족 수자원의 오염, 신성한 토지로부터 자원 채취, 우라늄 오염, 유독성 및 핵폐기물 처리장에 대한 일방적 결정, 이웃이나 가족들이 유독성 물질에 노출되는 데 대한 여성들의 반대운동)을 포함한다(Bullard, 1993, 1994; Westra and Wenz, 1995). 즉 환경정의에 관한 주장은 1980년대 후반 이후 특히 미국에서 국지적 환경 및 생활공동체 운동을 전개해온 실천적 운동가들로부터 먼저 제기되었다. 이들은 1970년대 이후 활발하게 전개되었던 생태운동이 점차 전국적·전 지구적 규모로 확대되었지만, 이러한 주류 환경운동과 환경론은 도시 내 열악한 주거환경 문제보다는 야생동물이나 자연보호에 더 많은 관심을 가지면서 중산층 백인 중심으로 이루어진 데 대한 비판과 대안으로서 환경정의운동을 제기하게 되었다(Szasz, 1994; Chiro, 1996 참조).

환경정의운동의 역사에서 또 하나의 중요한 계기가 된 것은 1991년에 세계 여러 국가들로부터 워싱턴 D.C.에 모인 300여 명의 지역사회 지도자들의 회의인 전국유색인종환경지도자 제1차 회의(the First National People of Color Environmental Leadership Summit)이다. 이 회의의 목적은 세계 전역에 걸쳐 유색인 지도자들이 함께 모여 아래로부터 작동하는 정치적 이데올로기에 기초해 환경 변화를 이루어내기 위한 다인종적 운동을 추진하기 위한 것이었다. 이 회의에 모인 대표자들은 환경정의를 추구하기 위한 정치적 의제들을 제시한 17가지 환경정의의 원칙에 합의했다. 이에 따라 발표된 선언문의 전문에 의하면, 이 회의에 모인 유색인 환경지도자들은 "우리의 대지와 공동체를 파괴하고 빼앗으려는 시도에 맞서서 모든 유색인종이 동참하는 전국 및 전 세계 운동을 펼칠 것을 선언하고, 우리 어머니 지구의 신성함에 우리가 영적으로 상호 의존하고 있음을 재천명"하면서, "각각의 문화와 언어, 자연세계에 대한 믿음, 우리를 지키기 위한 우리의 역할을 존중하고 찬양하며, 환경정의를 준수하고, 그리고 환경적으로 안전한 생활의 발전에 기여할 수 있는 경제적 대안을 촉진"할 것을 결의했다. 이러한 전문에 이어 서술된 환경정의의 17가지 원칙은 앞에서부터 다음과 같은 사항을 포함한다.

① 환경정의는 어머니 지구의 신성함과 생태학적 통일성, 모든 종의 상호결속, 그리고 생태파괴로부터 자유로울 수 있는 권리를 승인한다.
② 환경정의는 공공정책이 모든 인간에게 호혜적 존중과 정의에 근거하기를 요구하며, 어떤 형태의 차별과 편견으로부터도 자유로울 수 있기를 요구한다.
③ 환경정의는 인간과 다른 생명체가 지속적으로 이 행성에서 살 수 있도록 땅을 윤리적이고 균형 있게, 그리고 책임 있게 사용할 권리를 명한다.

④ 환경정의는 하늘과 땅, 물, 그리고 식량을 맑게 할 근본적 권리를 위협하는 핵실험과 폐기물, 유해폐기물 및 유독물질 처리로부터 보편적으로 보호받을 것을 요구한다.
⑤ 환경정의는 모든 인간이 정치적·사회적·문화적, 그리고 환경적 문제를 스스로 결정할 수 있는 근본적 권리를 승인한다.

이와 같이 환경정의운동은 환경정의 원칙의 주창과 더불어 이를 실천하기 위해 다인종적·다민족적 및 국가적·국제적 공동체의 구성을 추구하게 되었다. 1991년 회의에 참여했던 환경정의운동의 구성원들은 1992년 브라질의 리우에서 개최된 '환경과 발전에 관한 유엔 회의(의제 21을 제정·채택한 지구 정상회의)'에서도 지도적 역할을 할 것을 결의했을 뿐만 아니라, 미국 전역과 세계 여러 곳에 산재해 있는 다양한 환경운동단체들을 자극해 환경정의의 원칙들을 실현하기 위한 노력에 더욱 박차를 가하게 되었다. 2002년 전국유색인종환경지도자 제2차 회의에서는 국지적 환경정의 공동체 집단과 좀 더 큰 주류 조직들 간 연대의 구축과 협의를 위한 '협력의 원칙들'을 제정했다.

이러한 환경정의운동에서 새로운 점은 운동에 참여하는 사람들의 고양된 환경의식이나 실천의 강도라기보다, 환경을 둘러싼 담론과 실천의 재정의 또는 재구축을 통해 근본적으로 사회적 및 환경적 변화를 추구하는 방법에 있다고 할 수 있다. 즉 이들은 환경 불평등 및 환경퇴락에 대한 반대와 더불어, 고유한 문화의 존중, 환경정의 자체의 보장, 경제적 대안의 촉진, 정치·경제·문화적 해방의 확보 등을 환경정의운동의 목적으로 설정하고 이를 실현시키고자 한다. 특히 이 운동의 참여자들은 환경정의와 환경인종주의의 개념의 접합, 풀뿌리 정치조직의 새로운 형태의 조성 등을 강조했고, 국지적 생활공동체운동에 기초해 점차 상호 네트워크를 형성해, 국가적·국제적 차원으로 운동을 확산시켜나갔다. 이러한 점들과 관련해 환경정의운동은 기존의 환경운동과는 다른 여러 가지 특성들을 가진다.

우선 환경정의운동은 우리의 일상생활을 규정하면서 사회의 경제·정치적 구조 속에서 발생하는 모든 형태의 불평등에 대해 반대한다. 즉 환경정의운동은 자연환경에서 발생하는 환경퇴락보다는 인간의 일상생활 속에서 자연자원에 대한 접근뿐만 아니라 환경오염에 의한 피해에 있어서 계층적·인종적 차별성에 초점을 두고 이를 반대하며, 나아가 이러한 환경 불평등을 유도하는 권력과 부의 편중된 분배에 대해서도 시정을 요구한다. 미국 사회에서 이러한 불평등은 가장 기본적으로 인종적 차별성에 기초한다는 점에서, '환경적 인종주의'라는 용어가 제시되기도 했으며, 반면 이러한 불평등이 빈곤, 저소득, 사회경제적 능력의 부재 등과 관련된다는 점에서 궁극적으로 자본주의 사회에서의 계급문제로 이해되어야 한다는 주장이 제기되기도 한다(Heiman, 1996). 따라서 환경정의운동의 구체적 실천은 좁은 의미의 자연환경에 그치는 것이 아니라 공동체적 인간생활 및 삶의 질과 관련된 모든 환경적 조건들에 대해 관심을 가졌다. 특히 환경정의운동은 인종적·계급적·성적 차별성에 의한 생태환경적 불평등에 초점을 두고, 문제 해결을 위한 상호존중과 힘의 강화를 추구했다.

이러한 환경정의운동에 의하면, 환경은 단순히 인간생활과 무관한 자연 그 자체가 아니라 일상적 삶이 이루어지는 터전으로 이해된다. 이에 따라 환경정의운동은 사회와 자연 간 구분을 거부하고, 대부분 사람들의 생활이 주로 이루어지는 도시환경의 중요성을 강조한다. 즉

> 환경정의운동의 활동가들은 '새로운 환경주의자'로 그들 자신을

규정하기를 싫어한다. 왜냐하면 그들은 자신들의 운동이 단순히 바다의 '고래나 열대 우림의 보호'를 슬로건으로 내세운 '낡은' 환경운동을 탈피하기 위한 것보다도 훨씬 더 중요한 의미를 가진다고 주장한다. 즉 환경정의운동가들을 '새로운' 시민권 또는 '새로운' 사회정의 활동가들로 이해하는 것이 좀 더 정확할 것이다(Chiro, 1996: 303).

이를 위해 환경정의운동은 좁은 의미의 환경(자연)운동을 능가하며, 다양한 운동들 간 구분을 초월한 지역사회(또는 공동체) 운동에 더 친화적인 활동을 한다는 특성을 가졌다. 그뿐만 아니라 환경정의운동은 경제적·기술적으로 선진국들에 의한 개도국 자연자원의 과잉착취에 대한 원주민들의 저항과 토착적 자연환경과 생물다양성을 보호하고자 하는 이들의 노력 등도 포함하게 되었다. 오늘날 환경정의운동은 세계적·국제적·국가적·지역적 수준에서 자연자원의 분배, 자연재해로부터의 보호 등에 있어 계급, 인종, 성의 차이에 따라 심각한 격차가 발생하고 있음을 지적하고, 이에 대한 공정한 분배와 정당한 보호를 요구하고 있다. 또한 이러한 환경정의에 관한 논의는 한 세대 내 사회적 차원을 능가해, 세대 간 및 종 간의 정의로운 배분문제로 확대되기도 한다(Cooper and Palmer, 1995).

이러한 점에서, 환경정의운동은 주류 또는 전통적 환경운동 및 이들이 견지했던 환경론의 지배적 의미들에 도전해, 환경이론과 실천에 새로운 형태를 만들어내고자 했다. 환경정의운동은 자원의 고갈이나 자연의 황폐화 그 자체보다는 이로 인해 유발되는 자원 이용 및 환경 피해가 성이나 인종과 같은 신체적 조건, 그리고 소득 및 권력 등과 같은 경제·정치적 조건에 따라 불평등하다는 점을 강조한다(Hofrichter, 1993: 3). 나아가 환경정의운동은 이러한 불평등에 대항해 기본적으로 인간의 생명을 지속시켜 나갈 권리로서 생존권, 쾌적하게 생활할 권리로서 환경권, 그리고 부당하게 차별받지 않고 인간다운 삶을 영위할 권리로서 시민권 등을 요구한다. 특히 환경정의운동은 원주민 또는 유색인종이기 때문에 환경정책으로부터 배제되거나 그 피해가 집중적으로 전가되지 않아야 한다는 점에서 소수자 권리 운동으로서 유의성을 가진다(Almond, 1995; Hartley, 1995 참조). 이러한 점에서, 하비(Harvey, 1996: 391)는 "한편으로 힘의 강화와 인격적 자기 존중의 추구, 다른 한편으로 환경주의적 목적의 결합은 환경정의를 위한 운동이 매우 독특한 방법으로 생태적 정의의 목적과 사회적 정의의 목적을 엮어냄을 의미한다"고 해석했다.

미국을 중심으로 환경정의운동이 등장·발전해가는 상황에서, 환경정의의 개념은 정부의 환경정책이나 관련된 제도에서도 주요한 이슈가 되었으며, 또한 학계에서도 환경에 관한 사회과학, 철학 등에서 새로운 연구 주제로 많은 관심을 끌게 되었다. 우선 정책적 측면에서, 실천적 환경정의운동에서부터 시발되었던 환경정의에 관한 주장은 미국 정부의 정책에도 크게 반영되었을 뿐만 아니라, 학문세계에도 주요한 반향을 불러일으켰다. 환경정의운동의 영향으로 1992년 미국에서는 환경정의법이 제정되었으며, 클린턴 행정부의 집권을 위한 인수 과정에 환경정의 팀이 구성되어 환경문제의 인종적·계급적 불평등에 관한 자료 수집과 정책 대안 제시가 이루어지기도 했다. 클린턴 행정부가 출범한 이후에도 미국 환경보호청은 환경정의의 개념에 기초해 환경적 형평성(environmental equity)에 관한 주요한 환경정책들을 입안·시행하고자 했다(Dowie, 1995; Hartley, 1995). 환경정의운동은 또한 학문적으로 환경 불평등이나 환경 인종주의 등과 관련된 경험적 연구를 촉진했을 뿐만 아니라 환경정의를 좀 더 전통적인 사회정의의 철학이나 사회이론의 배경 속에서 개념화하고자 하는 이론적 연구도 활발히 이루어지게 했다.

이와 같이 환경정의운동은 단순히 자연자원의 고갈이나 환경파괴 그 자체를 문제시하기보다는 이러한 문제로 인해 발생하는 자원 접근에의 불평등과 환경 피해에 대한 방어 능력의 차별성을 강조하면서, 이러한 환경적 부정의를 유발하는 경제·정치적 과정에 대해 반대하는 한편 삶의 터전으로서 환경을 공유하는 지역사회 공동체를 건설하고자 한다. 이러한 환경정의운동은 지난 20여 년간 전 세계적 운동으로 확산되었으며, 우리나라에서도 환경정의에 초점을 두고 환경운동을 전개하고 있는 환경정의시민연대를 비롯해, 대부분의 시민환경운동은 환경정의를 주요한이념으로 설정하게 되었다(권해수, 2002: 151~166). 나아가 환경정의운동은 개별 지역이나 국가 단위에서 환경적 이슈를 중심으로 이루어졌던 시민권운동, 반전·반핵운동, 여성운동 등에 함의되었을 뿐만 아니라 세계적 차원에서 이루어지고 있는 세계화 반대운동 또는 대안적 세계화 운동에도 포괄되게 되었다. 즉 세계화 과정에 반대하는 환경정의운동은 초국적기업, 세계은행, IMF와 같은 세계적 금융기구, 그리고 세계무역기구(WTO) 등을 포함한 많은 세계화 기구 및 장치들이 제3세계 국가들에서 사회적 및 생태적으로 파괴적 개발을 촉진하고 있음을 비판하고, 세계의 각 지역들이 고유한 자연환경과 사회문화에 기초해 자율적인 발전 과정을 추구할 수 있어야 함을 강조한다.

3. 환경정의 이론의 발달과 유형

1) 환경정의에 관한 연구의 발달

학문 영역에서, 환경문제를 사회정의와 관련시켜 분석 또는 이해하고자 하는 시도는 1970년대부터 있었지만, 환경정의에 관한 학술적 연구는 실천적 환경정의운동이 어느 정도 자리를 잡고 난 이후, 즉 1990년대 들어와서 본격적으로 추진되었다. 이 점은 1990년대 전반 및 중반부에 환경정의와 관련된 많은 단행본들이 발간되었을 뿐만 아니라, 사회학, 정치학, 지리학, 환경학(좁은 의미) 분야 등에서 많은 학술지들이 환경정의에 관해 특집 주제로 다루었다는 사실에서도 확인된다. 환경정의와 관련된 연구들은 현실 사회에서 환경 불평등이 어떻게 나타나고 있으며 이를 유발하는 배경은 무엇인가에 대한 경험적 분석, 이러한 경험적 연구에 기초해 환경 불평등을 해소 또는 완화하고자 하는 정책적 고찰, 그리고 환경정의의 개념을 좀 더 세련시켜 정형화하고자 하는 이론적 연구(그 외에도 환경정의를 고양하기 위한 교육 등도 포함) 등으로 구분될 수 있다.

환경정의에 관한 경험적 분석은 우선 환경정의운동에서 제시되었던 여러 가지 주장들을 정리하고 체계화하는 작업에서 시작되었으며, 또한 현실세계에서 환경적 부정의가 어떻게 나타나고 있는가를 조사하고자 했다. 즉 이에 관한 연구는 현실세계에서 나타나는 환경문제의 사회공간적 불평등을 경험적으로 분석하고(Bowen et al., 1995: 641~663; 최병두, 1999 참조), 이를 해소하고자 하는 환경정의운동에 한층 세련된 환경정의이념을 제시하거나, 또는 국내 및 국제 환경정책들에 주요한 원칙이나 지침을 제시하고 있다. 환경정의의 관점에서 환경문제의 분석은 자원 이용이나 비용 부담, 피해의 방어 능력, 특히 부의 외부효과를 발생하는 여러 가지 환경기초시설들(매립장, 소각로, 핵발전소 등)의 입지 등이 사회공간적으로 불평등하게 이루어지고 있음에 관심을 두고, 그 불평등이 발생하게 되는 이유를 설명하고자 했다. 즉 환경정의는 다양한 사회·인종적, 정치·경제적 배경하에서 이루어지는 환경적 불평등의 역동성을 설명하기 위한 학술적 연구의 주요 주제가 되었다.

환경정의운동가들이나 이에 관한 연구자들은 현대 사회에서 발생하는 환경문제를 성, 인종, 계급의 문제와 접합시켰으며, 또한 환경정의와 관련된 주장들은 활동가들의 실천에 바탕을 두고 제시되었다는 점에서 주류 환경운동 및 이들의 환경론과는 상이했다. 특히 미국 사회에서 환경적 불평등은 '환경적 인종주의'에 바탕을 두고 인종적 차별성에 우선적인 관심을 두었다(Bullard, 1993; Westra and Wenz, 1995). 그러나 다른 한편 자본주의 사회에서 인종 변수는 빈곤, 저소득, 사회경제적 능력의 부재 등으로 환원될 수 있으며, 따라서 궁극적으로 계급적 문제로 간주되어야 한다고 주장되기도 했다(Heiman, 1996). 환경적 불평등을 야기하는 주요 요인이 인종이든 계급(또는 성)이든 간에 이에 관한 연구들은 환경정의운동을 고무시켰을 뿐만 아니라, 이러한 문제를 해결하려는 정책들의 개발을 촉진시켰다.

환경정의의 실현을 위한 정책의 개발은 우선 이 개념에 기초한 정책 기조 또는 원칙들을 제도화시켰으며, 좀 더 구체적으로 환경문제의 사회공간적 불평등을 시정하고 새로운 정책들이 더는 이러한 불평등을 야기하지 않도록 입안·시행되어야 한다는 점을 강조했다. 그뿐만 아니라 환경정의와 관련된 정책적 논의는 정책의 입안과 시행 과정의 민주성을 강조한다. 즉 환경정의의 원칙은 환경 관련 정책들에서 경쟁하는 대안들 간에 선택을 위한 기준을 제시할 뿐만 아니라 환경정의 개념의 응용은 정책의 합리적 의사결정과 그 효과의 형평성 확인을 위해 시민들의 참여를 필수적으로 요구한다는 점에서 '생태적 민주주의'의 개념을 만들어내기도 했다(Mathews, 1996). 이러한 환경정의 개념을 응용한 경험적 연구나 정책적 대안 제시는 일국적 상황에서 나아가 국제적 규모로 확대되고 있다. 예를 들어 선진국들의 자본에 의해 직·간접적으로 촉진되고 있는 후진국들의 열대림 개발과 원주민들의 생활과 문화 터전의 파괴, 또는 선진국들의 공해산업과 폐기 물질의 후진국 수출 등은 국제적 환경정의의 측면에서 강력히 비판되고 있으며, 지구온난화 등 지구적 환경문제의 해결을 위한 부담에도 국제적 환경정의의 개념이 응용되기도 한다(Cooper and Palmer, 1995; Michael, 1997; 윤순진, 2002).

환경정의의 개념을 세련시키기 위한 이론적 연구는 우선 환경정의운동에서 제시되었던 여러 가지 주장을 정리해 체계화하는 작업에서부터 시작되었지만, 점차 학문적 영역으로 깊게 들어감에 따라 사회정의와 관련된 기존의 다양한 사회이론적 또는 철학적 전통이나 사상 중 특정한 입장과 관련시켜 새로운 환경정의의 개념을 구축하고자 했다(Wenz, 1988). 이러한 전통이나 사상들은 다음에서 논의할 바와 같이 다양한 유형으로 구분될 수 있다. 또한 환경정의론이 어떤 측면에 초점을 두는지에 따라, 형식적 정의론과 실질적 정의론으로 구분되거나 자원의 수혜와 부담의 배분에서의 분배적 정의론이 강조되기도 했다. 그리고 다양한 이론들의 개진으로 환경정의의 개념이 혼돈을 일으키거나 때로 대립적 갈등을 유발함에 따라, 이 개념을 둘러싸고 크고 작은 논쟁들이 빈번하게 제기되었다(Almond, 1995; Hampson and Reppy, 1996). 그뿐만 아니라 일부 학자들은 개별 환경정의론이 지닌 한계를 극복하기 위해 각각의 장·단점들을 고찰한 후 종합하거나 각 환경정의론이 제시하는 학문적·현실적 배경을 고찰하고, 내재된 문제점들을 분석하기도 했다(Harvey, 1996; Low and Gleeson, 1998).

이러한 학문적 열기 속에서 환경정의에 관한 학술적 관심이 전 세계적으로 확산됨에 따라, 1997년 호주에서 환경정의에 관한 대규모 국제학술대회가 개최되기도 했다(문순홍, 1997: 82~105; Low, 2000). 우리나라에서도 환경정의에 대한 관심은 1990년대 중반부터 시작되어, 그동안 많은 연구 결과물들이 발표되었고, 시민사회에서의 환경정의운동에도 상호 영향을 미치게 되었다(이상헌, 1995: 349~376; 도다 기요시, 1994; 최병두, 1999 참조). 또한 환경정의에 관한 이론화 작업 및 현상들에 관한 연구가 많은 관심을 끌고 그 결과물들이 누적됨에 따라, 이를 교육에 적용하고자 하는 노력들도 이루어지게 되었다. 환경정의 교육은 분배의 제약과 재난적 피해를 바로잡기 위한 활동 프로젝트, 공동체 구축, 연대적 저항, 지식 네트워크 등을 주요한 주제로 설정하고 있다. 궁극적으로 환경정의 교육은 저소득 및 유색인 지역사회에 전가되는 부담의 불평등에 저항할 수 있는 능력을 함양해 새로운 환경공동체의 건설을 목적으로 하고 있다(Bowers, 2002 참조).

2) 환경정의 이론의 유형과 전망

환경정의에 관한 연구가 점차 학문적 영역으로 깊게 들어감에 따라, 많은 사회이론가들과 철학자들은 사회정의와 관련된 기존의 다양한 사회이론적 또는 철학적 전통이나 사상들 중 특정한 입장과 관련시켜 새로운 환경정의의 개념을 정형화하고자 했다(Wenz, 1988; Harvey, 1996; 최병두, 1999 참조). 이러한 전통이나 사상들에는 다양한 정의론들, 즉 자유론적 정의론, 공리주의적 정의론, 계약론적 정의론, 마르크스주의적 정의론, 포스트모던 정의론 등을 포함하며(<표 1> 참조), 그 외에도 칸트적 정의론, 아리스토텔레스의 덕목적 정의론, 동물권 개념, 생물종 개념 등 많은 관점이나 입장이 도입되어 환경정의에 관한 논의를 다양하게 했다.

자유론적 정의론, 공리주의적 정의론, 그리고 계약론적 정의론은 모두 넓은 의미의 자유주의적 정의론에 속한다고 할 수 있다. 이런 이론은 세부적으로 여러 측면에서 차이가 있으며, 때로 상호 비판적이지만,

〈표 1〉 환경정의론의 여러 유형

구분		원리	주요 내용	고전 사상가
자유주의적 환경정의론	자유론	자유와 보상	타인의 생명과 재산에 영향을 미치는 행위를 제외한 모든 행위는 허용되지만, 만약 이 (환경오염) 행위로 피해를 미쳤다면 적절하게 보상해야 한다.	로크
	공리주의	최대 복지 (공동의 선)	환경개발의 이익이 환경보전에 의한 복지를 더 크게 훼손하거나, 개인의 재산권 행사가 사회생태적 문제를 유발한다면, 공동의 선의 관점에서 제한될 수 있다.	벤담, J. S. 밀
	계약론	최소최대화와 공정성	자원 이용, 이를 위한 소득, 오염으로부터 자유로울 수 있는 자존감 등은 이들의 불평등한 분배가 최소 수혜자에게 이득을 주지 않는 한 평등하게 분배되어야 한다.	루소, 롤스
마르크스주의 환경정의론		필요와 노동	인간과 자연 간을 매개하는 노동 과정에 공동체적으로 참여하며, 이를 통해 생산된 자원을 필요에 따라 분배한다.	마르크스
포스트모던 환경정의론 (심층생태학 포함)		공생과 차이	다양성과 공생은 발전의 잠재력이며, 타자성이 존중되고, 생태적·문화적 차이들이 인정되어야 한다.	스피노자, 니체

정의를 개인들 간 의무관계 및 사회적 균형과 조화라는 관점에서 이해하며, 분배적 측면에서 정의를 강조한다는 점 등에서 공통점이 나타난다. 이러한 자유주의적 환경정의론은 환경 평등, 갈등 해소, 정당한 몫 분배, 협상을 통한 타결 등 여러 가지 자유주의적 개혁을 뒷받침하지만, 이러한 문제들을 발생시키는 근본적 문제들에 관해서는 간과하고 있다는 점에서 비판받기도 한다. 이러한 자유주의적 환경정의론의 문제점들을 해소

하고 환경정의에 대한 대안적 개념을 모색하기 위해 마르크스주의적 환경정의론 또는 포스트모던 환경정의론이 논의되고 있다.

 마르크스주의 환경정의론은 인간과 자연 간을 매개하는 노동에의 공동체적 참여와 그 생산물인 자원의 필요에 따른 분배에 기초한다. 마르크스주의 환경정의론을 분배적 정의의 관점에서 보면, 호혜적 정의를 강조하는 일부 자유주의적 정의론(예를 들어 롤스의 정의론)과 내용이 유사하다. 그러나 후자는 대체로 절차적·형식적 정의로서 호혜성을 강조한다면, 전자는 좀 더 실질적인 (그 결과로서) 정의로서 호혜성을 강조한다. 그뿐만 아니라 마르크스주의 정의론에서 가장 핵심적인 부분은 분배적 정의가 아니라 생산적 정의라고 불릴 수 있는 개념이다. 그러나 마르크스주의 환경정의론은 인간과 자연 관계 및 인간들 간의 관계에서 물질적 측면을 강조하고, 자연의 무(無)제한성을 전제로 생산성의 지속적 발전이 가능한 것처럼 인식하도록 했다는 점에서 비판되고 있다.

 포스트모던 환경정의론은 일반적으로 생태 중심적 입장에서 자연과의 관계를 통한 자아실현 또는 공생을 강조하고 생태적·문화적 차이가 인정되어야 한다고 주장한다. 이러한 입장은 스피노자나 니체의 철학에 소급되지만, 최근 몇 가지 주요한 환경론, 특히 심층생태학 및 이와 관련된 에코페미니즘이나 포괄적으로 급진적 환경론으로 불리는 일단의 환경론, 그리고 포스트모던 철학자 군에 직접 속하는 학자들의 주장에서 찾아볼 수 있다. 이들은 예를 들어 현대문화에서 탁월한 지배논리는 타자로서 타인에 대한 관심이 부족하다는 점을 지적하고, 생물 지역주의(bio-regionalism)에 기초해 타자성을 존중하고 어떠한 타협에의 강제 없이 생태적·문화적 차이들이 존재할 수 있게 해야 한다고 주장한다. 포스트모던 환경정의론은 특히 생태적·문화적 차이들 속에서의 공생을 강조하며, 이러한 차이에 근거하여 타자와의 상호 승인을 전제로 한다는 점에서 주요한 개념적 시사점을 제시하고 있다. 그러나 이는 자연 생태 그 자체에 어떤 내재적 가치를 가진다고 강조함으로써 때로 생태적 신비주의에 빠질 때가 있으며, 환경 불평등이 발생하는 배경에 관한 원인 규명을 소홀히 하고 있다.

이와 같이 경험적·정책적으로뿐만 아니라 학문적으로 환경정의에 대한 관심이 급속히 확산되면서, 이의 개념화를 위한 다양한 사회이론적 및 철학적 전통이 동원되기 시작했고, 환경정의론은 매우 보수적이고 우파적인 경향에서부터 상당히 급진적이고 좌파적인 경향에 이르기까지 다양한 유형을 포괄하게 되었다. 이러한 상황에서 하나의 환경정의론이 다른 어떤 환경정의론들에 비해 우월하다고 주장하기는 어려우며, 또한 벤츠(Wenz, 1988)가 주장하는 바와 같이, 설령 어떤 환경정의론이 한 상황에서는 적합하다고 할지라도 다른 상황에서도 그렇게 적용될 것이라는 보장도 없다. 그렇지만 다른 한편 특정한 환경정의론이 특정한 집단이나 특정 상황에 적합하며, 다른 환경정의론들은 다른 집단이나 상황에 적합하다고 인정하게 되면, 상대주의적 딜레마에 빠지게 된다. 이러한 점에서, 우리는 다양한 환경정의론들을 어떻게 재해석할 것이며, 그리고 이를 어떻게 체계적으로 종합 또는 재구성할 것인가라는 의문을 가지게 된다.

이러한 의문을 해소하기 위해 환경정의에 관심을 가지는 여러 학자들은 이들을 비교하거나 종합하고자 했지만, 아직 통합된 환경정의 이론이 구축되었다고 보기는 어렵다. 그러나 통합된 환경정의 이론을 정립하기 위한 예비 작업으로 환경정의 이론이 적용될 영역들과 각 영역에 적용될 기준들을 설정할 필요가 있다. 즉 환경정의론은 인간-자연 간의 관계와 더불어 인간들 간의 관계를 포괄하며, 또한 이 관계들에서 물질적 연계뿐만 아니라 상징적 연계를 적절하게 포착할 수 있어야 한다는 점에서,

〈표 2〉 환경정의의 세 가지 범주와 원칙

정의의 범주	분배적 정의	생산적 정의	승인적 정의
정의의 영역	자연자원을 매개로 한 인간들 간 관계	노동을 매개로 한 인간과 자연 간 물질적 관계	상호 승인에 의한 인간과 자연 간 상징적 관계
정의의 원칙	필요의 원칙	노동의 원칙	담론의 원칙
사회(정의) 영역의 확장	사회 영역의 확장	경제 영역의 확장	문화 영역의 확장
철학적 전통	자유주의적 특히 롤스의 정의론	마르크스의 정의론	니체 또는 포스트모던 정의론

현실세계의 구성 범주들을 분석적으로 설정하는 것이 중요하다. 또한 환경정의가 적용되는 각 관계에 어떤 보편적 원칙들이 내재하며, 이러한 원칙(들)에 따라 실제 그 관계가 정의로운지 그렇지 않은지를 평가할 수 있어야 한다. 따라서 이러한 원칙들은 그 관계를 매개하는 요소들에 기초해야 할 것이다. 끝으로 이러한 환경정의론이 기존의 사회질서 또는 지배관계를 유지하기 위한 이데올로기로서 사용될 수 있는 가능성을 방지할 수 있어야 한다.

이러한 점들에 유의해 범주화된 영역과 원칙들에 따른 환경정의론은 <표 2>와 같이 요약된다. 즉 환경정의가 적용될 현실세계의 영역은 자연자원을 매개로 한 인간들 간의 관계, 노동을 매개로 한 인간과 자연 간의 물질적 관계, 그리고 상호 승인을 매개로 한 인간과 자연 간 상징적 관계로 구분하고, 이와 관련해 환경정의론이 포괄할 기본 범주를 분배적 정의, 생산적 정의, 승인적 정의로 설정할 수 있다. 이러한 각 범주에서의 정의는 상호 관련되어 있지만 그 관계에 내재되어 있는 원칙들에 근거해 평가된다. 이러한 환경정의의 세 가지 범주는 기본적으로 관계에 초점을 둔 것이지만, 기존의 사회정의 이론들이 근거를 두고자 했던 사회의 각 영역, 즉 사회(좁은 의미)적 정의, 경제적 정의, 그리고 문화적 정의가 자연을 포함할 수 있도록 확장된 것이라고 할 수 있다. 또한 각 범주의 정의의 원칙과 그 내용은 완전히 새롭다기보다는 이들에 가장 적절한 기존의 철학적 전통들의 재구성을 통해 제시될 수 있을 것이다. 이와 같이 각 영역별 범주화와 원칙에 근거한 환경정의 이론은 개별 사안에 따라 어떤 유형의 정의가 우선적으로 적용될 것인지를 이해할 수 있게 하는 한편 보편적으로 적용될 수 있는 범주와 기준을 설정한다는 점에서 사회공간적으로 국지적 규모에서부터 세계적 규모에 이르기까지 모든 규모에 적용될 수 있는 새로운 보편적 윤리를 제공한다고 할 수 있다.

4. 시장의 논리를 넘어 환경정의의 윤리로

오늘날 촉진되고 있는 세계화 과정은 기본적으로 시장의 논리에 근거를 두고 있다. 시장은 국가와 사회의 복지가 아니라 기업의 이윤 극대화를 위해 작동한다. 이에 따라 시장을 규제하는 국가 또는 사회의 힘이 아니라 국가와 사회를 규율하는 시장의 힘이 세계를 지배하고 있다. 이러한 시장의 논리를 옹호하는 신자유주의적 입장에 의하면, 시장은 환경적 외부성을 해결하기 위한 가장 적절한 메커니즘이며, 시장논리에 따를 때 물질적 희소성은 더는 세계 경제에 대한 위협으로 간주되지 않게 된다. 즉 선진국들에 경제적 산출에서 물질적 및 에너지 의존도가 기술 혁신에 따라 크게 감소한 것처럼 인식됨에 따라, 경제 및 기술의 추가적 발전이 이로 인해 발생한 환경위기의 치유를 위해 가장 적절한 방법이라고 주장된다. 국제무역에서도 자원의 수출 증대는 비록 자연의 착취를 증대시키지만, 유휴자원을 이용해 경제를 성장시키면 사회적 부의 증대와 더불어 희소 자원을 보호하는 데도 이바지할 수 있다고 강변한다(Bommer and Schulze, 1999: 639~661). 좀 더 포괄적으로 자본의 자유로운 이동은 개발도상국들의 경제성장을 촉진해, 선진국과의 소득 격차를 줄여줄 것으로 기대된다. 따라서 세계화는 선진국이라기보다는 개발도상국들에게 더 큰 혜택을 줄 것이며, 이에 따라 빈국 내에서 자본의 투입으로 고용이 증대할 때, 국내 소득 불평등도 감소함으로써 사회가 지속적으로 발전할 것이라고 주장한다.

세계화와 신자유주의적 정책이 각 국가의 지속 가능한 발전과 병존할 것이라는 이러한 주장은 선진국이나 개도국의 많은 정치가들이 공유하고 있으며, 특히 주류 경제학자들과 세계은행, WTO, IMF 등과 같은 국제기구들에 의해 강조되고 있다(Muradian and Martinez-Alier, 2001). 그러나 이러한 낙관적·신자유주의적 인식을 심각하게 부정하는 여러 가지 사실들이 존재한다. 세계적으로 빈국과 부국 간 1인당 소득의 격차는 지난 1970년대 이후 계속 증대하고 있다. 또한 대부분의 개도국들은 여전히 심각한 경제적 침체, 나아가 경제적 위기를 경험하고 있다. 소득 불평등은 국가들 간에서뿐만 아니라 국가 내에서도 심화되고 있으며, 심지어 영국이나 미국과 같은 선진국들에서도 증대되고 있다. 후진국에 대한 국제적 원조가 감소하고, 기아와 질병이 계속되고 있다. 전형적인 예로 에이즈 치료제의 국제적 독점으로 인해, 아프리카와 일부 동남아시아 국가들에서는 에이즈가 광범위하게 확산되고 있다. 후진국에 대한 직접투자는 대체로 소수 자원보유국들(특히 석유)에 한정된다. 개발도상국에 대한 해외 직접투자에서 공해집약산업들(화학, 펄프 및 종이, 연료 등)의 비중이 국내적 투자보다도 훨씬 높다. 선진국의 GDP에서 물질 의존도가 줄어들고 이에 따라 경제의 '탈물질화'가 기대되고 있지만, 실제 선진국들은 양적으로 계속 더 많은 물질을 소모하고 있는 반면, 대부분의 개도국들은 자연자원의 수출국으로 남아 있다.

신자유주의적 자유시장의 논리는 개도국들이 자연자원의 생산과 교역에서 비교우위를 가지며 이에 따라 이 분야의 개발을 촉진해야 하는 것으로 이해하게 한다. 그뿐만 아니라 실제 조사에 의하면, 남미 국가들은 무역 자유화와 세계 경제에 편입되면서 자연자원·원료가공 산업은 성장한 반면, 다른 공업 부문에서는 쇠퇴한 것으로 나타나고 있다. 게다가 무역자유화 이후 총 수출에서 특정 품목(대부분 1차 산품)이 차지하는 비중은 오히려 증가했다(Muradian and Martinez-Alier, 2001). 선진국들은 후진국들의 자연자원을 보존해야 할 세계적 유산이라고 강조하면서도, 실제 후진국들의 자원 채굴을 강제하고 있는 것은 선진국에 근거를 두고 있는 (초국적) 자본 또는 이와 일정한 관계를 가진 후진국의 매판자본들의 이윤을 보장하기 위한 것이라고 하겠다.

이러한 점에서, 자연환경의 보전을 명분으로 한 국제적 규제전략은 국제 환경정의가 아니라 실제 자본 축적전략과 밀접하게 관련되어 있다(Michael, 1997). 이른바 '녹색축적체제(green regime of accumulation)'를 선도하고 있는 유전자조작 기술과 같은 생물기술(bio-technology)을 사례로 들 수 있다(Martinez-Alier, 1997). 1990년대 들어와서 미국뿐만 아니라 EU 국가들과 일본 등은 생물기술을 새로운 전략적 산업 영역으로 설정하고, 엄청난 투자를 했다. 세계은행은 생물기술을 통한 새로운 녹색혁명이 후진국의 식량부족 문제를 해결할 것이라고 확신하고, 이에 대해 대대적인 지원을 했다. 그러나 이들은 현재 생산되고 있는 식량을 어떻게 배분할 것인가에 대해서는 아무런 논의도 하지 않은 채, 생물기술의 발달만이 유일한 해결책인 것처럼 제시하고 있다. 심지어 생물기술 개발을 위해 많은 비용이 들고, 실패할 가능성이 높기 때문에, 개발된 제품이나 기술에 대해 높은 이윤이 보장되어야 한다고 주장하기도 한다.

세계화를 추동하는 자본주의 경제는 이러한 시장의 논리에 따라 작동하면서 어떠한 비화폐적 대가(특히 노동과 자연의 가치)를 치르고서라도 자본을 축적시키고자 한다. 예를 들어 기업들은 더 많은 이윤을 얻기 위해 아직 사용가치를 가지고 있는 생활용품들을 폐기하고 새로운 제품들을 구매하도록 마케팅 전략을 세운다. 이로 인해 제품의 수명은 단축되고, 자원 소모량은 급속히 증가하면서 자원고갈이 촉진되고, 오염물질의 배출량도 크게 늘어나게 된다. 세계화 과정 속에서 이러한 문제는 심각한 국제 환경문제를 초래한다. 부유국에 기반을 둔 자본은 자신의 투자수익을 최대한 신속하게 회수하기 위해 1~2년 만에 최초의 투자액만큼 이윤을 요구하는 일도 종종 발생한다. 그뿐만 아니라, 이러한 자본회전의 가속화는 사실 미래세대가 사용해야 할 자원의 남용을 가져온다. 즉 환경의 실제적 보호는 다가올 세대들의 필요라는 시간의 확장을 요구하지만, 자본은 가능한 한 빠른 시간 내에 더 많은 이윤을 얻기 위해 시간의 단축을 강제한다. 이로 인해, 지속 가능한 발전을 촉진시키기 위한 장기적인 환경정책은 가능한 한 회전기간을 단축시키고자 하는 자본의 요구와는 대립된다(Foster, 2001).

이러한 시장의 논리가 작동하기 위해서는 모든 재화와 서비스가 상품화되어야 한다. 자연자원은 노동이나 자본에 의해 생산된 것이 아님에도 불구하고, 시장경제를 위한 생산요소로서 다른 생산요소들과 마찬가지로 상품화된다. 예를 들어 기후변화는 대기의 온실가스가 다량으로 배출·누적되어 이제껏 안정적으로 유지되어온 기후체계에 변이를 일으켜 자본의 지속적인 축적에 제한을 가하게 되는 위협요소로 인식된다. 이러한 문제를 해결하기 위해 기후온난화방지협약이 체결되었지만, 중국과 같은 개발도상국뿐만 아니라 미국과 같은 부유국들은 자국의 경제성장이나 초국적자본의 압박하에서 이의 가입을 유보하고 있다. 그뿐만 아니라 기후온난화 문제에 대한 자본주의적 해법은 자본주의 시장의 형성과 운용이 탄소의 순환과 같은 자연 과정을 효율적으로 통제할 수 있다고 가정한다. 이러한 가정하에서 대기에 대한 사유권의 배분이 이루어지고 이를 통해 대기가 교환 가능한 상품으로 전화되며, 나아가 이 과정에서 지속적인 이윤 획득을 위해 대기의 현명한 보존과 관리를 필요로 하면서 대기가 자본의 자산의 일부로 포섭된다.

세계적 환경위기를 자본의 입장에서 보면, 지속적인 성장을 위해서 더는 자연을 자본의 영역 밖에 두고 무제한 착취할 수 있는 대상으로 간주할 수 없게 되었다. 국가 간 또는 세대 간 형평성이나 지속가능성 원칙을 도외시한 채, 대기를 상품화하고 기후시장을 형성·활용하는 '자연의 자본화' 전략이 도입되고 있다. 환경비용은 이제 생산비용에 내재화되어야 한다. "자연의 자본화란 자연을 자본의 지속적 성장기반으로서 자본의 내재적 범주로 파악해 자본의 끊임없는 성장을 위해 자연의 보존 및 재생산을 도모하는 전략을 말한다"(윤순진, 2002). 이른바 교토 메커니즘은 시장의 활동이 온실가스를 가장 효율적으로 감축할 수 있다는 논리에 의존해, '자연의 자본화'를 추진함으로써 세대 간, 세대 내 형평성을 악화시키는 방향으로 작용하고 있다.

이러한 시장논리에 의해 추동되고 있는 세계화에 관한 논제는 환경문제와 밀접한 관련을 가진다. 즉 "생태적 문제는 세계적 체계의 새롭고 가속적인 상호의존성을 드러내며, 모든 사람들로 하여금 개인적 활동과 지구적 문제 간 연관성을 이해할 수 있도록 한다"(Giddens, 1991: 221). 세계적 환경문제 가운데 온실가스와 기후온난화, 오존층의 파괴 등은 비교적 새로운 논제이지만, 과잉인구와 자원 부족 같은 문제는 매우 오래된 논쟁점이었다. 사실 근대사회 발달 이후 세계화는 3차례에 걸쳐 이루어져왔다. 첫 번째 단계는 (콜럼버스가 아메리카 대륙을 탐험한 이후) 지난 500년에 걸쳐 미국, 아프리카, 아시아, 그리고 호주 등이 유럽에 의해 식민화되었다. 두 번째 단계는 (2차대전이 끝난 이후) 지난 50년간 탈식민화시기에 서구의 발전논리가 비서구적 사회로 확산되어 신식민화를 초래했다. 세계화의 세 번째 단계는 (1993년 우루과이 라운드를 통해 GATT 체제가 완결된 이후) 지난 10여 년간 자유무역의 시기에 이루어진 것으로, '재식민화'가 촉진되는 시기라고 할 수 있다. 세계화의 각 단계는 서구적 이해관계에 봉사했으며, 다른 문화와 환경에 큰 충격을 주었다(Shiva, 1999).

현재 추진되고 있는 세 번째 단계의 세계화 과정의 핵심은 완전한 자유무역이다. 제2차 세계대전 이후 촉진되어온 자유무역, 특히 WTO 체제로의 전환 이후 1994년 미국, 캐나다, 멕시코 간에 체결되었던 북미자유무역협정(NAFTA) 등과 같은 국가 간 자유무역협정과 그 효과는 최근 우리나라가 추진하고 있는 자유무역협정이 어떠한 결과를 초래하게 될 것인지를 유추할 수 있게 한다. 사실 자유무역협정이 체결될 때, 첫째는 외국투자자의 권리는 내국민 대우 또는 최혜국 대우 등을 통해 한국의 환경권보다 더 우월한 지위를 가질 수 있으며, 둘째는 이행의무 부과 금지 등을 통해 우리나라 정부의 환경 관련 규제를 약화시킬 우려가 있고, 셋째는 환경규제를 둘러싸고 분쟁이 발생할 때 '국가에 대한 제소권'을 통해 그 분쟁해결 절차에서 외국기업에 유리한 조건을 보장하게 된다. 이러한 자유무역협정이 체결되면, 제3세계 국가에서 그동안 주로 공기업으로 운영되어오던 자원 관련 산업은 국제적 압력과 자본의 부족에 따른 민영화, 특히 다국적기업들에게 매각될 가능성이 높다. 이에 따라, 독과점적 관행이 자원의 국제적 가격을 통제하게 되었으며, 이를 통해 얻게 되는 이윤은 다국적기업들의 수중으로 들어가게 된다.

자유무역 비판가들은 공해산업이 개도국의 이른바 '공해 천국'들로 재입지하기 때문에 환경기준이 퇴락하게 된다는 '바닥을 향한 경주(racing to the bottom)'에 대한 우려를 제기하고 있다. 그러나 세계은행은 이러한 우려에 대해 경험적으로 반박하기 위한 연구들을 제시하면서, "세계화 시대 동안 4개국(미국, 중국, 브라질, 멕시코)의 주요 도시에서 매우 위험스러운 형태의 대기오염이 실제로 감소했다"고 주장하고 있다(Wheeler, 2000). 이러한 현상이 나타나는 이유 가운데 하나는 직접투자를 통해 유치한 대규모 다국적기업들이 OECD의 환경기준을 개도국의 공장에 일반적으로 적용하기 때문이라고 설명한다. 그러나 실제 미국국제경영협회(USCIB)가 "우리는 정부나 기업에 부과하는 환경, 노동에 관한 일체의 구속력 있는 의무를 반대한다"는 말에서 드러나듯이, 초국적자본은 개도국에 투자하면서 노동과 환경에 대해 당사국의 규제가 없거나 최소화되기를 바란다. 이에 따라 외국자본을 경쟁적으로 도입하고자 개도국의 기업이나 지방정부는 투자협정을 맺으면서 가능한 한 이러한 규제에 대해서는 언급하지 않으려고 한다. 기본적으로 아무런 규제장치가 없는 시장 메커니즘이 환경기준을 강화하는 쪽으로 작동하기에는 어렵다는 점과, 자국에서 환경 부담을 줄이기 위해 환경 관련 규제가 느슨한 제3세계 국가로 진출하는 초국적기업들이 적지 않을 것이라는 점 등을 감안해볼 때, 초국적자본이 개도국의 환경개선에 기여했다는 주장은 허구적인 이데올로기에 불과하다고 할 수 있다.

이러한 점에서 시장의 논리가 인류의 당면한 환경위기를 해결해줄 것이라고 기대하기는 어렵고, 따라서 시장의 논리는 좀 더 명시적인 세계적 윤리로서 환경정의의 원칙으로 전환되어야 할 것이다. 자본의 세계화 과정과 이의 일환으로 추진되고 있는 자유무역협정 등의 이면에서 작동하는 시장의 논리가 국가(지역) 간, 계층(세대) 간에 형평성을 가져다주기보다는 불평등을 심화시키고 있음이 경험적으로나 학문적으로 분명하다고 하겠다. 이러한 환경 불평등은 인간의 삶과 그 터전을 황폐화시킬 뿐만 아니라 자본주의 경제 자체를 지속 불가능하게 한다. 왜냐하면 그동안 선진국의 자본주의 경제가 발달할 수 있었던 것은 제3세계의 저렴한 자원 공급과 이로 인한 자연환경의 파괴를 대가로 한 것이지만, 제3세계 국가들에서 일정 정도 이상의 저렴한 자원 공급이 불가능할 정도로 자연환경이 파괴되고 있는 상황에서 선진국의 자본주의 경제는 더는 발달할 수 없는 단계에 도달하게 되었기 때문이다.

　이러한 상황에서 선진자본주의 국가들이 제3세계 국가들을 더욱 압박하게 되면, 결국 자원전쟁이 발발하게 된다. 1990년의 걸프전쟁과 2000년대에 들어와서 세계적 위기를 고조시킨 아프가니스탄과 이라크에 대한 미국의 침공은 사실 자원 확보를 위한 전쟁이라고 할 수 있다. 21세기에는 석유뿐만 아니라 물이나 그 외 점차 고갈·희소화되는 자원의 확보를 둘러싸고 심각한 전쟁이 발생할 가능성이 고조되고 있다. 그뿐만 아니라 환경오염 물질들의 월경 현상에 따르는 이에 의한 피해 보상과 관리를 둘러싸고 국제적 긴장이 심화될 수 있다. 이와 같이 자원과 환경문제를 둘러싸고 발생할 수 있는 생태전쟁(eco-war)은 자원의 불평등한 접근과 이용을 더욱 심화시키면서 지구환경을 황폐화시킬 것이다. 이러한 생태전쟁으로부터 지구환경을 구하고 인류사회의 지속 가능한 발전을 위해, 시장의 논리에서 환경정의 원칙으로의 전환이 불가피하다고 하겠다. 이 지구 상에서 인간은 처음에는 살아남기 위해, 그리고 그 이후에는 정복하기 위해 수천 년에 걸쳐 자연과 전쟁했다. 이제 그 전쟁이 끝나서 우리는 그 덕분에 풍요로운 삶을 누릴 수 있게 된 것처럼 보인다. 그러나 그 결과로 자연은 돌이킬 수 없을 정도로 황폐화되고 있으며, 또한 그 과정에서 환경 불평등이 확대되고 있다.

앞으로 이로 인한 생태전쟁의 긴장이 심화된다면, 인류는 결국 파국을 맞게 될 것이다. 환경정의만이 이러한 파국을 막을 수 있는 유일한 대안이라면, 세계화를 추동하는 시장의 논리는 지구공동체 건설을 위한 환경정의의 윤리로 대체되어야 할 것이다.

참고문헌_ 2장 지구공동체 윤리로서 환경정의

권해수. 2002. 「우리나라의 환경정의운동 연구」. ≪한국사회와 행정연구≫, 13(2).
문순홍. 1997. 「환경정의와 지구 윤리 참관기」. ≪환경과 생명≫, 14.
윤순진. 2002. 「전지구적 환경위기와 기후변화협약 그리고 환경정의」. 대안사회포럼 2002 신자유주의 세계화와 사회의 실종: 공공성의 위기. 2002. 3. 30 발제문.
이상헌. 1995. 「새로운 환경정의론의 모색」. 『새로운 공간환경론의 모색』. 한국공간환경학회 편. 한울.
최병두. 1995. 『환경사회이론과 국제환경문제』. 한울.
_____. 1999. 『환경갈등과 불평등』. 한울.
한면희. 2002. 「세계화 시대의 환경정의」. 성균관대학교 인문과학연구소 편. ≪인문과학≫, 32.
환경부('97세계환경의날추진기획단). 1997. 「환경윤리에 관한 서울 선언문」.
도다 기요시(戶田淸). 1994. 『環境的公正を求めて』. 新曜社(김원식 옮김. 1996. 『환경정의를 위해』. 창작과 비평).

Adamson, J., M. M. Evans and R. Stein(eds.). 2002. *The Environmental Justice Reader: Politics, Poetics, and Pedagogy*. Tucson: The Univ. of Arizona Press.
Almond, B. 1995. "Rights and justice in the environment debate." in D. E. Cooper and J. A. Palmer(eds.). *Just Environments: Intergenerational, international and interspecies issues*. London and New York: Routledge.
Bommer, A. and G. Schulze. 1999. "Environmental improvement with trade liberalization." *European Journal of Political Economy*, 15.
Bowen, W. M. et al. 1995. "Toward environmental justice: spatial equity in Ohio and Cleveland." *Annals of the Association of American Geographers*, 85(4).

Bowers, C. A. 2002. "Toward an eco-justice pedagogy." *Environmental Education Research*, 8(1).

Bryant, B.(ed.). 1995. *Environmental Justice: Issues, Policies and Solutions*. Washington D. C.: Island.

Bullard, R.(ed.). 1993. *Confronting Environmental Racism: Voices from the Grassroots*. Boston: South End Press.

_____(ed.). 1994. *Unequal Protection: Environmental Justice and Communities of Color*. San Francisco: Sierra Club Books.

Chiro, G. D. 1996. "Nature as community: the convergence of environment and social justice." in W. Cronon(ed.). *Uncommon Ground: Toward Reinventing Nature*. New York and London: W. W. Notron Co.

Cooper, D. E. and J. A. Palmer. 1995. *Just Environments: Intergenerational, International and Interspecies Issues*. New York and London: Routledge.

Dowie, M. 1995. *Losing Ground: American Environmentalism at the close of the Twentieth century*. Cambridge, Massachusetts: The MIT Press.

Foster, J. B. 2001. "Ecology against capitalism." *Monthly Review*, 53(5).

Giddens, A. 1991. *The Consequences of Modernity*. Cambridge: Polity.

Gottlieb, R. 1993. *Forcing The Spring: The Transformation of the American Environmental Movement*. Washington D. C.: Island Press.

Hampson, F. O. and Reppy, J.(eds.) *Earthly Goods: Environmental Change and Social Justice*. Ithaca: Cornell University Press.

Hartley, T. W. 1995. "Environmental justice: an environmental civil rights value acceptable to all world views." *Environmental Ethic*, 17(3).

Harvey, D. 1996. *Justice, Nature and the Geography of Difference*. London: Blackwell.

Heiman, M. K. 1996. "Race, waste and class: new perspectives on environmental justice." *Antipode*, 28(2).

Hofrichter, R.(ed.) *Toxic Struggles: The Theory and Practice of Environmental Justice*. Philadelphia: New Society Publishers.

Jamieson, D. 1994. "Global environmental justice." in R. Atfied and H. Belsey(eds.).

Philosophy and the Natural Environment. Cambridge: Cambridge Univ. Press.

Katz, E. 1997. "Imperialism and environmentalism." in R. S. Gottlieb(ed.). *The Ecological Community.* New York and London: Routledge.

Low, N. P. 2000. *Global Ethics and the Environment.* New York and London: Routledge.

Low, N. P. and B. J. Gleeson. 1998. *Justice, Society and Nature: An Exploration of Political Ecology.* New York and London: Routledge.

Martinez-Alier. 1997. "The Merchandising of Biodiversity." in T. Hayward and J. O'Neil(eds.). *Justice, Property and the Environment.* Aldershot: Ashgate(허남혁 번역 축약. 1999. 「생물다양성의 상품화」. ≪농민과 사회≫, 겨울호).

Mathew, F.(ed.). 1996. *Ecology and Democracy.* London: Frank Cass.

Michael, M. A. 1997. "International Justice and wilderness preservation." in R. S. Gottlieb(ed.). *The Ecological Community.* New York and London: Routledge.

Muradian, R. and J. Martinez-Alier. 2001. "Globalization and Poverty: An Ecological Perspective, World Summit Papers of the Heinrich Boll Foundation No.7." from http://www.worldsummit2002.org/publications/wsp7.pdf.

Shiva, V. 1999. "Ecological balance in an era of globalization." in N. Low(ed.). *Global Ethics and Environment.* New York and London: Routledge.

Szasz, A. 1994. *Ecopopulism: Toxic Waste and the Movement for Environmental Justice.* Minneapolis: University of Minnesota Press.

Talbot, C. 1998. *Environmental justice, Encyclopedia of Applied Ethics*, 2. San Diego: Academic Press.

Wenz, P. 1988. *Environmental Justice.* Albany: State University of New York(최병두 외 옮김. 2007. 『환경정의』. 한울).

Westra, L. and P. S. Wenz(eds.). 1995. *Faces of Environmental Racism.* London: Rowman & Littlefield Publishers.

Wheeler, D. 2000. "Racing to the bottom? foreign Investment and air pollution in developing countries, Development Research Group, World Bank." from http://econ.worldbank.org/files/1340wps2524.pdf.

3장

문화생태학이란 무엇인가

한경구(국민대 교수)

1. 머리말

문화생태학(cultural ecology)이란 문화와 생태, 즉 인간집단의 삶의 모습과 이들이 살고 있는 환경적 조건 간의 관계를 집중적으로 탐구하는 문화인류학의 한 분야이다. 문화생태학이라는 개념은 미국의 인류학자 줄리안 스튜어드(Julian Steward)에 의해 1950년대 중반에 등장했으며, 이후 생태인류학(ecological anthropology)이라는 분야로 발전했다.

문화생태학은 인간의 사회와 문화는 기본적으로 그 환경적 조건들에 대한 적응(adaptation)의 산물로 간주한다. 그러므로 문화생태학자들은 환경과 인구의 변화, 문화, 사회조직 사이에 존재하는 관계에 관심을 두고 있다.

한편 생태인류학자들은 역사적으로 장기간의 변화를 살펴보기도 하고 또는 특정 시점에서 초점을 맞추기도 하며, 하나의 인간집단을 연구할 수도 있고 다수의 집단과 환경을 서로 비교하며 연구하기도 한다. 생태인류학자들이 공유하고 있는 '인간의 문화란 적응체계'라는 견해는 가깝게는 고고학적 연구를 비롯한 문화인류학의 여러 흐름에 영향을 받은 것이지만, 멀게는 그 이전의 여러 사상과도 연관된다. 이 글에서는 문화생태학의 등장 과정과 의의, 그 이후의 주요 연구와 발전을 패트리시아 타운젠드의 설명(Townsend, 2000)을 지침으로 하여 간략히 살펴보기로 한다.

문화에 관심을 가진 사람들이 문화와 환경과의 관계를 생각하는 방식은 매우 다양하다. 이해를 돕기 위해 먼저 논리적으로 가능한 몇 가지 입장을 생각해보기로 한다.

첫째는 문화란 환경에 의해 크게 영향을 받기 때문에 문화의 여러 측면은 환경적 요인을 통해 설명이 가능하다는 입장으로서, 생산기술과 사회제도, 종교와 예술, 국민성 등 문화의 여러 측면을 기후, 지리적 조건, 특정 자원의 존재 유무 등 환경적 요인으로 설명하려 한다. 더운 나라 사람은 게으르다든지, 바닷가에 사는 사람은 진취적이라든지, 대륙에 사는 사람은 스케일이 크다든지, 우리 주변에서도 그렇게 설명하는 예를 쉽게 찾아볼 수 있다. 그런데 환경의 역할을 중시하는 입장 내에서도, 그 역할을 매우 적극적인 것으로 파악하는 입장(환경결정론)부터 상당히 제한적인 것으로 파악하는 매우 조심스러운 입장(환경가능론)에 이르기까지 여러 다양한 견해가 존재한다.

둘째는 그와 정반대되는 입장으로서 사회제도나 문화를 설명하는 데 자연환경적 요인을 우선적인 것으로는 평가하지 않는 입장이다. 유사한 기후나 지리적 조건 등을 가지고 있으면서도 매우 다른 사회제도나 삶을 영위하는 모습을 목격할 수 있으며, 이 때문에 문화를 설명하거나 이해하려 할 때 환경적 요인을 들먹이는 것은 매우 불충분하며 때로는 적절하지 못하다고도 할 수 있다. 사람들은 자연환경을 자신들의 문화를 통해 이해하기 때문에 이른바 객관적으로 동일한 환경이라도 매우 다르게 인식할 수 있으며, 중요한 것은 자원의 존재 유무가 아니라 그것을 자원으로 파악하느냐, 장애로 파악하느냐의 문제이다. 세상이란 보는 대로 있는 것이라는 이러한 주장은, 바다에 다다랐을 때 어떤 사람들은 길이 끝났다고 생각하지만 어떤 사람들은 이제부터 편하게 갈 수 있다고 생각한다는 것을 설명해준다. 첫 번째 설명방식을 물리적 환경을 중시하기 때문에 유물론적 설명이라고 부른다면, 두 번째 설명방식은 물리적 환경 자체보다는 사람들이 지닌 문화적 관념을 더욱 중시하기 때문에 관념론적 설명 또는 문화결정론으로 부를 수 있을 것이다.

셋째는 당연히 문화와 환경의 상호작용을 중시하는 입장이다. 이 입장은 인간을 생태계의 일부로 파악하며 인간의 문화적 활동은 생태계의 영향을 받으면서 동시에 생태계를 변화시킨다는 점에 주목한다. 눈치가 빠른 사람들은 이 세 번째 입장이 단순한 절충론이나 상호작용론이 아니라 한 가지 매우 중요한 차원을 고려하면서 등장했다는 점을 알아차렸을 것이다. 앞의 두 가지 입장이 모두 '자연환경 대 문화'라는 구도인데 비해 세 번째 입장은 인간이라는 차원을 포함하고 있다. 하나의 지역적 환경 속에 살면서 하나의 집단을 이루고 있는 사람들은 각기 다른 개인으로 구성되어 있으며 이들은 각자의 성장 배경이나 여러 다른 이유 때문에 하나의 문화에 속해 있을지라도 각기 다른 가치관, 이해관계, 목표, 그리고 전략을 가지고 있기 때문이다.

이러한 세 가지 입장 중에서 첫째와 둘째 입장은 비교적 일찍 나타났으나 세 번째 입장은 현대에 이르러 등장했고, 이를 가능케 한 것이 문화생태 개념이라 할 수 있다. 문화생태학이 등장하기까지 사람들이 문화와 환경의 관계를 역사적으로 어떻게 생각했는지 살펴보기로 한다.

문화와 환경이 밀접히 관련되어 있다는 생각은 이미 그리스·로마 시대에도 나타났다. 지리적 결정론 또는 기후결정론이라고도 할 수 있는 환경결정론(environmental determinism)의 초기 형태는 헤로도토스(Herodotus, 2003) 이래 등장해 근대 유럽의 여러 저작에도 표현되었다. 그중에서도 특히 몽테스키외의 『법의 정신』은 기후가 인간의 사고와 기질, 정부의 형태와 법률에 결정적 영향을 미친다는 점을 강조한 것으로 유명하다. 지리적 결정론은 매우 다양한 형태를 띠며, 기본적으로 환경적 요인, 즉 지리, 기후 등이 사회제도나 민족성 등을 형성에 결정적으로 중요하다는 주장을 담고 있었다.

이러한 지리적 결정론 또는 환경결정론의 근저에서 우리는 자연과 인간을 이분법적으로 대비하는 사고와 함께 서구를 가장 진보된 상태로 보는 견해를 찾아볼 수 있다. 인간의 문명을 자연에 대한 지식의 증가, 자연의 힘을 통제·이용하고 자연의 정복이라고 생각하는 근대 서구인들은, 합리적 사고와 과학기술로 무장하여 진보를 거듭해 드디어 자연환경을 정복하고 그 결정적 영향에서 벗어나기 시작했으나, 서구보다 진보가 늦은 다른 여러 지역은 자연환경의 압도적 영향에서 벗어나지 못하고 있으므로 이들의 문화와 민족성이 환경에 의해 결정된다고 생각한 것은 당연하다.

한편 지리적 환경과 기후가 지역 거주민의 기질과 관습에 미치는 영향에 주목하는 견해는 동아시아에서도 고대 이래로 발전했는데, "강남의 귤을 강북에 심으면 탱자가 된다"는 표현 등이 그것이다. 근대에 이르러 일본의 와쓰지 데쓰로(和辻哲郎)는 『풍토』에서 서구와 아시아의 문명의 차이를 지중해성 기후와 몬순 기후의 차이로 설명했고 한국의 이어령 또한 『저 흙속에 저 바람 속에』를 발표해 한국인의 민족성의 문제점을 한국의 풍토 탓이라 주장했다.

그런데 같은 풍토나 기후라도 보는 사람에 따라서 다르게 보일 수도 있다. 우메사오 다다오(梅棹忠夫)는 『문명의 생태사관』에서 일본이 중국과는 달리 해양지역에 속하므로 일본문명 또한 아시아 문명보다는 오히려 서구문명과 기본적으로 동일하다는 주장을 했다. 바로 이러한 점이 지리적 결정론의 커다란 문제점의 하나로서, 이에 대해서는 나중에 상세히 언급하겠지만, 어쨌든 이러한 지리적 결정론 또는 기후결정론은 이미 일어난 일에 대한 설명이며, 설명에 도움이 되는 원인을 선택적으로 제시하기 때문에 지극히 당연하고 옳은 것처럼 보인다. 그리하여 지리적 결정론은 이른바 저급한 기술수준을 가진 문화를 설명할 때는 물론, 국민성을 비교하는 경우에도 흔히 동원된다. 이러한 설명은 너무나 단순하고 선택적이며 때로는 지극히 자민족 중심주의적(ethnocentric)이지만 바로 그 때문에 강력한 매력이 있으며 아직도 우리 주변에서 여러 형태로 통용되고 있다.

한편 환경이 인간의 문화나 인성, 사회적 제도 등을 결정하는 능동적 요소는 아니지만, 그 가능성을 제약하는 중요한 요소라는 좀 더 조심스러운 견해, 즉 환경가능론(environmental possibilism)도 등장했다. 이러한 환경가능론은 토머스 맬서스나 인류학자 프란츠 보아스(Franz Boas)의 저술에 나타나고 있으며 환경은 수동적인 역할을 하는 것으로 파악한다. 즉 환경 요인은 어떤 일이 일어난 것을 설명할 수는 없으나 어떤 일이 일어나지 않은 것은 설명할 수 있다는 것이다. 예를 들자면 석재(石材)가 존재하지 않는 환경에서는 석조건축이 불가능하며 추운 기후에서는 벼농사가 불가능하다는 것 등이다.

인간과 환경에 대한 생각은 근대에 이르러 맬서스와 다윈에 의해 커다란 변화를 맞이하게 된다. 맬서스는 『인구론』에서 인구의 증가속도가 자원의 증가속도보다 훨씬 더 빠르기 때문에 생존경쟁이 치열해지며 단지 소수의 개체만이 살아남을 수 있다고 지적했다. 이러한 맬서스의 논의는 다윈의 자연도태(natural selection, 자연선택) 개념을 발전시키는

데 크게 기여했으며, 이는 생물의 진화에서 생태 요인을 중시하는 것이다. 다윈은 맬서스와 마찬가지로 태어나는 생물 개체 중에서 일부만이 성장해 2세를 남길 수 있다는 사실에 주목했다. 자원이 희소하기 때문에 개체들은 치열한 생존경쟁을 하게 되며 좀 더 유리한 특질을 가진 개체가 살아남아서 번식하게 된다. 그런데 개체가 가진 특질이 생존에 유리한가 아닌가는 개체가 처해 있는 자연환경에 따라 결정된다. 생태계(ecology, 생태학)란 '서식'이라는 의미를 가진 그리스어 'oikos'에서 나온 것으로서 생태체계란 일정한 범위의 환경 내에서 활동하는 유기체들로 구성된다.

다윈의 영향으로 초기의 인류학자들은 문화의 형성에서 환경이 결정적 역할을 한다고 생각했다. 자연환경의 특징들과 그곳에 거주하는 인간집단의 문화, 특히 테크놀로지는 매우 밀접한 관련을 갖는다고 생각했다. 그러나 현대 인류학의 치밀한 현지조사와 민족지 방법이 등장해 여러 문화의 세부 모습을 상세히 알게 되면서 인류학자들은 단순한 환경결정론으로는 설명할 수 없는 사실이 너무나 많다는 것을 깨닫게 되었다. 그리하여 등장한 것이 줄리안 스튜어드의 문화생태학으로서 이는 더욱 유연한 형태의 환경결정론이라 할 수 있다.

2. 문화생태학의 등장

환경에 대한 인류학적 연구에 가장 큰 영향을 미쳤으며 또한 문화생태학(cultural ecology)이라는 분과 형성에 가장 큰 역할을 한 사람은 줄리안 스튜어드이다. 스튜어드는 19세기식의 진화주의나 단순한 환경결정론은 받아들이지 않았으며, 환경가능론 또한 너무나 환경의 역할을 수동적으로 파악한다고 생각했다. 그리하여 그는 환경의 역할을 중시하면서도 문화와 환경의 관계를 설명해주는 좀 더 섬세한 개념과 이론을 발전시키려 노력했다. 스튜어드는 『문화변동의 이론』(1955)을 통해 문화생태학 개념을 주창하면서 하나의 문화가 가진 특성은 그 문화가 처한 지역 환경에 적응하면서 진화하는 것이라고 했다.

좀 간단히 요약하자면, 과거의 지리적 결정론은 '환경이 문화의 모습을 결정한다'는 투박한 것이었으나 스튜어트는 '특정한 환경적 요소가 특정한 문화적 요소를 형성한다'는 좀 더 정교한 주장을 제시한 것으로 볼 수 있다.

타운젠드(Townsend)에 의하면 스튜어드는 1930년대 캘리포니아 대학에서 연구생활을 시작하면서 네바다, 유타 등 미국 서부 대분지(Great Basin) 지역의 서부 쇼쇼니(Shoshone)족 등을 연구했다. 스튜어드가 연구를 시작할 당시 이미 이들 토착민들의 생활은 백인 광부들과 목장주들의 등장으로 크게 변화하고 있었다. 백인들이 양과 소를 대량으로 사육함에 따라 토착민들의 전통적 식량이었던 토착식물은 급격히 감소했으며, 토착민들은 전통적인 생계방식을 포기하고 백인들의 목장이나 광산 또는 도시에서 노동자로 일하기 시작했다.

스튜어드의 연구에 의하면 백인들이 나타나기 이전, 건조하고 인구밀도가 낮은 이 지역에서 쇼쇼니족 대부분은 하나 혹은 두 가족이 단위가 되어 식용 식물과 작은 동물을 식량으로 하는, 수렵·채집 생활을 하며 살고 있었다. 쇼쇼니족은 종종 사슴, 산양, 들소, 영양 등을 사냥하기도 했으나, 이 지역은 큰 사냥감이 희소했기 때문에 오히려 토끼 등 다른 작은 동물들이 사냥감으로 더 비중이 컸었다. 봄에는 푸른 잎의 채소, 여름에는 뿌리와 각종 딸기, 가을에는 식용 소나무 열매 등 식물의 생장에 따라 계절적으로 이동하는 생활을 했다. 오직 겨울에만 서로 방문할 수 있을 정도로 가까운 거리에서 20 내지 30가족이 함께 숙영지를 만들

수 있었다.

  쇼쇼니족의 생활은 특히 식용 소나무 열매에 크게 의존하고 있었는데, 스튜어드는 식용 열매가 열리는 소나무가 적게 분포되어 있는 지역에는 인구밀도가 낮다는 것을 지적하면서 자연자원과 인구밀도가 직접적으로 연관된다는 것을 강조했다. 그는 또한 물을 얻고 관리하는 것도 인구밀도와 밀접한 관련이 있다고 강조했다.

  스튜어드는 쇼쇼니족의 문화는 과거의 다른 문화와의 역사적 연계를 밝힘으로써만 설명할 수 있다는 당시의 지배적인 견해를 배척했다. 그는 바구니, 그릇, 연장 등 쇼쇼니족의 물질문화 중 일부는 남서쪽의 문화에서 기원했다는 견해에 동의하면서도, 사회·경제적 조직 등은 그러한 역사적 설명으로는 불충분하며, 이는 오히려 어떠한 자원을 습득할 수 있을지 가늠하기 어려운 건조한 대분지 지역에서 생활하기 때문에, 즉 특정한 환경에서 생활하며 자원을 최대한 활용하기 위해 여러 기술을 사용한 결과 발전한 것이라고 주장했다.

  스튜어드는 유사한 환경에 대한 적응적 반응의 결과, 서로 다른 문화를 가진 사람들이 유사한 특징을 갖게 된다는 사실에 주목했다. 환경에 대한 적응에서 중심이 되는 것은 생계를 유지하기 위한 활동(subsistence)이므로 스튜어드는 "생계유지활동 및 경제제도 등과 가장 밀접하게 관련된 일련의 삶의 모습들"을 문화핵심(culture core)이라고 불렀다. 스튜어드는 비록 역사적으로 거의 관련이 없더라도 유사한 환경에서 살고 있는 인간집단이라면 유사한 문화적 특징이 나타날 것이며, 비록 역사적으로 관련이 깊더라도 전혀 다른 환경에서 살게 되면 상이한 문화적 특징을 갖게 될 것이라고 주장했다.

  스튜어드는 문화변동을 이해하기 위해 문화생태학의 방법을 사용할 것을 주장했는데, 스튜어드가 제안한 방법은 다음과 같다. 첫째, 생산에 사용되는 테크놀로지와 그것이 사용되는 환경과의 관계를 분석한다. 둘째, 다른 행위 패턴과 생계유지의 관계를 분석한다. 예를 들면 사람들이 단독으로 일하느냐, 집단을 이루어 협력하느냐 등을 분석하는 것이다. 셋째, 이러한 행위 패턴이 친족, 전쟁, 종교 등 문화의 다른 측면에 어떠한 영향을 미치는지를 알아본다.

타운젠드(Townsend, 2000)는 문화생태학의 강점과 약점을 동시에 보여주기 위해 잠비아에 사는 토카(Toka)족의 상속 관행을 사례로 들고 있다. 토카족은 정착 농경생활을 하면서 수수, 옥수수 등 곡물을 재배하는데, 가축에게 피해를 입히는 체체파리가 없는 지역에서는 소를 키우기도 한다. 소를 키우는 사람들은 여러 마리의 소에 쟁기를 매어 밭을 깊이 갈 수 있다. 생산에 이용되는 테크놀로지와 그것이 사용되는 환경과의 관계를 스튜어드식으로 분석한다면, 체체파리가 없다는 특수한 환경적 요소는 소가 쟁기를 끄는 농법을 가능하게 했다고 볼 수 있다.

그런데 소가 쟁기를 끌게 하기 위해서는 각기 특별한 능력을 가진 사람들로 구성된 팀이 필요하다. 한 사람은 뒤에서 소들을 몬다. 또 한 사람은 앞에서 소들을 끌고 간다. 또 한 사람은 쟁기를 잡는다. 마지막으로 한 여성이 씨를 뿌리며 이들 뒤를 따른다. 게다가 쟁기를 끌려면 소들을 훈련시킬 필요가 있는데, 이는 대개 3년이 걸리며 마을 사람들은 서로 소를 빌려주어 훈련시킨다.

그러므로 효율적으로 쟁기를 끌기 위해서는 쟁기, 숙달된 사람들로 이루어진 팀, 훈련된 소 같은 몇 가지 희소한 자원을 필요로 한다. 부유한 대규모의 가구는 단독으로 이러한 자원을 마련할 수 있으며 친족이나 이웃들에게 의존할 필요가 없다. 그러나 대부분의 가구들은 서로 협력해야만 하는데, 이 경우 쟁기 팀의 구성은 아무래도 계절에 따라 변화하게 마련이다.

한편 생계유지 활동과 다른 행위 패턴과의 관계를 스튜어드식으로 분석한다면, 소가 끄는 쟁기를 사용한다는 특정 기술의 채택은 쟁기 팀을 형성하기 위한 가구들 간의 협력이라는 특정한 행위 패턴을 생성하는 것이 된다.

그런데 토카족은 전통적으로 모계 상속, 즉 외삼촌이 조카(누이의 아들)에게 재산을 물려주는 방식의 상속을 하고 있었으나 점차 아버지가 아들에게 재산을 물려주는 부계 상속이 가능하도록 변화하고 있었다. 이는 소를 사용해 밭을 가는 쟁기 팀에서 아버지와 아들 간의 협력이 중시되면서 비롯되었다. 아들은 비교적 어린 나이에 간단한 작업을 거들면서 아버지의 쟁기 팀의 일원으로 활동할 수 있다. 결혼을 해 독립된 가구의 가장이 되면(대개 아버지의 집 근처에 살게 된다), 그는 가장 어렵고 복잡한 작업인 쟁기를 직접 잡을 수 있게 된다. 그런데 이는 일종의 상품가치가 있는 기술로서 그는 아버지의 팀에서 일하기보다는 품삯을 받고 다른 사람의 밭을 가는 것을 더 좋아할 수도 있다. 아버지로서는 현금을 절약하기 위해서는 아들을 같은 팀에 가급적 붙잡아두는 것이 유리하다. 그 하나의 방법은 향후 아들에게 쟁기와 소를 넘겨주겠다고 약속하는 것이다. 이러한 약속은 토카족의 전통적인 규범인 모계 상속과는 모순되는 것이지만 경제적 부를 산출하는 데 기여한 사람은 그 부의 일부를 가질 수 있다는 토카족의 또 다른 지도적 이념에는 부합되는 것이다.

그리하여 스튜어드식으로 이러한 행위 패턴이 문화의 다른 측면에 어떠한 영향을 미치는지를 질문한다면, 특정한 형태의 테크놀로지를 운용하는 데 필요한 행위 패턴은 상속 패턴과 같은 문화의 또 하나의 모습에 영향을 미친다고 답할 수 있게 된다. 그런데 이러한 사례를 자세히 들여다보면 우리는 스튜어드의 문화핵심 개념에 상당한 문제가 있다는 것을 깨닫게 된다.

문화핵심 개념은 문화의 모든 것을 환경적 요인으로 설명하려 하지 않는 것으로서 스튜어드는 환경적 요인에 의해 단지 문화의 일부 특징이 결정된다고 주장했을 뿐이다. 그러나 토카족의 사례를 살펴보면 문화핵심의 범위가 어디까지인지 혼란스럽다. 조금 심하게 말하면 쟁기의 사용, 쟁기 팀의 구성, 아버지와 아들 관계의 변화, 상속 관행의 변화 등이 모두 체체파리가 없다는 사실에서 비롯되는 것이다. 한편 상속 관행의 변화는 분명히 외삼촌과 조카 간의 관계 등에 영향을 미칠 것이다. 이들은 환경적 요인의 영향이기는 하지만 스튜어드가 이야기하는 문화핵심에 속하는 것은 아니다. 문화의 여러 부분이 서로 관련되어 있다는 점을 고려한다면 문화핵심 개념은 상당히 유동적이다.

3. 문화생태학의 의의

비록 스튜어드의 문화핵심 개념은 이러한 문제점이 있었으며 또한 환경결정론과 환경가능론 사이를 오락가락한다는 비판도 있었지만, 문화생태학은 문화변동에 관한 새로운 시각으로 등장하면서 치밀한 현지조사와 과학적 비교 등을 가능케 해주는 등 커다란 자극과 가능성을 제시했다.

스튜어드의 문화생태학이 등장하기 이전에 미국의 문화인류학을 이끌던 프란츠 보아스는 모든 문화는 나름대로 고유한 것이며 문화는 그 문화의 관점에서 이해해야 한다고 주장했다. 이렇게 문화상대주의를 주창한 보아스가 문화의 비교에 대해서 극히 회의적이었던 것은 당연하며, 보아스는 문화에 대한 매우 세밀한 연구를 진행하면서 성급한 일반화나 추측을 배제하고 구체적인 역사적 접촉을 조사해 관습이나 문화변동을 설명할 것을 강조했다(가바리노, 1994). 역사주의로 불리는 이러한 조심스러운 태도는 그 이전의 고전적 진화주의자들의 부정확하고 무분별한 자료의 사용과 추측에 의거한 과거의 재구성은 물론, 당대의 서구사회를 가장 진보된 것으로 가정하는 자민족중심주의, 당대의 소위 미개사회를 원시시대와 동일시하는 시간과 공간을 초월하는 '비교방법' 등에 대한 반동이며 비판이었다. 그러나 이렇게 극도로 신중한 태도는 이론적 논의의 침체로 이어져 결국 자료를 수집할 뿐 아무것도 설명하지 못한다는 답답한 상황이 발생했다.

스튜어드의 문화생태학은 이러한 답답한 상황에서 적응과 진화 개념을 조심스럽고 유연하게 도입해 문화의 변동을 설명하려는 새로운 설명의 틀을 제시한 것이었다. 스튜어드는 하나의 문화를 다른 문화와의 역사적 관련을 통해서만 이해하려고 하는 당대의 역사주의에 대해, 물리적 환경의 중요성을 강조했다. 스튜어드는 고전적 진화주의를 단선진화(unilinear evolution), 자신의 방법을 다선적 진화(multilinear evolution)라고 규정함으로써 고전적 진화주의가 가졌던 성급한 일반화와 과도한 결정론 등의 문제점을 극복했다. 또한 시간과 공간을 초월하는 종횡무진의 문화비교가 아니라 비록 지리적으로는 멀리 떨어져 있으나 대단히 유사한 환경 내에서 발견되며 거의 동일한 사회문화적 통합의 수준에 있는 소수의 문화를 치밀한 현지조사 자료를 바탕으로 조심스럽게 비교함으로써 학문적 엄밀성을 확보할 수 있었다.

이러한 스튜어드의 방법론은 진화 개념을 다시 부활시키려 노력했던 레슬리 화이트와 대조적이다. 레슬리 화이트 역시 인간집단의 적응이 문화 내에, 특히 테크놀로지에 제도화되어 있다는 루이스 모건 이래의 관점을 강조하면서 테크놀로지가 궁극적으로는 사람들의 사고방식을 결정한다고 주장한 것은 물론, 인류는 지구 상에 등장한 이래 점차 더 많은 에너지를 사용할 수 있게 되었다고 지적했다. 그리하여 화이트는 1인당 에너지 사용의 증가로 문화의 진화를 측정할 수 있다고 주장했으며, 문화 진화를 설명하기 위한 법칙으로서 C=E × T(C=culture, E=energy, T=technology)를 제시하기도 했다. 에너지에 대한 화이트의 강조는 증기기관의 발명과 산업혁명, 내연기관의 등장과 자동차사회화(motorization), 그리고 원자력의 등장으로 이어지는 과학기술의 발전과 가능성에 대한 긍정적 평가와 기대 등 당시의 시대적 분위기를 반영하는 것이기도 하다. 오일쇼크 이후 에너지의 절약이 강조되고 환경운동이 발전한 상황에서는 아마도 이러한 법칙은 등장하지 않았을 것이다.

스튜어드의 문화생태학은 모든 대상과 경험을 인간 사고의 표상(representation)으로 보는 관념론에 대한 반론으로서 인간의 행위나 사고는 환경이라는 물리적 조건의 영향을 받는다는 점을 강조했다고 볼 수도 있지만, 도식적인 환경결정론을 벗어나 좀 더 섬세하고 유연하게 문화변동에서 물리적 환경의 역할을 고려하려는 시도로서 높은 평가를 받았다. 문화생태학과 환경결정론은 1960년대, 1970년대를 거치면서 문화인류학 내부에서 더욱 발전해 생태체계 모델, 민족생태학, 역사생태학 등 새로운 경향이 등장했다. 많은 학자들이 생태인류학과 적응에 대한 연구가 관습이나 제도에 대한 설명을 제시해줄 것을 기대했으며, 생태인류학자들은 인간집단이 주변 환경 전체가 아니라, 단지 그중 일부 선택된 측면과 요인들로 구성된 서식지(habitat, 주거환경)와 관련을 맺고 있다는 사실을 깨닫게 되었다.

4. 문화생태학 이후의 발전

1) 마빈 해리스의 문화유물론

　미국의 인류학자 마빈 해리스(Marvin Harris)는 문화유물론을 주창했다. 우리나라에도 『문화의 수수께끼』 등을 통해 널리 알려진 해리스의 문화유물론(Cultural Materialism)은 적응이라는 개념을 강조하고 있지만 곰곰이 따져보면 상당한 문제를 안고 있다. 해리스는 자신의 문화유물론이 인류학의 생태학적 연구와 사회문화적 연구를 연계하는 연구전략이라 주장했다. 해리스의 논의는 마르크스주의에서 유래한 유물론적 설명에 기반을 두고 있지만, 마르크스주의와는 달리 변증법적이지 않으며 상당히 도식적이라는 비판을 받았다. 해리스는 재생산의 압력(인구압력)과 생태적 압력이 사회문화적 체계를 결정하는 데 가장 중요하다고 보았으며, 인간 본성의 생리심리학적 특성(음식에 대한 욕구, 성 관계에 대한 욕구, 애정자극에 대한 욕구 등)이 인간의 조직에 네 가지의 보편적인 구성부분 또는 층위를 만들어낸다고 주장했다. 이 네 가지는 ① 하부구조, 즉 생산과 재생산의 영역, ② 구조, 즉 가내(家內)와 정치경제의 영역, ③ 사회관계의 행태적 상부구조, ④ 정신적 상부구조, 즉 목표, 가치, 신념 등 내관적(內觀的, emic) 상부구조이다.

　이 층위들은 동시에 결정의 서열이기도 하다. 첫 번째 층위는 두 번째 층위를 결정하며, 두 번째 층위는 세 번째 층위를, 세 번째는 네 번째를 결정한다는 것이다. 그러나 구체적인 결정의 방법과 이 층위들의 내적인 일관성 등은 추가적인 설명을 필요로 한다. 해리스의 이론은 스튜어드의 문화생태학을 발전시킨 것이라기보다는 생태학적 결정론의 또 다른 변형으로 간주되고 있다. 해리스는 『문화의 수수께끼』나 『음식문화의 수수께끼』 같은 저서에서, 언뜻 보기에는 아주 이상하고도 비합리적으로 보이는 음식의 금기, 터부, 식인풍습 등에 대한 생태학적 설명을 시도했으며 이러한 것들이 적응적 합리성을 가지고 있다고 주장했다. 이는 그 이전까지 인류학에서 상징적 또는 종교적인 표현으로 해석되어 온 것들이었다.

왜 인도 사람들은 쇠고기를 먹지 않는가 등 여러 음식 금기나 터부 등에 대한 해리스의 설명은 일견 그럴 듯해 보인다. 인도에서 소는 우유를 제공하고 밭에서 쟁기를 끌며 짐을 운반한다. 또한 소의 배설물은 중요한 연료이며 거름이기도 하다. 이렇듯 소가 중요시될 수밖에 없는 상황에 쇠고기를 먹는 것은 사회 전체의 생존을 위협하는 것이며 비합리적이다. 이것이 바로 힌두교의 쇠고기 터부에 대한 해리스의 설명이다.

소를 잡아먹지 않고 보호했을 때 얻는 이점과 소를 잡아먹었을 때 발생할 문제점을 인도 사람들이 면밀히 비교했을 수도 있지만, 이러한 설명은 사후적 설명의 대표적 사례 중 하나로 볼 수 있다. 더구나 유대인이나 이슬람교도들은 돼지고기를 먹지 않지만, 이들과 마찬가지로 덥고 습한 환경에서 살고 있는 사람들은 아무런 문제없이 돼지고기를 먹어왔다.

해리스의 설명은 모든 문화적 관행을 합리적 선택으로 설명할 수 있다는 것을 전제로 하는데, 이는 현실적으로 자연자원을 고갈 시키며 문화의 생존 자체를 위협하는 여러 관행의 존재를 설명하지 못한다. 이스터 섬 사람들은 엄청난 규모의 석상을 세우기 위해 목재 등 자원을 고갈시킨 결과 생존이 불가능하게 되었으며, 뉴기니의 포어(Fore)족은 사망한 친족의 뇌를 먹는 관행 때문에 치명적인 바이러스성 뇌신경질환인 쿠루(kuru) 병으로 고통을 받으면서도 정부 당국이 강제로 금지하기 전까지 이를 중단하지 않았다.

그러므로 해리스 비판자들은 이러한 설명이 천박한 유물론에 불과하다고 지적했다. 즉 인간의 문화와 사회는 그 자체의 논리와 조직 원리가 있으며 환경적인 조건들에 대한 일련의 적응으로 간단히 환원(reduce)시킬 수 없다는 것이 비판자들의 주장이었다.

2) 생태체계 접근

타운젠드(Townsend)에 의하면 문화생태학의 등장으로 문화와 환경의 관계에 대한 연구는 크게 발전했는데, 그중에서도 특히 베이다(Vayda)와 라파포트(Rappaport)의 연구가 중요하다. 이들은 사이버네틱스(cybernetics)와 생물생태학의 논의를 차용해 체계 기능과 에너지의 흐름 등에 주목했다. 이들은 인구압력(population pressure)이야말로 인간집단이 환경에 적응하는 데 가장 중요한 변동의 메커니즘이라는 점을 강조했으며, 테크놀로지 수준이 일정할 때 특정 환경 내에서 가능한 인구밀도를 측정하기 위해 생태지탱 능력(수용 능력, carrying capacity)이라는 개념을 도입하기도 했다. 특히 베이다는 신생태학(new ecology)을 주창하면서 스튜어드와는 달리 문화가 아니라 인간집단을 분석의 단위로 볼 것을 강조했다.

라파포트는 생태체계 접근을 발전시켰는데, 이는 인간과 환경의 관계를 일방통행적인 결정론적 시각이 아니라 항상상태(homeostasis), 즉 환경적 평형을 유지하는 물질적 교환의 체계로 보려는 것이다. 그리하여 라파포트 등은 여러 다양한 식품의 영양학적 가치, 여러 상이한 경작 양식이 토양에 미치는 효과, 인간의 여러 행위 유형에 사용되는 에너지, 가축이 환경에 미치는 영향 등을 면밀히 측정하고 비교하기도 했다. 이러한 접근이 갖는 한 가지 커다란 문제는 계량적 분석에 집중한 나머지 문화의 독특한 차원에 대한 고려가 부족했다는 점이다. 즉 사람이 사슴을 사냥하는 것과 사자가 사슴을 사냥하는 것을 구별하지 않는 경향마저 있었다.

라파포트는 『조상을 위한 돼지(Pig for Ancestors)』에서 뉴기니의 원예농경민인 쳄바가(Tsembaga)족의 의례행위와 식량의 생산과 소비, 그리고 지역의 생태계의 한계와 가능성 등에 주목했다. 쳄바가족은 전쟁을 치러 새로운 토지를 획득하면 '카이코'라는 의례를 한다. 쳄바가족은 새로이 획득한 영토의 경계에 '의례 나무'를 심고 많은 수의 돼지를 잡는다. 이들이 이렇게 돼지를 잡는 것은 조상들에게 바치기 위한 것이며, 의례 나무를 심는 것은 새로 획득한 토지와 조상들의 영(靈)을 연결시키기 위한 것이라고 설명한다. 전쟁 중에 쳄바가족의 지역공동체들은 각각 서로의 동맹을 지원한다. 카이코 의례 때 잡은 엄청난 양의 돼지고기는 전쟁 당시에 자신들을 지원해준 동맹세력에게 분배해 감사를 표시한다. 이렇게 돼지가 줄어들고 평화가 찾아오면 쳄바가족은 다시 돼지를 열심히 키운다. 돼지의 수가 늘어나면 여성들이 돼지를 돌보기 어려워지고 돼지가 이웃의 밭을 망치거나 인간이 먹기 위해 심은 곡물을 먹어치우는 일이 잦아진다. 그러면 감사의 축제를 열어 돼지를 대량으로 잡고 동맹에게 감사를 표시하며, 전쟁이 시작된다. 이렇게 전쟁과 평화의 사이클이 반복되는데, 그때마다 돼지 축제가 열려 인간과 돼지, 인간과 인간 사이에 에너지 등 자원의 분배가 원활하게 이루어진다.

라파포트는 쳄바가족의 사회, 자연환경, 그리고 이웃의 다른 부족들 간의 칼로리 교환을 계산해보았다. 계산 결과 라파포트는 카이코 의례가 인간, 돼지, 지역에서 생산되는 다른 식량, 전쟁 등과 깊이 관련된다는 사실을 깨달았다. 전쟁과 전쟁 후 행해지는 카이코 의례는 수년마다 주기적으로 반복되며, 이러한 주기는 돼지 수의 증가와 상응하고 있었다. 즉 카이코 의례는 자연환경이 감당할 수 없을 정도로 돼지 수가 증가하지 않게 하며 지력(地力)의 저하를 막아주고 있었다. 동시에 카이코 의례는 잉여의 부를 돼지고기의 형태로 분배했으며 교역을 활성화하고 있었다.

라파포트 등은 인간을 생태체계의 구성 부분으로서 다른 구성 부분과 교환하는 유기체로 간주했으며 또한 현지민들이 어떻게 의사결정을 하는가 등에 주목했다. 생태체계는 에너지가 흐르고 질량이 순환하는 체계로 연구되었으며 인간은 그러한 과정에 참여하면서 순환과 흐름에 독특하고 중요한 방식으로 영향을 미치는 존재로 간주되었다. 카이코 의례에 대한 라파포트의 분석은 흔히 신앙이나 상징의 측면에서만 이해되어왔던 종교적 의례가 자연환경과 물질적인 측면과도 깊이 관련을 맺고 있음을 보여주었다. 이렇게 볼 경우 사회는 생태적 체계이며 종교적인 의례는 쳄바가족으로 하여금 자연환경 및 사회환경과 긍정적인 관계를 유지하도록 기능을 하고 있다고 할 수 있다.

이러한 라파포트 연구는 매우 혁신적인 것이었으나 적지 않은 비판을 받았다. 가장 중요한 비판은 라파포트가 타운젠드(Townsend, 2000)에 의하면 쳄바가족을 공간적으로나 시간적으로 고립된 사람들처럼 분석했다는 것이었다. 쳄바가족의 역사는 물론, 쳄바가족이 거주하고 있는 뉴기니가 영국의 식민지가 되었으며, 또한 조사가 시작되기 얼마 전에 기독교가 포교되었다는 사실 등은 생태체계 연구에서 고려되지 않았다. 특히 라파포트는 쳄바가족을 생태학적 집단(ecological population)으로 취급했는데, 그 결과 문화는 물론 개인의 역할, 행위, 전략적 행동과 선택, 권력 등도 소홀히 취급되었다. 체계 모델을 사용한 결과, 개인의 사고나 행동보다는 집단의 프로세스만 분석의 대상이 된 것이다.

생태체계에 대한 연구는 또한 지역의 지식체계(소위 민족생태학, ethnoecology)에 대한 연구와도 깊은 관련을 맺는다. 민족생태학 또는 민족과학(ethnoscience)이란 사람들이 어떻게 자신들의 환경을 범주화하는지에 대한 연구이다. 이러한 연구는 현재 모든 환경 인류학자들이 사용하는 상당히 표준적인 기술이 되었으며, 어떠한 연구를 하건 초기 단계에서 권장되는 것이다. 이러한 접근은 소위 "사물에 사용되는 언어"에 초점을 맞추고 있으며 주민들이 어떻게 특정한 환경 영역을 이름을 통해 구획하는지, 그리고 이러한 특정한 구조에 도달하기 위해 어떠한 기준이 사용되는지를 검토한다. 이를 통해 형태나 기능 중 어떤 것이 더욱 중시되는지, 또한 색깔, 연령, 크기 또는 다른 어떤 것을 주민들이 사용하는지를 알 수 있게 해준다.

민족생태학은 현지 주민들이 생태학적 자원과 그것을 이용하기 위한 지식 연구를 통해 개발 프로젝트 추진에 긍정적으로 관여하기도 한다. 정부나 국제기구가 추진하는 개발 프로젝트의 경우, 서구 과학에 기반을 두어 성립되고 현지에 도입된 기술들이 종종 현지의 생태학적·문화적 및 사회조건에 적합하지 않을 수도 있기 때문에 환경에 대한 현지 주민의 지식이 오히려 더 합리적인 기반을 제공하기도 한다. 민족생태학적 연구는 토착의 고유한 생태학적 지식이 매우 복잡하고 발전된 것임을 보여주고 있다.

한편 이보다 더욱 최근에 발전한 것이 이른바 '역사생태학(historical ecology)'으로 알려진 여러 형태의 연구이다. 자원 사용의 역사에 관해 인류학에서 통찰력을 찾으려 했던 일부 '환경 역사학자'들의 영향을 받은 현대의 역사 생태학자들은 개인과 지역 집단들이 자신들의 역사는 물론, 환경을 형성하는 데 어떠한 역할을 수행했는가에 관심을 가지고 있다. 이러한 강조는 적응주의적 접근(adaptationist approach)처럼 상호작용적이지만 주민들을 환경에 단순히 적응하는 존재로 파악하기보다는 자신들의 환경을 변화시키는 주민들의 변화의 힘에 관심을 가지고 있다. 이들은 이른바 "자연적인 경관 대 인간에 의해 영향을 받은 경관"이라는 이분법은 존재하지도 않는 원초적 자연을 예찬하고 있는 것에 불과하다. 지구 상에 인간의 활동이 미치지 않았던 지점은 하나도 없으며 흔히

'자연적'인 것처럼 경관들은 종종 인간에 의해 가장 집중적으로 이용된 경험을 한 지역이기도 하다.

5. 맺음말

문화생태학적 관심은 전 지구적 생태학(global ecology)으로 발전했는데, 이는 우리 인류의 역사와 진화, 그리고 이러한 경험이 지구와 다른 행성에서의 우리의 현재와 미래에 어떤 영향을 미치는가에 관심을 갖는 것이다. 21세기에 접어들면서 우리 주변을 둘러싼 환경위기에 대한 진지한 관심을 갖는데 체계적이고 종합적인 방법이 필요하다는 것은 점차 분명해지고 있다. 자연과학자들은 1980년대에 지구의 환경 변화에 대해 집중적인 연구를 했으며 1990년대에는 이러한 변화의 인간적 측면에 관심을 가진 인류학자들이 이에 참여했다. 이제는 자원의 사용, 인구증가율, 그리고 이 둘의 기하급수적 증가라는 면에서 인간이야말로 지구 상의 환경적 변화의 가장 큰 요인이라는 사실이 일반적으로 인정되고 있다.

그러나 아직도 개발과 경제성장을 우선하면서 과학기술의 진전에 의해 자원 부족이나 환경오염 문제를 해결하고 발전을 지속할 수 있다고 주장하는 사람들이 우리 주위에 상당수가 있다. 이들은 '인간 대 자연'이라는 이분법에 사로잡혀, 인간이 생태계의 일부이며 문화와 환경은 상호 작용하고 있다는 점을 깨닫지 못하기도 하고 과학기술을 맹신하거나, 인류가 처한 위기의 심각성을 모르고 있는 경우도 있지만, 때로는 혹시 일부러 눈을 감고 알려고 하지 않는 것은 아닐까 의문이 들 때도 있다.

문화생태학적 관심과 연구가 진전되면서, 우리는 문화의 이해에서 적응이 매우 중요한 개념이기는 하지만 모든 현존하는 문화가 적응적인 것은 아니라는 점을 깨닫게 되었다. 적응 과정에서 실수와 오해가 있음은 물론, 과거의 성공에 집착해 새로운 환경 변화에 적응할 것을 거부하기도 하고 집단 내의 이해관계나 권력관계 때문에 집단 전체가 적응에 실패할 수도 있다. 환경인류학, 고고학, 그리고 진화생태학적 연구의 성과로 우리는 모든 인간집단이 자신들의 환경과 평형을 유지하고 있지 않으며, 일부는 생태지탱 능력을 초과해 결국 환경을 변화시키기도 하고, 그 결과 여러 다양한 역사적 재앙을 초래했다는 사실도 알게 되었다.

다시 말하자면 인간의 문화에는 평형을 유지하려는 자동적인 메커니즘이 전혀 내재하지 않을 수도 있다. 이른바 『낯선 곳에서 나를 만나다』에 수록된 이스터 섬의 사례는 이를 웅변한다. 미개사회가 서구 산업사회에 비해 더 환경친화적이라는 '미개인의 환경 지혜(primitive environmental wisdom)'나, 동양문명은 인간과 자연을 대립적으로 보지 않았으나 서양문명은 자연을 정복이나 이용의 대상으로만 보아왔다는 '환경친화적 동양문명'이라는 견해 역시 신화(myth)에 불과한 것인지도 모른다.

사회의 구성원들은 동일한 가치관이나 목표, 자연에 대한 인식을 반드시 공유하지는 않는다. 하나의 집단 내에서도 각 개인은 모든 목표나 행위를 공유하지 않고 있다. 집단 내에는 갈등과 경쟁, 타협과 야합이 있으며, 환경에 대한 인식은 동일한 사회 내에서도 계층, 연령, 성별, 교육 정도 등에 따라 다를 수 있다. 개인이나 집단들은 전략적으로 특정한 환경에 대한 견해를 의식적 또는 무의식적으로 선택하기도 한다. 더구나 환경의 파괴로 얻는 이득은 물론 그에 따른 위험과 피해 역시 모든 사회 구성원들에게 동일하게 미치지 않는다.

바로 그렇기 때문에 문화생태학의 새로운 시도 중 하나로 '과정적(processual)' 접근이 중시되고 있다. 기능주의 모델과 평형 상태 유지의 가설을 버리고 집단 내 각 개인의 상이한 인식과 이해관계 등에 주목하는 이러한 접근은 환경적 스트레스에 대해 인간집단들이 각각 보이는 반응 간의 관계 등과 같은 영역을 비판적으로 검토할 수 있게 되었다. 문화생태학은 적응전략(adaptative strategy)과 의사결정(decision-making) 개념 등을 도입함으로써 개인의 행동이라는 층위를 전반적인 이론에 통합하려 시도하고 있다.

문화생태학은 인간이 환경을 어떻게 사용하고 어떻게 환경에 적응했나에 대한 연구에서 출발했으나 우리는 여기에서 더 나아가야 한다. 특히 생태인류학적 지식은 어떻게 지속 가능한 삶의 양식을 만들어낼 것인가라는 문제를 풀어가는 데 많은 도움을 줄 것이며 문화의 다양성을 유지하는 것이 얼마나 중요한지를 깨닫게 해줄 것이다. 생물다양성이 모든 생물종(種)의 적응과 생존에 중요한 것과 마찬가지로 문화 다양성은 인류 전체의 생존에 중요하다. 왜냐하면 다양성이야말로 인류의 적응에 가장 중요한 메커니즘이기 때문이다.

참고문헌_ 3장 문화생태학이란 무엇인가

가바리노(M. S. Gabarino) 지음. 1994. 『문화인류학의 역사(Sociocultural Theory in Anthropology: A Short History)』. 한경구·임봉길 공역. 일조각.
화이트, 레슬리(Leslie White) 지음. 2002. 『문화과학: 인간과 문명의 연구』(대우학술총서 533). 이문웅 옮김. 아카넷.
모건, 루이스 헨리(Lewis Henry Mogan) 지음. 2000. 『고대사회』. 최달곤 외 옮김. 문화문고.
해리스, 마빈(Marvin Harris) 지음. 2006. 『문화의 수수께끼』. 박종열 옮김. 한길사.
_____. 1998. 『음식문화의 수수께끼』. 서진영 옮김. 한길사.
몽테스키외(Montesquieu) 지음. 1987. 『법의 정신』. 신상초 옮김. 을유문화사
한국문화인류학회 편. 2006. 『낯선 곳에서 나를 만나다』(개정증보판). 일조각.

和辻哲郎. 1979(1935). 『風土: 人間學的考察』. 岩波書店.
梅棹忠夫. 1967. 『文明の生態史觀』. 中央公論社(中公叢書).

Herodotus. 2003. *The Histories*. Translated by Aubrey de Selincourt. Revised with Introduction and Notes by John Marincola. London: Penguin Books.
Rappaport, Roy A. 1984(1968). *Pigs for the Ancestors: Ritual in the Ecology of a New Guinea People*. New Haven and London: Yale University Press.
Seymour-Smith, Charlotte. 1986. *Dictionary of Anthropology*. New York: Macmillan.
Steward, Julian H. 1955. *Theory of Culture Change*. Urbana, Ill.: University of Illinois Press.
Townsend, Patricia K. 2000. *Environmental Anthropology*. Prospect Heights. Illinois: Waveland Press.
Vayda, Andrew P. 1969. *Environment and Cultural Behavior*. Garden City. New York: The Natural History Press.

4장

살림과 여성 생명운동

김정희(이화여대 한국여성연구원 연구교수)

1. 머리말

오늘날 생명의 위기는 아무리 강조해도 지나침이 없다. 「유엔 밀레니엄 생태계 평가보고서」(2005)에 따르면, 지구 생태계를 구성하는 종의 10%가 이미 멸종했고, 조류의 12%, 포유류의 25%, 양서류의 32%가 현재 위협을 받고 있다. 개발로 인한 열대 삼림의 파괴 속에서 자연상태에서보다 1,000배나 빠른 속도로 하루 150~200종의 동·식물이 사라져가고 있으며 2010년에는 전체 종의 30% 이상이 멸종될 것이라고 한다.

이 같은 생명위기 시대에 대한 대처가 심각하게 논의되는데, 이 위기를 넘어서기 위해서는 여성의 힘이 절대적으로 필요하다는 범지구적 공감대가 형성되고 있다. 예를 들면 유엔 새천년계획(UN Millennium Project Task Force) 대책본부는 새천년 개발목표 성취 정도를 측정하는 지수로 지방 정치단체에서의 여성의 참여를 독려하도록 권고하고 있다(가토, 2005). 생명운동의 대부(大父)인 김지하도 후천세계를 여는 주역은 여성임을 거듭 강조한다. 수천 년을 이어온 가부장제 세월의 천대 속에서 여성이 행여 꺼질세라 고이고이 불씨를 간직해온 이 살림의 힘이 이제 지구의 모든 생명을 살릴 수 있는 힘으로 주목받고 있는 것이다.

이 글은 우선 천대받으면서 여전히 궁상맞고 위기에 빠진 살림의 얼굴을 일단 조명해보고자 한다. '위기(危機)'라는 한자어는 '위험이 곧 기회'라는 의미를 담고 있다. 살림의 위기는 더 깊어졌지만, 이 위기가 기회가 될 수 있다면, 그 길은 어떤 길일까에 대해 여성을 중심으로 교육, 가정, 지역, 기업, 국가, 국가 간 관계에 걸쳐 생각해보았다.

2. 천대받으면서 여전히 궁상맞고 위기에 빠진 살림

1) 천대받은 살림과 살림꾼 여성

살림은 그 마음의 장엄한 기원에도 불구하고, 최소한 5천 년 이상 지속되어온 가부장제라는 야만적인 체제하에서, 그리고 가뭄과 홍수, 폭풍, 전염병처럼 피해가기 힘든 자연의 자기 운동 앞에서 속절없이 하루하루를 살아낼 수밖에 없었던 궁상맞고 박해받은 상처투성이의 살림이기도 하다. 살림이란 언어를 만들어낸 대모들의 딸들은 '살림'의 기백을 지닌 어머니들의 딸들이라고는 믿기지 않을 만큼 억압받고 천대받는 수천 년의 세월을 보내게 된다. 때로는 이 궁상맞음과 박해와 상처가 너무 심해서 우리 살림꾼 여성들은 살림의 그 마음을 잃고 분열한 자기를 살리기 위해 가족을 떠나기도 한다.

여성으로서는 민족정신으로 떠받드는 고조선의 홍익인간(弘益人間) 이념도 순수하게 받아들이기 어렵다. BC 8~7세기경의 고조선에서는 순장제도를 볼 수 있다. 정치지배계급의 성원이었던 가장이 죽으면 그

권속, 신하, 처첩, 가내 노예가 함께 묻혔다. 이를 통해 당시 지배계급에서는 이미 일부다처제가 실행되었고 가부장은 가구원에 대한 절대적인 생사여탈권을 갖고 있었다(노태돈, 1990: 44, 75~76). 민족의 정체성을 굳이 찾아야 한다면, 율려라는 평화로운 음악으로 세상을 창조했다는 마고성 시대로 거슬러 올라가야 할 것이다. 동옥저에서는 고구려에 여자를 바쳤는데, 이것은 여자는 이미 남자의 정치적 거래의 공물이 되고 있음을 보여준다. 생명이 아니고, 그저 물건이었던 것이다. 여성이 남성 정치의 희생양이 되는 이러한 역사는 고려시대 원나라에 여자를 공물로 바치던 풍습에서 정신대로 이어진다. 이는 세계를 제패한 원 앞에서 어쩔 수 없었던 일로 이해하고 넘어갈 수도 있다. 그러나 문제는 좀 더 근원적인, 가부장제를 보여주는 '환향녀(還鄕女: 고향에 돌아온 여자)'라는 말에 있다. 원나라에 갔다 돌아온 여자들을 남편들이 받아주지 않아 생긴 환향녀라는 말이 정숙하지 못한 여자를 지칭하는 욕인 '화냥년'으로 쓰이게 되었고 이는 오늘날까지 이어지고 있다.

이렇게 여자를 물건으로 취급하는 가부장제 문화 속에서 살아오면서 여성은 자기들끼리도 천대하고, 천대받은 만큼 타락하기도 했다. 17세기인 조선 중기 이후 만연되었을 고부갈등이 그 전형적인 예이다. '시집가면 귀머거리 3년, 벙어리 3년, 장님 3년'이라는 말이나 며느리밥은 작은 솥으로 짓게 해서 그 며느리가 굶어 죽어 '소쩍소쩍'[1] 우는 소쩍새가 되었다는 소쩍새 전설은 고부갈등의 극단성을 말해준다.

2) 궁상맞았던, 여전히 궁상맞은 살림

한편으로는 먹고살기 위해 늘 안간힘을 써야만 했던, 그리고 진화론적

---

[1] '소쩍'은 '솥이 작아'라는 말을 새 울음소리로 변형한 것이다.

으로 생계경제를 담당했던 여성의 하루하루 살림은 성스러운 만큼 궁상맞은 것이기도 했다. 더는 애를 쓸 수 없을 만큼 전력투구하며 살아도, 때로는 자식들을 기르고자 한 그 살림은 아이 하나 지켜내지 못한다. 농촌의 할머니들 얘기를 들으면, 농번기에는 논일, 밭일을 해야 하는데 아이를 봐줄 사람이 없어 나무 밑에 묶어놓고 일을 했다고 한다. 아이는 때로 독사에 물려 죽거나 다쳤다고 한다. 방 안에 먹을 것을 두고 방문을 걸어 잠그고 나갔을 때는 어떤 일이 벌어졌을까? 조개를 채취해 살림을 산, 새만금갯벌의 어머니는 참으로 궁상맞은 이야기를 들려준다.

그 전에 바다 댕기믄서 내가 벌어야 하는디 애기들 땜에 못 번께, 애기들을 방에다가 가둬. 인제 오강(요강) 씨쳐서(씻어서) 넣어놓고 먹을 것, 과자, 우유 같은 거 사서 들여놓고 바다 댕겨. …… 인자 엄마 찾으러 간다고 바다 가면은 애만 잃는 거여. …… (바다) 갔다 오면은 똥하고 오줌하고 방바닥에다 싸갖고 막 손으로 다 으깨갖고 그 똥하고 먹을 거하고 같이 그거를 막 먹은 거야. …… 그래도 어떡해. 새끼들 안 굶겨 죽일란께 벌어야 되고, 그 이튿날 또 그렇게 하고 바다 나가고, 빈 몸으로 (재금) 나왔으니까, 몸땡이만 차고 나오니까 인제 열심히 안 하면은 우리가 살어 갈 길이 없잖아. 그냥 할 줄 몰라도 이를 악물고 댕겼지(윤박경, 2004: 62).

이런 궁상맞음은 우리가 보릿고개를 힘겹게 넘기던 1960, 1970년대로 끝난 일일까? 경제규모가 세계 10위라면서 부모나 조부모 모두 생업에 매달려 있는 동안 아이들이 개에 물려 죽고, 불에 타 죽고, 보육원에서 학대받는 사건이 연이어 일어나고 있는 나라가 한국이다(≪한겨레신문≫, 2006년 2월 11일자). 3교대로 돌아가는 공장에 다니는 한 어머니는 오후

출근시간에 맞춰 들어오기로 한 아빠가 늦으면, 어쩔 수 없이 우는 애를 놔두고 밖에서 문을 걸어 잠그고 출근하게 된다. 한국 사회에서 여성이 직업을 갖는 것이 남편의 아이 돌보기나 가사 참여에 미치는 영향은 거의 없다. 맞벌이 가족에서 여성이 가사를 전담하거나 주로 하는 가정이 86.4%이고 공평하게 분담하는 가족은 10.1%에 불과하다. 전업주부 가정과 취업주부 가정을 통틀어 여성은 하루 평균 3시간 18분을 가정살림에 쓰는 반면, 남자는 26분만 쓴다(통계청, 2005; 통계청, 2003). 특히 육아기의 아이를 가진 경제활동 참여 여성들의 '이중 노동' 강도는 극단적이다. 자기 아이를 봐주시는 어머니를 힘들게 하는 죄인이라는 괴로움, '나 몰라라' 하는 남편에 대한 적대감, 둘째 아이는 꿈도 꿀 수 없는, 절대적으로 힘에 부치는 하루하루의 나날이 이들의 삶이고 심정이다. 살림이라기보다는 하루하루 살아남기 위한 육아전쟁, 생존전쟁이 있을 뿐이다. 경제규모는 세계 10위이지만 아이 살림은 뒤에서 세계 10위일 듯싶다.

    그런데 육아가 절대로 분담되지는 않는다. 항상 애를 데리러 가는 문제는 나 혼자 동동거리게 되는 거, 내가 최후의 보루인 거, 내가 벌어서 내 수입으로 사는데도 내가 이렇게 해야 되나 그런 생각 때문에 괴로웠다. 심리 상담을 받은 적도 있다. 혼자 끙끙 앓다가 내가 피해자라는 생각 때문에 그게 우울증으로 왔다. 복직을 생각하면 마음이 무겁다. 나는 친구를 만날 시간도 없고 회식도 1차만 겨우 하고 그렇게 살았는데 복직하게 되면 나한테도 그걸 보장해줘라 신랑한테 요구를 할 생각이다. 내가 이만큼 양보할 테니 일주일에 몇 번은 네가 해라 이렇게 하려고 엄마가 죄인 같다. 엄마니까 내가 챙겨야 하는 거, 이제는 그렇게 안 한다. 아빠도 끌어들여야 한다(김정희·이경아·서화숙·최현진, 2004: 78).

이렇듯 극단적인 이중 노동을 감수해야 하는 경제활동 참여 여성들의 가정살림은 또 다른 의미에서 궁상맞기 짝이 없다. 이중 노동은 어머니들로부터 생명을 기르는 체험이 주는 기쁨을 향유할 순간과 기회를 빼앗아 가고 있다.

　아이를 기르기 위해 아예 아이와의 동거를 포기하는 삶도 존재한다. 여성부가 폐쇄하려다 부모들과 시설장들의 반발로 폐쇄하지 못하고 묵인하고 있는 24시간 보육시설에 아이를 보내는 부모들은 때밀이, 포장마차, 간병인 등과 같이 낮밤이 바뀐 생활을 하는 분들이 대부분이다. 낮에는 잠을 자야 하고 밤에는 일을 나가기 위해 아이를 24시간 보육시설에 맡긴다. 이들이 한 달에 한두 번이라도 아이를 집에 데려가도록 부모들을 독려하는 것이 어린이집 원장들의 주된 일이라고 한다. 부모들은 아이를 떼어놓고서라도 벌지 않으면 월세, 보육료를 감당하지 못한다. 24시간 보육을 이용하는 가정의 경계 너머에는 생물학적인 부모·자식 유대가 해체된 세계가 있다. 최근 한국에서는 1년에 약 8,000명의 아이들이 버려지고 있다.

　팍팍한 삶은 부모가 자기 아이를 학대하게까지 한다. 보건복지부 조사에 의하면, 2005년 아동학대는 하루 평균 12.6건이 발생했고 가해자는 친부가 66.1%(2,554명)로 가장 많고 이어 친모 28.4%(1,098건), 계모 3.7%(142건), 계부 1.0%(38건)의 순서였다(donga.com, 2006. 4. 2).

　아이를 때리는 것만이 아동학대는 아니다. 사실상 한국 사회의 가장 큰 아동학대, 반(反)살림은 교육이다. 최근의 한 조사에 의하면 아이들은 학원·과외 공부시간에 2~4시간 30분을 쓰고 있고 평일 6시간의 학교수업을 합치면 하루 8~10시간 30분을 공부에 시달리고 있다(hani.co.kr, 2006. 5. 3). 문제는 이런 학대에 부모, 학교, 학원, 대학 모두가 공모하고 있다는 데 있다.2) 괴로운 부모 중 일부는 대안학교로 도망치기도 하지만,

대부분의 부모들은 학원비를 대고, 학원에 아이를 태워다주며 무력하면서도 적극적으로 이 체제에 적응하며 살아간다.

부모가 이 체제에 괴로워하면서도 적극적으로 공모하게 되는 구조적 요인은 날이 갈수록 심화되는 양극화이다. 2006년 말 상위 10%의 연소득은 1억 원을 넘는 반면, 하위 10%는 1,000만 원을 넘을 것이라 한다(hani.co.kr, 2006. 5. 11). 그리고 성찰의 부재는 계급 추락에 대한 공포를 만연하게 해 부모들을 체제의 적극적인 공모자가 되게 한다.

3) 궁상맞음을 넘어 불임을 고착화하는 개발주의

마지막으로, 이 시대 가장 광범위하고 심각하게 아이와 어머니를 힘들고 지치게 하는 것으로 생태계 파괴와 환경오염 문제를 짚고 넘어가지 않을 수 없다. 2003년 15~44세의 기혼여성을 대상으로 한 연구에 따르면 불임발생률은 13.5%에 이르며, 총 63만 5,000쌍의 불임 부부가 있을 것으로 추계된다(황나미, 2003). 그러나 이 추계는 여성만을 대상으로 한 연구이기 때문에 불임 남성까지 고려하면, 불임 부부는 20%를 넘고, 100만 쌍 이상이 될 것으로 추정해볼 수 있다. 불임은 만혼, 스트레스, 환경오염 등이 원인이라고 지적된다. 그러나 그 심각성에 비해서 생태계 파괴 및 환경오염과의 관련성은 천착되고 있지 않다. 2005년 한국의 출산율은 세계 최저인 1.08명으로 떨어졌다. 2005년에 태어난 신생아는 43만 8,000여 명인데 불임 부부가 100만 쌍 이상이다. 이것은 육아에 대한 사회적 지원의 부재, 가부장적 가족문화와 더불어 불임이 저출산의 핵심 원인임을 말해준다. 이 모든 것은 '가부장적 남성중심 문화'라는

---

2) 김정희(2005)는 부모와 학원과 학교의 공모관계를 부모를 중심으로 살펴보고 있다.

한 문구로 요약된다. 불임과 저출산을 생태학적 재앙의 하나로 바라볼 필요성이 분명함에도 불구하고 국가의 저출산 대책에는 이에 대한 인식이 전무하다. 전국의 산에 농약으로 범벅된 골프장을 만들고, 새만금, 천성산의 뭇 생명을 죽이는 개발주의는 불임의 문화와 다름없다. 불임의 문화 속에서, 자연의 불임, 살해를 주도하는 인간이 어찌 다산의 풍요를 가질 수 있을까? 불임의 개발주의와 우리 인간의 불임이 동전의 앞뒷면임을 깨닫지 못하는 한, 세대 재생산의 최저 임계치에 이미 도달한 한국사회는 '사회적·개인적인 자기 보존 능력'을 회복하기 어려운 것이다. 세계 10위의 경제규모, 그러나 '환경지속성지수(ESI)'는 146개국 중 100위(2005년), 2,380시간이라는 세계 최고의 연간 노동시간(2004년), 이 격차만큼 불임은 광대해졌다.

 불임 문화 속에서는 태어난 아이들도 비실비실하다. 민주노동당 조사에 의하면, 현재 우리나라 어린이 6명 중 1명은 아토피 질환을 앓고 있으며, 0~4세 어린이의 5명 중 1명은 천식을 앓고 있다. 일선 현장에서 일하는 의사들의 추정치를 보면 아토피유병률은 약 40%, 천식은 약 23%라고 한다. 어머니의 자궁은 더는 신성한 장소가 아니고 다이옥신이 득실대는 오염된 공해 창고이다. 오염된 자궁에서 세상으로 나오면 대기오염, 먹을거리 오염, 전자파 오염 등이 아이들을 기다리고 있다. 유전자조작 식품이 제재 없이 수입되고 7~8년 이상 두어도 상하지 않는 밀가루를 99.8%나 수입해서 먹는 나라이다(필자가 1992년 2월에 풀을 쑤기 위해 산 밀가루가 아직도 생생하다). 이 밀가루로 빵을 만든 베이커리에서는 '갓 구워낸 신선한 빵'이라는 문구가 담긴 간판을 버젓이 내걸고 있다. 개발주의라는 대세에 획기적인 변화가 없는 한, 아토피유병률은 50~60%, 천식은 30~40%, 불임률은 20~30%로 계속해서 의기양양하게 상향 행군을 할 것이다.

3. 부활하는 살림

최근 서구 여성주의에서 가사노동은 돌봄(caring) 또는 돌봄노동(care work)으로 일컬어지면서 돌봄은 앞으로 구축되어야 할 새로운 사회질서의 방향을 제시해주는 핵심적인 가치로 새롭게 자리 매김하고 있다(Noddings and Nell, 1984; 허라금, 2004).

한편 우리의 경우, 1970년대부터 가시화되기 시작한 수질·대기·농약·해양 오염사고 등의 환경문제에 대응해, 1980년대로 접어들면서 민주화운동의 일환으로 반공해운동이 전개되기 시작했다. 1986년에 서진옥은 주부를 중심으로 반공해운동 단체인 공해반대시민운동협의회를 결성했다(구도완, 1996: 151~153). 또한 1980년대 중반부터 NGO들을 중심으로 우리 농산물을 직거래하는 운동이 시작되었고 이 운동의 연장선상에서 1988년 한살림, 1989년 한국여성민우회 생협, 1990년 부천 YMCA 생협 등 생협이 창립되었으며, 1993년 생협전국연합회가 회원 생협들과 함께 물류사업을 개시했고, 1994년 가톨릭의 우리 농산물 살리기 운동본부 등이 결성되었다. 이런 생협에는 현재 약 20만 명 정도의 회원들이 참여하고 있다. 1990년대에 들어와 여성 환경활동가들은 음식물 쓰레기 퇴비화 운동, 쓰레기 소각장 반대운동, 폐유 수거나 폐유로 비누 만들기 운동, 지역 하천 살리기 운동, 반핵운동, 반개발 운동, 환경 교육, 평화운동 등과 같은 크고 작은 환경운동을 전개했다. 빈민운동으로 시작해 소외계층의 아이들을 보살피기 위한 공부방 운동을 해온 공부방연합회와 부스러기 선교회 등에 소속된 교사나 대안학교 교사 중 80~90%가 여성이다.

상호 연계 없이 혼성환경단체, 여성단체, 생활협동조합 등 각 운동 현장에서 다양한 운동을 해오던 여성 환경운동가들은 1995년 북경 여성

대회를 위한 준비모임으로 '여성과 환경, 지속 가능한 개발을 위한 NGO 네트워크'를 결성하면서 처음으로 함께 모이고 「한국여성 NGO위원회 환경분과보고서」를 작성했다. 이 보고서에서 여성 환경운동가들은 살림이 여성 생태운동의 체험적·정신적 구심점이며 비전임을 집단적으로 분명하게 천명하고 있다. 필자는 이것을 한반도의 생명 파괴를 가슴속 깊이에서부터 아파하는 여성들의 '살림 선언'이라 부르면서 이를 소개한다. 이 '살림 선언'은 여성 환경운동에서 여성 생명운동으로의 전환점이기도 하다.

여성은 생명을 이어가는 전달자, 생명관리자로서의 역할을 통해 동서고금의 다양한 사회에서 남성보다 더욱 자연친화적이며 전일적인 사고방식과 행동양식을 보였다. 그러나 이런 여성의 활동은 제대로 평가받지 못하고 여성들은 남성에게 종속된 존재로서 열등하고 부수적인 역할밖에는 하지 못하는 것처럼 인식되어왔다. 여성이 지닌 경험과 전망은 현재의 위기를 극복하는 데 큰 기여를 할 것이다. 생명에 대한 경험이 여성에 비해 크게 부족한 남성으로서는 현재와 같은 총체적인 환경위기를 극복할 역량에 근본적인 한계를 안고 있기 때문이다. 죽어가는 지구를 살려내어 활기차게 움직이게 하려면, 이제까지는 가정 내의 전통적인 역할에 국한되어왔던 살림의 개념을 사회적으로 확대해, 인구의 절반을 차지하는 여성이 가정을 균형 있게 돌보던 경험으로 지역사회 경영에 참여하고, 국가의 정책결정 및 경제운용 과정에 참여하며 지구적 의사결정 과정에도 중요한 영향력을 미칠 수 있어야 한다. 또 나아가서 모든 생명이 평등하며 건강하게 살아가는 사회를 만들기 위해 근본적인 구조 변화를 초래할 수 있어야 한다. 이 과정은 여성이 없으면 해낼 수 없지만 또한 여성들의 힘만으로 되는 일도 아니다(여성과 환경, 1995: 131~133).

여성의 생명감수성의 근거를 이리가라이(Luce Irigaray)나 김지하처럼 여성의 임신·출산 능력에서 찾는 경우도 있지만(이리가라이, 2000: 39~44; 김지하, 2004: 220~221), 위의 살림 선언은 임신·출산보다는 살림 행위에서 여성 생명운동의 전거를 찾고 있다.

임신·출산 등은 여성 배타적인 체험은 아니다. 태아는 훗날 의식수준에서는 기억해내지 못할지언정, 자궁에서의 어머니와의 공생관계를 자각할 수 있다. 우리 모두에게, 여자나 남자나 출산을 체험한 여성이나 그렇지 않은 여성이나 자궁에서 어머니와의 공생은 공유 체험으로 무의식 속에 내장되어 있다. 이 체험 역시 포유류의 생명체들에게는 궁극의 체험이겠지만, 여성에게는 체험의 세월이나 강도로 볼 때, 살림이 좀 더 궁극의 체험이다. 임신으로 힘들어하는 여성들에게 먼저 어머니가 된 여성들이 해주는, "그래도 뱃속에 있을 때가 한갓지지"라는 이 한마디 말은 도저히 어떤 특정한 사상도 삼켜버릴 수 없는 살림 체험의 구체적 육체성과 현재성을 간결하게 표명하고 있다.

낳지 않았어도 기르고 살림을 살아보는 것은 생명 여성주의자 또는 생명주의자가 되기 위한 전제 조건인 듯싶다. 혼인하지 않은 한 생명 여성주의자는 조카들을 돌본 체험을 자신의 생명감수성의 전거로 든다. '바람의 딸' 한비야는 생명을 낳지 않았지만, 우리 시대 그 누구보다도 많은 아이들을 보살피고 기르고 있는 '흔 어머니'이다. 이렇게 생명을 기르는 체험은 여자만이 할 수 있는 일이 아니다. 우리는 깊이 존경하지 않을 수 없는, 가난한 이들을 위해 자기 일생을 바친 많은 남성 대부(大父)들과 성직자, 그리고 이런 일과 관련된 실무를 묵묵히 맡고 있는 남성들도 적지 않다는 것을 알고 있다. 그러나 이러한 '어머니 같은 일부 남성들'은 진화론적으로 보면, 우리에게 남성의 진화에 희망을 품게 하는 돌연변이들이다. 대부분의 남성들은 전사로 길들었기 때문에 살림에서 배제되어왔고 가능한 한 생명감수성을 퇴화시키는 압력을 받아왔다. 이 남성들이 살림 체험을 공유하는 것은 살림 문명의 성패를 가늠하는 요건이 될 것이다.

포유류 새끼들 중 신생아는 제일 무능하다. 그래서 집중적이고 센 강도의 육아를 필요로 한다. 최소한 내가 받은 육아만큼 다른 어떤 생명을 몸으로 보살피고 기르는 것은 생명의 순환을 위해 요구되는 인간의 보편적 의무가 아닐까? 생물학적 부모가 되는 것은 이 의무를 이행하게 하는 주된 생물·사회적 경로이지만, '돌보고 길러보는 체험'이 중요한 이상, 불임이나 비혼(非婚)도 근본적인 문제가 안 된다. 우리 사회, 그리고 세계에는 심화되는 양극화 구도 속에서 돌봄을 필요로 하는 사람들이 너무나도 많기 때문이다. 돌봄이 반드시 비성인만을 돌보는 일일 필요는 없을 듯싶다. 우선 건강한 성인이라면 남에게 모든 것을 의지하지 않고 자기 재생산을 위한 살림만이라도 체험할 수 있다. 이것은 남성에게 절실히 요구되는 개인 자치인 것이다. 그리고 우리 주변에는 어린아이들, 연로한 부모를 비롯해 장애인, 노숙자, 노인, 청소년 등 보살핌을 필요로 하는 사람들이 많이 있다. 돌보는 자원 활동이나 돌봄 워커즈, 상담이나 쉼터와 같은 일에 종사하거나 봉사하는 분들과 같이 소명감을 갖고 돌보는 일에 종사하는 것도 살림의 의무를 방기하지 않게 하는 좋은 통로가 될 것이다. 과거처럼, 그리고 현재도 그렇지만 모든 보살핌을 고립된 핵가족 속의 전업주부 여성에게 내던져 팽개쳐버리고 외면하는 것이 아니라 작은 단위의 대면적인 돌봄의 공동체적 네트워크를 만들어 낸다면, 좀 더 많은 이들이 보살핌을 체험하며 성숙해갈 것이다.

사람을 돌보고 기르는 체험 없이 자연을 돌보고 기르고 지키는 데 전념하는 분들도 드물게 있는데, 이는 천성산을 지키는 지율 스님과 같은 성직자나 그와 유사한 경지에 달한 사람들에게서나 관찰된다. 대법원의 판결을 앞두고 사람들이 지율 스님에게 가장 많이 던지는 질문 중의 하나는 바로 재판의 결과에 대한 것이었다. 지율 스님은 그 질문을 "자식을 전쟁터에 보내는 부모에게 그 자식의 생사를 묻는 질문과 같이 잔인한 질문"이라고 했다.[3] 성직자이기에 가능하게 보이는 그 자연을 지키는 마음이 부모의 마음이라고 스님은 말한다.

사상이 먼저가 아니라 살림 체험이 선재한다. 그러나 여성들이 '살림 선언'에서 명시하고 있듯이 살림을 나라 살림에까지 확장시켜간다면, 살림 체험의 바탕을 갖춘 위에 생태적인 과학지식과 전문성을 흡수하는 것 또한 절대적으로 필요하다.

4. 살림의 경계, 살림의 길

한국 사회에서 살림과 살림의 마음은 이제 생명운동의 확고부동한 기반으로 자리 잡아가고 있다. 한국 최초로 유기농 농산물을 직거래하는 생협운동을 시작한 '한살림'은 살림이라기보다는 서구의 생태과학과 한국의 동학사상에 기반을 두고 있기는 하지만, 1986년 '한살림 농산'이라는 농산물 직거래 가게를 낼 때부터 이 이름을 사용하고 있다. 여성환경연대는 '살림 선언'을 한 이후, 이사회를 살림꾼 회의, 이사들을 살림꾼으로 부른다. 대한 YWCA 연합회의 최근 슬로건은 '섬김, 나눔, 살림'이다.[4]

살림을 살아온 여성은 현대의 생명운동에 참여하기 이전부터 살림꾼 자체로서, 저 마고성의 창세시대부터 생명 여성주의자였다. 생명을 몸으로 느끼고 아는 이 살림꾼들은 남성 사냥꾼·전사들이 이끌었던 오랜

---

3) www.cheonsung.com, 2006. 5. 23 검색.
4) http://www.ywca.or.kr, 2006. 6 검색.

전쟁의 세월을 만나, 숨죽이고 숨죽이면서 살림의 불씨를 건사해 오늘에 이르렀다. 이제 숨죽이면서 살림의 불씨를 건사할 필요가 없어졌다. 생명의 위기가 깊어지자 사냥꾼·전사의 후예들은 앞 다투어 자신들의 대권을 기꺼이 넘기겠다고 선언한다. 사실 살림꾼들은 대권을 넘겨받을 생각은 없다. 그 대권이라는 것을 해체하고 싶을 뿐이다. 해체하고 단지 나누고 함께 평화롭게 살고 싶은 것이다. 이런 새로운 진화의 길로 나아가기 위해서는 좀 더 자신 있게 시방[十方]의 경계가 없는 살림을 살아갈 필요는 있어 보인다. 그 길을 그려보면 다음과 같을 것이다.

1) 생명감수성을 기르는 교육이 필요하다

언제나 그래 왔듯이 가정은 살림의 근간이다. 가정은 우리가 뱃속에서부터 살림과 생명을 체험하는 첫 장소, 원형적 장소이기 때문이다. 오늘날 세계 평화주의자들에게 가장 큰 골칫거리인 부시의 배타적인 기독교 근본주의를 유년시절, 가정 밖의 세계에 가치를 둔 어머니, 아버지로부터 물리적·심적으로 배척받았던 상처로 분석하는 글을 읽으며 고개를 끄덕인 적이 있다. 생명체는 우선적으로 사랑받으며 살기를 원한다. "네 몸을 사랑하듯 남을 사랑하라", "살아 있는 생명을 죽이지 마라"라는 예수와 부처의 황금률은 나 자신이 사랑받으며 살기를 원하는 이 절대명제를 타자에게도 적용하라는 것이다. 이 같은 생명의 절대명제와 황금률을 몸으로 체험할 수 있거나 거부당하는 첫 장소가 바로 가정이다. 생명감수성을 기를 수 있는 첫 번째 장소는 가정이다. 부모는 생명감수성을 몸으로 일러주는 첫 스승이다. 이 스승은 학력이나 재력 등으로 그 수월성이 결정되지 않는다. 열강의 핵무기 폐지를 위해 무일푼으로 인도에서 러시아, 유럽을 거쳐 아메리카까지 걸어서 3만 리의 평화순례를 감행한 녹색 운동가 사티쉬 쿠마르는, 자기 생애 최고의 스승은 출가하면서

9살에 이별한, 학교 문턱에도 못 가본 일자무식의 자기 어머니였다고 말한다. 그 어머니는 어린 쿠마르에게 "애야, 너는 모든 걸 알고 있다. 네 속에, 너의 영혼 속에 모든 것이 다 들어 있어. 도토리처럼"이라는 말을 해주셨다. 우리 어른들이 쿠마르의 어머니와 같을 수 있다면 이 세상에는 그 순간 평화가 도래할 것이다. 그리고 이 교육은 특히 어린 남자아이가 돌봄, 살림을 체험함으로써 전사로서의 정체성을 해체하는 과정을 포함할 것이다. 남성의 살림 체험은 인류 진화의 성패를 가늠하고 오늘날 전 세계적으로 보편적인 현상인 가족의 불안정성을 넘어설 수 있는 핵심 요소이다. 후천의 세계를 여성 혼자 열어갈 수는 없다. 남성의 동반 협조는 필수이다. 이 남성이 진화하지 못하고 여전히 사냥꾼과 전사의 아들로 머물러 있다면 새로운 후천 세계가 열리기 어려울 것이다. 살림 체험은 남성을 생명에 눈뜨게 할 수 있는 가장 손쉬운 방식이다. 어머니들은 이미 굳어진 남편에게 실망했다고 해서 아들까지 포기할 필요는 없다. 여성들이 어머니로, 교사로 아들을 쿠마르로 키워낼 수 있다면, 이는 후천으로 들어서는 하나의 길일 것이다. 다만 우리는 가정을 이성애적 핵가족으로 국한할 필요는 없다.

자연교육을 요체로 하는 생태교육은 생명감수성을 기르는 또 하나의 지름길이다. 절망스러운 것은 학교가 무수한 비인간적 기재는 차치하더라도, 가장 근본적 문제점이 체계적으로 생명감수성을 박탈한다는 것이다. 1학년부터 생물과 무생물의 구분을 배우면서 서구 이원론을 학습해 간다. 이 학습은 아이가 생태학적 앎을 체득할 기회를 얻지 못하는 한, 고등학교, 대학교 때까지 더욱더 정교한 지식 형태로, 그리고 시험이라는 강요된 내재화 기재를 통해 학습된다. 생명을 생명답게 기르는 생산성은 없으면서 비대해지고 견고해질 대로 견고해진 이 골칫덩어리를 어떻게 할 수 있을까? 학교 종사자들과 교육부 공무원들이 학교를 진화시킬 수 있을까? 시민사회가 진화의 압력을 행사하고 학교 변혁의 청사진을 제시하고 실천적으로 협조할 수 있을까? 아니면 학교는 암세포에 불과하니 대안교육에서 전적인 희망을 찾아야 할까? 필자 혼자서는 답하기 힘든, 생명주의자들이 마주하지 않으면 안 되는 큰 숙제이다.

2) 가정·지역과 기업, 국가와 세계를 살림 살아야 한다

(1) 가정살림과 분리되지 않는 지역살림

이제 살림의 최소 단위로 가정 하나만을 언급할 수 없게 되었다. 살림의 최소 단위는 가정·지역이다. 1990년대 일어난 여성 생명운동의 특징 중 하나는 지역의 개발을 막거나— 산을 개발해 스포츠 센터를 만들거나 러브호텔 설립 등을 저지하는 운동— 공장 유독가스 오염 등의 문제에 항의하는 지역의 어머니들이 자연발생적으로 결집한 운동이라는 점이다. 현대의 생태계 파괴나 오염의 영향을 받는 곳은 최소한 동이나 구도 포괄되는 지역이거나 황사 피해 같은 경우는 전국이 된다. 따라서 이에 대응하는 최소 단위는 가정이 될 수 없다. 가정·지역이 되어야 한다. 먹을거리 문제도 마찬가지다. 개인적으로는 수입농산물과 복합오염으로 범벅된 먹을거리로부터 자유롭기가 힘들다. 유기농이나 친환경 농산물을 직거래하는 지역 생협은 최소 수백에서 수천 명의 조합원을 두고 있다.

지역 생협과 지역 여성단체들은(이 둘은 중복되기도 한다) 유기농 직거래운동 외에도 기초의회 모니터 사업, 여성 예산에 대한 조사, 지역 아이들을 위한 다양한 체험학습 프로그램 운영, 샛강 살리기를 위시한 다양한 지역 생태 파수꾼 노릇, 소외이웃 돌보기 등의 다양한 활동을 해왔다. 이 일들을 지속적으로 해가면서 명실상부한 지역살림으로 정착시켜야 한다. 의회 모니터 사업과 같은 것은 지역단체의 사업수준을 벗어나 지자체로부터 공공성을 인정받는 민관협력의 공공제도로 발전해 가야 한다고 생각한다. 스스로 전문성을 갖추어 자원 활동으로 수행되어 온 지역주민과 아동들을 위한 프로그램은 좀 더 전문성을 갖춘 적절한 수준의 유급 시민노동으로 전환해갈 필요가 있다. 자원 활동은 타인의 행복이 곧 나의 행복이라는 생각에 기초하는 의미 있는 공동체적 활동이고 살림의 일부인 것이 분명하다. 그러나 자원 활동은 사회를 전체적으로 경영하는 전망과 실질적인 경영이라는 측면에서는 많은 부분 부족한 것이 사실이다. 그래서 자원 활동에 대한 대안으로 제3부문론과 이의 토대인 시민노동론이 제시되고 있다(벡, 1999: 221~226, 250~257).

한편 지역살림에서 중요한 것의 하나로 여성의 기초의회 진출을 언급하지 않을 수 없다. 풀뿌리 지역활동가들은 여성이 절대적으로 수적 우위를 차지하고 있음에도 불구하고 기초의회에서조차 여성은 제대로 대표되지 못하는 실정이다. 2002년 지방선거에서 여성 기초의원의 비율은 2.2%에 불과하다. 각 나라 여성의원의 평균 비율이 11%를 넘고 북유럽의 여성의원 비율이 40~50%인 것에 비할 때 이것은 세계적으로 낮은 수준이다. 2005년 인간개발지수(HDI)는 28위인 데 비해 남녀평등지수(GEM)는 59위에 불과하다.5) 풀뿌리 여성 지역 활동가들의 정체성은 정치적이라기보다는 공동체적이다. 따라서 기초의원에 대한 정당공천제와 같은 제도는 풀뿌리 여성 리더들이 지역정치를 이끌어갈 역량을 갖추고 있음에도 불구하고 풀뿌리 제도정치를 기피하게 한다. 현실적으로 기초의원의 당선 가능성을 높이기 위해서는 정당에 가입해야 하는데, 이것은 여성들의 지역 활동의 정체성과 맞지 않기 때문이다. 이런 여건

---

5) http://hdr.undp.org/reports/global, 2005.

속에서 지역단체의 장까지 진출한 풀뿌리 여성 리더들은 제도권 지역정치 등으로 진출해 자신들의 역량을 십분 발휘하기보다는 다시 하향해 지역 안팎에서 소박한 봉사활동을 하는 쪽을 택한다. 이것은 풀뿌리에서 성장한 여성 살림 정치의 역량이 사회적으로 확대·순환되지 못하고 있음을 뜻한다. 정당공천제는 이런 면에서 그나마 싹트고 있는 지역살림 정치의 숨통을 조이는 중앙정치의 폭거라고 할 수 있다. 이런 제도가 유지되는 한, 기초의원제는 어느 정도 부는 획득했으나 사회적 지위와 명예를 얻지 못했던 남성들이 이것들까지 움켜쥘 수 있게 해주는 제도적 장치에서 한 걸음도 나아갈 수 없다. 살림 정치의 토대 구축도 그만큼 지연될 수밖에 없다.

(2) 기업경영에서 기업살림, 대안적 지구화로

생태계 파괴와 환경오염, 그리고 부익부 빈익빈의 주범으로서의 기업이 아니라 지역사회, 국가, 세계의 지속가능성에 기여하는 기업을 이루기 위해서는 CEO와 간부, 직원들이 생명 살림의 감수성을 갖는 것이 무엇보다도 중요하다. 이윤에서 그 추동력이 나왔던 기업을 자연을 살리고 소외계층을 살리는 나눔과 연대의 가치를 실현하는 기업으로 진화시킬 수 있는 것은 이 생명 살림의 감수성일 것이다. 1990년대 초반부터 'As You Sow'와 같은 단체들이 주도하기 시작한 기업의 사회변혁 프로그램인 CSR(Corporate Social Responsibility) 운동은 기업이 사회와 환경에 미치는 영향에 대한 책임의식을 갖고 사업을 운영할 것을 요구한다.[6] 생명 살림의 감수성이야말로 이 CSR을 원활하게 작동할 수 있게 해줄 것이다. 기업은 이 생명 살림의 감수성 개발을 위한 여러 프로그램을

---

6) http://www.asyousow.org

실행할 수 있지만, 그중 핵심적인 한 가지는 상대적으로 이윤 중심 가치를 덜 내재화하고 있는 여성이 중간 간부 이상의 직급에 일정 비율 이상으로 늘어나게 하는 것이다. 노동부의 2004년 조사에 의하면, 과장급 이상 한국의 관리직 여성 비율은 공기업이 2.6%, 1,000명 이상 직원을 가진 민간기업은 4.3%에 불과하다.7) 또한 한국 10대 기업의 여성 관리직 비율은 3.7%, 임원 비율은 1.3%에 불과하다(hani.co.kr, 2005. 9. 5). 여성권한척도 세계 1위를 자랑하는 노르웨이 정부가 2006년 1월부터 '상장기업 이사회의 여성 비율 40% 의무화' 시행을 결정한 것과 비교할 때, 한국의 낙후성은 심각하다(hani.co.kr, 2005. 11. 18).

기존의 기업을 어떻게 살림 경영으로 전환시켜낼 것인가 하는 과제와는 별도로 새로운 '살림형 기업'의 모델이 개발되어야 한다. 이와 관련된 몇 개의 의미 있는 사례가 나오고 있다. '토리식품'의 김영선 대표는 처음에는 주부로서 식품영양학 전공을 살려 집에서 국산 토마토를 원료로 케첩을 만들어 주변의 생협 조합원들에게 공급했다. 수요가 폭발하자 공장을 세웠고 지금(2005년)은 연 20억대의 매출을 올리고 있다. 무공해 천연세제를 상품화한 '살림원'의 정해순 대표 역시 비슷한 경우이다. 앞에서 언급한 워커즈도 살림 경영의 모델이 될 수 있을 것이다. 이러한 초록기업의 성공 사례들이 좀 더 축적되어 사회적으로 확산되고 알려짐으로써 돈 버는 사업과 살림의 가치관이 유리되지 않는다는 인식과 풍토가 사회적으로 자리 잡을 수 있을 것이다.

공정무역은 지구적 교역으로까지 확대된 '살림형 기업' 활동의 모델이다. 네덜란드 막스 하벨라르 재단의 커피 공정무역에서 시작된 이 운동은

---

7) http://blog.naver.com/womantimes?Redirect=Log&logNo=80023799230, 2006. 4. 24 검색.

대안적 지구화의 한 모델이 되고 있다.[8] 공정무역은 여성들이 주로 많이 참여하고 있으나 남성과 함께 전개하고 있는 사업이다. 아시아에서는 일본의 네팔리 바자로가 네팔과 공정무역을 시작해 네팔 경제에 활력을 불어넣은 것을 시작으로, 한국에서는 두레생협이 필리핀의 사탕수수 생산자들과 공정무역을 개척했다. 아름다운 재단은 유기농 커피를, 여성환경연대는 네팔의 의상과 공예품 등을 주로 거래하는 공정무역을 준비하고 있다. 공정무역은 단순히 사업이 아니라 일상적인 사업과 소비를 통해 과거 제국주의 국가 국민들이 식민지 국민들에게 실질적으로 사죄하는 새로운 지구화된 살림 양식이다. 네팔리 바자로를 만든 쓰치야 하루요(Tschiya Haruyo)는 그 과정이 너무나 힘들어 비행기를 타고 네팔을 오가며 숫제 비행기 사고를 당해 죽고 싶다고 생각한 적이 한두 번이 아니라고 말한다. 2006년 현재 일본에는 공정무역제품 전문 가게가 500곳 이상이 있다고 한다. 이 같은 엄청난 모험을 감행하며 이제 여성은 세계를 살림할 수 있는 가능성을 열어가고 있다.

(3) 국가의 관료 통치에서 살림 통치로

양성평등임용제도가 실시되고 있고, 여성 총리가 나오기까지 했으나, 한국에서 국가는 다른 사회제도와 마찬가지로 여전히 남성 중심적인 제도이다. 2005년에 7급, 9급 공무원 임용시험을 실시해 새로 선발한 공무원 중 50.5%가 여성이다. 이와 같이 하위 공무원직에서 여성 합격자는 과반수를 넘어서고 있다. 그러나 5급 이상 관리직 공무원의 경우를

---

[8] 이 재단은 1988년 멕시코로부터 수입된 커피에 공정무역(fair trade) 레이블을 붙여 시장에 내놓기 시작했다. 1988년 253kg에 불과했던 이 커피의 수입이 1990년대 후반에는 3,000kg으로 늘어났다. 네덜란드 슈퍼마켓에서 90%나 팔리고 있으며 유럽 전역으로 번져가고 있다(프렌치, 2001: 73).

보면, 지방직에서 여성이 차지하는 비율은 5.9%, 국가직에서는 8.4%에 불과하다. 심지어 244개의 시·군·구 기초자치 단체 중 42곳에는 5급 이상의 여성 공무원이 한 명도 없다(≪프레시안≫, 2006. 5. 12).

국가 행정에 참여하는 여성 비율이 낮다는 것도 문제이지만, 여성 비율 증대만으로 국가의 남성 중심성이 해결되기는 어렵다. 이 국가의 남성 중심성은 추호의 의심 없이 여전히 승승장구하고 있는 개발주의, 물량주의적 발전주의에서 비롯되었다. 진 시노다 볼린(Jean Shinoda Bolen) 은 남성 중심 조직에서 남성과의 경쟁을 즐기며 목표를 성취할 수 있는 여성은 어머니 없이 제우스의 머리에서 태어난 아테나 형 여자들이라고 한다. 심리적으로 여성이라기보다는 남성인 여자들만이 공적 제도에서 남성화되면서 살아남고 승승장구하는 것을 즐긴다는 말이다. 반대로 생명을 돌보는 어머니의 딸로 태어난 여성들은 공적 제도에 진출하지 않거나 진출해도 염증을 느끼고 떠나게 된다.

한국 여성들의 지배적인 심리적 원형은 자기를 버린 부모를 생명의 약수를 구해와 살려내는 '바리데기'이다. 바리데기는 서구의 여신 중에서는 '성숙한 데미테르'라고 부를 만한 모성과 생명의 신이다. 바리데기가 아버지를 살려낸 후, 지상의 영토를 다스리는 왕이 되기를 거부하고 생명의 신으로 좌정했듯이, 이 원형은 본능적으로 생명감수성을 거세해 버리는 현실의 영역은 피한다. 바리데기의 딸들은 국가체제 안으로 들어가 이를 변혁시키기 위해 분투하기를 원치 않는다. 오히려 자기 몸으로 손수 보살피는 일을 찾아나서 묵묵히 이 일을 수행할 뿐이다. 보살피고 공동체적인 자원 활동을 하고 있는 무수한 여성들이 바로 바리데기들인 것이다. 그러나 바리데기만으로는 나라를 변화시킬 수 없을 성싶다. 다행히 우리에게는 자청비의 원형이 또한 존재한다. 자청비는 나중에 다시 살려낼지언정, 자기를 성폭행하려 한 남자 하인을 자기를 지키기 위해 일단 죽인다. 서양의 아르테미스 여신에 가깝다. 자청비는 현실의 반(反)생명성을 묵과하지 않고 싸워서 이겨낸다. 이 싸움은 남성 전사들의 전통적 싸움과는 다르다. 오히려 마지막 한 명의 중생을 구해낼 때까지 해탈을 연기하고 지옥까지 가는 고통을 감내하겠다는 보살의 싸움이다. 하늘에 거하기를 거부하고 곡물 종자를 가져와 땅의 생명을 돌보는 자청비가 정수남을 일단 살해하는 것은 야만적인 남성 권력에 휘둘리지 않는 현실의 힘, 현실의 지혜를 갖고 활용하겠다는 것이다. 이는 초월이 아니라 구질구질하고 비상식적이고 부정의한 이 현실에 참여하겠다는 것이고, 그리고 참여는 결코 아름다울 수 없는, 지옥 끝까지 내려가는 체험이다. 천국만 있는 참여는 없는 법이다. 자기 내면의 자청비를 활성화시켜내는 여성들이 많아질 때, 국가의 초록화도 가능할 것이다.

현대의 자청비로 왕가리 마타이와 메리 로빈슨을 떠올리게 된다. 마타이는 개발주의 독재정권 속에서도 생명의 나무 심기를 포기하지 않았고 정부 관료로 입성하는 것도 피하지 않았다. 메리 로빈슨은 명예직인 대통령으로 재임하면서 역대 어느 통치자도 해결하지 못했던, 북아일랜드와 영국 간의 만성적 분쟁을 종식시켰다. 이 두 대모(大母)는 생명가치와 국가의 통치가 함께 갈 수 있는 가능성을 보여준다. 여성이 후천세계의 주역이 될 수밖에 없다는 인류적 공감대가 형성되고 있기에, 부모들이 생명감수성이 거세되지 않은 아이들만 길러낸다면, 국가 통치까지 나아가는 살림의 통치력을 발휘할 수 있는 왕가리 마타이나 메리 로빈슨이 나올 것이라고 본다. 그러면서 개발주의의 선봉대장, 식량제국주의의 충실한 하수인으로서의 국가 역할에도 균열이 생길 것이고, 살림의 통치가 가능해질 것이다.

참고문헌_ 4장 살림과 여성 생명운동

가토, 엘리자베스(Elisabeth Gateau). 2005. 「여성의 힘」. ≪OUr Planet≫, 통권 제21호(2005.10. 한국어판). UNEP.
구도완. 1996. 『한국 환경운동의 사회학』. 문학과 지성사.
김정희 외. 2004. 「특수보육 수요조사 및 정책대안 연구」. 여성부.
김정희·이경아·서화숙·최현진. 2005. 「제도화된 모성경험과 변화의 방향: 지역성 생성을 중심으로」. ≪여성학논집≫, 제21집 1호. 이화여자대학교 한국여성연구원.
김지하. 2004. 『생명과 평화의 길』. 문학과 지성사.
노태돈. 1990. 「한국인의 기원과 국가의 형성」. 한국사 편찬위원회 편. 『한국사특강』. 서울대출판부
민희선. 2003. 「21C 주류가 되는 비영리 사업 워커즈 콜렉티브에 대하여」. 빈곤여성의 자립과 자활공동체 모델 모색을 위한 인도·일본 연수보고 워크숍. 한국여성노동자협의회.
벡, 울리히(Ulrich Beck). 1999. 『아름답고 새로운 노동세계』. 홍윤기 옮김. 생각의 나무.
여성과 환경. 1995. 『여성과 환경, 지속 가능한 개발에 관한 NGO 네트워크』.
여유진·김미곤 외. 2005. 「빈곤과 불평등의 동향 및 요인 분해」. 한국보건사회연구원.
이리가라이, 뤼스(Luce Irigaray). 2000. 『동양과 서양 사이: 개인으로부터 공동체로』. 이은민 옮김. 동문선.
정현경. 2005. 「여성의 몸. 생명. 여신」. 『동아시아 문예부흥과 생명평화』. 생명과 평화의 길.
조현설. 2006. 『우리 신화의 수수께끼』. 한겨레출판사.
통계청. 2005. 『사회통계조사보고서』.
_____. 2005. 『생활시간조사』.

프렌치, 힐러리(Hilary French). 2001. 「지구라는 식료품상」. 주요섭 옮김. 『세계화는 어떻게 지구환경을 파괴하는가』. 도요새.

한살림 모임. 2000. 『한살림; 한살림 선언』. 한살림.

허라금. 2004. 「보살핌 윤리에 기초한 성 주류화 정책 패러다임의 모색」. 『한국여성정책의 뉴 파라다임 정립』. 여성부.

황나미. 2003. 「우리나라 불임 및 불임 관련 의료이용실태와 문제해결을 위한 연구」. 한국보건사회연구원.

Noddings and Nell. 1984. *Caring*. Berkley: The University of California Press.

Jean Shinoda·Bolen. 1984. *Goddesses in everywoman: a new psychology of women*. New York: Harper & Row(조주현·조명덕 옮김. 1992. 『우리 속에 있는 여신들』. 또 하나의 문화).

"노르웨이 '임원 40% 여성으로'". hani.co.kr, 2005.11.13. http://www.hani.co.kr/arti/economy/internationaleco/79265.html

"서울 초등 고학년 방과 후 과외·학원 순례 공부 하루 10시간 시달려". hani.co.kr, 2006.5.3. http://www.hani.co.kr/arti/society/ society_general/120656.html

"아동학대, 하루 12.6건 발생". donga.com, 2006.4.27. http://www.donga.com/fbin/output?sfrm=4&f=total&&n=200604270260

"양성평등임용제도, 이제는 남성에게 유리", ≪프레시안≫ 2006년 5월 12일자. http://www.pressian.com

"어린이 참변 왜 잇따르나". ≪한겨레신문≫, 2006년 2월 11일자.

"연 가구소득 상위 10% 1억 …… 하위 10% 1천만 원". hani.co.kr, 2006.5.11. http://www.hani.co.kr/arti/economy/working/122687.html

"'좁은문' 기업임원 여성엔 '닫힌문'". hani.co.kr, 2005.9.5. http://www.hani.co.kr/arti/economy/working/62140.html

5장

홀리스틱 생태교육에 대한 이해

권성아(상지대 겸임교수)

1. 인류문명의 발전 및 그 한계와 교육

사람들은 보통 '사과'를 가지고 인류문명의 흐름을 설명하곤 한다. 인류문명의 첫 번째 사과는 '이브의 사과'이다. 『성경』 창세기에 의하면 하나님은 빛을 시작으로 천지만물을 창조하시고 마지막 날 첫 인류인 아담을 자신의 형상에 따라 창조하시고 아담의 갈비뼈를 하나 취해 이브를 창조하셨다. 하나님은 이들에게 복을 주셔서 에덴동산에서 살게 하시며 이르시되 "생육하고 번성해 땅에 충만하라, 땅을 정복하라, 바다의 고기와 공중의 새와 땅에 움직이는 모든 생물을 다스리라" 하셨다(『성경전서』, 창세기 1: 28). 그런데 이들은 뱀의 꾐에 빠져 에덴동산에 있는 선악과(사람들은 이를 사과나무라고 본다)를 따먹음으로써 낙원에서 쫓겨나게 된다. 즉 이브의 사과는 온전한 세상인 창조세계를 파괴함으로써 시작된 인류의 타락으로 상징되고 있으며, 신 및 자연과 일체가 되어 살아가던 인간이 점차 자신의 본성을 잃어버리고 신 및 자연과 분리되는 계기를 보여주고 있다.

인류문명의 두 번째 사과는 '헬레네의 사과'이다. 그리스 신화에 의하면 불화의 여신 에리스가 잔치에 초대받지 못한 것에 화가 나서 여신들의 쟁탈전을 유도하기 위해 황금사과를 가장 아름다운 여신에게 주겠다고 선언하며, 이 황금사과는 우여곡절 끝에 양치기 파리스에 의해 아프로디테에게 넘어가게 된다. 아프로디테는 파리스에게 약속한 대로 세상에서 가장 아름다운 미녀인 헬레네가 파리스를 사랑하게끔 해주는데, 문제는 파리스가 트로이의 왕자이고 헬레네는 그리스 장군 부인이었다는 점이다. 이로 인해 트로이 전쟁이 일어나게 되고, 여기서 승리한 그리스는 이후 인본주의로 상징되는 고대 그리스 문명을 발달시키게 된다. 즉 헬레네의 사과는 창조세계에서 쫓겨나 본성을 잃어버린 인간이 시기와 질투 등으로 서로 불화를 일으키고 전쟁하며 살아가면서 신에게도 그와 같은 인간적인 모습을 강요해 부여하는 과정을 상징하고 있다.

인류문명의 세 번째 사과는 '빌헬름 텔의 사과'이다. 중세 때 스위스는 오스트리아의 지배를 받고 있었는데, 이에 반기를 품은 명궁수 빌헬름 텔은 악덕 영주에게 항거하게 되고, 그로 인해 자기 아들 머리 위에 사과를 얹어놓고 활로 쏘아 맞히라는 벌을 받게 된다. 자칫 잘못하면 아들의 목숨을 앗아갈 수도 있고 그렇다고 일부러 빗맞히면 탄압에 정당성을 제공하게 되는 곤란한 상황에서 빌헬름 텔은 귀신같은 솜씨로 아들이 털끝 하나 다치지 않게 임무를 완수해내 마침내 악덕 영주를 몰아내게 된다. 이로 인해 빌헬름 텔의 사과는 폭정을 일삼는 권력자의 불의에 대항하는 자유와 용기의 상징, 즉 민주주의의 발전을 뿌리내리게 하는 계기가 되었다.

인류문명의 네 번째 사과는 '뉴턴의 사과'이다. 천재 과학자 뉴턴은 어느 날 사과나무 아래 앉아 있다가 잘 익은 사과가 땅으로 떨어지는 것을 보고, 물체는 모두 서로 잡아당기는 힘이 있다는 것을 깨달아 만유인

력의 법칙을 발견하게 된다. 이로 인해 뉴턴의 사과는 인류에게 과학문명의 시대가 도래했음을 상징하게 된다.

인류문명의 다섯 번째 사과는 매킨토시로 유명한 '애플사의 사과'이다. 스티브 잡스는 21살 때 선배와 함께 겨우 700달러밖에 안 되는 자본금으로 사과 창고로 쓰던 허름한 건물을 빌려 사무실을 꾸미고 컴퓨터 회사를 시작했다. 그들의 젊음과 가난을 상징하기 위해 애플이라는 회사명과 한 입 베어 먹은 듯한 무지갯빛 사과 로고를 사용했다. 즉 애플사의 사과는 컴퓨터로 대변되는 기계문명 시대를 상징하게 된 것이다.

그러면 이제 21세기 인류문명을 대표하는 여섯 번째 사과는 무엇이 될까? 많은 사람들은 생명공학 분야에서 나오지 않을까 기대하고 있다. 그런데 얼마 전인 2006년 9월 우리나라 경북 경산에서 '고칼슘사과'를 4년간에 걸쳐 개발하는 데 성공했다는 뉴스가 보도되었다. 이 고칼슘사과가 인류문명의 여섯 번째 사과가 되려면 그만큼 대중화·상품화되고 인간의 건강에 유익한 영향을 미쳐야 하겠지만, 우리나라에서 우리나라가 역사를 거머쥐게 될지 한번 기대해볼 만한 일인 것 같다.

그런데 과연 사과로 상징되는 인류문명이 인간에게 삶의 희망이며 등불이었을까? 이브의 사과로 인해 인간은 신성을 잃어버리게 되고, 헬레네의 사과로 인해 신까지도 인간화시켜버린 것은 아닐까? 그리고 빌헬름 텔의 사과로 인해 인간은 사회적으로 나와 다른 남과 조화를 이루며 살아갈 수 있는 능력을 잃어버리게 되고, 뉴턴의 사과로 인해 인간은 과학을 만능으로 여겨 결국 자연을 지배하게 된 것이 아니라 과학의 노예가 되고, 애플사의 사과로 인해 인간은 기계에 의존하지 않고는 단 하루도 살아갈 수 없는 무능력한 존재가 되어버린 것은 아닐까? 또한 고칼슘사과가 성공한다고 하더라도 유전자 조작으로 이루어지는 생명공학이 과연 인간에게 건강한 삶을 보장해줄 수 있을까? 즉 사과는 인류문명의 발달을 상징하는 것이 아니라 신으로부터 부여받은 인간 존엄성의 상실을 의미하는 것이 아닐까?

사실 과학문명의 발달은 인류에게 '부메랑'이 되어 돌아왔다고 보아야 할 것이며, 이러한 결과의 기저에는 '인간 중심주의(anthropocentrism)'가 깔려 있다고 보아야 할 것이다. 인간 중심주의는 인간이 모든 가치의 중심에 있으며, 그렇기 때문에 인간 이외의 모든 존재는 인간을 위한 도구나 수단에 지나지 않는다고 보는 관점이다. 이러한 관점으로 인간은 자신의 욕구 충족을 위해 과학기술을 발전시키고, 이를 수단으로 자연을 정복하고 지배했지만, 환경 파괴와 이에 따른 인간성 파멸이라는 결과를 낳게 되었다.

그리고 여기에는 교육도 한몫을 했다고 보아야 할 것이다. 고대 그리스 시대에 학교교육이 시작된 이래 교육은, 기본적으로 국가사회 발전에 기여하기 위해 사회의 지배 이데올로기가 변할 때마다 그에 동조하는 인간형을 육성하는 데 중점을 두다 보니, 심신의 조화로운 발달로 전인적 인간을 육성해야 하는 교육의 본질에서 점점 멀어지게 되었다. 더욱이 근대로 접어들어 과학기술 문명이 발달하자 교육 또한 과학의 입장을 띠면서 점점 더 객관적으로 증명 가능한 지식과 이를 합리적으로 이해하는 데 필요한 이성 위주의 교육을 중시하다 보니, 교육은 점차 인간을 자연과 분리된 것으로 파악할 뿐만 아니라 자연에 대해 우위성을 갖는 존재로 파악하는 인간 중심주의 입장에 서게 되었다.

그런데 최근 많은 사람들이 21세기의 문화로 '생태학적 문화'를 제시하고 있는데, 특히 박이문은 생태학적 문화가 인류에게 희망을 줄 수 있다고 본다(박이문, 1996). 그것은 생태학적 문화가 첫째, 인간이 자연과 대립하는 존재가 아닐 뿐만 아니라 자연 밖의 존재는 더더욱 아니며 무한한 존재들의 고리로 형성된 자연의 일부분임을 전제한다는 점에서 탈인간 중심주의 문화이기 때문이라는 것이다.

둘째, 분석적 인식론에서 벗어나 총체적 인식론으로 전환할 것을 요구하기 때문이다. 순화적인 모든 현상은 근본적으로 따로 분리할 수 없는 단 하나의 전체의 여러 가지 측면에 불과한 것이지 독립적·개별적 존재가 아니라는 것이다.

셋째, '진보' 개념을 재검토할 것을 요구한다. 참다운 개발은 자연의 도구화가 아니라 자연과의 공생이며, 참다운 진보는 인간의 물질적 욕망의 충족이 아니라 자연의 일부로서 존재적 의미를 경험하는 데 있다는 것이다.

넷째, 그것은 인간 고통의 근본 원인이 욕망의 불충족에 있는 것이 아니라 욕망에서 '해방'되지 못하는 데 있다고 본다.

이는 인류에게 단순히 과거로 회귀해 과학기술 문명시대 이전으로 돌아가라는 것이 아니라, 이를 뛰어넘을 수 있는 한 단계 높은 수준으로 지혜를 발휘할 것을 요구하는 것이다. 즉 인류의 문명은 이제 과학기술 발달의 중심이 아닌 인류의 생태문화의 계발 중심으로 전환되어야 할 것인바, 교육 또한 이에 기여하는 방향으로의 개혁이 필요하다고 할 것이다.

2. 홀리스틱 교육의 필요성과 특징

그동안 인간 중심주의 입장을 취하던 교육계에 근본적인 변화가 생기게 것은 1980년대 중반 이후 캐나다에서 태동된 홀리스틱 교육 때문이다. 홀리스틱 교육은 기본적으로 인간을 자연과의 연관관계 속에서 파악한다. 그것은 개인을 초월해 가족·이웃·사회·자연·지구·우주 등 모든 존재가 서로 연관되어 있기 때문에, 개인이 병들면 가족이 병들고 가족이 병들면 이웃·사회·자연도 병들며, 그러면 결국 지구가 병든다고 보는 전체론적 연관성에 기반을 두고 있다. 이는 지구 생태계 파괴 문제를 생명존중사상을 바탕으로 해결해 이 세상과 사회를 조화·정의·평화·사랑·협동이 넘치는 세상으로 만들자는 의도를 지니고 있다. 즉 인간과 지구 상의 모든 생명이 서로 공존하고 의지해 조화를 이룰 때, 우리 인간 개개인의 행복과 지구공동체의 행복이 심원한 곳에서 모두 일치하게 된다는 것을 일깨우는 교육이 절실히 요구된다는 것이다(김복영, 2002: 151).

홀리스틱 교육의 제안자인 존 밀러(John P. Miller)는 홀리스틱 교육이 대두하게 된 배경을 설명하고 있는데(밀러, 2000: 2~4장), 이를 살펴보면 홀리스틱 교육의 필요성과 특징을 알 수 있다.

먼저 철학적 배경을 보면, 홀리스틱 교육 이론은 전체론 또는 전일론을 나타내는 홀리즘(holism)의 관점에서 접근하는 교육철학이다. 홀리즘은 사회 또는 지구와 같은 전체가 그것을 이루는 요소 부분들의 합으로 환원된다고 보는 개체론(individualism)에 대립한다. 전체론은 전체를 이루는 요소 부분들이 서로 의존적이고 상호작용을 하고 있으므로 전체를 분리해서 고찰하면 그 전체가 제대로 이해될 수 없기 때문에 전체는 요소 부분들의 단순합 이상이라고 여긴다.

따라서 홀리즘은 "모든 것이 구분되기 어렵게 이어져 있는 전체"라는, 근대 세계에서 널리 전개된 분절과 파편화의 패러다임에 대치되는, 신과학운동에 힘입어 새롭게 생겨난 패러다임이다. 이는 우주 안에 있는 모든 실재가, 눈에 보이지 않는 통일성 내지는 전체 연관성에 의해 결합되어 있다고 보는 '영원의 철학(perennial philosophy)'에 근원을 두고 있는

바, 이는 기본적으로 다음과 같은 사고방식을 지니고 있다.

① 우주에는 실재의 상호연관성과 근원적인 통일성이 존재한다.
② 내적인 자기와 통일성 있는 우주는 깊이 이어져 있다.
③ 통일성을 찾기 위해 우리는 묵상(contemplation)과 명상(meditation)을 통해 직관을 기를 필요가 있다.
④ 가치는 실재의 상호연관성을 보고 자각하는 것으로부터 생겨난다.
⑤ 인간 존재 사이의 이러한 통일성의 인식은 부정과 어려움에 대처하도록 계획된 사회 봉사활동으로 인도한다.

다음으로 심리학적 배경을 살펴보면, 최근 심리학 분야에서는 인간의 문제를 의식·육체·영성을 함께하는 전인적인 존재의 시각에서 파악함으로써, 근대적인 개인주의의 한계를 극복할 수 있는, '초개인 심리학(transpersonal psychology)'이 등장했다. 초인격 심리학·자아 초월 심리학이라고도 불리는 이 심리학은 제3세력 심리학인 인본주의 심리학과 구별해 제4세력 심리학이라고도 불린다.

이들은 초개인적인 능력뿐만 아니라 인간의 육체적·정신적 고통을 완화시키는 데에도 깊은 관심을 가져 임상 심리학과 상담 심리학의 발전에도 많은 공헌을 한바, 이들의 기본 관점은 다음과 같다.

① 인간의 성장은 자아의 확립, 실존의 자각, 자아실현에서 끝나는 것이 아니라 이웃·공동체·인류·생태계·지구·우주와의 일체감과 동일성의 확립에 있다. 즉 자기 초월의 단계까지 도달하는 데 있다.
② 인간의 정신은 태어날 때부터 구조적으로 자기 초월의 단계까지 성장할 수 있는 가능성을 가지고 있다.
③ 이러한 성장은 적절한 방법을 실천함으로써 촉진될 수 있는바,

이는 동양적인 만물 일원론적 존재관과 불교의 선의 깨달음, 그리고 신비주의와 초의식과 같은 개념에 근거하고 있다.

끝으로 사회적 배경을 보면, 홀리스틱 교육은 환경과 생태에 초점을 두어, 산업사회에서 발생된 분절과 분열의 탈맥락적인 기존의 교육적 시각에서 벗어나, 이 인간을 둘러싸고 있는 환경과 생태 속에서의 정체성을 가치 있게 여기면서 사람들은 '인간 규모(human scale)'라는 공동체에서 상호작용을 할 수 있다고 본다.

이는 구체적으로 다음과 같은 사회적 시각을 가지고 있다.

① **생태학적 감각**: 인간의 삶은 식물·동물 등 우리가 살고 있는 생물권을 포함하는 거대한 조직의 일부이다. 자연은 중층구조로 형성된 상호의존적인 시스템으로 이루어져 있기 때문에, 각 수준에서 여러 부분으로 이루어진 통합적이며 자기 조직적인 전체가 존재하며 동시에 이러한 전체는 거대한 전체의 부분으로 작용한다.
② **인간 규모의 조직**: 인간 규모는 자연세계와 인공세계가 공존하게 만든다는 의미로, 그 핵심적인 가치에는 개인의 자기실현, 공동체 성원 간의 협력, 자연과의 조화, 권력의 분산, 자급자족이 포함된다.
③ **비폭력적 변화**: 이는 '어느 한 사람의 적대자가 객체화되지 않아야 한다'는 원칙에 근거하는 것으로, 그 개념의 핵심에는 한 사람의 개인적 양심에 대한 존중과 생명에 대한 외경심이 자리 잡고 있다.
④ **양성(androgyny)의 구유**: 그리스어의 남성(andros)과 여성(gyne)이 합성된 이 양성의 구유는, 전체성에 대한 은유로, 그동안 서구사회가 역점을 두어온 기술·경쟁·개인주의·논리적 사고를 협동·관계성·사랑과 같은 여성적 가치와 균형을 이루자는 것이다. 즉 덜 착취적인 사회를 촉진할 수 있는 사회적 규범을 뜻한다.

이러한 배경하에 등장한 홀리스틱 교육의 기본 원리는, 1990년 6월 미국의 시카고에서 제1회 홀리스틱 교육을 위한 국제회의 때 제안되었는데, 이를 재검토하여 이듬해에 열린 제2회 회의 때 채택된 10개조의 '시카고 선언'에서 살펴볼 수 있다(Flake, 1993).

① 참된 인간성 개발교육을 최우선으로 한다.
② 학생 개개인을 존중할 것을 강조한다.
③ 교육에서 경험이 중심적 역할을 한다.
④ 홀리스틱 교육으로의 패러다임 전환이 반드시 필요하다.
⑤ 교사는 새로운 역할을 재인식해야 한다.
⑥ 선택의 자유는 배움의 과정에 있는 모든 단계에서 필요하다.
⑦ 참여형 민주주의의 교육모형을 만들어야 한다.
⑧ 윤리와 문화 다양성 및 지구시민 교육을 강조해야 한다.
⑨ 지구생명권인 생태계에 대한 종합적인 지구소양 교육이 필요하다.
⑩ 교육에서 영성을 강조해야 한다.

이에 홀리스틱 교육의 대표적 이론가인 론 밀러(Ron Miller)는 홀리스틱 교육이 다음과 같은 특징을 지니고 있다고 보았다(밀러, 1992).

① 학습자의 전인적 발달에 도움을 준다.
② 학습자 간의 관계성과 아동과 성인과의 관계성을 중요시한다.
③ 협의의 기초 기능이 아닌 생활 경험과의 연관을 중요시한다.
④ 학습자들이 자신의 삶의 문화적·도덕적 상황에 비판적으로 접근할 수 있게 한다.

이러한 홀리스틱 교육이론은 특히 관계성을 중시하기 때문에, 역시 생명적 관계성을 중시하는 생태주의에 부합한다는 특징을 지니고 있다. 존 밀러가 제시한 홀리스틱 교육은, 모든 생명체가 서로 연관되어 있는 생명의 장에서 만물이 출현했다고 보는 헉슬리(A. Huxley)의 영원의 철학에서 유래한 데서 알 수 있듯이, 생태주의적이다. 이러한 특징은 그가 제시한 홀리스틱 교육과정이 균형과 포괄, 연관을 핵심적으로 포함한다는 점에서 분명히 드러난다(밀러, 1996: 1장). 여기서 '균형(balance)'은 학습자의 감성·이성·영성이 적절한 관계를 맺는 상태를 뜻하는데, 이런 균형적 발전 과정에서 학습자의 지적 발달이 도모된다는 것이다.

홀리스틱 교육과정은 또한 '포괄적(inclusive)'이다. 행동주의에서는 교사가 의도한 행동 변화를 학생들이 그대로 따르도록 교육과정을 학생에게 일방적으로 전달(transmission)한다고 여긴다. 즉 자극에 대한 반응 도식과 마찬가지로, 입력 자료인 교육 내용을 수업을 통해 주입식으로 전달하면 학습자는 이를 무조건 암기하도록 요구받는 경우가 많다. 그리고 존 듀이(John Dewey)의 진보주의는 교사와 학생의 상호작용(transaction)에 주안점을 두기는 하지만, 그것이 이성적 사고에 초점을 맞춘 인지적 교류로만 흐르고 있을 뿐 자연과의 감성적 교류에는 관심을 갖지 않는다. 반면 홀리스틱 교육과정의 변형적 학습(transformational learning)은 총체적 언어 교수법과 창의적 문제 해결, 협동 학습을 촉진하는 내용을 포괄하고 있어, 교사와 학습자로 하여금 인간뿐만 아니라 자연을 포함한 다양한 유형의 연관을 맺도록 유도한다.

이와 같이 홀리스틱 교육과정은 '연관(connection)'을 중요시한다. 그것은 사고와 직관을 통합하고 몸과 마음의 관계를 지각할 것과 개인과 공동체의 관계를 중시할 것을 강조한다. 그리고 개인적 자아를 넓혀서 지구생명체와 일체감을 느끼는 '큰 자아'의 실현으로 확장한다. 이렇게 홀리스틱 교육과정은 개인과 지구공동체가 생명적으로 연관되어 있다고 여기는 관계성을 핵심으로 하기 때문에, 생명위기 시대의 학습원리로 가장 바람직한 내용과 방법을 지닌다고 할 수 있다. 특히 이는 이성과 감성·창의성·영성을 모두 중시해 이 모두를 포괄하는 교육을 시도한다는 점에서 자연친화적이며, 따라서 생태주의적이라고 할 수 있다.

3. 홀리스틱 생태교육의 내용과 방법

홀리스틱 생태교육은 인간의 행위를 자연친화적 실천으로 인도하는 것을 목적으로 한다. 그러면 홀리스틱 생태교육의 차원에서 조망할 때, 자연친화적 실천으로 유도하기 위해서 무엇을 적극 고려해야 하는가? 그것은 자연친화적 문화와 연관된 보편적인 참인 믿음 및 건전한 욕구와 관련된다. 여기서 보편적인 참인 믿음은 앎을 구성하는 주된 요인이 된다. 이런 자연친화적 앎은 흔히 '생태적 합리성(ecological rationality)'에 호소한다. 여기에는 생태학을 위시한 자연과학적 사실이 중요하게 요구된다. 그리고 환경문제로 빚어지는 사회과학적 사실도 포함된다. 더 나아가 현 단계에서는 확인되지 않는다고 하더라도 진실과 연루된 자연관과 가치관도 포함된다. 따라서 홀리스틱 생태교육은 일단 생태적 합리성을 조성하는 데 적극적이어야 한다.

그렇다면 생태적 합리성 조성만으로 교육은 실천을 유도해 바른 목표 성취로까지 이행할 수 있는가? 그렇지 않다. 예컨대 한 사냥꾼이 그가 총을 겨눈 동물이 멸종에 처한 종임을 알고 있다고 하더라도, 멸종에 처한 동물종은 보전해야 한다는 욕구, 즉 생명 애호심이 움트지 않는다면, 돈벌이를 위해서 결국 방아쇠를 당기고 말 것이다. 따라서 홀리스틱 생태교육에서 생태적 합리성 제고 이외에도 반드시 필요한 것은 '생태적 감수성(ecological sensibility)'이 자연스럽게 솟구치게 하는 것이다. 여기서 생태적 감수성은 건전한 욕구와 밀접하게 연관된다.

한편 생태적으로 건전한 욕구 분출을 위해서는 감수성을 넘어 '생태 영성(ecological spirituality)'으로까지 고양되어야 한다. 왜냐하면 감수성을 포함한 인간의 감성은 감각적 수용 능력에 의존하기 때문에 감각을 넘어선 세계에 대해 자칫 반응하지 않음으로써, 정말로 필요한 실천적 목표에 이르지 못한 채 그냥 중도에 머무를 수 있다. 이에 반해 인간의 영성은 개인의 삶을 고립이나 자기 몰입이 아닌 그가 감지하는 궁극적 가치를 향한 자기 초월의 견지에서 통합하기 위해 의식적으로 노력하는 체험이므로(Schneiders, 1990: 17), 인간을 궁극적 관심의 지평 안에서 끊임없는 자기 초월을 통해 인격의 통합과 완성을 지향하게 해주기 때문이다.

전통적 영성은 종교적 태도와 직결되는데, 크게 두 가지로 분류할 수 있다. 하나는 범신론(pantheism) 또는 정령신앙(animism)의 영성이다. 자연에 신령한 영역이 내재하고, 그런 영역에 다가가는 능력이 영성적 특성이라고 본다. 다른 하나는 초월적인 종교적 영성 개념으로, 초월자의 고유 영역이자 초월자를 접할 수 있는 인간의 특이한 능력을 뜻한다. 물론 최근에 논의되는 기독교의 '창조 영성(creation spirituality)'은 창조세계에 생명의 기운이 운행하는 상태를 뜻하며, 이것에 다가갈 수 있는 인간의 여력이 영성 능력이라는 것이다. 서구는 그동안 이런 영역에 대해 약탈적 자세로 다가갔고 한편으로는 이를 즐기기도 했다. 과거 서구에서는 거의 조성되지 않았던 이런 생명적 영성에 대해 이제 새롭게 경외감으로 다가가야 할 것이다(Fox, 1998: 230~231).

환경문제가 발생한 오늘날 또 다른 차원에서 새로운 형태의 영성이 논의되고 있다. 부분적으로 기존 개념과 중첩관계에 놓일 수 있지만, 기본적으로 자연적 존재가 생명적으로 연결되어 있으며 또 그것에 경이로운 자세로 다가가도록 요청되는 것이 생태 영성의 영역이다. 영성이란 현세를 뛰어넘는 초월적인 것과의 관계 형성으로 정의되지만, 이 초월은 인간의 내면세계와 자연을 포함한 전 지구적 연관성 속에서 경험되지 않으면 안 되는 것이다. 이러한 영성은 기독교에서 말하는 창조의 영에 의해 지배되는바, 이는 온 우주만물에 거주하고 인간을 날마다 생명적 현상으로 불러내는 동인(motive)이며 원천적 힘으로, 우리들로 하여금 초월에 대한 불가해한 체험을 불러일으키는 존재이다(송순재, 2002: 447). 따라서 홀리스틱 생태교육은 이를 받아들여 경외와 찬사, 그리고 존중과 배려의 자세로 자연에 다가갈 것을 요구한다.

종합하자면 홀리스틱 생태교육은 한편으로 생태적 이성에 호소하는 내용을 적극적으로 담고자 한다. 그러나 그것만으로는, 즉 생태적 감성과 영성이 결여된 이성적 접근만으로는 올바른 목적지에 도달할 수 없다고 본다. 오히려 목표와 상반된 방향으로 흘러갈 수 있다고 여긴다. 따라서 그것 이외에 반드시 생태적 감성과 영성을 고양하는 교육 내용도 포함하고자 한다. 단, 분리된 상태가 아니라 함께 연결된 상태로 조율하고자 한다. 이것은 분별을 위한 인식론적 분리가 다시 관계 속에서 복원됨을 뜻한다. 왜냐하면 인간은 감성과 이성, 영성을 함께 공유하고 조율하면서 세계 속에서 살아가기 때문이다.

홀리스틱 생태교육의 방법은 다양하게 이루어질 수 있고 또한 향후 다양한 방도로 모색될 수 있다. 합리성 교육은 이성에 호소하는 만큼 언어와 소리를 이용하게 될 것이다. 특히 소크라테스 방법은 교사와 학습자가 혼연일체가 되어 함께 협력하면서 진리의 영역으로 다가갈 수 있다는 강점이 있다. 생태적 감성의 활성화를 위해서는 자연을 직접 체험하는 것이 최선이다. 다만 시간과 공간상의 제약을 받을 경우, 간접적으로 미디어 매체를 적극 활용하면 기대하는 효과를 상당히 얻을 수 있다. 그리고 생태 영성의 고양에서는 명상과 침묵, 시 낭송, 꿈의 해석, 그리고 참선과 같은 방도를 모색할 수 있다. 어떤 경로로 다가가든 다양한 방도를 통해 잃어버린 생명에 대한 존중심을 회복할 때, 비로소 홀리스틱 생태교육의 목적은 실현될 수 있을 것이다.

한편 홀리스틱 생태교육에서는 특별히 생태적 합리성에 호소하는 방안을 좀 더 구체화할 필요가 있다. 인간의 도구적 이성 활용이 오늘의 환경위기를 초래함으로써 이성에 대한 위기가 고조되고 있기 때문이다. 그러나 도구 이성에 문제가 있다고 해서, 이성 일반에 대한 부정으로 이행할 수는 없다. 오히려 인류의 문화가 바른 방향으로 가기 위해서는 '사회관계적 이성'과 자연친화적 이성의 인도가 필요하다. 이때 사회관계적 이성은 인간이 자유를 구가하면서 동료 구성원과 협력하여 정의롭게 살 것을 요구한다. '자연친화적 이성'은 인간의 문화가 자연과 상생할 것을 간청한다.

이에 한면희는 규범적 차원에서 생태적 합리성의 네 가지 원칙을 제시한 바 있다(한면희, 2004: 340~342). 여기서 규범적 원칙은 실천철학인 생태철학, 좀 더 구체화해서 생태윤리가 요청하는 것이다. 따라서 그것은 생태위기의 시대에 윤리적으로 옳으며 마땅히 해야 할 원칙이다.

첫째, '풀뿌리 민주주의 원칙(principle of grassroots)'이다. 이는 원칙적으로 어떤 사회든 구성원의 직접적이면서 자발적인 의사 표현과 결정, 집행에 의해 운영되어야 한다는 것이다. 고대 아테네의 민주주의가 좀 더 심화된 형태로 운영되어야 함을 뜻하며, 이것은 동시에 단위 공동체가 스스로의 터전인 생태계의 생명을 부양할 만한 여력의 범위 안에서 소규모의 인간적 규모로 유지되어야 함을 뜻한다. 다만 불가피하게 위임되는 경우, 구성원의 의사가 존중되는 선에서 이루어져야 한다.

둘째, '관계적 자유 지상의 원칙(principle of relational libertarianism)'이다.

이는 사회 구성원 누구나 타인과의 호혜적 협력 속에서 스스로의 자유를 최대한 누릴 수 있어야 함을 요구한다. 이 원칙은 관계적이기 때문에 개체론적 분리주의와 구분되고, 또한 개인의 자율성을 존중하기 때문에 전체를 위해 소수가 희생되는 단일한 획일적 전체주의로 미끄러지지 않는다. 또한 이 원칙은 각각의 문화집단의 자율성으로 확장되기 때문에 문화 다양성을 존중한다.

셋째, '정의의 원칙(principle of justice)'이다. 이는 사회제도를 규율하는 것으로, 자연과의 교섭 과정에서 발생하는 인간의 생기적 필요에 따른 혜택과 부담이 구성원에게 공정하게 분배되어야 함을 요구한다. 즉 자연으로부터 얻은 필요한 산물과 재화를 구성원 모두에게 공정하게 분배하고, 불가피하게 특정 개인이나 집단이 환경상의 부담을 짊어지게 될 경우 보상이나 배상을 통해 기울어진 정의의 추가 바로 서게 하며, 보편화 가능성의 원리(대표적으로 황금률)에 의거해 누구(현세대 인간은 물론 미래세대)도 질 수 없는 환경상의 부담이 결코 발생하지 않도록 제어한다.

넷째, '생태적 건전성의 원칙(principle of ecological soundness)'이다. 이는 인간의 문화가 생명의 터전으로 삼고 있는 고유한 생태계가 생명부양 여력을 유지하도록 요구한다. 그런데 생명부양 여력은 생태계 생물종의 다양성에 의존하기 때문에 생물종의 다양성을 가장 우선시하고 이와 병행해서 생태계의 아름다움과 안정성·건강성·복원력을 유지하고자 한다. 이것이 실현될 때 비로소 인간의 문화가 자연적으로 지속 가능하게 된다. 이런 문화는 경제성장의 한계를 인식하고, 그에 따라 알맞은 발전의 단계에 도달하면, 질적인 성숙으로 이행하고자 한다.

종합하자면 우선적으로 생태적 건전성을 유지하면서 인간의 문화를 조성해야 한다. 이 과정에서 자연친화적이었던 동양의 문화와 지혜를 보편적으로 공유할 필요가 있다. 그리고 그런 문화는 정의의 원칙에 맞게 사회제도를 운영함으로써, 공동체 구성원이라면 누구나 공정하게 대우받고 자유를 구가하면서 인간다운 삶을 영위할 수 있게 해야 한다. 그리고 방법적으로 풀뿌리 민주주의가 실현되어야 한다. 따라서 홀리스틱 생태교육은 사회 구성원에게 합리적인 규범적 원칙을 수용하면서 동시에 감성과 영성의 조화 속에 균형을 유지하도록 함으로써, 바람직한 생태사회를 구축하는 데 필요한 역할을 수행해야 할 것이다.

4. 홀리스틱 교육과 홍익인간과의 만남

우리 교육의 전통 속에는 과연 이성과 감성과 영성의 조화로 홀리스틱 생태사회에 기여할 수 있는 교육이론이 없을까? 우리 교육의 궁극적 이념은 '홍익인간'인데, 이는 일제로부터의 해방을 우리 스스로 이루지 못하고 외세에 의해 분단되어 남과 북이 서로 이념을 달리하는 정치체제를 만들어갔지만, 교육에서는 그나마 우리의 전통 속에서 교육의 원형을 만들려는 노력을 한 결과, 우리나라를 처음 세울 때 나라를 운영하고 경영하는 통치 이념으로 내세웠던 홍익인간 이념을 교육법에 담게 되었다(권성아, 2005: 143~191). 그런데 이 홍익인간 이념은 홀리스틱 교육이 추구하는 바와 일치하는 측면이 많다.

'널리 인간을 이롭게 한다'는 이념이 내걸고 있는 '홍익인간'의 원형은 단군신화에 담겨 있다. 단군신화는 부신(父神)인 환인이 자신(子神) 환웅에게 태백산에 내려가 나라를 세워 "하늘의 뜻대로 세상을 다스려 인간을 널리 이롭게 하라〔在世理化 弘益人間〕"는 지상명령을 내렸다. 환웅은 환인의 뜻을 이 땅에 펴기 위해 신시에 터를 잡은 후 웅족의 왕녀와 결혼해 신인(神人)인 왕검을 낳았고, 단군왕검은 환웅의 뜻을 이어받아이 세상을 홍익인간하기 위해 기원전 2333년에 평양에 도읍을 정하고 나라 이름을 조선으로 정했다는 것이 그 요지이다.[1]

단군신화에서 홍익인간은 세 단계를 거쳐 형성된다. 첫 번째 단계는 창조와 진화의 주관자인 천신(天神) 환인이 천상의 완벽한 세계를 버리고 자진해서 지상으로 내려가길 원한 환웅의 자유의지를 존중해 이 땅에 보내면서 나라를 세울 곳을 손수 살펴주면서 환웅에게 아들이라는 표지로 천부인(天符印)을 챙겨주고, 나랏일을 돌봐줄 풍백·우사·운사의 3사와 3,000명의 무리를 더불어 보내는 등 인간에 대한 지극한 사랑을 보여준 과정이다.

두 번째 단계는, 이 땅에 내려온 환웅이 태백산 주변에 하늘나라의 원형을 본떠 신시(神市)를 세운 후, 그 꼭대기 한가운데에 환인에게 제사를 드리며 그 뜻을 받들기 위한 신단수를 세우고, 농사·생명·질병·형벌·선악의 5사(事)를 포함, 인간의 360여 가지 일을 주관하면서 정치와 교화를 베풀어 하늘나라 임금인 천왕(天王)으로 인정받는 과정이다.

세 번째 단계는, 신시 주변에서 신석기시대 문화를 유지하며 살고 있던 곰족과 호랑이족 등이 청동기문화를 지니고 있는 환웅의 천민족(天民族)에 융합되기를 원하는 과정과 그 과정에서 웅녀가 현실생활에 안주하며 편하게 살 수 있는 삶을 버리고 굴속에 들어가 마늘과 쑥만으로 100일 동안 금기(禁忌)를 하면서 자의로 고행을 겪는 과정, 그리고 삼칠일 (21일) 동안 고난의 수련 과정을 거친 웅녀가 이상적인 천상의 삶을 살기 위해 환웅과 결혼해 최초의 신인인 왕검을 낳아 한민족을 형성해가는 과정으로 이루어져 있다.

---

1) 단군신화는 『삼국유사』(1285)를 비롯해 『제왕운기』(1287), 『응제시주』 (1462) 등에 제시되어 있는데, 이를 비교해보려면 서영대(1994)의 글을 참조

이러한 세 단계를 거쳐 신인으로 탄생한 왕검은, 홍익인간이 될 수 있는 가능성을 가지고 태어났을 뿐이지, 그 자체가 홍익인간이라 할 수는 없다. 왕검이 홍익인간으로 완성되는 것은 그가 평양성에 도읍을 정하고 단군조선을 건설해 통치하는 과정에서 사람들이 그를 어떻게 인식했는가에서 드러난다. 왕검 생존 시에 그를 어떻게 불렀는지 확인할 길은 없으나, '임금'을 뜻하는 '왕검(王儉)'으로 정리되었다는 데에서 홍익인간의 첫 번째 의미는 '통치자로서의 왕'이라고 할 수 있다. 그리고 이승휴 등이 '단군(檀君)'과 '신단수(神檀樹)'로 표기한 데 반해, 일연과 신채호 등이 '단군(壇君)'과 '신단수(神壇樹)'로 명기했다는 것은 홍익인간의 두 번째 의미가 '제사장으로서의 무(巫)'라는 점을 일깨워준다. 또한 함경도에서는 무당을 '스승'이라 부르는바, 이로써 홍익인간의 세 번째 의미는 '교육자로서의 스승'이라 할 수 있다.

그런데 '스승'이 사이〔間〕를 뜻하는 '슷'에 접미사 '응'이 어우러져 이루어진 말이라는 것은(정호완, 1994: 8) 왕과 무(巫)뿐만 아니라 스승 또한 '사잇적〔間〕 존재'라 할 수 있는바(이계학, 1999: 2~37), 이는 제(祭)·정(政)·교(敎)가 일치하던 고조선시대에 이들이 인식론적으로는 서로 구별된다 하더라도, 존재론적으로는 "하늘과 땅과 사람들을 연결해주는 존재"라는 동일한 의미를 지닌다는 것을 말해준다. 이는 홍익인간이 형성되는 과정에 환인·환웅·왕검을 조화주(造化主)·교화주(敎化主)·치화주(治化主)라고 명명한 데에서도 알 수 있듯이, 단군왕검으로 완성되는 홍익인간은 "제사를 통해 하늘의 뜻을 받아〔巫〕→그 뜻을 사람들에게 교화시켜(스승)→그 뜻대로 이 세상을 다스린다〔王〕"는 의미를 지니고 있다.

이와 같이 홍익인간은, 어떻게 불리든 하늘(天, 신, 신의 세계)과 땅(地, 자연, 자연계)과 사람(人, 인간, 인간계)을 연결해주는 신적 존재〔神人〕이다.

즉 단군신화에서 드러난 홍익인간은 종교적인 의미로는 제사장(巫)이요, 교육적인 의미로는 스승이며, 정치적인 의미로는 임금(王)이다. 이와 같이 신과 자연과 인간이 혼연일체가 될 때 형성되는 홍익인간은 신으로부터 부여받은 명령('홍익인간'하라는 천명)을 세상만사('360여 사')에 드러낼 수 있을 때 궁극적 인간상인 신인이 될 수 있음을 보여준다. 따라서 하늘의 뜻에 따라 5사를 세상만사에 펼치는 것이 '정치'이며, 이를 올바로 펼칠 수 있게 사람들을 교화하는 것을 '교육'이라 할 수 있다. 그리고 이와 같은 일은 통치자이든 교육자이든 일반 백성이든 신인이 되고자 하는 신념, 즉 종교심 없이는 불가능하므로, 이러한 종교심이 온 세상에 총체적으로 구현될 때('在世理化') 홍익인간이 완성되는 것이라 할 수 있다.

이와 같은 '홍익인간'의 의미를 재발견해낸 것은 일제시대가 시작되면서 민족종교로 성장하기 시작한 대종교이다. 대종교에서는 환인과 환웅, 단군이 각각 그 권능과 작용에서는 조화신·교화신·치화신이지만, 이 3신이 결국은 하나의 몸을 이룬다는 3신 일체사상을 가지고 단군신화를 홍익인간 사상으로 발전시켰다. 이에 의하면, 환인은 완전한 세계인 하늘에 거주하면서 불완전한 이 세상과 인간의 일에 관여하는 '하늘(天)'을 대표하는 조화의 신이며, 환웅은 하늘의 뜻을 지상에 펴서 하늘의 모습에 따라 지상천국을 건설하기 위해 인간을 교육시키는 '땅(地)'을 대표하는 교화의 신이며, 지상의 왕녀와 결혼해 낳은 그의 아들 단군은 신께 제사하는 제주(祭主)이면서 이 땅의 군주가 된 신인으로 '사람(人)'을 다스리는 치화의 신이다.

그런데 이 3신 간에는 상하나 시종이나 선후가 없어 나누면 셋으로 나눌 수 있으나, 합하면 하나라는 것을 기본 전제로 하고 있다(김영숙, 1949: 64~65). 이는 최고 유일신이신 일신(一神)이 주체(體)가 되고 환인·

환웅·단군은 주체의 작용(用)을 이루어, 일신이 지니고 있는 속성인 대덕(大德)·대혜(大慧)·대력(大力)을 가지고 한울을 내고 수없는 누리를 주관하며 온 우주만물을 창조하고 온 세상사에 관여한다는 것이다(우원상, 1986: 122).

이러한 대종교의 홍익인간 사상의 인간관을, 그 안에 내포된 다소간의 오류를 수정하고 좀 더 보편적인 용어로 총체적으로 재해석하면(권성아, 1999: 146~153), 최고 유일신이신 일신은 자신이 속성상 지니고 있는 천·인·지의 3극(極)으로 조화·교화·치화의 작용을 해 큰 덕·혜·력(3物)이 구현되게 하는바, 신은 이 3물의 일부를 특히 인간의 영혼·정신·육체(3位)에 신격·인격·물격(3格)으로 부여해 신인합일을 이룰 수 있는 조건을 형성한 것으로 볼 수 있다. 이와 같이 인간의 3위와 3격에 신의 3용과 3물로 구현되는 3극은 그 실체를 '영(靈)'·'성(性)'·'기(氣)'의 3원(元)으로 정의내릴 수 있는바, 이로써 인간은 자신의 영혼·정신·육체를 온전히 해 온전한 신격·인격·물격을 갖출 때 이 세상의 종교·교육·정치를 신의 덕·혜·력으로 온전히 펴나가게 되어 다시 신에게로 돌아갈 수 있다는 의미가 된다.

그리고 홍익인간은 '홍익인간세(弘益人間世)'라고도 쓰이는데,[2] 이를 대종교의 경전인 『천부경』과 『삼일신고』에 확대 적용하면 거기에서 홍익인간 사상의 세계관을 추출해낼 수 있다. 이 세계관은 천·지·인 세 요소가, "일신강충(一神降衷)·성통광명(性通光明)·재세이화(在世理化)·홍익인간(弘益人間)"의 4단계를 거치면서, 신·자연·인간에 확산적으로

---

[2] 정순목(1971)은 우리나라 사람들은 근대 이전까지는 '인간=사람'이라는 등식으로 사용하지 않았다는 점을 여러 문헌을 통해 입증하고 있으며, 한기언(1964)은 '홍익인간'은 교육적 인간상과 복지사회라는 의미인 '홍익인간세'라는 두 가지 뜻이 있다고 보았다.

적용되었다가 다시 신이라는 하나의 요소로 귀일되는 것으로 설명할 수 있다(권성아, 2005: 184~190). 이에 의하면 세계는 '우주세'와 '인간세'로 구성되는데, 우주세는 일신에게서 나온 3극이 실체로 지니고 있는 3원이 신·자연·인간계에 확산적으로 작용해 형성된 것이며(일신강충의 단계), 인간세는 일신의 3극과 3원이 인간의 영혼·육체·정신계에 작용해 형성된 것으로 해석할 수 있다.

여기서 신의 조화에 의해 펼쳐진 우주세는 천신·자연신·인간신으로 구성되어 있는 '영(靈)의 세계'인 신계(神界)와 하늘·땅·사람으로 구성되어 있는 '기(氣)의 세계'인 자연계, 그리고 심성·본성·이성으로 구성되어 있는 '성(性)의 세계'인 인간계로 세상만물을 이루는데(성통광명의 단계), 세상만물은 3극과 3원이 인간의 3성에 작용해 이루어진 인간세에서 살아가는 사람들이 그들의 영혼·물질·정신계를 온전히 해(재세이화의 단계) 신·자연·인간이 혼연일체를 이룬 세상을 만들어 다시 본원으로서의 일신에게로 돌아갈 때(홍익인간의 단계) 완성된다. 즉 신에 의해 펼쳐진 우주세가 인간세에서 온전하게 되어 신·자연·인간이 혼연일체를 이룬 홍익인간세를 이룰 때 홍익인간은 완성되는 것이다.

이와 같이 홍익인간 이념은 그 인간관, 사회관, 세계관을 분석해볼 때 시공을 초월해 주체적이면서도 현대적인 개념으로 재해석될 수 있으면서 자유·진리·평등 등의 세계의 보편적 이념과도 합치될 수 있는 우리 민족의 영원한 사회·교육사상이다. 이는 한마디로 "홍익인간으로 홍익인간세를 이루는 것"이라 표현할 수 있으며, 구체적으로는 "덕(德)·혜(慧)·력(力)의 조화로운 발달로 주체적 자유인('홍익인')이 되어 이 나라를 정치·교육·경제가 자유·진리·공의(公義)로 일체화된 사회('홍익인간')로, 그리고 이 세상을 신과 인간과 자연이 온전히 하나가 되는 조화롭고 평화로운 세계('홍익인간세')로 만드는 것"으로(권성아, 2002: 70), 결국은 바로 우리식 홀리즘이라 정의할 수 있는 것이다.

　이에 홍익인간 사상에 입각한 교육을 홀리스틱 교육과 연계해 해석한다면, 크게 서로 밀접히 연관된 세 가지 형태의 교육으로 구성되어 있다고 볼 수 있다. 첫째, 홍익인간 교육은 일차적으로 단전호흡에 입각한 체조와 명상 등으로 인간의 몸에 흐르는 기를 제대로 통하게 함으로써 천지자연에 흐르는 기와 교감할 수 있게 해 자연생태계와 일체감을 느끼게 하는 데 기여하는바, 본인은 이를 인간의 육체를 중심으로 인간의 물격을 온전히 하고자 하는 '우리식 홀리스틱 감성교육'이라고 칭하고자 한다.

　둘째, 홍익인간 교육은 이차적으로는 인간이 속성상 자연으로부터 부여받은 본성뿐만 아니라 자연과는 달리 인간만이 독특하게 지니고 있는 이성과, 신으로부터 부여받은 심성을 널리 이롭게 계발시킴으로써, 인간세상을 덕과 지혜로 다스릴 수 있게 하는 데뿐만 아니라 자연계 또한 공정하게 대할 수 있는 자세를 갖게 하는 데 기여하는바, 본인은 이를 인간의 정신을 중심으로 인간의 인격을 온전히 하고자 하는 '우리식 홀리스틱 지성(智性)교육'이라고 칭하고자 한다.

　셋째, 홍익인간 교육은 궁극적으로는 신만이 온전히 지니고 있고 인간에게 부분적으로 부여한 것으로 여겨지는 창조적 영성을 인간이 발굴해 계발하는 데까지 이르게 해 신의 역량인 조화·교화·치화의 능력을 갖게 함으로써 이 세상의 종교 및 정치적 갈등을 해결해 이 세상을 좀 더 조화롭고 평화로운 세상으로 만드는 데 기여하는바, 필자는 이를 인간의 영혼을 중심으로 인간의 신격을 온전히 하고자 하는 '우리식 홀리스틱 영성교육'이라 칭하고자 한다.

　이와 같이 홍익인간 사상에 입각한 우리식 홀리스틱 교육은 감성·지성·영성 교육을 '포괄'함으로써 인간의 본성·이성·심성 간의 '균형'을 유지하게 할 뿐만 아니라 인간세상을 자연계 및 영적 세계와 '연관'시켜

덕·혜·력으로 바라보게 함으로써 좀 더 조화롭고 평화로운 세상을 만드는 데에 그 궁극적 목적이 있다고 볼 수 있다. 따라서 이는, 생태적 감수성·자연친화적 이성·사회관계적 이성·생태적 영성 등을 단편적으로 강조하는, 서구에서 개발된 홀리스틱 생태교육의 이상을 훨씬 뛰어넘는 더 포괄적·균형적·연관적인 '우리식 홀리스틱 생태교육이론'이라 할 수 있다.

5. 홀리스틱 교육에 입각한 한국 교육의 반성

한 나라의 교육 이념은 그 나라 교육의 기본적인 방향을 제시해주고, 그 나라에서 교육이라는 이름하에 행해지는 모든 활동에 의미를 부여해주며, 그러한 교육적 활동의 형식과 내용을 결정해주는 역할을 한다. 따라서 홍익인간 이념이 단지 교육법에 명목상으로만 남아 있게 할 것이 아니라 한민족의 실제적인 삶에 영향을 미치게 하기 위해서는, 우리의 교육이 한민족의 주체적인 역사 속에서 한민족 본연의 모습을 찾아 민족의 정체성을 확보한 후, 이를 외국에서 들어온 현대화에 의존하지 않고 홍익인간 이념 속에서 한민족 특유의 현대성을 설정하는 방향으로 발전시켜야 할 것이다.[3]

이에 홍익인간, 즉 한국적 홀리즘의 이상에 따라 우리나라의 현실교육을 반성해보면, 몇 가지 중요한 시사점을 얻을 수 있다.

첫째, 한국 교육의 현실에서 가장 기본적인 문제가 되고 있는 것은

---

[3] 이돈희(1995)는 한국의 교육이념 50년을 반성해볼 때 "홍익인간의 이념에 대한 현대적 해석"이 교육학에서 씨름해야 할 가장 중요한 과제라고 보았다.

'개인주의'가 팽배해 있다는 것이다. 이는 일제시대까지는 그래도 민족적 일체감을 지니며 살아온 한민족이 해방 이후 미국식 교육에 의해 주도되고, 더욱이 1990년대 이후 신자유주의에 의해 자본주의 논리가 학교교육도 지배해 7차 교육과정에서 '수요자' 중심의 교육으로 운영하게 되다 보니, 학생 개인이 배경으로 지니고 있는 부모의 사회경제적 지위에 의해 교육의 결과가 좌지우지되고, 그에 따라 학생 개개인의 수요자로서의 가치가 결정되는 사회가 되었기 때문이다.[4]

이와 같은 현상은 한국 교육이 홍익인간 이념에 입각해 지성교육을 제대로 했다면 홀리스틱 교육이 추구하는 사회적 관계성이 계발되어 '공동체 의식'을 제대로 형성시킴으로써 충분히 해소될 수 있었을 것이다. '두레'로 대변되는 우리의 공동체 의식은 기본적으로 나와 네가 분리되어 있는 것이 아니라 '하나'라는 인식에 기초하고 있다. 따라서 나와 친구, 나와 교사, 나와 사회가 '우리'라는 하나의 울타리로 연결되어 있어 상부상조해야만 살아갈 수 있는 존재로 인식한다.

인간관계에서 일체의 차별을 인정하지 않는 이러한 '평등' 인식이 학교교육에 진작 적용되었다면, 우리의 교육은 초등학교에서부터 나는 누구이고 너는 누구이며 우리는 누구인가를 생각하고 경험하는 일이 중시되어서(김인회, 1999: 76), 이 세상에 존재하는 모든 것을 '관계성' 속에서 파악하게 했을 것이다. 게다가 이러한 공동체 의식으로 개인주의를 극복할 수 있었을 뿐만 아니라, 인종·종교·문화의 차별 없이 온 인류를 하나의 지구공동체로 받아들임으로써 온 세상을 조화로운 '평화공동체'

---

[4] 정영훈(1999)은 우리 사회에 개인주의가 팽배하면서 부정부패, 향락주의, 계층 간의 불신감과 위화감, 부와 권력에 대한 불신, 지역 갈등과 같은 이기주의 현상을 야기하게 되었다고 보았다.

가 되게 할 수 있었을 것이며, 이것이 바로 관계성을 중요시 여기는 홀리스틱 교육이 추구하는 것이라 할 수 있다.

둘째, 한국 교육에서 또 하나 문제가 되고 있는 것은, '사람 중심의 교육'을 하고 있다는 점이다. 이 또한 근대 르네상스 이후 '신본주의'나 '자연주의'를 배제시킨 채 '인본주의'를 출발점으로 삼은 서구식 자유민주주의가 해방 이후 이 땅에 본격적으로 들어오면서, 우리 사회가 '근대화'를 강조하게 되자 점차 이러한 경향을 강하게 띠게 되었다. 그런데 인본주의는 본래 인간의 '이기심'에 바탕을 두고 있기 때문에, 자기 사랑만 할 줄 알지 타인이나 자연은 사랑하기 어려운 특성을 지녔다. 따라서 우리나라를 포함한 세계 전체가 자연을 국가 발전을 위한 지배의 대상으로만 여겼지 더불어서 함께 살아가야 하는 '생명'으로 여기지 않았고, 그로 인해 환경을 심하게 파괴시켰을 뿐만 아니라, 이러한 논리가 학교교육을 강하게 지배해 학생들에게서조차 이타심이나 인류애·자연애 등을 찾아보기 어려운 인간의 '도덕성' 파괴 현상이 심하게 나타나고 있다.

이에 대해 홍익인간 교육에 입각한 감성교육은, 인간은 자연과 결코 분리되어 있는 존재가 아니기 때문에, 자연과도 일체가 되어 살아가야 하는 존재임을 가르칠 뿐만 아니라 그동안 홍익인간 이념이 박애 등으로 묘사된 것처럼 '사랑'을 통해 실현될 수 있는 것이라고 말해준다. 그런데 진정한 사랑에는 나와 남을 우리로, 몸과 마음을 하나로, 개인·민족·인류를 한 우리로 사랑하는 '사람 사랑'뿐만 아니라 이 세상에서 숨을 쉬며 살아가는 모든 생명과 자연과 이를 둘러싸고 있는 환경을 사랑하는 '땅 사랑' 및 창조와 진화로 이 모든 것을 부여해준 '하늘 사랑'을 담고 있다.

이에 홍익인간 교육은 사랑을 바탕으로 천·지·인의 조화를 이루어 인간과 자연이 하나의 '생명공동체'를 이룰 것을 요구하는데, 이는 바로 생태적 감수성을 강조하는 홀리스틱 교육이 추구하는 바이기도 하다.

따라서 학교교육에서 이와 같은 원리를 진작 인식했다면, 우리의 학생들은 생명 있는 모든 것에 대한 존엄성을 인정하고 이를 아끼고 사랑하는 마음을 배우게 되었을 것이며, 이 땅에 이토록 이기주의가 팽배하지는 않았을 것이다. 그리고 이것이 바로 민주주의의 기본 근간이 되어야 한다는 점에서 홀리스틱 교육의 이념과 일치하는 것이다.

셋째, 해방 이후 우리의 학교교육에서 또 하나 중요한 문제가 된 것은, '주지교과 위주의 수업'을 하고 있어 앎과 삶이 일체화되는 교육이 이루어지고 있지 않다는 점이다. 왜냐하면 이러한 교육은 서구의 인본주의가 원리로 지니고 있는 이원론을 토대로 행해지는 것이어서, 지식과 행동, 정신과 육체, 이성과 감성, 남성과 여성, 하늘과 땅 등 이 세상에 존재하는 모든 것을 분리된 것으로 보게 했을 뿐만 아니라 어느 하나를 다른 것에 우월한 것, 더 가치 있는 것으로 여기게 했기 때문이다. 그러다 보니 자연 학교교육에서도 비(非)주지 교과에 해당하는 과목들은 소홀히 여기게 되었으며, 따라서 학생들은 윤리·도덕 과목이나 체육 등의 과목이 그들의 자아실현에 어떠한 관계가 있는지 인식하지 못하므로, 몸과 마음의 불균형 현상을 야기하고 앎과 삶을 일체화시키는 교육을 해오지 못한 것이다.[5]

이에 대해 홍익인간 교육, 특히 인간의 물격(物格)을 온전히 하기 위한

---

5) 이홍우(1985)는 세종대왕이 훈민정음을 제정하던 당시에는 '슲(Zarm)'이라는 단어가 있었을 법한데, 이 단어의 △이 ㅇ으로 되면 그것은 '앎'이라는 단어가 되고 ㅅ으로 되면 '삶'이라는 단어가 되므로, 이는 앎과 삶이 하나의 실체로서 혼연일체가 되어 있는 상태를 나타내기 때문에, 우리 조상들은 앎과 분리된 삶, 삶과 분리된 앎이라는 것이 어떤 것인지 이해할 수 없었을 것이라고 해석했다. 그러면서 이 단어는 교육의 성립 기반을 지적함과 동시에 그 목적을 지시한다고 보았다.

교육은 화랑도에서 문·무·예의 조화를 통해 학덕과 지혜와 힘을 키우려 했던 것처럼, 학생들에게 단순히 '견인불발의 기백'이나 '진취성'만 갖기를 요구하는 것이 아니라, 교육에서 모든 과목을 서로 연관시켜 배움으로써 이를 실천하며 살아갈 것을 요구하는 것이다. 그리고 단군신화에서 드러난 것처럼, 곡(穀)→명(命)→병(病)→형(刑)→선악 순서로 나아가야 한다고 본다. 즉 인간은 먹는 것과 숨 쉬는 것을 통해 생명을 유지하게 되는데, 이것이 제대로 안 될 경우 인간의 몸에는 병이 침입하게 된다. 그런데 인간이 병들게 되면 마음 가는 대로 몸이 움직여주지 않기 때문에, 세상에는 온갖 범죄가 생겨나게 된다. 이 범죄를 형벌로 다스리기 위해 인간은 법이라는 것을 만들게 되었으며, 세상만사를 선과 악으로 규정짓는 가치관이 형성된 것이다.

따라서 이 문제를 본질적으로 해결하기 위해서는, 가능한 한 자연식·생식·소식으로 '곡기'를 제대로 얻을 수 있어야 국선도 등으로 유지되어 온 '단전호흡'을 통해 숨쉬기를 제대로 함으로써 인간의 몸에 병이 들어오지 않게 하는 내용이 모든 관련 교과에 담게 해야 한다. 특히 체육교과에 이 이념에 입각해 개발된 명상이나 체조법, 태권도 같은 것을 담게 되면, 학생들은 자신들의 몸과 마음을 건강하게 유지할 수 있을 뿐만 아니라 자연히 인스턴트 음식에 대한 혐오감이 생겨 소아비만 등의 문제도 해결할 수 있다. 이것이 바로 홀리스틱 교육에서 요구하는 생태주의적 관점을 실현하는 방법이다. 그리고 학교교육이 이와 같이 바뀔 때 홀리스틱 교육이 추구하는 생태적 건전성이 유지될 것이다.

넷째, 홍익인간 이념은 또한 오늘날 우리의 학교교육이 '대립과 경쟁을 유도하는 수업방법'을 취하는 데 대해 일정한 시사를 던져준다. 자본주의를 배경으로 하는 서구식 자유민주주의는 기본적으로 개인의 지적 능력 신장을 위한 사교육을 원천적으로 금지시킬 수 없다. 그래서 현행의

7차 교육과정에서 '수준별 교육과정'을 운영하고 있으나, 이는 학교교육을 더욱 대립과 경쟁으로 몰고 갈 뿐만 아니라 사교육을 더욱 기승하게 하는 요인이 된다. 왜냐하면 이는 교육문제의 해결이 교육력이 아니라 경제력에 달려 있다는 인식을 갖게 할 것이므로, 누가 교육을 온전히 받았느냐가 아닌 수단과 방법을 가리지 않고서라도 남보다 내가 얼마나 잘했는가 하는 점이 성공의 정도를 결정한다고 믿게 하기 때문이다. 그리하여 이는 결국 인간을 물질의 노예가 되게 한다.

그런데 나와 네가 서로 달라도 일체의 차이는 있을 수 없다고 보는 홍익인간 교육의 영성교육은, 동학의 '인내천'에서 나타난 것처럼, 인간은 서로 간의 다름을 인정받으면서도 존중받아야 할 인간존엄사상에 바탕을 두고 있다. 그리고 이는 이 세상을 살아가는 모든 방식이 궁극적으로는 하늘이 인간에게 부여해준 '영성(天)'을 찾아가는 융합·통합·상생의 과정임을 말해준다. 따라서 이는 주지교과 과정에서 단지 지식을 남보다 많이 획득하게 하는 것으로 교육이 끝나는 것이 아니라, 그 교과를 배움으로써 학생들이 이 세상을 살아갈 힘('力')을 얻고 지혜('慧')를 키워가되, 다른 사람들에게 이와 관련된 '덕'을 베풀 수 있는 데에까지 교육이 이르게 되어야 함을 말해준다.

그래야 인간은 물질 또한 단군신화 속의 웅녀처럼, '인내'와 '절제'로 다스릴 수 있게 되어 진정한 자유를 누릴 수 있게 된다. 또한 이러한 과정에는 일체의 대립이 있을 수 없으며, 물질의 힘이나 경제력에 의해 획득될 수 있는 성질의 것도 아니라고 보게 한다. 이는 홀리스틱 교육에서 말하는 생태적 영성을 뛰어넘는 우리의 독특한 교육원리로 볼 수 있으며, 우리의 학교교육이 이와 같이 바뀔 때 홀리스틱 교육에서 요구하는 정의의 원칙도 지켜질 수 있다.

6. 한국적 홀리스틱 생태교육의 추구

오늘날 한국의 학교교육은 너무 많은 문제점을 내포하고 있다. 그래서 어디서부터 어떻게 고쳐야 할지 몰라 거의 포기상태에 이른 것 같다. 그러나 남을 탓하고 있을 시간이 없다. 세상은 너무 정신없이 변화하고 있으며, 우리 교육에도 이에 대응할 수 있는 새로운 인간관을 끊임없이 요구하고 있기 때문이다. 그런데 우리 민족은 처음 출발할 때부터 사회변화에 따라 새롭게 인식할 수 있는 인간상을 지니고 살아왔으며, 이는 언제나 교육을 통해 세상을 널리 이롭게 할 수 있는 방법론을 알려주고 있다.

김지하는 '홍익인간 담론'이 인간관의 문제라고 하면서, 이는 민족담론인 동시에 전 인류적인 새 인간관을 정립하려는 인류 전체의 철학적·교육학적 노력의 연장선에서 따져야 할 것으로 보았다(김지하, 1999: 15). 그래서 본인은 홍익인간을 '한국인의 문화정체성이 담긴 인간학'으로 규정하고, 세계화 시대에 한민족이 우리의 전통과 문화로써 세계에 당당하게 나가게 하는 이상과 방향을 밝혀주는 이념으로 보았다(권성아, 2001: 183). 홍익인간은 21세기를 이끌어나갈 우리 국민 모두를 지칭하는 것으로, 인간으로서의 신인간, 즉 신사고인·신인격인·신도덕인으로 삶의 현실에서 홍익하고 재세이화해 21세기의 지식 기반 사회에 부가가치를 기약하고 인격과 덕성을 구비한 모델이기 때문이다(김현수, 1999: 46).

이는 1999년 20세기를 마감하면서 한국홀리스틱교육실천학회가 의식개혁협의회와 함께 개최한 국민대토론회에서 이미 '신홍익인간 교육'으로 검증된 바 있다. 특히, 고대혁은 홍익인간 교육을 생명·문화 교육으로 새롭게 정의하면서 이를 통해 인간의 의식개혁을 이룰 수 있다고 보았으며(고대혁, 1999), 김현재는 홀리스틱 교육의 10대 기본 원리에 입각해 신홍익인간 교육의 10대 방침을 선언했으니(김현재, 1999), 이들은 홍익인간의 의미와 구조를 현대화함으로써 인간이 삶의 의미를 되찾고 사회정의를 구현하며 자아를 실현하는 교육을 성취할 수 있다고 본 것이다.

이러한 홍익인간 교육을 5절에서 밝힌 구조 속에서 재정리해보면, 홍익인간 교육은 인간이 자연으로부터 부여받은 기를 제대로 다스릴 수 있는 힘(power)을 키우는 '물격교육'과, 인간의 자연성인 본성과 이성의 개발로 획득할 수 있는 합리성과 천성으로 부여받은 심성을 제대로 다스릴 수 있는 지혜(wisdom)를 키우는 '인격교육', 이후 다시 인간이 하늘로부터 부여받은 영을 제대로 다스릴 수 있는 덕(virtue)을 키우는 '신격교육'으로 구성되어 있다.

그리고 홍익인간 사상에 의하면 인격교육 또한 단순히 윤리·도덕 교육에 그치는 것이 아니라, 체험·실험·실습 등의 방법을 통해 인간의 감수성을 포함한 본성을 온전히 계발하고자 하는 '감성교육'과, 발견·탐구·협동 등의 방법을 통해 인간이 합리성을 뛰어넘어 사물·인간·세계에 대한 온전한 혜안을 지니게 하는 '지성교육' 및 토론·명상·참여 등의 방법으로 인간이 지닌 영성을 온전히 계발하고자 하는 '영성교육'으로 이루어진다. 따라서 홍익인간 교육은 물격교육과 감성·지성·영성 교육을 통한 인격교육 및 신격교육을 거쳐야 인간이 널리 이롭게 될 수 있다고 본다.

그러나 홍익인간 교육은 단순히 이러한 인간교육에 그치는 것이 아니라 천·지·인의 일체, 즉 영적 세계와 자연계 및 다양한 특성을 지니고 살아가는 인간계가 하나의 생명으로 깊은 연관을 맺을 때 온전해질 수 있음을 강조하는 생태교육을 더 큰 기본 이념으로 하고 있다. 이에 의하면 홍익인간 교육은 생태계를 크게 개인 차원과 국가 및 세계 차원으로 나누어, 개인 차원에서는 덕(德)·혜(慧)·력(力)의 조화로 타인과 일체를 이룰 수 있는 '전인교육'을 실시할 것을 요구한다.

그리고 국가 차원에서는 정치·경제·교육의 균등화를 통해 환경을 사랑함으로써 자연과 일체를 이룰 수 있는 '시민교육'을 실시할 것과, 세계 차원에서는 각국이 자결·균생·상생을 추구하여 각자가 지닌 문화를 창조적으로 계발함으로써 모든 인류가 상대적으로 존중받아야 할 존재라는 것을 깨달을 수 있는 '평화교육'을 실시할 것을 요구한다. 즉 홍익인간 교육은 인간과 지구 상의 모든 생명이 하나의 생태계 안에서 서로 평화롭게 공존하고 의지해 조화를 이룰 때 우리 인간 개개인의 행복뿐만 아니라 지구공동체의 행복 또한 보장될 수 있다는, 인간을 포함한 자연생태계에 대한 생명존엄 사상을 토대로 한다.

이와 같이 우리식 홀리스틱 생태교육인 홍익인간 교육에 의하면, 학생들은 인간을 널리 이롭게 하는 교육을 받게 되어, 내가 남과 다르게 지니고 있는 잠재력을 충분히 발휘하면서도 자연 및 다른 사람과 조화를 이루면서 이 세상을 평화롭게 살아갈 수 있는 방법론을 배우게 될 것이다. 따라서 홍익인간 사상은 단지 교육이론으로 끝나는 것이 아니라, 우리가 기본적으로 세계 문화의 변동 추세에 적응하는 동시에 어떻게 하면 한국 문화의 독자성을 지키면서 세계 문화에 기여할 것인가에 관한 대안을 제공해주고 있다고 볼 수 있다.

다시 태초로 돌아가 보자. 창세기 2장 9절에 의하면 태초에 에덴동산 한가운데는 선악과나무 이외에 '생명나무'가 함께 있었다. 그런데 선악과를 따먹어 인류는 낙원에서 쫓겨났지만, 생명나무가 어떻게 되었다는 이야기는 어디에도 나오지 않는다. 그렇다면 인류를 쫓아낸 것은 혹시 창조세계의 상징인 생명나무를 지키기 위해서가 아닐까? 선과 악을 알게 하는 열매를 따먹음으로써 인류에게는 윤리·도덕적 문제가 제기되었고, 이에 따라 인간은 절대적 선으로 상징되는 신과 가까이 있을 수 없어서 인간 중심주의로 나아가게 된 것은 아닐까? 그러면서 이를 인간 스스로 해결하기 위해 자연을 정복해야 할 대상으로 보게 된 것은 아닐까? 그래서 인간은 마침내 고칼슘사과까지 만들게 된 것은 아닐까?

그런데 과연 고칼슘사과가 인간의 생명 문제까지 해결해줄 수 있을까? 숨을 쉬지 않으면 인간은 살아갈 수 없는데, 인간은 공기를 오염시킨 데에서 한 걸음 더 나아가 자연 전체를 훼손해 생태계를 파괴시키는 지경에 이르게 되었다. 더욱이 먹을거리를 인위적으로 조작해 환경호르몬 등이 유발되면서 인간의 생명은 아예 이 세상의 빛을 보지 못할 때가 곧 도래할 것이라고 많은 환경학자들이 경고하고 있다. 그러면 우리는 인간의 생명을 구해줄 인류문명의 일곱 번째 사과를 또 기다려야 하는 것일까? 과연 인류는 그때까지 살아남아 있을 수 있을까?

우리는 이제라도 빨리 에덴동산으로 돌아가야 한다. 그것만이 우리가 살아남을 수 있는 방법이다. 그렇다면 이는 원시세계로 돌아가야 한다고 주장하는 것인가? 아니다. 신의 뜻에 따라 이 세상을 다스려 창조세계를 복원하자는 것이다. 그러면 신본주의로 돌아가자는 것인가? 아니다. 신과 인간과 자연이 더불어 살아가는 천·지·인 합일의 세계를 이루자는 것이다. 그러면 자연주의로 돌아가자는 것인가? 아니다. 인간이 영성을 회복해 자연생태계뿐만 아니라 인간이 잃어버린 신성을 되찾자는 것이다. 우리식 홀리스틱 생태교육인 홍익인간 교육은 바로 이 일을 통해 인간이 에덴동산에 두고 온 생명나무를 되찾기 위한 운동이라고 할 수 있다.

참고문헌_ 5장 홀리스틱 생태교육에 대한 이해

고대혁. 1999. 「신홍익인간 교육의 교육사상 의식」. 의식개혁협의회·한국홀리스틱 교육실천학회. 제4회 의식개혁국민대토론회.
권성아. 1999. 『홍익인간사상과 통일교육』. 집문당.
_____. 2001. 「21세기 한국의 문화정체성과 홍익인간 교육」. 단군학회. ≪단군학연구≫, 제5호.
_____. 2002. 「21세기 통일한국인상과 홍익인간 교육」. 한국교육학회. ≪교육학연구≫, 제40권 제5호.
_____. 2005. 「교육 분단 60년의 회고와 통일 교육이념의 모색」. 국제문제조사연구소. ≪정책연구≫, 통권 147호(겨울호).
김복영. 2002. 「홀리스틱 교육 과정과 학습」. 박영만 외. 『홀리스틱 교육의 원리와 방법』. 도서출판 엘리트.
김영숙. 1949. 「역해 삼일신고」. 정열모 편주. 『삼일철학』 합편. 대종교총본부.
김인회. 1999. 「21세기 한국교육과 홍익인간 교육이념」. 한국정신문화연구원. 『홍익인간 이념연구』.
김지하. 1999. 「홍익인간도 죽었는가?」. 한국교육개발원. 『교육이념, 홍익인간의 재음미』.
김현수. 1999. 「신홍익인간 교육과 홀리스틱 교육의 실천 방안」. 단군학회. 『홍익인간 이념과 21세기 한국』 2부.
김현재. 1999. 「우리교육문화 : 신홍익인간 교육으로서의 의식개혁」. 의식개혁협의회·한국홀리스틱교육실천학회. 제4회 의식개혁국민대토론회.
밀러, 존(John Miller). 2000. 『홀리스틱 교육 과정』. 김현재 외 옮김. 책사랑.
박이문. 1996. 『문명의 위기와 문화의 전환』. 민음사.
서영대. 1994. 「단군관계 문헌자료 연구」. 윤이흠 외. 『단군: 그 이해와 자료』. 서울대학교출판부.

송순재. 2002.「새로운 영성 개념을 통한 교육의 방향 전환」. 박영만 외.『홀리스틱 교육의 원리와 방법』. 도서출판 엘리트
우원상. 1986.「대종교」. 서울대학교 종교학과 종교문화연구실.『전환기의 한국종교』. 집문당.
이계학. 1999.「홍익인간 이념과 인간교육」. 단군학회.『홍익인간 이념과 21세기 한국』.
이돈희. 1995.「한국 교육이념의 어제와 오늘」. 한국교육학회. ≪교육학연구≫, 제33권 제2호.
정순목. 1971.「시간관·삶의 태도·교육관 연구 Ⅱ: 제2부 신화에 의한 분석」. 한국교육학회. ≪교육학연구≫, 제9권 제2호.
정영훈. 1999.「홍익인간 이념의 사회적 실천방안」. 한국정신문화연구원.『홍익인간 이념 연구』.
정호완. 1994.『우리말로 본 단군신화』. 명문당.
한기언. 1964.『한국교육사상사』. 재동문화사.
한면희. 2004.「초록문명의 생태교육 원리와 방법」.『초록문명론』. 동녘.

이홍우. 1985. "Education for Zarm." in *Living, Knowing and Education —Essays in the Philosophy of Education*. Seoul: Seoul National University Press.
Flake, C. L. 1993. "Holistic Education: Principles, Perspectives, and Practice." in *A Book of Readings Based on Education 2000: A Holistic Perspective*. Holistic Education Press.
Fox, M. T. 1998. "Creation Spirituality." in R. G. Botzler et al. eds.(2nd ed.). *Environmental Ethics*. Boston: McGraw Hill.
Miller, Ron. 1992. *What are Schools for?: Holistic Education in American Culture*. Holistic Education Press.
Schneiders, Sandra M. 1990. "Spirituality in the Academy." in B. C. Hanson(ed.). *Modern Christian Spirituality: Methodological and Historic Essays*. Atlanta: Scholars Press.

6장

21세기 지구화 시대의 녹색당은 어떤 의미가 있는가

차명제(동국대 교수)

1. 머리말

지구화(globalization), 문명 출동과 전쟁, 지구 차원의 양극화, 정보·통신을 포함한 과학기술의 비약적 발전, 화석연료의 고갈과 신재생에너지의 보급과 확산, 지구온난화, 다문화사회의 도래 등이 21세기 우리 인류의 삶을 규정하는 핵심 이슈가 되고 있으며, 이에 따른 긍정적·부정적 결과를 우리는 이미 경험하고 있다. 이 외에도 민주의식의 확산과 시민사회의 영향력 증대는 그 이전 세기를 지배했던 좌·우의 이념갈등을 넘어 21세기에는 민주주의와 평등사상에 기초한 인권의식의 보편적 가치가 전 세계적으로 수용되고 확산될 가능성에 대한 기대가 그 어느 때보다 높아지고 있다.

20세기에는 전제왕조의 몰락과 민주주의의 확산, 이념 대립과 과학기술의 발전으로 눈부신 경제성장을 이룩했지만, 인간은 이념 대립과 전쟁, 그리고 환경파괴라는 치명적인 부작용을 양산했다. 즉 20세기는 인류에게 기회도 제공했으나 치유 불능의 깊은 상처를 안겨주기도 했던 것이다.

이러한 위기와 가능성의 양면성은 21세기에도 여전히 상존하고 있다. 가령 지구화는 한 국가와 사회에 발전의 기회를 제공할 수도 있고 양극화와 산업공동화라는 위기의 원인이 될 수도 있다. 가령 환경위기가 기상이변이나 유독성 물질의 배출 등으로 인류 생존의 위협이 되기도 하지만, 이 위기 상황을 극복하기 위한 노력을 통해 한층 안전한 삶을 영위할 가능성도 배제할 수 없는 것이다.

그러나 이러한 위기상황은 단순히 개인의 노력이나 국가의 정책만으로 극복될 수는 없을 것이다. 역사 이래로 인류는 무수히 많은 정치적·경제적·사회적·문화적·도덕적 위기를 접했고, 매우 다양한 방식으로 이를 극복하거나 피했다. 어쩌면 인류는 이런 위기상황의 극복을 통해 지난 300만여 년간 존재했다고 해도 과언은 아닐 것이다. 이와 같은 역사가 우리에게 주는 교훈은 위기에 대처하는 소극적 대항이나 도피를 통해서는 인류의 발전을 실현시킬 수 없었으며, 반대로 위기에 대한 적극적이고도 과학적인 대응을 시도한 경우에만 인류가 발전할 수 있었다는 것이다.

이렇게 위기상황에 적극적이고 과학적인 대응을 하기 위해서는 여러 전제조건이 충족되어야 한다. 우선 사회적 위기상황에 대해 민감하게 인식하고 이를 해결하려는 사회집단—비록 소수라 할지라도—이 존재해야만 한다. 이러한 집단은 위기에 대한 사회적 여론의 형성을 가능케 하는 과학적이고도 윤리적인 근거를 제시할 수 있어야 한다. 동시에 이 같은 위기 극복의 현실적 대안이 마련되어야 한다. 이때 현실도피적이거나 지나치게 이상적이거나 규범적 대안은 문제의 본질을 호도하거나 왜곡할 수 있어 위기를 악화시킬 수도 있고, 여론 형성에 실패해 이 집단을 고립된 소수집단으로 전락시킬 수도 있다. 이와 함께 중요한 전제조건 중 하나는 이런 주장을 사회 구성원들이 감지하고 논의될 수 있는 지적·사회적 분위기가 형성되어야 한다는 것이다. 끝으로 대의

제 민주주의에서 소수집단들의 이해관계를 대변하고, 이런 사회적 분위기를 적극적으로 이슈화해 정책적으로 반영할 수 있는 정치집단, 즉 정당이 필요하다. 만약 소수집단의 주장이나 사회 분위기를 간과하거나 무시한다면 이해 당사자들 사이에 갈등이 조장되고, 이는 더 나아가 사회적 갈등과 분열을 초래할 수도 있는 것이다. 물론 이러한 사회적 혼란이 원인이 되어 기존 정권이 퇴진하거나 교체될 수도 있지만 한 사회의 민주주의 역량에 따라 양상은 달리 나타날 수 있다. 기존 체제가 제기된 사회적 이슈와 이해 당사자들의 주장이나 의견을 일정 정도 체제 내로 수렴할 수 있는가, 반대로 이를 완전히 무시하거나 혹은 폭력적인 방법으로 억압할 것인가에 따라 이러한 사회 갈등은 매우 상이한 결과를 초래할 수 있다.

이런 의미에서 대의제 민주주의를 근간으로 한 서구사회에서 녹색당의 출현은 우리에게 시사하는 바가 매우 크다. 그것은 제2차 세계대전 이후 냉전체제를 거치면서 세계는 — 비록 이념 대립의 각축장으로 변모음에도 — 매우 빠른 속도로 통합되어왔기 때문이다. 물론 글로벌(global) 수준의 통합은 이미 18세기 이후 서구 열강에 의한 식민지 쟁탈전으로부터 본격화되었지만, 교통과 정보기술의 발달, 글로벌 차원에서의 자본주의 확장과 산업 분업 구도는 세계 각 국가가 상호 긴밀한 연계를 갖게 했다. 세계는 과거에 비해 좀 더 가까워지고 상호 종속 정도도 심화되었다. 또한 한 나라나 지역의 사안들이 곧 지구적인 파급효과를 갖게 된 것이다. 1960년대 이후 진행되었던 자본의 다국화와 산업의 국제 분업은 이러한 국가 간의 상호 긴밀도를 한결 촉진시키는 계기가 되었다.

1970년대에 자본주의가 발전한 서구에서 확산되었던 이른바 '신사회운동'의 원인을 제공했던 사회적 위기 상황이 정도의 차이는 있지만 개도국에서도 맹아적으로 존재하고 있었다. 환경문제와 민주주의, 기존 정권의 헤게모니 창출의 실패 등이 바로 그것이다. 그러나 서구에서는 이러한 사회적 위기상황이 '신사회운동'으로 표출된 반면, 개도국에서는 사회적 갈등과 혼란이 야기되고, 이를 틈타 군대가 정치 전면에 등장해 이념과 가치를 달리하는 집단들에 대해 폭력적인 억압을 가했다. 그 결과 서구 국가들에서는 신사회운동이 제도권에 흡수되어 녹색당과 같은 대안 정당이 출현했는가 하면, 개도국에서는 사회운동이 사회적 위기를 조장한다는 구실로 군부의 권위적 통치에 정당성을 부여하는 빌미만 제공했던 것이다.

이렇듯 새로운 정치집단의 부상은 한 사회의 지적 감수성, 정치제도, 주체적 역량과 밀접한 관계가 있는 것이다. 이 중 하나만 결여되어도 성공적인 정치세력화는 거의 불가능해진다고 해도 과언이 아니다.

녹색당은 이런 의미에서 위기의 산물로 규정될 수 있다. 즉 후기 산업사회에서 탈산업사회로의 전환 과정에서 발생한 위기를 자본주의 체제의 근본적 변혁 없이 사회적 갈등과 혼란을 최소화할 수 있었던 일종의 정치 기제로 작동했던 것이다. 자본주의의 위기가 곧 사회주의 도래라는 사회주의의 근본 원리가 용도 폐기되는 순간인 것이다. 녹색당이 표방했던 '좌와 우를 넘어 새로운 대안 모색'이라는 슬로건이 이를 잘 대변해주고 있는 것이다.

한국에서도 1990년대 초반부터 특정 환경운동단체와 일부 지식인들을 중심으로 녹색당에 대한 관심이 지속되어왔고, 이는 단지 지적 호기심 수준을 넘어 실제로 창당하려는 시도도 여러 번 있었다. 그러나 한국에서는 이 정당이 아직 사회적으로 이슈화되지 못하고 있을 뿐만 아니라, 특정 집단의 지적 유희로 전락될 가능성마저 보이고 있는 실정이다.

따라서 이 글은 크게 두 부분으로 구성된다. 첫 번째 부분은 녹색당에 대한 서구에서의 논의 과정과 현황, 즉 정당으로의 역사적 형성 과정과 정당으로 성립된 이후의 진화 과정 등을 녹색당의 시초라 할 수 있는 독일 녹색당을 중심으로 설명하려고 한다. 두 번째 부분은 녹색당에 대한 한국 시민사회에서의 논의 전개와 정당으로의 성립 가능성에 대한 전망이다. 물론 정당으로서의 제도정치권 진입에 대해서는 지금까지도 많은 논란이 끊이지 않으며, 이러한 논란은 서구의 경우와 유사한 측면도 없지 않다. 한국에서 녹색당에 관한 논의가 시작된 지 벌써 15년이라는 세월이 흘렀으며, 그 사이에 한국 사회는 현기증 날 정도로 급격한 변화 과정을 거치고 있다. 그러므로 녹색당의 존재의 정당성이 아직 현실적으로 유효한지, 혹은 과거와 같이 아직 소수의 이념적 전유물인지 냉정하게 검토해볼 필요가 있을 것이다.

2. 서구에서의 녹색당 형성 과정[1]

1950년대부터 1990년대까지 유럽은 주목할 만한 변화를 겪었고, 시기별로 다음과 같은 뚜렷한 특징을 찾아볼 수 있다.

1) 1950년대: 경제부흥기

1950년대에는 동·서 냉전이 본격적으로 시작되는 시기로서, 2차대전

---

[1] 이 장에서는 1960년부터 1970년대 말까지를 시기적으로 한정해 논의하려고 한다. 이 시기가 중요한 이유는 녹색당이 하나의 정치집단으로 발전하기 위한 사회적 기반 구축 시기였다는 것과, 녹색당의 지지집단의 형성과 사회적 분위기가 확산되지 않았다면 녹색당은 성립이 불가능했다는 점 때문이다. 특히 의회민주주의, 정당 중심의 대의제 민주주의가 확고하게 뿌리를 내리고 있는 서구사회에서의 새로운 정치집단의 출현은 대의제 민주주의 전통이 일천한 사회에 비해 한결 어렵다. 그 이유는 이미 전통적 정당들이 정치 지형을 확고히 구축해 신생 정당이 발아할 수 있는 정치적 토양이 매우 척박하기 때문이다.

의 폐허를 복구하고 전쟁에 대한 불신과 혐오감을 극복하는 시기라고 할 수 있다. 그러므로 유럽은 동·서 진영으로 분리되고, 각국은 새롭게 군사력을 증강하기 시작했으며, 정치적으로는 일단의 보수정당이 집권했고, 경제적으로는 고도의 경제성장을 구가했던 시기였다. 사회적으로는 미국의 물질주의와 대중문화가 유럽에서도 별 거부감 없이 받아들여졌다. 보수적 색채의 정권들이 안정적으로 집권할 수 있었고, 이런 정치적 안정은 경제발전으로 가능해졌다. 이러한 재무장에 대해 소수 지식인들과 노동자들의 반발이 있었지만 사회적 합의(consensus)를 형성할 만큼 파급효과가 크지는 못했다.

2) 68학생·청년운동의 발흥과 보수주의의 쇠퇴

1960년대는 일종의 격동의 시기로 규정할 수 있다. 1950년대의 경제성장으로 광범위한 중산층이 형성되고 고등교육의 일반화로 고등교육을 받은 많은 전문직 종사자들이 배출되었다. 정치적으로는 보수정권이 위기를 맞게 되었고, 경제적으로는 불황은 아니더라도 1950년대와 같은 고도성장은 불가능했다. 사회적으로 계층 분화가 급격히 이루어졌고, 노동조합의 활동이 매우 활발했다. 문화적으로는 미국의 일방주의에 대한 유럽사회의 이중적 태도가 극명히 드러났다. 즉 미국식 대중문화가 유럽의 일상에 깊숙이 침투했으며, 유럽은 이를 무비판적으로 수용했다.

반면 지식인 계층은 미국의 핵실험과 베트남전 개입에 적극적인 거부감을 표시했다. 그리고 급기야는 1968년의 학생운동이 유럽 전역으로 확산되었다. 이 학생운동은 사회주의적 경향이 농후하긴 했으나 계급투쟁의 성격보다는 문화적인 성격이 훨씬 강했다. 미국 주도의 세계질서에 강력히 저항하면서도 그렇다고 냉전의 반대편에 있는 소련의 공산당 노선을 추구하지는 않았다. 오히려 마오쩌둥이나 호치민, 카스트로, 체

게바라 같은 제3세계의 사회주의자들이 이들의 우상으로 등장했는데, 이러한 태도는 동유럽의 스탈린식 사회주의에 대한 비판적 입장을 잘 드러낸 것이라 하겠다.

68학생운동의 결과 1950년대부터 장기집권을 해온 보수정권들이 잇달아 퇴진하고 진보적인 사회당과 사민당이 집권하게 되었다. 이 운동을 성공한 혁명으로 볼 것인지, 실패한 사회운동으로 볼 것인지에 대해서는 매우 다양한 평가가 있다. 68운동의 주체가 집권에 성공하지 못했기 때문에 혁명으로 평가할 수는 없지만, 애초 이 운동의 주체들은 집권 자체를 원치 않았다. 또한 어떤 집단을 이 운동의 주체로 인정할 것인지에 대해서도 명백한 기준이 없다. 그러므로 이 운동은 치밀하게 계획된 전위적 성격의 혁명이라기보다는 후기 자본주의의 위기 상황에서 기존 질서(정치·경제·문화·사회 분야 전반에 걸친 위기의식)에 도전하는 저항운동의 성격이 농후하며, 동시에 다양한 주체에 의해 다양한 이슈들이 제기되었기 때문에 정권 탈취를 목적으로 하는 혁명으로 평가할 수 없다. 전 유럽과 미국으로까지 번진, 혹은 미국에서 전 유럽으로 확산된 이 운동은 "상상력에게 권력을"이라 주장하면서, 사회 전 분야에 걸친 참여민주주의를 주장하고 이를 관철시켰다는 점에서 그 영향력은 과거의 어떤 사회운동보다 지대했다고 평가할 수 있을 것이다.

3) 좌파 정권의 집권과 신사회운동의 태동

1970년대는 신사회운동의 태동기로 규정지을 수 있다. 정치적으로도 우파 정권이 몰락하고 유럽의 여러 나라에서 좌파가 집권하게 되었다. 1, 2차 석유파동은 유럽의 화석연료 중심의 에너지 정책에 대한 전반적 수정을 가하게 되는 계기가 되었고, 각국은 원가 급등과 고갈될 가능성이 있는 화석연료에서 안정적 공급이 가능한 원자력 중심의 에너지 정책으로 전환했다. 그러나 이 원자력 에너지 정책은 곧 발전소와 방폐장 건설을 둘러싸고 지역주민들과 환경·평화 단체의 강력한 반발에 부딪히게 되었다. 68운동에 참여했던 엘리트들이 원자력 발전소 건설이나 고속도로와 같은 사회간접자본시설 건설과 관련해 주민과 정부 사이의 갈등이 야기되고 있는 지역으로 하방해 지역운동을 활성화하고, 중앙정부에 조직적으로 대항하면서 이를 계기로 본격적인 환경운동이 펼쳐지게 되었다.

원자력은 두 가지 상징적 의미가 있는데, 하나는 에너지 생산이라는 평화적 이용과, 히로시마라는 가공할 만한 파괴력을 발휘하는 핵무기를 의미하고 있다. 그러나 당시 서유럽의 사회분위기는 원자력에 대한 전면적인 부정이 대세였다. 그러므로 원전 건설에 반대하는 환경운동과 핵무기 사용을 부정하는 평화운동은 항상 운동의 내용과 방식에 있어 공동보조를 취하게 되었다. 특히 NATO가 소련 중심의 동유럽권에 효과적으로 대응하기 위해 핵무기 장착이 가능한 중거리 미사일을 유럽, 특히 독일에 배치하려는 계획에 대해 서유럽 전역에서 ─ 런던에서 베를린까지, 스톡홀름에서 로마까지 ─ 강력한 반발에 부딪히게 된다.

다만 프랑스와 독일 사이의 미묘한 차이를 발견하게 되는데, 독일의 사회 분위기는 원자력 발전에 대한 전면적 부정이 우세한 반면, 프랑스에서는 원전에 대한 전면적 부정이라기보다는 다소 유보적인 입장이 지배적이었다. 이러한 사회적 분위기는 후에 두 나라의 에너지 수급 정책에서 분명한 차이를 드러내는데, 독일은 신재생에너지 중심 정책으로 전환한 반면, 프랑스는 원자력 중심의 에너지 정책을 고수해 현재 프랑스 에너지 생산에 원자력이 차지하는 비율은 80%에 이르게 되었다. 독일에서는 반원전운동이 전국적으로 확대된 반면, 프랑스에서는 주로 독일과 국경을 마주한 지역에서만 활발히 전개되었다.

좌파 정권하에서 환경과 평화운동 중심의 신사회운동은 유럽 전역으로 확산되었고 사회적 파급효과도 매우 컸다. 신사회운동을 굳이 노동자와 농민 운동이 중심이 되는 전통적 사회운동과 구별하는 이유는 첫째, 비교적 운동의 주체가 경제적 여유가 있고 고등교육을 받은 전문직 종사자 중심이 되는 중산층이라는 점이다. 그러므로 이들은 부의 분배라는 양적인 문제가 중심 이슈인 노동자·농민 운동과는 달리 환경과 평화라는 삶의 질 향상을 위한 이슈를 제기했다. 두 번째 특징은 운동의 목적이 체제 전복이 아니라는 점이다. 체제의 비판과 수정을 요구하는 이들은 체제 전복을 통한 부의 소유관계를 재구성하려는 사회운동과 거리가 있었다. 따라서 신사회운동에 노동자들이나 농민들의 참여가 상대적으로 미미했던 것이다. 셋째는 운동의 조직이 전통적 사회운동과 다르다는 점이다. 수평적 네트워크 형태로 조직된 신사회운동은 강력한 피라미드 형태로, 수직적으로 조직된 전통적 사회운동과 확실히 구분된다. 이렇기 때문에 강력한 카리스마를 소유한 특정 지도자는 필요치 않게 되었다. 수평적 조직은 누구나 지도자가 될 수 있고, 지도자도 활동가의 역할을 담당할 수 있었다. 그러나 수직적으로 조직된 전통적 사회운동은 하부의 충성심과 운동의 정당성 확보를 위해 강한 카리스마를 지닌 지도자가 필요하다. 그런 의미에서 신사회운동은 구사회운동에 비해 민주적인 조직화가 가능했다. 넷째는 운동의 내용과 목적을 규정하는 이데올로기가 전통적 사회운동과 달리 신사회운동에서는 명확하지 않다는 점이다. 체제 전복적인 전통적 사회운동에서는 자본주의를 비판하고 대안으로 제시되는 사회주의에 대한 정교하고 통합적인 거대·거시 이론을 추종할 수밖에 없다. 이와는 달리 신사회운동은 체제 전복을 목적으로 하지 않기 때문에 거시담론보다는 이슈 중심의 대안이 제시될 수밖에 없다. 그러므로 생활 속에서 삶의 질을 저하시키는 부분들을 지적하고 이에 대해 대안을 제시하는 미시담론적 성격이 강하기 때문에 특정 환경오염

방지, 반전과 평화 정착, 여성차별 철폐에 대한 대안을 추구하고 이를 이론화했기 때문에 거시담론적 접근은 불필요했던 것이다. 다섯째 특징은 조직의 영속성이다. 전통적 사회운동은 체제 전복이 그 존재 이유이기 때문에 체제가 전복될 때까지 존재 이유가 확실하다. 그러나 신사회운동에서는 생활 속의 이슈가 중심이기 때문에 제기된 문제가 해결되면 언제든지 조직의 해체가 가능했다. 그리고 문제를 제기했던 주체들도 해산하거나, 다른 분야의 운동으로의 영역전환이 자유롭다. 끝으로, 신사회운동은 그런 의미에서 시민사회 영역의 운동이라는 것이다. 체제 전복을 목적으로 하는 사회운동은 시민사회 영역보다는 궁극적으로는 정치 영역에서의 투쟁이 필연적이다. 체제 전복을 위해서는 정권 탈취가 전제되어야 하고, 폭력도 수반될 수 있는 투쟁의 장은 정치사회이고, 시민사회는 집권의 보조적 영역에 불과할 뿐이다. 이에 비해 신사회운동에서는 시민사회에서의 투쟁이 주이고 정치사회에서의 투쟁은 부수적이라 할 수 있다. 시민사회에서의 동조자 포섭과 사회적 영향력 확대를 통한 정치사회의 압력이 주목적이기 때문이다. 이때 폭력도 수반될 수 있지만 많은 동조자와 지지자를 얻기 위해서는 폭력보다는 홍보와 선전, 설득과 포섭이라는 방법이 비동조자들에게 혐오감과 공포를 자아내는 폭력적 방법보다 훨씬 효과적이다. 그러므로 신사회운동(new social movement)은 시민사회운동(civil society movement)과 동일시될 수밖에 없다.

 1970년대에는 이렇게 신사회운동이 사회적 지지 기반과 영향력을 확대해가면서 정치세력화를 모색하게 되고 독일, 프랑스, 영국, 스칸디나비아, 호주와 뉴질랜드 등에서 환경과 평화운동을 중심으로 녹색당을 창당할 수 있는 사회적 기반과 조건이 형성되기에 이르렀다.

3. 녹색당의 창당

1980년 1월 칼스루에(Karlsruhe) 시에서 독일 각지에서 모인 지방 녹색당 대표단과 동조집단, 기타 지지자들 1,500여 명이 모여 전국 규모의 녹색당(Die Gruenen)을 창당했다. 창당 당시의 분위기는 혼란스럽고(chaos), 열정적이며(pathetic), 긴장되고, 반항적이었다고 한다. 독일 각지에서 신사회운동을 전개하면서 어느 정도 자신감을 얻은 반체제적인 사회운동의 베테랑들이 모여 정치사회로의 진입을 위한 창당대회인 만큼 이러한 분위기는 오히려 자연스러웠을 것이다. 이렇게 녹색당이 사회적 관심을 촉발시키면서 창당할 수 있었던 것은 1950년대의 평화운동, 1960년대의 재야운동, 학생운동, 반전운동과 기존 질서 거부운동(반문화운동), 그리고 1970년대 새로운 사회운동의 일환으로 전개되었던 환경·평화와 반핵·여성·대안·제3세계 운동들의 확산 덕분이었고, 이러한 운동은 녹색당이 탄생되는 데 일종의 사회적 토양이 되었다 할 수 있다.

특히 1970년대에 이렇게 다양한 형태의 사회운동이 전 사회적으로 확산될 수 있었던 원인은 1960년대 학생운동의 주역들이 사회에 진출하면서 일부는 지역에서 전개되고 있었던 주민운동, 특히 원자력 발전소 등 사회 간접자본 건설과 관련된 주민운동에 적극적으로 참여하면서 이 운동들의 조직적 역량을 강화시켜 운동의 활성화를 주도했고, 대학에 남아 있던 일부 비판적 지식인들은 '정치경제학' 연구를 중심으로 '종속이론'이나 '국가독점자본주의론' 등을 발전시켜 기존 체제에 대항하는 비판적 이론들을 확산시켜갔던 데에 있다. 이러한 지적 풍토와 지역에서 활발히 진행되고 있었던 사회운동들이 자연스럽게 접합되면서 소위 새로운 사회운동, 또는 시민운동으로 정의되는 이런 운동들이 전 사회적으로 확산되어 그 결과 일부 유권자 집단들은 기존 정치체제와 제도에 대해 강한 불만과 불신을 갖게 되었으며 이런 불신은 자연스럽게 기존 정치집단에 대한 거부와 새로운 정치세력을 기대하게 만들었고, 녹색당은 이러한 시대적·문화적 토양에서 탄생될 수 있었던 것이다.

이와 같은 사회적 배경을 통해서도 잘 알 수 있는 것처럼 녹색당의 가장 기본적 이념이라 할 수 있는 평화·여성·환경은 당시 유럽 시민사회에서 가장 민감하게 받아들여졌던 부분이며, 바로 이 영역에서의 운동이 사회운동의 주류를 형성하고 있었다. 그러므로 녹색당이 '시민의 정당', '정당 아닌 정당' 혹은 '사회운동의 정당'이라 규정되는 것은 이런 배경에서 비롯된다. 녹색당의 주체들과 지지자들이 이 새로운 사회운동의 주체와 지지자들에 의해 충원되는 것은 어찌 보면 지극히 당연한 결과라 할 수 있다.

따라서 녹색당은 이 운동의 연장선 내지 운동집단의 정치정당화라 할 수 있다. 그러므로 녹색당을 환경정당으로만 규정하는 것은 이 당의 성격을 제대로 이해하지 못했기 때문이다. 환경과 마찬가지로 여성, 평화, 제3세계, 민주주의 등의 사회적 문제들에 대해서도 녹색당은 동일한 비중으로 역량을 집중시키고 있다. 이렇게 새롭게 제기된 사회문제들에 기존의 정당들이 침묵하거나 적절히 대처하지 못했을 때, 새로운 사회운동들이 이 주제들에 대해 여론을 형성해가고, 사회적 영향력을 확실하게 확대시켜갔으나, 기존 정당들은 이 문제들에 적극적인 대답을 주지 않고 있었다. 그러므로 시민운동의 일부가 기존의 정치집단에 대한 비판과 회의, 더 나아가 이런 정치집단을 극복하고 새로운 대안적 정치의 실현에 대해 진지하게 고민하지 않을 수 없었다. 기존의 정당들은 주로 정치적 민주화와 경제성장과 부의 분배에 초점을 맞추고 있었기 때문이며, 성장 위주의 이러한 정책에 의한 모순에 대해서는 지극히 무관심했다.[2] 새로운 사회운동은 바로 이 사회적 모순에 대해 관심을 갖고 그로 인해 피해를 보거나 소외되는, 그리고 이런 양적 성장을 추구하는 사회질 서에 대해 비판적 관점을 가진 집단들을 동원하고 이들을 조직화했다. 이로 인해 1960년대와 1970년대에 독일을3) 포함한 서유럽 국가들에서 지배집단에 대한 정당성 위기와 국가공권력에 대한 공백 현상이 확산되 었다. 이 같은 사회적 상황에서 새로운 사회운동들은 사회적 영향력을 확대시킬 수 있었고, 이러한 경험은 사회운동의 정치세력화에 자신감을 갖는 계기가 되었다.

1980년대 녹색당이 의회에 진출한 이후, 환경, 평화, 여성, 직접민주주 의, 인권 등을 부각시킨 정책으로 여론을 형성하고 사회적으로 부각시켜 비판적 지식인들 사이에서 녹색당의 지지자들을 지속적으로 확보할 수 있었다. 또한 대안적 문화의 확장과 거주공동체, 평화주의, 남녀평등, 대안적 삶의 양식(예를 들어 채식주의나 TV 거부운동, 동성애 인정 등)과 같은 대안적이고 새로운 가치관의 확산 등도 녹색당이 지속적으로 지지 집단을 확보하는 데 기여했다.

---

2) 당시 기존 정치집단에 대한 녹색당의 불신과 비판은 다음 5절 '녹색당의 핵심 가치' 부분에서 잘 나타나고 있다.

3) 1960년대 말과 1970년대에 걸쳐 유럽에서 나타났던 지배집단 내지 권력 엘리트 들에 대한 불신은 당시까지 집권하고 있었던 보수정권이 퇴진하고 진보적인 사회당이 나 사민당이 집권하게 되는 계기가 되었다. 당시 사회운동의 주류는 좌파에 의해 주도되었으며, 유로코뮤니즘의 대두와 함께 쿠바 혁명의 영웅이었던 체 게바라와 카스트로, 중국의 마오쩌둥과 저우언라이, 베트남의 호치민 등이 당시 사회주의 운동의 우상이었다. 이렇게 학생들과 젊은 지식인들 사이에서 사회주의가 받아들여질 수 있었던 것은 제3세계 운동과 국제공산주의 운동에 힘입은 바 크지만, 이와 함께 월남전에 반대하는 반전운동은 자연스럽게 반미시위로 이어졌고, 이 반미 분위기는 '정치경제학' 이론으로 무장한 반자본주의 운동으로 연결되었기 때문이다. 이러한 사회적 분위기에서 대안정치세력의 등장은 어찌 보면 당연한 결과일 수 있는 것이다.

4. 신사회운동이 녹색당을 창당할 수 있었던 요인

녹색당이 창당되어 제도권 정치에 진입할 수 있었던 요인은 다음과 같다. 첫째, 녹색당은 당시 사회 구성원들의 다수가 제도정치권에 요구하고 있었던 환경, 평화, 여성 등에 대한 관심을 적극 수용하고 있었다는 점이다. 즉 사회적 요구에 민감하게 반응했다는 점이다. 둘째, 대의제 민주주의의 정상화를 꼽을 수 있다. 1970년대의 유럽은 68운동 이후 일종의 아노미 상태였다고 해도 과언이 아니다. '독일의 가을'로 불리는 이 시기에는 폭력과 테러가 소위 도시게릴라에 의해 자행되었고, 일부 좌파 지식인들이 이를 정당화할 정도로 기존 질서에 대한 저항이 위험 수위를 넘고 있었다. 그러나 1980년대에 이르면서, 사회의 다수가 이런 사회적 혼란 상태를 거부하고, 정치질서의 확립을 위해 정당으로 대표되는 대의제 민주주의 재정립에 합의가 이루어졌다. 시위와 저항을 일삼던 신사회운동이 녹색당에 의해 제도화됨으로써 사회적 갈등의 제도권으로의 수렴이 성립되게 된 것이다. 셋째, 녹색당의 내부 역량을 들 수 있다. 주체적 역량을 의미하는 것으로서, 쟁쟁한 전문 운동가들이 사회적 요구들을 조직하고 동원할 수 있는 역량과 열정(에너지)을 소유하고 있었다. 끝으로 새로운 정치집단의 제도권 정치로의 진입이 가능한 제도적 장치를 들 수 있다. 비례대표제는 다수 원리를 실시하는 나라들에 비해 제도권 진입이 훨씬 수월하다. 예를 들어 영국의 녹색당은 1985년에 실시된 총선에서 15%의 유권자 지지를 얻었는데도 의회 진입에 실패했다. 그러나 독일의 녹색당은 단 5% 이상의 지지만으로도 의석을 획득할 수 있었다.

5. 녹색당의 핵심 가치

민주주의와 사회정의의 실현이 가능해지려면 인권, 평화와 군축, 양성평등과 소수민족에 대한 권리 보장, 환경보존과 환경친화적인 경제체제 확립과 인간과 자연의 공존 등이 전제되어야 한다고 주장한다. 그리고 시민들의 저항과 비판, 요구들을 수렴해 그들의 참여를 독려하는 것이 바로 녹색당의 의무이며, 이를 기초로 현실적인 이상향 건설을 위한 첫걸음을 내딛을 수 있는 것이다. 녹색당이 추구하는 구체적인 이념은 인권, 환경, 사회정의, 민주주의, 양성평등, 비폭력과 평화이며, 이것이 바로 녹색당을 다른 기존 정당과 명확히 구분되는 점이다.

|인권| 여성뿐만 아니라 장애인, 소수민족, 이주민, 어린이, 동성연애, 노인, 환자, 수감자, 노숙자들에 대한 배려와 그들의 대변자적 역할을 자임했다. 특히 다문화사회를 지향하는 녹색당으로서는 다양한 문화적 배경을 가진 이주자 집단을 독일의 중요한 사회 구성요소로 인식하고 있다.

|환경| 당면한 환경위기, 즉 지구온난화에 따른 기상이변, 오존층 파괴, 산성비, 공기오염, 물 오염, 산림파괴와 사막화, 토양오염, 자원고갈 등에 의해 인간의 생존이 크게 위협받고 있다는 문제에 대한 인식을 녹색당은 명백히 하고 있다. 그러므로 인간은 자연을 떠나 존재할 수 없다는 것이다. 자연은 인간의 삶에 유일한 터전이며 재생산이 불가능하기 때문이다. 또한 녹색당은 후세들이 생태적 풍요를 누릴 수 있도록 모든 노력을 기울이겠다고 다짐하고 있다.

|사회정의| 환경·인권·민주주의·양성평등·비폭력 등이 전 사회적으로 확산되기 위해서는 빈부의 격차가 현격히 감소되어야만 한다. 사회정의의 실현을 위해서는 단순히 재화의 재분배뿐만 아니라 자주적 삶과 자유시간, 문화와 사회생활에 대한 공정한 분배와 가능성, 그리고 기회가 제공되어야만 가능한 것이다. 모든 사람들이 다 똑같이 될 수는 없지만, 그들에게 나름의 삶을 영위할 수 있는 기회가 제공되어야 한다. 녹색당은 독일에서의 사회정의 실현은 지구적 차원의 남·북 문제가 해결될 수 있어야만 가능하다는 점 또한 강조하고 있다.

|민주주의| 민주주의는 모든 사회 구성원들에게 동등한 기회를 보장하는 것을 의미한다. 녹색당의 목표는 국가와 사회 모든 분야의 민주화 실현에 있다. 또한 인간이 단순히 객체가 아닌 주체로서 행동해야 하며, 이는 구체적으로 정치·경제·문화 등 제반 분야에서 스스로 삶의 조건을 만들어나가는 것을 말하고, 주체적으로 노동과 삶의 방식에 대해 결정할 수 있어야 한다는 것을 의미한다. 기존 의회제도에 대해서도 녹색당은 매우 비판적이다. 의회 내에서도 정당들은 시민들의 의견을 반영하기보다는 당리당략을 추구하고 기업의 로비자금에 의존하면서 시민들을 정치로부터 소외시키고 있다. 그리고 정책결정 과정은 점차 중앙집중적이고 단순하며, 통합적이고 신속해져서 일반 시민들이 개입할 수 있는 여지를 박탈하고 있어 시민들 사이의 정치에 대한 무관심과 혐오증을 확산시키고 있다는 것이다. 생동하는 민주주의는 투명성, 적극적 관용, 용기, 신념에 의한 행동을 필요로 하며 이러한 정치문화의 확산만이 국가에 의한 권력 독점과 감시, 그리고 억압을 저지할 수 있다고 주장한다.

| 남녀평등주의 | 녹색당은 양성평등의 실현은 평화롭고 민주적인, 그리고 생태주의적 사회 건설의 전제조건임을 강조한다. 녹색당은 전 세계적으로 광범위하게 전개되었던 여성운동의 결과 여성인권 향상에 괄목할 만한 성과를 거두었고, 1980년대 녹색당이 창당되면서 독일사회에서 여성지위 향상을 위한 전위적 역할을 담당해 재야와 기존 정당에 이 문제에 대한 중요성을 부각시킴으로써 여성에 대한 전 사회적 인식을 전환하는 계기를 마련했다. 녹색당은 남성과 여성에 대해 동일한 기회 제공과 함께 모든 사회 영역에서 할당제를 도입할 것을 주장하고 있다. 여성들의 사회 진출을 활성화시키기 위해 이 할당제를 녹색당 스스로 앞장서서 실시해 여성들의 정치활동을 촉진시키려고 노력하고 있다. 또한 여성들로 하여금 자주적인 삶을 영위할 수 있도록 법·제도적 장치의 마련뿐만 아니라 페미니즘적 문화의 주류화 노력도 녹색당 여성정책의 중요한 부분이라고 할 수 있다.

| 비폭력과 변화 | 녹색당에게 비폭력은 정치윤리의 기본이 되고 있다. 권력은 그것을 행사하는 데 항상 사회 구성원의 동의를 얻어 정당성을 확보해야 하며 만약 그렇지 못하면 국민들로부터 저항을 받을 수밖에 없다. 또한 인간에 대해서뿐만 아니라 비인격적 존재나 천연자원에 대한 권력 행사도 사회적 합의와 동의가 필요하며 합법적인 절차를 거쳐 그 정당성을 인정받아야 한다는 입장이다. 녹색당이 특히 강조하는 것은 일상에서 자행되는 구조적 폭력과 전쟁에 대한 부정이다. 전쟁은 어떤 경우에도 용인될 수 없고, 특히 갈등 해결의 한 방법으로 이용되어서는 안 되며 이를 위해 군축과 함께 일상생활에서의 탈군사화를 요구하고 있다. 국제적인 평화유지와 전쟁을 억제하기 위해 '평화학교'와 '평화봉사단'을 만들어 평화를 체계적으로 교육시키고 확장시키려는 시도가

필요하다. 녹색당은 어린이와 여성, 외국인에게 가해지는 육체적·정신적 폭력에 대해서도 반대하고 있다. 윤리적인 측면에서 비폭력 윤리는 바로 인간다운 삶의 실현을 위한 윤리라고 규정하고 있다.

6. 녹색당의 특징

녹색당은 창당 초기부터 극우에서 극좌에 이르는 광범위한 이념적 색채를 띠는 정치 단체들이 참여했다. 그중 자연보존운동과 관련된 단체들은 농촌 중심의 보수적 경향이 농후했다. 또한 나치시대에 '땅과 피'라는 국가 이데올로기가 광범위하게 확산되어 나치들은 자연의 순수성과 지배이념을 교묘하게 이용하기도 했다. 이런 이유로 녹색당 창당 당시에는 68운동 계열의 좌파뿐만 아니라 농촌을 중심으로 환경운동이나 자연보존운동을 해왔던 보수 성향의 우파 집단들도 대거 참여했던 것이다.

이러한 이념적 다양성에 의해 녹색당 초기에는 이념갈등이 첨예하게 대립·충돌하게 되어 당의 노선 정립에 상당한 어려움이 있었다. 그러나 사민당 좌파와 마르크시즘적 성향의 집단들이 다수를 차지하고 있었기 때문에 보수주의자들은 극심한 이념갈등의 와중에서 초기 단계에 당을 떠나야만 했고, 이 중 일부 인사들은 과거 나치시대의 경력이 드러나 추방당하기도 했다.

녹색당은 1970년대의 태동기, 1980년대 '운동정당' 혹은 '정당 아닌 정당'답게 현실주의자와 근본주의자 사이의 갈등과 충돌, 1990년대 독일 통일 이후 '정상정당', '수권정당'으로의 변신 노력과 사민당과의 연정을 통한 집권당으로의 변신, 2000년대에 적·녹 연정의 와해 이후 녹색당의 정체성 재확립의 기반을 다지면서, 재충전을 통한 새로운 변신을 추구하는 시기로 구분할 수 있다.

7. 한국에서의 녹색당 성립 가능성

1990년대 초반부터 한국에서도 환경운동 진영을 중심으로 녹색당 창당을 위해 많은 노력을 해왔다. 그러나 대한녹색당준비위, 녹색평화당, 초록정치연대를 포함해 녹색가치를 표방하는 지방 단위의 주민자치 단체들은 지방의회의 의석을 몇 석 차지했을 뿐, 국회에서는 단 한 석도 차지하지 못하고 있다. 이는 물론 독일을 포함한 서구 선진국들과의 정치제도와 사회적 분위기의 차이도 있겠지만 한 가지 확실한 점은 한국 사회가 아직 녹색당을 원치 않는다는 점이다. 15년의 노력에도 불구하고 녹색당이 아직 사회적 이슈가 되지 못하는 원인은 다음과 같다.

첫째, 한국정치에서의 정당 중심의 대의제 민주주의가 성숙되지 못했다는 점이다. 정치적 이해관계에 의해 이합집산 과정을 거듭하고 있는 한국의 정당들은 아직 뚜렷한 정당 프로그램과 노선을 확립하지 못하고 있다. 그러므로 특정 사회집단의 이해관계를 제대로 대변하지 못하고 있어, 다수 시민들의 정당에 대한 불신과 무시가 우려할 만한 수준에 이르고 있다. 대의제 민주주의가 이렇게 낙후되어 있는 상황에서 녹색당 역시 다수의 시민들로부터 철저하게 외면당하는 실정이다. 대의제 민주주의의 미작동은 정치에 대한 사회적 불신을 초래하고, 이는 결과적으로 녹색당에 대한 무관심과 불신으로 나타나게 된다.

둘째, 취약한 시민사회도 녹색당 발전에 장애요인으로 작용하고 있다.

개인과 집단의 이기주의가 팽배한 사회에서 공익이나 보편적 가치추구 주장에 대한 사회적 지지 기반은 매우 취약할 수밖에 없다. 윤리성이 담보된 사회적 합의가 집단의 이기주의에 의해 번번이 유린되는 현실에서 시민사회의 규범인 대화·합의·협의의 정신은 무시되기 일쑤이며, 시위와 폭력이 난무하는 사회에서 시민사회의 입지는 제한적일 수밖에 없다. 그러므로 환경과 평화 등의 보편적 가치를 추구하고 이를 정책화하려는 정당에 대한 무관심은 당연하다고 볼 수 있다.

셋째, 녹색당 핵심 집단의 역량 부족도 그 원인이 된다. 비록 사회 분위기가 물질 중심적이고 개인·이기주의에 함몰되어 있다 하더라도 소수이기는 하지만 사회비판적이고 대안을 모색하거나 갈급해하는 소수가 존재하게 마련이다. 그런데도 녹색당 창당 주체들은 이들의 관심을 촉발시키고, 참여를 유도할 만한 프로그램 하나 제대로 운영하지 못하고 있다. 즉 위기를 기회로 전환시킬 수 있는 역량이 아직 부족한 것이다.

넷째, 시민사회의 녹색당에 대한 관심과 지지도가 매우 낮다. 서구의 경우를 보면 녹색당의 주체와 지지·동조집단들은 대개 시민사회에 뿌리를 두고 있다. 이는 노조나 자본가들과 같은 이익집단들이 정당화된 전통적 정당과 구별되는 점이다. 녹색당은 출발부터 사적 이익에 천착하지 않았다는 것이다. 다양성을 인정하고, 공익과 보편성을 평화적 방법으로 실현하려는 시민사회의 정치사회로의 진입 노력의 일환이 바로 녹색당인 것이다. 그러나 한국의 시민사회는 가급적 정치사회와 격리되고, 비판하려는 속성이 매우 강하다. 반면 개인적 출세와 성공을 위해 시민사회를 경유하는 사례 또한 매우 빈번하다. 한국 시민사회의 이중성을 의미하는 것이다. 그러므로 시민사회 구성원들의 정치적 관심은 기존 정치권의 발탁으로 종료되는 경우가 대부분이다. 시민사회 일부의 정치세력화는 이렇게 개인적 수준에서 충족될 뿐이지, 대안 정당의 성립으로 진화되지 못하는 것이 한국의 현실이다.

다섯째, 한국 사회에서의 극단적 이념 대립도 녹색당 성립의 장애요인이 되고 있다. 녹색당은 탈이념적·이념통합적 성격의 문제들을 제기하고 있다. 생산수단의 유무보다는 생산관계와 생산 내용, 부의 분배보다는 부의 본질과 속성, 계급투쟁보다는 계급통합, 갈등과 충돌보다는 평화와 공존, 대립보다는 대화와 화해를 지향한다. 그러나 한국 사회는 아직 충돌과 대립, 갈등과 분열이 강조되고 있다. 그러므로 사회적 담론도 분명한 입장과 관점이 전면에 드러나야만 지배적 담론으로 부각되고, 탈계급적이고 탈이념적 담론은 주변화되기 십상이다. 이러한 사회적 환경에서 녹색당 담론은 주류로 부상하지 못하고 주변에 머물거나, 특정 집단의 지적 전유물로 전락되고 있는 실정이다.

8. 맺음말

녹색당이 창당되고 제도권에 진입하기 위해서는 몇 가지 전제조건이 충족되어야만 한다. 제도권에 진입하는 데에는 우선 유권자들의 지지가 필수적이다. 이를 위해서는 정당이 근간이 되는 대의제 민주주의의 정상적 가동도 매우 중요하다. 유권자들의 관심과 지지는 결국 한 사회의 지적 수준에 비례하는 것이므로, 이는 녹색당 성립의 객관적 조건에 해당한다. 이 객관적 조건은 주체 역량의 극대화만으로 변화를 견인해내지는 못하겠지만, 그런데도 이러한 현실을 정확히 파악하고 과학적 대안을 제시할 수 있는 능력도 중요하다. 그런 의미에서 녹색당이 제기하는 이슈들이 사회적 주류 담론으로 착근되게 하는 노력이 수반되어야 한다. 이는 사회적인 지적 성숙도와 밀접한 관계가 있고, 이를 주류화할 수 있는 준비된 주체적 역량도 필요하다. 이 주체적 역량에는 담론 형성과 창출, 포섭과 통합, 그리고 지원 동원 능력이 그 핵심을 이룬다.

녹색당은 끊임없이 변화하고 진화하는 정당이다. 그리고 주·객관적 상황과 역량도 변화한다. 현재 한국에서의 녹색당 성립 노력은 매우 지난한 작업일 수도 있고, 시시포스의 운명처럼 보일 수도 있다. 그러나 이러한 조건은 언제나 역전될 수 있고, 미처 인식하지 못했던 잠재력도 표출될 가능성이 있다. 중요한 것은 시대적 흐름이 무엇인지, 특히 지구화는 우리 삶에 어떤 영향을 미치는지, 지구화에 대한 무조건적인, 혹은 규범적이고 윤리적 관점에서의 반대는 이미 현실이 된 지구화적 삶에 어떤 영향을 미치는지에 대한 녹색적 관점에서의 구체적 인식과 과학적 대안 제시가 필요한 상황이다.

녹색당은 위기의 정당이고 바람 혹은 분위기의 정당이다. 이 문구의 의미는 자체가 매우 취약하기 때문에 위기적 상황이나 사회적 분위기를 통해 정당으로 성립될 가능성이 크다는 것을 시사한다. 물론 20여 년 이상 녹색당이 제도화되어 정상적인 정당으로 변모한 서구에서는 이런 표현이 더는 적합하지 않겠지만, 아직 대의제 민주주의가 정착되지 못하고, 정당구조가 매우 취약한 한국의 상황에서는 녹색당에 대한 적절한 성격 규정이라 할 수 있다.

결국 객관적 조건이 녹색당을 견인해갈 수밖에 없는 한국의 정치 상황에서 녹색당의 성립 여부는, 궁극적으로 이러한 분위기를 잘 감지하고 사회적 담론으로 작동하도록 노력하는 주체들의 역량에 달려 있다고 할 수 있다.

참고문헌_ 6장 21세기 지구화 시대의 녹색당은 어떤 의미가 있는가

차명제. 1999. 『독일의 대의제 민주주의와 정당정치』. 프리드리히 에버트 재단.
_____. 2002. 「신사회 운동과 독일의 녹색당」. 송호근 외. 『신사회운동의 사회화』. 서울대 출판부.

Habermas, J. 1973. *Legitimationsprobleme im Spaetkapitalismus*. Suhrkamp(문학과 사회연구소 옮김. 2004. 『후기자본주의 정당성 연구』. 청하)
Schroreren, M.(Ilrsg.). 1990. *Die Gruenen, 10 Gewegtc Jabre*, Ueverreuter.
Blakers, M. 2001. *Das waren die Gruenen: Abshied von einer Hoffnung*, Econ.

7장

환경경제학을 넘어 생태경제학으로

최미희(국회예산정책처 산업사업평가팀장)

1. 머리말: 지구 생태계 위기와 경제학의 역할

 인류가 지구 상에서 농경생활을 시작한 이후 환경문제로 인해 지구 일각에서는 문명이 마감되기도 했다. 그렇지만 지구 전체적으로는 문명이 지속돼왔으므로 환경문제를 지구적 차원에서 우려할 필요는 없었다. 그러나 산업혁명 이래 인류는 물질문명의 이기를 누리기 위해 기하급수적으로 생태계[1] 이용 규모를 확대해왔다. 그 결과, 오늘날 지구 생태계는 기후변화, 오존층 파괴, 토양 황폐화, 생물다양성 상실, 재생 가능하지 아니한 자원의 고갈 위협과 같은 환경재앙의 위기에 직면하게 되었다.
 이러한 위기는 1980년대 이후 인류복지에 대한 목표를 설정하는 데 경제성장을 계속 추구할 것인지 아니면 환경파괴 문제를 중시할 것인지에 관한 논쟁을 불러일으켰다. 1992년 리우 회의 이후 환경파괴의 심각성

---

 1) 일반적으로 환경(environment)은 생태계를 인간 중심으로 보는 방식의 표현이고, 생태계(ecosystem)는 인간이 생태계의 일원으로 다른 생물체와 공생하는 관계의 표현이다.

을 고려해 지구인은 인류의 목표를 '경제발전'[2]으로부터 지속 가능한 발전(sustainable development)이라는 새로운 패러다임으로 전환한 바 있다. 최근 생태계 위기의 원인이 경제, 사회, 문화 등 다양한 부문에서 비롯되었다는 것을 인식함에 따라 자연과학뿐만 아니라 인문과학과 사회과학 등 다양한 학제에서 그 해결책을 활발하게 제시하고 있다. 최근에는 다양한 목소리만으로는 지구 생태계 위기 극복에 보탬이 되지 않는다는 점을 감안해, 다양한 학문적 연구 결과를 통합하고 학문의 분야를 넘어선 문제 해결을 위한 연구가 필요하다는 인식이 강해지고 있다.

이러한 시대적 과제와 학문적 흐름을 염두에 두면서 20세기 말 지구인이 약속한 지속가능한 발전을 둘러싼 논의 동향을 살피고, 전통적인 경제학에서 추구하는 환경문제 해결방안이 무엇인지 본 다음, 기존 경제학적 접근의 한계를 극복하지 않으면 지구 생태계 문제는 극복될 수 없음을 확인한다. 이러한 가치 아래 최근 새로운 패러다임으로 내걸고 있는 생태경제학적 접근방법을 소개하면서 생태계 위기를 극복하는 지혜를 찾아 여행을 떠나보기로 한다.

2. 생태경제학적 접근

1) 기존 환경경제학과 그 한계

1970년대 공해 문제와 자원고갈 문제가 대두된 원인은 인류가 환경이란 자원을 '공짜'로 이용해왔기 때문이다. 돈을 내고 환경을 이용하게

---

[2] 발전이란 일반적으로 경제학에서 농업에 기반을 둔 전 자본주의 경제로부터 산업자본주의화한 경제로 전환시키기 위해 필요한 경제, 사회, 제도 및 정치 구조 변화의 집합을 가리킨다. 발전 모델이 되는 것은 서구의 산업화된 사회이다.

하면 문제는 해결될 수 있다(경제학적 용어로 외부성의 내부화)고 본다. 환경이라는 재화는 공공재·공유자산의 특성을 지니기 때문에 시장가격이 없는데, 일반 시장재화와 마찬가지로 환경재화를 시장가격으로 전환할 필요가 있다. 경제학에서는 이런 인식하에 경제학의 응용분야인 환경·자원경제학이라는 분야가 등장했다.

환경경제학은 전통적인 신고전 미시경제학과 후생이론에 기초를 둔다. 이 이론의 출발점은 공리주의에 기초를 두고 개인은 효용 극대화를 추구하는 합리적인 존재로 가정한다. 완전경쟁의 시장조건 아래 경제주체(생산자와 소비자)가 합리적으로 행동한다면, 각 시장에서 각 생산물과 생산요소(노동과 자본 포함)의 수요와 공급이 균형을 이루어 유일한 가격조합에 이른다(일반균형). 이를 통해 자원이 가장 효율적으로 배분될 수 있다. 환경경제학은 이러한 경제학의 기본 가정에 따라 자연자원의 가치를 시장가치로 평가하고 그에 기초해 생태계의 관리방안을 제시한다.

그런데 이와 같은 환경경제학적 접근을 통해 생태계를 평가·관리하는 것은 그 유용성이 제한적일 수밖에 없다. 환경재화는 시장재화와 다른 특성을 지니고 있으므로, 이를 경제가치로 평가하는 그 자체가 한계를 지니기 때문이다. 생태계가 인류에게 다양한 서비스를 제공한다는 측면을 고려해 여러 생산물을 생산하는 생산자와 다양한 서비스를 제공하는 생태계를 비교해보자. 첫째, 시장재화의 생산자는 생산물과 생산기술에 대한 지식을 갖고 있는 데 반해, 생태계의 작용방법인 생태계 간 상호 관련성을 잘 모른다. 그러나 생태계 가치화에서는 이러한 점을 무시하는 경향이 있다. 둘째, 생산자는 미래에 자신이 생산한 생산물로부터 얼마의 효용을 취할 수 있는지 시장가격으로 예측·평가할 수 있으나, 생태계는 '공공재' 혹은 '공유자산'의 형태이기 때문에 시장재화가 아닌 생태계의 산출물을 시장가치로 평가하기는 어렵다. 셋째, 생산자는 생산

〈표 1〉 여러 가지 생산물을 생산하는 생산자와 생태계의 다른 점

	여러 생산물을 생산하는 생산자	다양한 서비스를 제공하는 생태계
정보	회사와 생산자는 생산물과 생산기술에 대한 지식을 갖고 있음	현재 과학지식 수준은 생태계 서비스에 대한 불충분한 정보만을 제공
가치화 재화 성질	거래를 통한 시장가치로 나타남 사유재이므로 시장가치로 판단	가치화의 불확실성 공공재, 공유자산 형태로 적정한 가치화 곤란
관리	시장기구에 맡김	관리목적에 맞는 최저선 설정 필요

물의 기능과 서비스를 잘 안다고 해도, 생태계의 기능과 서비스는 알기 어렵다. 전문가들의 제한된 지식 내에서 생태계를 평가하게 되어 완전한 가치평가가 불가능하다. 시장기구는 이와 같이 환경재화가 일반 시장재화와 다르다는 성질을 제대로 반영할 수 없기 때문에, 환경재화를 시장가격으로 가치화해 시장기구에 환경재화의 관리를 맡기는 방식에서는 생태계와 경제계의 상호작용을 무시하게 되며, 그 결과 부적절한 생태계 정책을 낳는다.

2) 생태경제학의 목표와 접근방법

많은 학자들이 1980년대에 기존의 여러 학제와 경제학에서 제시하는 환경문제 해결 방안은 한계가 있다고 보았다. 생태경제학(ecological economics)은 환경관리와 정책 개선을 통해 미래세대의 복지를 보호할 필요가 있다고 느낀 학자들이 함께 모여 논의하는 과정에서 탄생했다. 이들은 오늘날 인류는 생태계 특성 중 일부밖에 이해하고 있지 못하다는 점에 동의해, 생태계와 인간이 공생해나가기 위한 현명한 생태계 관리방법을 찾기 위한 생태학과 경제학의 통합 접근을 시도하게 되었다. 기존의 환경문제 접근방법에 한계를 느끼던 경제학자, 생태학자, 환경연구가들이 생태경제학적 접근의 유용성을 인식하면서, 이 흐름에 대거 동참했다.

이에 따라 생태경제학은 최근 생태경제학파로 불릴 정도로 광범위한 반향을 얻고 있다.

생태경제학은 특히 스웨덴과 미국에서 경제학자와 생태학자 간 합동 회합을 통해 구체화되었다. 이들은 1987년 후반에 바르셀로나에서 개최된 생태학자와 경제학자 간 워크숍에서 국제생태경제학회(International Society for Ecological Economics: ISEE)를 창설했으며, 1989년에는 생태경제학회지(Ecological Economics)를 창간해 최근에는 1권(Volume)당 약 80편 내지 90편씩 연간 4권의 논문집을 발표하고 있다.

생태경제학회지를 창간하면서 학회장 코스탄자는 다음과 같이 생태경제학의 목표를 밝히고 있다.

> 생태경제학은 넓은 의미에서 생태계와 경제계의 관련성을 논의한다. 이러한 관련성은 현재 많은 화급한 문제(지속가능성, 산성비, 지구온난화, 멸종위기에 처한 종, 부의 분배)의 궤적이다. 그러나 기존의 어떤 학문도 이 문제를 충분히 아우르지 못하고 부족한 점이 많다. 현재 행하고 있는 환경과 자원경제학은 오로지 신고전경제학의 응용으로 환경과 자원 문제를 취급한다. 현재 행해지고 있는 생태학은 이따금 생태계에 인간이 미치는 영향을 다루지만 좀 더 일반적인 경향은 '자연체계'에 치우친 편이다. 생태경제학은 이들의 중첩되는 영역을 확장하는 데 목적을 둔다. 여기에서는 신고전경제학과 생태적 영향 연구를 포괄하는 데 그치지 않고 생태계와 경제체제 간 연계에 대한 새로운 사고방식을 제시하는 것을 목표로 한다.

이러한 목표를 실현하기 위해 생태경제학에서는 지속적으로 전통경제학과 생태학, 자원 및 환경경제학, 환경영향평가(환경영향평가는 지질,

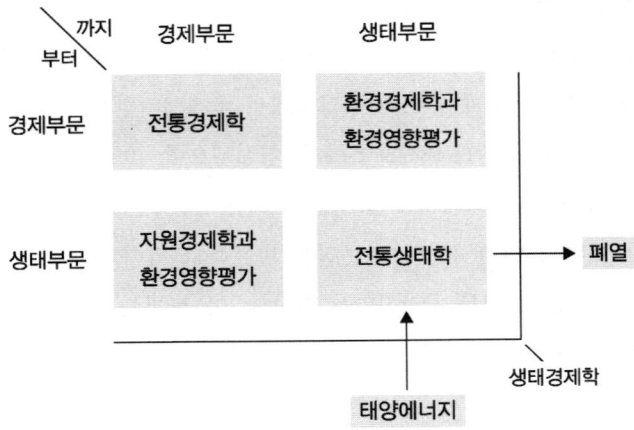

〈그림 1〉 생태경제학, 전통경제학과 생태학, 자원·환경경제학과 환경영향평가의 부문 간 상관관계

기후, 생태 등을 검토하는 자연환경, 수질·대기·폐기물 등을 검토하는 생활환경, 사회경제 환경영향평가를 포괄함)라는 다양한 부문을 포괄하는 방법론을 모색해왔다. 생태학과 경제학 간의 학제 간 연계를 넘어 초학제적 접근을 추구하는 생태경제학적 접근은 간략히 <그림 1>과 같이 표현할 수 있다.

생태경제학에서는 지구 전체를 생태계로부터 에너지와 자연자원을 공급받아 경제계를 운용하며 폐열을 다시 생태계로 돌려보내는 시스템으로 파악하고, 경제계를 생태계와 상호작용하는 하부체계(open subsystem)로 본다.

최근 코스탄자와 킹(Costanza·King, 1999)은 생태경제학회지 창간 10주년을 맞이해 발표한 글에서 지난 10년간 논의를 종합해 생태경제학이 추구하는 방법론상 입장을 다음과 같이 재정리한 바 있다.

첫째, 생태경제학은 스스로 기존의 어떠한 학문 분야에 대한 상호 배제적인 대안으로 생각하지 않는다. 오히려 분야 간 경계를 넘어 문제와 의문들이 그들의 실제 복합성에 알맞게 통합적 방법으로 다루어질 수 있는 초분야적 지적 문화의 창출을 시도한다.

둘째, 생태경제학은 매우 복잡한 문제에서조차 양 극단의 대립적인 논쟁을 통해 승패를 가리려는 '논쟁문화(argument culture)'를 초월하려 시도한다. 생태경제학은 문제의 복합성을 인지하고 좀 더 실질적인 토론(substantial discussion)을 촉진하는 길을 찾고자 한다.

셋째, 문제의 복합성 때문에 본질적으로 하나의 '옳은(right)' 접근방법, 모델 혹은 패러다임이 학자들 간에 동의된 바가 없다. 장님과 코끼리처럼, 생태경제학의 제한적인 지식은 오직 시스템의 부분을 다룰 수 있을 뿐이고, 만일 그것을 충분히 대안적인 접근방법, 모델 및 분야와 통합하지 않는다면, 왜곡된 결과를 산출할 뿐이다.

넷째, 생태경제학은 중요한 문제를 해결하는 것을 우선시한다. 특정한 방법론은 이러한 목표를 달성하는 수단일 뿐이다. 생태경제학은 멋진 방법론을 개발하는 데에는 관심을 두지 않고, 문제 해결에 부적절한 방법론을 적용하지도 않는다. 또한 생태경제학은 가장 새로운 것, 가장 세련된 것, 혹은 가장 인기 있는 것이 아니기 때문에 간단히 어떤 방법을 배제하는 '방법론적 쇼비니즘(methodological chauvinism)'을 피하고자 한다. 방법의 유용성은 당면한 문제를 풀 능력에 따라 판단할 수 있을 뿐이다.

이와 같이 초학제적 방법론의 입장에 서서 생태경제학자들은 다음의 목표를 실현하려고 한다. 첫째, 생물권(biosphere) 내 인간의 활동 범주가 생태적 측면에서 지탱 가능하도록 보증한다. 둘째, 자원과 재산권을 현세대 내에서 그리고 현세대와 미래세대 사이에 그리고 인류와 다른 생명체 사이에 공정히 분배한다. 셋째, 제약되고 한정된 자원을 효율적으로 배분한다.

최근 생태경제학에서는 이러한 초기적인 방법론적·이론적 논의를 넘어서 실제로 생태·경제 상호작용에 관한 통합적이고 생물리적 접근을 제공하기 위해 경제학, 생태학, 열역학, 윤리학, 기타 자연 및 사회과학 부문 간 요소 통합을 시도하고 있다. 그중 자연과학자들(특히 생태학자들)과 사회과학자들(특히 경제학자들) 간의 협력이 가장 활발하다.

3) 생태경제학과 환경경제학의 쟁점

신고전경제학을 좀 더 특화시킨 환경·자원경제학의 접근과 생태경제학의 그것과 구별되는 측면 몇 가지를 대조해보기로 한다.

| 효율성과 지속가능성 | 우선 앞 절에서 보았듯이 환경경제학에서는 생산과 소비 활동에 기인하는 환경자원의 고갈과 피해가 시장에 신호를 보내지 못함으로써 환경문제가 발생한 것이라고 가정한다. 이러한 관점에서 현재 무료로 이용되는 환경자원을 시장가치화해 생산과 소비 활동에 반영하면 환경문제는 해결될 수 있다. 즉 경제 용어로 외부성의 최적 수준을 찾고 이를 내부화하면 최적 사회후생 혹은 파레토 효율 도달이 가능하게 된다. 이러한 접근방식은 경제적 효율성 달성을 중시하기 때문에 분배와 형평은 고려하지 않고 있다. 환경경제학에서 분배 문제는 2차적 과제이다.

이에 반해 생태경제학에서는 지속가능성을 목표로 하며 생태계의 복합성, 환경재앙과 같은 두려움, 그리고 기후변화와 같은 불확실성을 고려할 필요가 있다고 주장한다. 1980년대 초반 이래 머리기사를 장식해 온 환경문제에 대한 관심도가 이를 입증한다고 본다. 생태계 구성의 일부인 경제계가 생태계와 조화를 이루는 것을 중시해 외부성의 내부화

보다는 사람·환경 혹은 경제·생태 시스템 간 상호작용과 피드백을 충분히 고려해 모델링하는 데 관심을 둔다. 생태계 가치화는 생태계와 생태계, 생태계와 경제계 상호관계를 적절히 반영할 수 없으며(3절 참조), 더욱 문제가 되는 것은 경제가치화에서는 미래세대의 몫을 고려할 수 없다는 점을 강조한다. 자원분배의 효율성도 중요하다고 보지만, 미래세대뿐 아니라 생태와 경제 간, 남북 간(환경적 인종차별주의), 빈자와 부자 간 분배(사회적 생태분배)를 중시할 필요가 있다는 측면에 가중치를 준다. 생태경제학에서 자원배분의 효율성은 이차적인 관심사인 것이다.

| 시스템 접근 | 신고전경제학에서는 소득순환모형을 통해 자본주의 경제 현상을 설명한다. 가계와 기업 부문만 존재하는 단순한 경제를 가정하자. 가계는 기업에 생산요소(주로 노동)를 제공한 대가로 소득을 얻고, 이 소득을 기초로 소비와 저축을 한다. 기업은 가계가 제공하는 생산요소를 생산 과정에 투입해 생산물을 만들고 이를 시장에 판다. 다음 <그림 2> 왼쪽의 전통적 경제학 그림 아랫부분은 가계가 제공하는 생산요소가 거래되는 생산요소시장을, 그림의 윗부분은 기업이 생산하는 재화가 거래되는 생산물시장을 나타낸다.

이 흐름도는 완전히 닫힌 시스템을 가진 생산과 소비 간에 물질-에너지 흐름도이며, 여기서 물질-에너지의 순환흐름은 화폐흐름으로 대체할 수 있다. 이러한 흐름은 효용과 이윤에 의해 규제되며, 인간이 직면한 어떤 물질적 문제라도 기술적 수단으로 해결될 수 있다고 본다.

이에 반해 생태경제학에서는 <그림 2> 오른쪽의 생태경제학 그림에서 볼 수 있듯이 인간경제(경제시스템)를 생태시스템과 상호작용하는 하부시스템으로 간주한다. 즉 생태계로부터 경제계로 낮은 엔트로피의 물질(예: 자연자원)과 에너지가 투입되며, 경제계에서 생태계로 높은 엔트

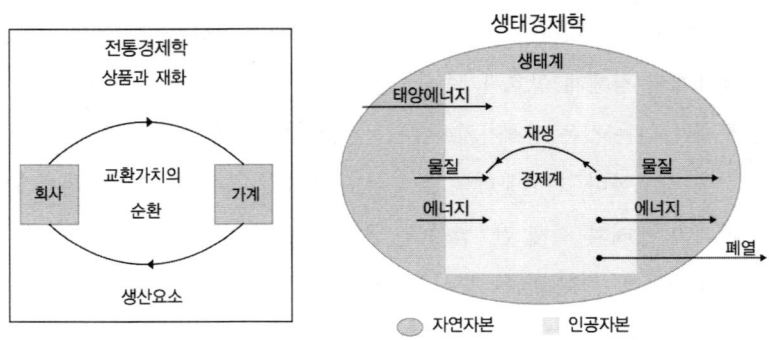

〈그림 2〉 전통적인 경제학과 생태경제학 경제 과정 순환흐름도

로피의 물질(예: 폐기물)과 에너지가 산출되는 과정(throughput)을 주시한다. 소득순환모형에서의 생산요소(자본, 노동)에 추가로 지탱 가능한 삶의 기초인 생태계 내 물리 생물학적 과정을 고려해야 함을 강조하는 것이다.

생태계는 경제시스템에 투입되는 모든 물질의 본원적인 원천이라는 관점에서 자연(nature)은 부(富)의 궁극적 자원이다. 이 같은 자연자원은 유한하며 생태계의 재생 능력과 동화 능력에는 한계가 있다는 점을 인정할 필요가 있다는 입장이다.

이러한 경제계와 생태계 간의 관계에 대한 기본 관점의 차이가 경제와 환경의 조화를 꾀하는 방법론에서는 생태계의 한계를 인정할 것인지 여부의 차이로 나타난다.

| 임계효과 | 임계효과(Threshold effects: 임계점은 국지적으로 안정적인 균형 간에 경계)가 제기하는 문제는 생태와 환경경제학에서 원칙상 마찬가지이지만 문제는 시장가격 시스템이 복원력의 한계에 접근했는지 여부를 표시하지 않는다는 데 있다. 여기서 생태경제학과 환경경제학 간의 차이점은 모두 임계효과에 부여하는 범위와 중요성에 있다.

환경경제학에서는 임계점 이후의 생태계 변화를 예측 가능하다(환경피해함수는 완만하고 연속적이다)라고 가정한다. 그러므로 임계점 이후의 효과에 대해 심각하게 우려할 것은 없으며, 생태계 관리는 비용편익분석상 순 편익이 큰 쪽으로 수행할 필요가 있다는 입장이다.

반면에 생태경제학에서는 임계가치 근방에서 생태계가 어떻게 변화할지 예측하기 어렵다(비연속적이다)고 가정한다. 비연속 변화 결과는 아직까지 인류가 경험해본 바 없는 새로운 경험이다. 경제적 압박의 증가로 생태계가 비연속적 변화를 겪은 예는 많이 있다. 많은 경우 생태계의 대규모 변화는 지역적이고 지구적 문제로 연계되지 않은 활동에서 빚어진다. 동남아시아와 남아메리카가 맹그로브를 파괴해 새우농장을 만들고, 새우를 양식해 수출하는 방식이 그 예이다. 맹그로브 시스템이 믿을 수 없을 정도로 파괴되고, 물고기와 조개에게 양육환경을 제공하던 시스템도 변화했다. 곤충이 많아지면서 새로운 질병이 증가했다. 일부 연안수 오염은 유해조류를 급성장시키고, 콜레라를 포함한 전염성 질병을 야기해 플랑크톤 군집 구조를 변화시킨 것이다. 그뿐만 아니라 맹그로브 습지의 감소로 말미암아 맹그로브의 이산화탄소 흡수 기능도 현저하게 떨어졌다.

임계점 이후 효과는 심각하다는 인식을 하게 되었지만 임계점과 임계점 파괴 결과가 어떠한지에 대해 인류가 알고 있는 정보는 미약하다고 본다. 생물다양성 상실, 기후조절 시스템의 교란 및 오존층과 같은 기타 조정시스템의 파괴는 지속적인 경제성장을 하는 데 제약조건이 되며 경제발전의 잠재적 한계라는 것이다. 이러한 전제하에 생태경제학에서는 비용편익분석 접근보다 사전예방 접근을 선호한다. 이는 사회적 기회비용이 수용할 수 없을 만큼 매우 크지 않은 한 보전과 환경보호조치를 우선해야 한다는 의미다. 더욱 중요한 것은 연계시스템의 복원력(resilience)

보호이지, 당장의 순 편익이 얼마나 큰 것인지가 중요한 것은 아니라는 점이다. 이것은 규모문제와 연결된다.

| 규모(scale) | 오늘날 인구 증가와 환경자원에 대한 수요 증가는 시공간상 생태계에 대한 경제계의 압박을 증가시켜왔다. 경제계의 규모를 얼마만한 크기로 유지할 것인지에 관련되는 규모문제에서 경제행위로 발생한 환경오염과 자원고갈 문제는 기술 진보로 극복할 수 있다는 입장을 취한다. 경제활동 증가에 따라 환경압박이 커지면, 희소성 원리에 의해 환경재화의 가치는 높아질 것이며, 이는 환경오염과 자원고갈 문제를 해결하기 위한 기술 진보를 낳으므로 경제계의 규모문제를 심각하게 문제 삼을 필요는 없다는 것이다. 생태계의 자원 제공 능력과 폐기물 처리 기능의 한계는 기술 진보로 해결 가능하다는 입장이다.

반면 생태경제학에서는 규모(scale)문제를 중시한다. 생태경제학자들은 현재 조건하에 인간 경제의 규모는 자연생태계의 수용 능력을 넘어 심각한 스트레스를 줄 정도로 크다고 평가한다. 최근 생태경제학자들은 지구 상의 순 1차생산(net primary product: NPP)[3]의 40%를 인간이 소모한다는 사실에 관심을 둔다.

생태경제학에서 규모의 문제를 중시하는 이유는 이렇다. 생태계의 생물리적 수용 능력(biophysical carrying)과 처리 능력(assimilative capacity)은 자연생태계 자체 성질 변화와 함께 사용자의 선호와 기술에 따라 변화한다. 그런데 생태계는 인류에게 그 수용 능력과 처리 능력이 경제활동 결과 파괴된 상태라는 확실한 신호를 주지 않는다. 따라서 생태계가

---

3) NPP = 광합성으로 고정된 에너지 – 식물의 자체 생존에 요하는 에너지. NPP는 인간을 포함한 지구 상 모든 유기물에게 공급되는 총식량과 같다.

깨졌을 때의 피드백 효과(feedback effect)는 종종 간접적이고 상당한 시간이 흐른 후에 나타나며 비가역적일 수도 있는데, 이러한 점을 무시할 경우 인류는 미래에 심각한 환경재앙을 겪을 수 있다.

이와 같이 생태계와 경제계는 공진화(co-evolution)하고 그 공진화의 결과는 먼 미래에 발생하므로, 시장가격이 '적절한(correct)' 경우에도 신고전경제학 측면에서 이를 고려하지 못하게 된다. 그 결과 적정기술 채택, 생산규모 결정을 어렵게 한다. 장래 시스템의 성장 잠재력 결과가 중요하므로, 현재의 경제활동 수준을 유지한 결과 발생할 가능성이 큰 장기적인 환경영향을 규모의 관점에서 고려해야 한다는 것이다.

| 기타 생태경제학과 환경경제학 접근의 차이 | 그 밖에 환경경제학에서는 세대 간 후생에 대해 공리주의적 입장을 취하는 반면, 생태경제학에서는 롤스적 정의(Maxmin criterion) 혹은 (기초) 필요를 강조하는 최저 후생수준을 강조한다. 환경경제학은 거시적 수준에서 그린 GDP 성장을 중시하고 있는 반면, 생태경제학에서는 물리적 혹은 생태적 지표(서비스 단위당 물질 집약, MIPS), 지역적 수용 능력(ecological footprint), 생태계 건강성(ecosystem health)을 중시하고, '안전최소기준', '환경공채', '적응적 관리'의 개념을 정책 도구로 제시하기도 한다. 환경경제학에서는 프로젝트 수준에서 비용편익분석을 도구로 사용하는 반면, 다기준분석, 생태경제통합 접근모형을 프로젝트의 평가수단으로 삼을 것을 주장한다. 환경경제학에서는 경제 주체의 합리성, 이윤극대화, 효용극대화라는 전통 경제이론 내 고정된 가정을 취하는 반면, 생태경제학에서는 이러한 가정에 불만을 표하기는 하나, 아직은 그 대안적 접근의 구체화를 꾀하는 상태로, 초기 단계다. 그 밖에 생태경제학은 '심층생태학'과 같은 환경운동으로서 개인 선택의 자유 중 시스템에 대한 관심을 개인의 선호보다

〈표 2〉 생태경제학과 환경·자원경제학의 차이점

생태경제학	전통적 환경과 자원경제학
1. 규모(scale)	1. 최적 배분(allocation)과 외부성(externality)
2. 지속가능성 우선	
3. 필요충족과 평등분배	2. 효율성 우선
4. 지속가능한 발전	3. 최적 후생 또는 파레토 개선
5. 성장회의주의	4. 최적 모델의 지속 가능한 성장
6. 예측할 수 없는 공진화	5. 성장 최적주의와 'win-win' 선택
7. 장기적 관점(생태계 동태적 특성 중시)	6. 세대 내 후생의 결정론적 최적화
8. 복합·통합적, 서술적	7. 단기에서 중기 중점(생태계 정태적 가치 기준)
9. 집중과 특화	
10. 물리적·생물학적 지표(생태계 상호작용 중시)	8. 부분적, 단일 학제 및 분석적
	9. 축약과 일반적
11. 시스템 분석	10. 화폐지표(인간의 선호 중시)
12. 다기준 분석(적응적·사전예방적 생태계 관리)	11. 외부 비용와 경제가치화
	12. 비용편익분석(편익 증대 생태계 관리)
13. 원인-효과 관련성을 갖는 통합모델	13. 외부비용을 포함시킨 응용 일반균형 모델
14. 한계 있는(bounded) 개별 합리성과 불확실성	14. 효용 혹은 이익의 극대화
15. 지역공동체	15. 지구시장과 분리된 개인
16. 환경 윤리	16. 공리주의와 구조주의

우선시해 소비자 주권을 포기하게 하는 경향이 있다는 것이다. 생태경제학과 환경·자원경제학의 차이는 <표 2>와 같이 정리할 수 있다.

3. 생태경제학 접근방식의 실제

1) 지속가능성의 생태경제학적 지표

경제학계에서는 일반적으로 지속가능성(sustainability)을 약한 지속가능성(weak sustainability)과 강한 지속가능성(strong sustainability)으로 구분한다. 강한 지속가능성과 약한 지속가능성 주장자 간의 대립은 지난

몇 년 동안 많은 논란을 일으키고 있다.

  약한 지속가능성을 주장하는 측은 인간 중심주의(anthropocentric) 세계관과 공리주의 입장을 취하고 있는데, 인간을 둘러싼 모든 것은 인간을 위해 존재하는 것이므로 인간이 생태계를 유용하게 활용할 방법을 찾는 것이 중요하다는 입장이다. 그들은 사람이 만든 물적 자본, 인적 자본, 자연자본 및 사회자본과 같은 모든 형태의 자본은 서로 대체 가능하다고 가정하고, 생태계의 지속 가능한 발전이 가능하기 위해서는 현존하는 것에 못지않은 '총자본'을 미래세대에게 물려주면 된다고 주장한다. 그리하여 장래에 자원이 부족하여 경제성장이 제약되는 일은 없을 것이며 사회복지는 지속적으로 증가할 수 있다고 전제한다. 그뿐만 아니라 생태계의 변화는 예측 가능하다고 가정하므로 경제활동에 따른 생태계 피해는 기술 진보와 혁신으로 극복할 수 있다(Solow-Hartwick의 지속가능성)는 입장을 취한다. 강한 지속가능성을 주장하는 측은 생태 중심주의(non-anthropocentric)를 취한다. 이들의 주장에 의하면 이미 자연자본은 성장의 '한계(limits)'에 있거나 머지않아 한계에 이를 것이기 때문에 첫째, 자연자본의 일부 요소는 기타 자본과 대체 가능하지 않으며 상호 보완적이고 자연의 최소 영역을 유지하거나 생물다양성을 유지하기 위한 임계생태계 보호 같은 목표 설정이 필요하다. 둘째, 생태시스템은 비선형 동태변화를 하므로 시스템의 변화가 불확실하다. 경제행위가 생태시스템을 어떻게 변화시킬지는 알기 어렵다. 그러므로 생태계의 안정성(stability)과 복원력(resilience)을 유지(Holling의 지속가능성)하기 위해서는 공리주의적 윤리에 만족할 수 없으며 인간이 아닌 자연의 권리와 이익을 인식하는 평등(equity)에 기반을 둔 세계관이 필요하다.

  이와 같이 상이하게 제시되고 평가되는 지속가능성의 기준에 따라 지속가능성을 달성하기 위해 목표로 사용하는 지표는 다르며 실제 이들

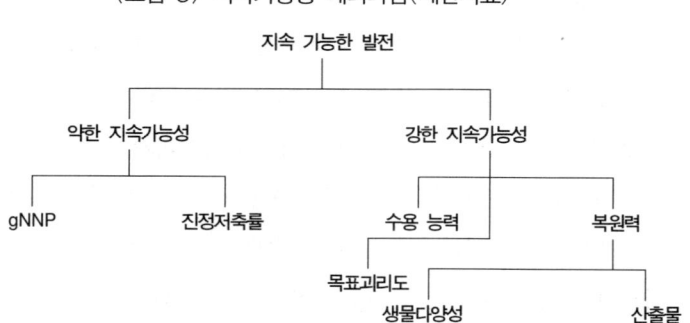

〈그림 3〉 지속가능성 패러다임(제안지표)

이 제시한 지속가능성의 지표를 서로 비교하는 것은 매우 어렵다. <그림 3>에서 볼 수 있듯이 약한 지속가능성을 주장하는 측에서는 녹색국민순생산(gNNP)과 진정저축률(genuine saving rules)을 지표로 삼고, 강한 지속가능성을 주장하는 측에서는 수용 능력(carrying capacity), 복원력(resilience)을 주된 지표로 삼는다.

일반적으로 주류 경제학자들(환경경제학자 포함)이 취한, 약한 지속가능성 개념에 기초한 지표 중 대표적인 것으로 녹색국민계정('green' national accounts)을 들 수 있다. 녹색 GNP 추계 작업은 총국민생산(GNP) 같은 경제지표가 환경자원의 감소와 질적 저하(depletion and degradation)를 고려하지 못하기 때문에 잘못된 개발을 유도할 것이고 이와 같은 맥락에서 사람들이 환경에 두는 가치를 포함시키지 않은 비용편익 분석은 잘못된 투자 결정을 초래할 것이라고 주의를 환기시키고 있다.

생태경제학자들은 강한 지속가능성 지표로서, 생태계의 수용 능력과 복원력을 제시한다. 첫째, 수용능력지표는 생물학에서 기원한다. 주어진 지역에는 일정한 개체수의 특정 종이 살 수 있는데, 동 지역에 살 수 있는 특정 종의 최대 개체수가 수용 능력 또는 지속가능성 지표가 될 수 있다. 이때 개체수의 수준만이 아니라 경제활동의 수준도 고려해야 한다. 그런데 경제적 산물의 구성요소는 매우 다양하므로 지구적 수용 능력을 추정해 지속 가능한 개체수를 지표로 한다.

수용 능력은 고정되거나 정태적인 것이 아니므로, 애로(Arrow) 등은 수용 능력의 지표로 지탱 가능한 최대 개체수를 이용할 것을 권하고 있다. 세계식량농업기구(Food and Agriculture Organization: FAO)와 세계은행에서는 수용 능력의 평균을 개체군의 생태적 지속가능성 지표로 보기도 한다. 수용 능력을 측정하는 데에는 최소 혹은 적정 생활기준(standards of living), 이용 가능한 자원의 이용에 영향을 주는 현재의 기술뿐만 아니라 미래에 개발될 기술, 분석의 시간범위 등을 참조할 수도 있다. 그 밖에 일부 학자들은 지역적 수용 능력(ecological footprint: 어떤 지역이 생태적으로 지탱 가능하기 위해 필요한 생태적 능력)을 수용능력지표로 제시하기도 한다.

이렇게 수용능력지표를 어떻게 설정할 것인지에 대한 어려움을 이유로 일부 경제학자들은 실증적으로 무엇을 수용 능력으로 보아야 하는지 거의 밝혀지지 않았다고 수용능력지표의 한계를 지적하기도 한다.

둘째, 생태적 복원력의 지표로는 시스템 내 변화인 스트레스와 쇼크를 흡수하고 지속하는 능력을 든다. 스트레스는 작고 예측 가능하지만 커다란 누적효과를 가져올 수 있으며, 쇼크는 크고 예측 불가능한, 가령 급작스런 한파 같은 것이다. 스트레스와 쇼크를 조절할 수 없다면 그 시스템은 지속 가능하지 못하다고 본다. 실제 인류가 이와 같은 생태계 복원력에 의존되어 있다는 증거로 범지구적 기후변화, 생물다양성 손실과 새로운 전염병의 창궐 등과 같이 인류를 위협하는 새로운 많은 현상을 들 수 있다.

커먼(Common)과 페링스(Perrings), 애로(Arrow) 등은 생물다양성 지표가 생태계 복원력의 투입에 기초를 둔 유용한 지표가 될 수 있다고 제안한다.

피어스(Pearce)와 같은 경제학자들은 생물다양성의 조사기법이나 지속가능성으로의 복원력 지도를 어떻게 제공할지 분명하지 못할 뿐만 아니라 이 지표를 이용해 지속가능성 정도를 평가할 어떤 분명한 기준선(baseline)이 없으며, 또 이용 가능한 데이터라 할지라도 한 시점에 제약되는 경우가 많고 의미 있는 해석이 불명확한 경우가 종종 있다고 비판한다. 더군다나 지속가능성이란 다양성의 변화를 보는 것이지 다양성의 양을 측정하는 것이 아니기 때문에 동 지표로 지속가능성 정도를 평가하기는 어렵다고 해서 이와 같은 생물다양성 지표를 통해 지속가능성 정도를 평가하는 데에는 한계가 있음을 지적한다.

2) 생태계의 가치

앞에서 신고전경제학에서는 지속 가능한 발전을 저해하는 주요 요소인 인류의 생태자원 남용행위는 시장재화의 경제적 가치에 생태계 파괴를 고려하지 않음에 기인한다고 보아, 이를 내부화해 파레토 효율을 달성할 것을 제안한다고 했다. 외부성의 내부화라는 관점에서 연구가 활발한 분야는 생태계의 경제적 가치화이다. 경제적 가치화란 시장에서 거래되거나 그렇지 아니하거나 관계없이 생태계라는 재화를 시장재화와 마찬가지로 경제적 가치로 평가해 동 가치를 시장재화의 가치에 포함시킨다. 이를 통해 파레토 효율을 달성할 수 있을 뿐 아니라 각종 경제정책에 활용할 수 있다는 점에서 생태계를 경제적 가치화하는 작업의 중요성은 부각된다. 그런데 앞에서 언급한 바와 같이 생태계의 화폐가치화는 생태경제학자들에 의해 생태계의 지탱 가능성이라는 측면을 고려하지 못한다는 점에서 한계가 있다. 생태계 자기 제어 능력, 즉 생태계 간 상호작용은 인간 선호와는 별개이며, 생태계 지탱 가능성이 무너지는 경우 생태계 서비스는 상실될 수밖에 없는데, 생태계 가치화 작업에서는 이를 고려하지 못한다는 점에서 생태계의 총가치는 생태계 경제적 총가치와 일치할 수 없다는 것이다.

| 습지생태계의 가치 | 이러한 경제적 가치와의 문제점을 구체적으로 습지의 가치화를 예로 들어 설명해보자. 습지는 땅과 물의 중간적 위치에 있다. 습지는 자체 내부에서, 습지와 인접 생태계 간, 습지와 인간사회 간 상호 연관을 맺는다. 이와 같이 습지가 다른 생태계와 인간사회의 연결 작용을 하는 열린 체계(open system)임은 <표 3>에서 보듯이 투입-산출행렬로 보면 쉽게 이해할 수 있다.

예를 들면 행렬의 S→W 요소는 태양에너지가 습지에 투입요소로서 작용해 에너지를 산출하는 것이다. 습지는 많은 환경서비스를 생산하는데, 습지가 스스로를 유지(W→W)하는 한편, 다른 생태계(W→OE)와 인간사회(W→HF, W→HH)에 서비스를 제공하기도 한다. 생산물의 처음 두 형태는 습지 자체를 형성 유지하는 수용 능력과 관련되고, 나머지 둘은 인류에게 제공하는 생명지탱(life-support) 가치와 관련된다. 즉 습지는 다른 생태계(W→OE)인 습지 내에 서식하는 이동성 동물(예, 조개)에게 먹이를 제공하고, 기업(W→HF)은 전기생산 원료로 습지 내 보유된 이탄(peat)을 사용하거나 혹은 습지로부터 골재를 채취하며, 기업과 가계(HF→HF, HF→HH)는 이렇게 생산된 전기를 사용하거나 골재를 이용해 집과 도로를 건설한다.

이러한 흐름을 고려할 때 습지시스템이 인류에게 제공하는 총생산물은 첫째, 습지생태계 자체 발전과 유지를 위한 것, 둘째, 다른 생태계로 보내는 것, 셋째, 인간사회로 보내는 것, 이 세 가지로 나누어볼 수 있다. 그런데 앞에서 본 신고전경제학에서 가치화는 습지가 인간사회에 제공하는 서비스만을 가치화 대상으로 삼으므로, 습지 자체의 유지와

〈표 3〉 습지 환경서비스의 투입-산출 행렬

까지→ 부터↓		태양(S)	습지(W)	기타 생태계(OE)	인간사회	
					기업(HF)	가계(HH)
태양(S)		S→S	S→W	S→OE	S→HF	S→HH
습지(W)			W→W	W→OE	W→HF	W→HH
기타 생태계(OE)			OE→W	OE→OE	OE→HF	OE→HH
인간 사회	기업 (HF)		HF→W	HF→OE	HF→HF	HF→HH
	가계 (HH)		HH→W	HH→OE	HH→HF	HH→HH

다른 생태계와의 상호작용은 고려하지 못하고 있음을 <표 3>에서 확인할 수 있다.

이러한 가치화의 한계를 감안해 일부 생태경제학자들은 습지의 총가치(TV)를 기존 사용가치와 비사용가치 개념 대신 습지의 '산출'가치를 기준으로 1차가치(primary value)와 부차가치(secondary value)로 구분한다. 위 습지를 예로 들면 1차가치란 습지 자체의 형성 및 유지를 위한 습지생태계 고유의 내부 작용에 대한 가치로 내부 작용(<표 3>에서 S→W, W→W)의 수용 능력과 복원력을 기초로 도출된다. 수용 능력과 복원력이 한계에 이르게 되면 습지가 기타 생태계 및 인간사회에 제공하는 부차가치(<표 3>에서 W→OE, W→HF, W→HH)를 생산할 수 없다는 점을 중시해, 이를 일차적이라고 보는 것이다. 이러한 관점에서 습지의 총가치는 1차가치와 부차가치를 합한 가치이다. 즉 생태계구조의 선행가치인 모든 생태계의 기능이 의존하는 시스템의 특성을 구성하는 부분은 1차가치로 보며, 이러한 구성 부분이 발하는 각종 기능과 서비스를 부차적 가치로 본다.

새만금간척사업에 대한 재검토를 예로 해서 1차와 부차가치를 고려한 개발사업의 정책결정 틀을 검토해보자. 새만금갯벌 간척사업을 계속 수행할 것인지 여부에 대해 정부는 민관합동조사단을 구성해 환경영향, 경제성, 수질보전대책 등 3개 분과로 나누어 조사하며, 조사기간은 1999년 5월 1일~2000년 6월 13일까지 14개월간이며, 조사기간에 간척사업을 일시 중단하고 동 조사단의 조사결과에 따라 새만금사업의 계속 여부를 포함한 새로운 새만금사업계획을 수립하기로 했다. 그러나 민관합동조사단은 조사결과의 합의를 도출하지 못한 채 각 분과별로, 각 분과 내 연구자들 간에도 의견을 수렴하지 못한 채 결과보고서를 작성한 바 있다.

생태계 구조·기능·서비스라는 연계고리를 놓고 볼 때 갯벌간척사업의 평가에는 지질학, 생태학, 경제학적인 연구의 학제 간 통합이 필요하다. 갯벌 간척에 따른 해양생태계 변화 예측을 검토한 환경영향평가분과 연구자들은 다양한 측면에서 사업 수행에 따른 생태계 변화가 비가역적이고 예측 불가능하다고 평가하고 있다(환경영향평가분과 보고서 참조). 간척에 따른 해양생태계 변화가 비가역적이라 함은 수용 능력과 복원력은 완전히 파괴된다는 것이고, 예측 불가능한 것이라 함은 생태계의 수용 능력과 복원력의 변화를 예측하기 어렵다는 것으로 해석할 수 있다. 갯벌의 1차가치를 보장하는 수용 능력과 복원력의 변화가 예측 불가능하므로, 갯벌과 주변 생태계가 인간사회에 제공하는 부차가치 또한 미래에도 지속될지 여부는 알 수 없다는 것이다. 그렇지만 민관합동조사단의 연구 과정에서는 이러한 학제 간 통합 논의(해양학과 경제학)와 갯벌 주변 생태계의 수용 능력과 복원력에 기초한 환경피해가치를 고려하지 못했다. 다만 갯벌이 지닌 1차가치 평가는 누락한 채 부차가치 손실만 고려하고 있어 갯벌의 총가치조차 과소 추정한 것이다.

3) 생태-경제 통합모델에 의한 생태계 관리정책

생태경제학적 인식을 정책에 활용할 가능성은 최근 제시되는 생태계 관리에 관한 생태-경제 통합모형을 통해 확인할 수 있다. 지속 가능한 생태 관리를 위해서는 우선 우리가 알고 있는 지구 생태계 관련 지식이 부족하다는 점을 인정해야 할 것이고, 향후 생태계가 어떻게 변화할 것인지 하는 불확실성을 극복하기 위해서는 학제 간 통합연구를 통해 현재까지 밝혀진 각종 정보를 최대한 활용할 필요가 있다. 다양한 몇몇 학제 간 연계, 즉 기상학, 지구물리학 및 지구화학, 생물학 및 생태학, 경제학 및 사회학 등과의 연계를 통해서 획득한 정보에 기초한 여러 하부 모델을 두고, 이 모델을 통합해 다양한 결정기준에 따른 통합분석을 꾀하는 것이 생태-경제 통합모델이다.

이러한 통합모델을 통해, 현명한 생태계 관리를 위한 생태계 가치평가방법, 시스템 분석, 그리고 평가를 위한 수행방법 등을 모색할 수 있을 것이다. 학제 간 연계의 잠재력은 생태계를 보는 관점, 방법 및 자연과학과 사회과학으로부터 유도된 데이터를 통한 통합된 모델 설정과 생태계를 평가하는 조사 과정에서 두드러진다. 자연·사회과학자, 특히 생태학자, 수문학자 및 경제학자 간 연계노력에 의해, 생태계의 기능과 가치, 분석틀과 이론, 분석방법과 모델 같은 개념과 용어가 구체화되는 것이다. 특히 생태계의 가치를 올바로 평가하기 위해서는 경제학과 생태학의 통합적 방법을 요한다. 학제 간 통합분석에서는 생태계와 경제 시스템 간에 많은 장기적이고, 공간적이며, 동태적인 연계 측면에서의 생태계 서비스에 대한 다각도의 가치평가를 통해 최선의 방법을 추구하는 것이 주된 과제이다.

이때 부족한 자연과학적 지식은 생태계와 인간의 생·물리적인 요소가 사슬처럼 얽혀 더불어 살아온 그 지역의 전통적인 사회 지혜로부터

〈그림 4〉 통합평가에서 수평·수직적 통합

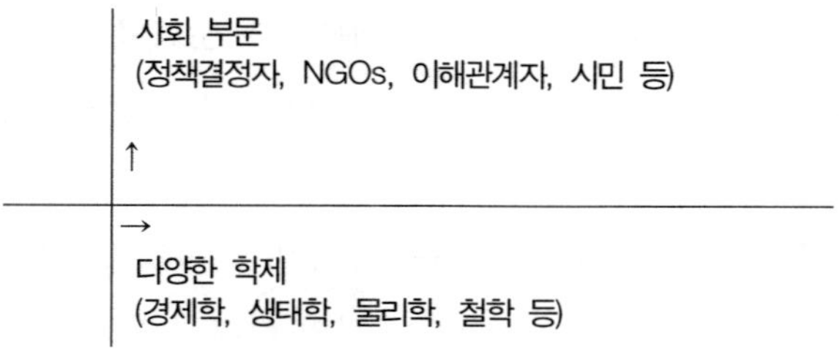

사회 부문
(정책결정자, NGOs, 이해관계자, 시민 등)

↑
→
다양한 학제
(경제학, 생태학, 물리학, 철학 등)

고대사회의 생태계에 대한 경험과 적응방법으로 메울 수 있다. 더불어 정책결정자, 민간단체(NGOs), 직접적인 이해 당사자 및 시민과 같은 이해관계자를 참가시켜 각종 생태 관련 자료를 제시한 상태하에서 관리방법을 결정하는 민주적인 의사결정방법론을 추가하게 한다. 예컨대 개발과 같은 정책수행이 생태계에 영향을 미치는 경우, 생태계에 대한 과학적 정보와 경제적 가치 그리고 이해관계자의 의사 등 여러 가지 정보를 기초로 시나리오를 작성하고 고치는 과정을 반복해 이 중 가장 적절하다고 보는 선호의 순위를 결정하도록 함으로써, 의사결정을 통해 정책목표를 실현해 나갈 수 있게 된다. 민주적 의사결정방법은 생태계 변화의 불확실성과 분배적 정의를 실현하기 위한 최선의 방책이기 때문이다.

이해관계자의 참가방안을 마련한 다음, 제안된 정책 내지는 생태계의 상태에 따라 무엇을 어떻게 평가할 것인지에 관해 이해관계자간 주된 관심 사항이 설정될 것이며, 이를 기초로 평가범위를 설정하게 한다. 평가범위 설정은 이해관계자 간의 신뢰를 쌓음으로써 가능하며, 이해관계자들 간에 자신들의 의견을 제시하고 다른 사람들의 의견을 수용하는 것이 필요하다. 이때 각 학제의 전문가들은 기존 연구에 대한 사전 조사를 토대로 현실적으로 이용 가능한 데이터를 이용하는 방안을 모색하게 한다. 평가범위를 결정하는 데 무엇보다 중요한 것은 결정수준이다.

생태계 변화의 과정 그 자체가 공간적(및 세대 간) 규모, 즉 지구적·지역적·국지적 규모로 다양하게 나타나기 때문이다. 고려된 결정수준에 따라 평가된 사항이 생태계의 지속가능성을 보장할 수 있는지 여부를 좌우할 수 있을 것이기 때문이다.

요약하자면 현명한 생태계 관리를 위한 생태·경제 통합모형에서는 정책결정에서 학제 간, 이해관계자 간의 수평·수직적 통합을 꾀한다. 예컨대 개발과 같은 정책을 수행할 경우, 생태계에 대한 과학적 정보와 경제적 가치 등 여러 가지 정보를 기초로 평가범위를 정한 후 이해관계자로 하여금 여러 가지 시나리오 중 선호 순위를 결정하게 하여 가장 바람직한 정책목표에 근접할 수 있다.

4. 생태경제학의 당면 과제

생태경제학은 불과 20여 년의 짧은 역사에 비해 매우 빠르게 몇 가지 관점에서 성공적인 분야로 발전했다는 평가를 받고 있다. 정규적인 학술대회(conference와 workshops) 개최, 학제 및 국가 간 내지는 대학과 기타 기관 간의 교류가 활발할 뿐 아니라 국제생태경제학회(http://isee.ecoeco.org)를 축으로 많은 지역학회(미국, 남미, 캐나다, 유럽, 러시아, 아시아, 오스트레일리아, 한국은 준비 중)를 두고 있고, 다양한 책과 논문이 생태경제학적 관점에서 출간되어, 빈번히 인용되고 있다는 점에서 그러하다.

생태경제학은 경제학, 생태학, 열역학, 윤리학과 기타 자연·사회과학의 범주를 통합하며 환경문제의 구조적인 해결을 도모함에 목적을 둔다. 이와 같이 일반적인 이론이나 특정한 방법론에 매이지 않으면서 사고의 범주를 좀 더 폭넓게 하는 방식을 통해 현실 환경문제의 해결이라는 실용성을 추구하고 있는 생태경제학은 전통적인 경제학의 자기 완결적인 체계와 비교해볼 때 학문으로서의 독자적인 체계를 갖추지 못한 것으로 보일 수 있다. 사실 아직까지 생태경제학은 추구해야 할 방향과 목표 설정의 선명성에 비해 구체적인 연구 성과가 아직은 불충분한 상태이다. 그리하여 전체적인 경제학의 흐름에서 볼 때, 생태경제학의 주류경제학적 사고에 대한 영향은 아직까지는 그리 크지 않다는 것이 객관적인 판단일 것이다. 주류 경제학자들은 생태경제학적 어떤 제안을 신고전 성장 패러다임 내로 수용하는 것에 반대하는 입장이다. 볼딩, 조르주스쿠-뢰겐, 댈리 같은 선구적 생태경제학자들의 업적에 일정하게 관심을 나타내면서도, 신맬서스론적 사고와 지속가능성을 고려하기 위한 생태경제학적 상상력으로의 새로운 진입에는 이론적인 공고성의 관점에서 여전히 거부적 입장을 보이고 있다.

생태경제학적 접근은 본래 경제학의 주요 과제인 세대 내, 세대 간 분배의 문제를 전면에 부각시키는 한편, 생태계의 생명지탱 기능을 고려할 수 없는 기존의 가치화의 한계, 그리고 대체 불가능한 자연자본 존재 인정 등 뚜렷한 이론적 진전을 가져왔지만, 경제학계 내에서는 아직 소수의 이단적인 학자군에 의해 활발하게 활용되고 있는 편이다. 이와는 달리, 환경문제 연구에 참여해온 경제학 이외의 기타 학제 연구자들에게는 기존 경제학적 접근에 비해 훨씬 우호적이고 적극적으로 수용되고 있으며, 이러한 추세는 앞으로도 강화될 것으로 보인다.

앞의 논의에서 편의상 생태경제학과 환경경제학을 단순하고 1차원적으로 비교한 바 있다. 그러나 환경경제학은 생태경제학의 아이디어를, 생태경제학은 환경경제학의 도구를 빌리고 있고 어느 측면에서는 서로 겹치는 최근 추세에 비추어볼 때, 1차원적 비교만으로 현 단계에서 양자를 구분·해석하는 것은 자칫 오류에 빠지게 할 가능성이 크며, 또 바람직하지 않을 수도 있다. 우리가 직면하고 있는 지구 생태계 문제의 화급성을 고려할 때, 생태경제학과 환경경제학 간에 상호작용과 보완 가능성을 찾는 것이 더 유용하고 현명한 길일 것이다. 기초가 부족하면 전체가 무너지고 현실 적용이 가능하지 못하면 탁상논의에 그칠 수 있다는 우려를 감안할 때, 일반성과 예측성이 돋보이는 환경경제학과 현실적인 적용 능력이 앞서는 생태경제학이 각기 방법에 영향을 주며 상호 보완하는 노력이 필요하다.

이러한 맥락에서 최근 주류경제학의 대표자격인 애로(Arrow)가 생태계의 한계를 고려한 적응적·사전예방적 환경정책을 수용하는 입장을 취하는 것은 매우 시사적이다. 애로의 주장과 같이 생태학적 연구 성과를 경제학적으로 해석해, 생태계 관리정책을 지금까지의 최적 모델 추구에서 벗어나 적응적·사전예방적 관리로 나아가기 위한 현실적인 방법을 찾는 것이 생태경제학이 당면하고 있는 과제이다. 지속가능성의 과학과 관리라는 목표에 도달하기 위해 생태경제학은 생물학, 인류학, 정보과학, 경제학, 정치학, 심리학, 그리고 사회학 내에 현대적 연구과제와의 연계를 더욱 심화시켜 나가야 할 숙제를 안고 있는 것이다.

참고문헌_ 7장 환경경제학을 넘어 생태경제학으로

전통적인 환경경제학에 대한 좀 더 상세한 소개는 Baumol and Oates. 1998; Knee and Sweeney. 1985·1993; Siebert. 1995 참조. J. C. J. M. van den Bergh. 2000. *Reg Environmental Change*, 2, pp.13~23 재인용.

생태경제학적 접근에서 기존 환경경제학과 그 한계 및 생태경제학적 접근, 둘의 쟁점으로는 Arrow et al. 1999; Costanza. 1989; Costanza, Daly and Bartholomew. 1991; R. Costanza et al. 1997. 50;. R. Costanza and J. King. 1999; Daily. 1992; Costanza and Folke. 1997; Martinez-Alier and O'Connor. 1996; Goodland. 1992; Norgaard. 1989; Arrow et al. 1995; van den Bergh. 2001.

생태경제학 접근방식의 실제에서 지속가능성의 생태경제학적 지표, 생태계의 가치, 생태-경제 통합모델에 의한 생태계 관리정책으로는 Solow. 1974·1986; Hartwick. 1977; Holling. 1973; Common and Perrings. 1992; Bartelmus. 1999; Pearce et al. 1996; D. Pearce, K. Hamilton and G. Atkinson. 1996; G. Atkinson et al. and Cohen. 1995; Batelmus. 1997; Pearce et al. 1994; Holling. 1986; Pearce et al. 1996; Gren et al. 1994; Gren and Soderqvist. 1994; Turner. 1999; Costanza et al. 1997; Berkes et al. 1998; J. O'Neil in J. Foster(eds.). 1997.

1980년대 알려진 현대판 생태경제학은 새로운 분야로서 경제학자 볼딩(K. E. Boulding), 데일리(H. E. Daly) 및 조르주스쿠-뢰겐(Georgescu-Roegen) 그리고 생태학자 홀링(C.S. Holling) 및 오덤(Odum)을 일반적으로 생태경제학의 창시자이자 선구자로 꼽는다. 그러나 전체적으로 생태경제학이 새로운 하부 학제라 생각하는 것은 잘못이다. 생태경제학의 역사적 뿌리는 고전학파 이전의 중농학파, 즉 17세기 중반 프랑스학파의 경제학자들에게서 찾을 수 있다(Cleveland. 1987; Martinez-Alier. 1987). 중농주의 학파는 모든 경제적 잉여가 '토지(land)'의 생산력에서 나오거나 그것과 동등한 자연자원에서 나온다고 보아 자연자원을 물질적 부의 궁극적 자원으로 간주해오고 있다. 생태경제학의 당면과제에 대해서는 van den Bergh. 2001.

Arrow, K. J. et al. 1995. "Economic Growth, Carrying Capacity, and the Environment." *Science*, vol.268.

_____. 1999. "Managing Ecosystem Resources." Beijer International Institute of Ecological Economics. http://WWW.BEIJER.KVA.SE

Bergh, J. C. J. M. van den. 2001. "Ecological economics: themes, approaches, and differences with environmental economics." *Reg Environ Change*, 2.

Boulding, K. E. 1966. "The economics of the coming spaceship earth." in H. Jarret(ed.). *Environmental quality in a growing economy*. Baltimore: JohnsHopkins University Press.

_____. 1978. *Ecodynamics: a new theory of societal evolution*. Beverly Hills: Sage Publication.

Costanza, R. et al. 1997. *An introduction to ecological economics*. ISEE.

Costanza, R. and J. J. King. 1999. "Tenth anniversary survey article: The first decade of Ecological Economics." *Ecological Economics*, 28.

Daly, H. E. 1991. *Steady-state economics*. Island Press.

_____. 1996. *Beyond growth*. Beacon Press.

Daly, H. E. and K. N. Townsend. 1993. *Valuing the earth*. The MIT Press.

Georgescu-Roegen, N. 1966. *Analytical economics: issues and problems*. Gambridge, MA: Harvard University Press.

_____. 1993a. Selections from "Energy and economic myths." in H. E. Daly and K. N. Townsend. *Valuing the earth*. The MIT Press.

_____. 1993b. "The entropy law and the economic problem." in H. E. Daly and K. N. Townsend. *Valuing the earth*. The MIT Press.

Holling, C. S. 1973. "Resilience and stability of ecological systems." Annu Rev Ecol Syst, 4.

Hussen, A. M. 2000. *Principles of environmental economics: Economics, Ecology and Public policy*. Routledge.

Norgaard, R. B. 1984. *Coevolutionary development potential*, Land Economics 60.

_____. 1994. *Development betrayed: the end of progress and a coevolutionary revisioning of the future*. London: Routledge.

Odum, H. T. 1971. *Environment, power, and society*. New York: Wiley.

Pearce, D. 1987. "Foundations of an ecological economics." Ecological Modeling, 38.

_____. 1998. *Economics and environment: Essays on ecological economics and sustainable development*. Edward Elgar.

Spash, C. 1999. "The development of environmental thinking it economics." Environmental Values, 8.

8장

환경수도의 개념과 전략: 생태도시 모델을 중심으로

조명래(단국대 교수)

1. 머리말: 환경수도란(독일 프라이부르크의 경험)

환경수도(environmental capital)라는 말은 환경과 관련해 '으뜸의 도시' 혹은 '우두머리 도시'를 일컫는 표현이다. 이 표현이 널리 사용된 것은 1992년 독일환경원조재단(DU)이 주최한 지방자치단체 경연대회에서 독일의 프라이부르크라는 도시가 151개 지자체 중 1위를 차지해 그해의 '자연환경 보호에 있어서 연방수도'로 선정되면서부터이다(김해창, 2003). 이전까지는 작은 도시나 군 단위가 1위를 차지했었지만, 주의 수도급 규모의 도시로는 프라이부르크가 처음 선정되었던 것이다.

환경수도라는 표현은 독일 지방자치제의 특성을 반영한다고 할 수 있다. 즉 독일의 주(州) 수도 중에서 환경성이 가장 탁월한 도시, 혹은 독일 연방 전체로 보아 환경적으로 으뜸가는 도시를 곧 환경수도라고 지칭하는 것이다. 1992년 경연대회에서 프라이부르크는 '환경관리 조직', '지역보전 및 종 보호', '농업', '자연형 하천보존', '지구환경단체와의 협력', '음용수 및 정수', '교통', '폐기물 처리', '에너지 절감', '환경영향 평가', '환경단체와의 협력', '홍보활동' 등 12개 부문 중 7개 부문을 석권해 최고점을 받았다.

프라이부르크가 환경수도가 된 것은 이렇듯 환경보전 및 관리와 관련해서 다른 도시를 압도하는 선진성을 보였기 때문이다. 그러나 '환경수도'로 등극한 것은 단순히 환경적으로 쾌적하고, 환경이 잘 보전되어 있는 '상태' 그 자체 때문이 아니라, 그러한 상태를 만들어온 '과정(process, 주민운동 전개 과정과 관련됨)'과 이를 작동시키는 '시스템(system, 이는 생태도시구조와 관련됨)'을 구비하고 있기 때문에 가능했던 것이다.

이 도시가 환경적으로 민감하게 된 것은 1970년대 초 프라이부르크 인근 비일(Wyhl) 지역에 들어서기로 되어 있던 독일의 20번째 원자력 발전소 건립계획에 대해 학생과 지식인이 중심이 되어 반대운동을 전개하면서부터였다. 반대운동이 급격하게 확산되자 프라이부르크 시와 의회는 원전 포기를 선언했고 법원도 이에 동참함으로써 주민들이 행정심판에서 승소하게 되었다. 그러나 주민들은 핵발전소 건설을 반대하는 데 그치지 않고 한 걸음 더 나아가 '에너지 줄이기 운동'을 전개했다. 이에 화답해, 시는 1972년 자가용 승용차 사용을 억제하고 자전거 전용도로를 확충, 시내 전철 유지 확대 등을 골자로 하는 제1차 종합교통계획을 내놓았고, 이듬해에는 옛 시가지 내에 승용차 진입을 제한하는 교통규제책을, 1979년에는 환경친화적 제2차 종합교통계획정책을 제시했다. 1986년 옛 소련의 체르노빌 핵발전소 사고 이후 의회는 '탈원전'을 만장일치로 선언하면서 에너지 줄이기, 교통정책, 쓰레기 대책 등 환경문제 전반에 대한 종합대책을 마련했다. 같은 해에, 시는 환경보전국을 설치했고, 1990년에는 환경부로 확대·신설했으며, 의회에 의해 지명되는 환경부시장제를 도입했다.

프라이부르크는 이렇게 해서 하드웨어뿐만 아니라 소프트웨어 면에서 명실상부한 환경수도로서의 면모를 갖추어갔다. 말하자면 원전 반대 주민운동이 에너지 자립형 도시운동으로 전환되는 과정에서 프라이부르크는 환경수도가 된 것이다. 현재 프라이부르크는 에너지, 교통, 폐기물, 지속 가능한 경제, 환경 거버넌스(governance) 전반에서 생태적으로 지속 가능한 도시로서의 모범을 보이고 있다.

'태양의 도시'로 불릴 만큼 이 도시는 우선 화석연료와 원자력으로 대표되는 현재의 에너지 시스템에서 재생 가능한 대안에너지로 전환해 에너지 자립 도시로서 도시체제를 이룩했다. 이와 연동해, 시는 자동차의 도심 진입 및 사용을 현저하게 줄이는 반면, 전차나 시내버스 등 대중교통 중심으로 교통체계를 대폭 개편하면서 자전거나 보행 중심의 도로체계를 강화해 친환경적 도시로서의 공간적 틀을 갖추었다. 시는 이와 함께 쓰레기 분리수거, 일회용품 사용의 제한, 재활용의 확대 등을 위한 '쓰레기 제로' 정책을 실시해 자원순환체제도 구축했다. 시는 또한 유기농의 확대 보급, 친환경적 생산기업의 운영, 환경은행의 설립 등을 통해 지방경제도 녹색화해왔다.

그러나 환경수도로서 프라이부르크의 가능성은 환경도시를 만들고 작동시키는 거버넌스란 소프트웨어에 있다. 비일 원전 반대운동을 계기로 시민환경운동이 활발하게 전개되어온 덕택에 프라이부르크에는 환경 관련 NGO(예, 환경단체인 분트, 포럼 보봉), 연구소(예, 시민환경연구소인 에코 인스티투트), 국제기관(예, 국제환경지자체연합의 유럽사무국) 등이 약 60여 개가 입지해 있다. 명실상부한 '환경수도'로서 기능을 하고 있는 것이다. 환경수도 프라이부르크의 힘은 시민들을 '녹색시민'으로 만들어 온 학교 및 사회 환경교육을 체계적으로 실시해온 데 있고, 그 힘은 온전히 녹색당을 중심으로 한 지방자치의 녹색화에서 연유하고 있다. 프라이부르크 비일 원전 반대운동은 독일의 다른 지역의 반핵운동과 더불어 녹색당 결성을 이끌어내는 데 중요한 역할을 했고, 녹색당의 결성은 역으로 지방자치의 녹색화를 견인했다. 프라이부르크의 경우, 1982년부터 20년간 재임한 환경시장이 프라이부르크를 '태양의 도시'로 바꾸었고, 2002년 선출된 녹색당 출신의 새 시장은 프라이부르크의 '환경수도'로서의 지위를 굳혔다.

지금까지 간략하게 살펴본 프라이부르크의 경험은 주민들이 자의식적인 노력을 기울여온 과정의 결과로 환경수도가 탄생했고, 그렇게 탄생한 환경수도는 도시의 하드웨어(에너지, 교통, 에너지, 경제)와 소프트웨어(제도, 시민의식, 자치), 이 모든 측면에서 에너지 자립형의 생태도시(eco-city) 시스템을 갖추게 되었다. 말하자면 환경수도로 가는 길은 생태도시를 지향하는 길이고, 이는 지역 주체들의 자의식적 실천으로 실현할 수 있다는 프라이부르크의 경험이 가르쳐주고 있다. 그렇다면 생태도시로서 환경수도는 어떻게 구성되고, 또한 어떻게 조성되어야 하나?

2. 생태도시의 구성원리와 조성방안

1) 도시와 환경문제

도시는 인간의 생존을 위해 자연환경의 제약과 한계를 극복하면서 삶의 편리를 위해 필요한 도구, 시설, 제도, 질서 등을 담고 있다.[1] 도시라는 정주지(定住地)는 자연생태계 내에 인간 중심의 삶을 질서화한 인공

---

1) 문명화의 영어 표현인 civilization과 도시의 영어 표현인 city는 같은 어원에서 나왔다. 도시는 인간이 역사를 통해 이룩한 문명화의 내용을 담고 있다는 의미이다(조명래, 2002).

시스템(혹은 인간계)으로 작동하고 있는 것이다. 그 때문에 도시는 본질적으로 인간 중심적이고 반자연적이다. 도시가 발전하면 할수록 도시 내에 구축된 인공 시스템은 확장되고 커지지만, 역으로 이는 필연적으로 도시를 둘러싼 자연생태계와 마찰과 긴장을 낳게 된다. 이 마찰과 긴장이 과도할 때 도시성장은 근본적인 한계에 직면하게 된다. 오늘날 도시는 바로 이러한 상황에 놓여 있다.

근대도시는 과도한 인구집중, 화석연료와 과학기술을 이용하는 각종 생산 및 소비 시설들이 집적되어 있으며, 이를 통해 대량 생산과 대량 소비가 지속적으로 이루어진다. 이렇게 해서 근대도시는 그 자체로 거대한 체계를 이루어 엄청난 양의 투입물을 끌어다 쓰고 이를 다양한 노폐물의 형태로 방출한다. 이러한 시스템의 작용 과정에서 산출물이 투입물의 양을 초과해 도시환경체제에 누적되면 대기오염, 수질오염, 폐기물, 소음, 진동 등과 같은 도시환경 문제가 출현하게 된다. 오늘날 환경문제는 대개 도시화의 확장·심화와 깊은 상관관계를 가지고 있다(조명래, 2001: 제2장). 도시의 크기와 환경의 질은 실제 다음과 같은 일반적인 관계에 있다.

① 도시 크기의 증가는 폐기물의 양적 증가뿐 아니라 유독성이 높은 성분의 증가를 필연적으로 가져온다.
② 도시 크기와 대기오염의 증가는 강한 상관관계를 보인다.
③ 도시 크기의 증가는 소음공해와 면밀한 상관관계를 보인다.
④ 도시 크기의 증가와 통근시간의 증가는 상관관계가 있어 그만큼 에너지 소비가 높아진다.
⑤ 도시 크기의 증가와 교통사고 증가 간에는 상관관계가 있다.
⑥ 도시 크기의 증가는 토양을 포함한 미기후의 인공적 변화를 초래하는

상관관계가 있다.
⑦ 도시 크기가 증가함에 따라 사망률이 높아지는 경향이 있다. 그 까닭은 환경오염물질의 유동성과 농도가 증가함으로써 도시인들의 인체에 복합적인 영향을 주기 때문이다.

우리나라는 세계에서 유례없는 압축적 성장을 했기 때문에, 그 공간적 과정으로서 도시화도 그만큼 급속하게 이루어져, 현재는 인구 100명 중 약 90여 명이 도시에 살고 있다.[2] 도시로의 과도한 집중으로 인해 우리나라 도시의 인구밀도는 세계적으로 가장 높은 편에 속하며, 그런 만큼 도시의 활동 단위당 환경 부담도 세계의 어느 도시보다 높다. 가령, 현재 서울 사람들이 누리는 소비수준은 서울의 자연이 생산한 것의 800여 배를 초과하는데, 이는 런던의 6~7배를 능가하는 수준이다. 이는 서울 사람들이 자연에 거는 부하량이 참으로 크고 또한 반환경적이고 반자연적인 삶을 살고 있다는 것을 뜻한다. 서울의 단위당 에너지 소비는 농촌의 30여 배에 이르며, 이에 따라 발생하는 대기오염은 25배에 달하는 것으로 추정되고 있다. 서울을 포함한 수도권의 대기질이 OECD 국가 중에서 가장 열악한 것은 이의 결과인 셈이다. 수도권 지역의 미세먼지 오염도는 선진국 주요 도시에 비해 1.7~3.5배, 이산화질소는 1.7배 높다. 국내의 비수도권과 비교할 때 수도권의 대기오염도는 40% 이상 높아, 오존주의보와 환경기준 초과 횟수의 60~99%가 수도권에 집중되어 있다.[3] 이렇듯 오늘날 우리가 겪는 환경문제는 대개가 도시생활과 관련해

---

2) 이는 도시화율(전체인구 중 도시거주 인구의 백분율)이 90%에 달한다는 뜻이다. 현재 세계의 평균 도시화율은 40% 이하이고, 서구 선진국의 도시화율도 75%에 정체되는 것에 견주어, 우리나라 도시화율은 상당히 앞서 있는 편에 속한다.
3) 급속한 도시화로 인한 환경악화는 우리나라의 환경적 지속가능성을 급속히

발생하는 것이다. 자연으로부터 엄청난 자원과 에너지를 끌어다 쓰고 이를 다시 노폐물로 되돌려 보내는 도시시스템이 자연생태계의 순환을 단절시키는 각종 환경문제를 낳고 있는 것이다. 생태순환의 단절은 자연에 터를 잡은 인간의 생명적 기반을 허물어 종국에는 삶의 지속가능성을 불가능하게 한다. 도시환경 문제가 가지는 심각성은 바로 여기에 있다. 따라서 도시환경 회복은 녹지를 더 늘리고, 대기오염물질의 방출을 줄이며, 폐기물을 잘 처리하는 등의 협의적인 환경개선이 아니라 도시를 하나의 유기적 시스템으로 간주하고, 그 속에서 인간과 자연의 흐름을 복원해내는 것으로 접근되어야 한다. 도시 생태시스템(urban ecological system) 복원에서의 핵심은 도시에서 사라진 '자연의 생명'을 돌려내는 데 있으며, 이를 위해서는 인간 중심의 '도시적 인식·생활양식·제도'를 근본적으로 바꾸지 않으면 안 된다.

2) 생태도시의 개념과 원리

'자연의 생명이 돌아오는 녹색도시'는 인간과 자연 혹은 환경이 공생하는 생태도시(ecopolis, ecocity)를 말한다. 생태도시란 용어는 흔히 녹색도시, 순환형도시, 환경집약도시, 환경공생도시, 지속 가능한 도시 등과 혼용되어 사용되고 있지만, 각 용어마다 뉘앙스의 차이가 있다. 생태도시를 단순히 환경적으로 쾌적한 도시라는 좁은 의미로 이해한다면 녹색도시나 어메니티(amenity) 도시라는 표현과 비슷하다. 그러나 생태도시는 이보다 적극적으로 "도시를 하나의 유기적인 복합체로 보고 다양한

떨어뜨리는 원인이 되어, 2002년 세계 경제포럼이 142개국을 대상으로 환경적 지속가능성을 평가한 바에 의하면 우리나라는 136위를 차지했다. 국제자연보전연맹의 자연생태계건강지수 평가에서도 우리나라는 세계 180개 국가 중에 161위를 차지한 것으로 드러났다.

도시활동과 공간구조가 생태계의 속성인 다양성, 자립성, 순환성, 안정성을 띠게 함으로써 인간과 자연이 공존하는 도시"라 정의된다(김일태, 2001: 37~38).[4]

일본 토목학회에서 처음으로 만들어 사용될 때, 생태도시는 "도시의 구조 및 기능 면에서 환경에의 배려가 잘 되어 있고, 이를 무대로 한 인간 생활·행동 면에서도 시민 개개인의 자각에 기반을 둔 환경 배려가 잘 되어 있는 도시"로 정의되었다(한국도시연구소, 1998). 이 개념을 최초로 적용한 일본의 도시는 고베[5] 시이다. 1972년 「인간·환경도시선언」을 통해 에코폴리스를 추구했던 고베 시는 '환경과 공생하는 도시상 만들기' 4대 목표를 ① 환경조화형 도시의 공간구조 만들기(예, 도시 기능의 분산적 집중, 직주근접, 보전지구 만들기 등), ② 물질순환형 도시시스템의 구축(예, 지역난냉방 시스템 구축, 에너지의 효율적 이용, 자연 에너지의 이용, 우수의 저류, 중수도와 분류식 하수도 시스템 도입, 지역녹화, 녹색생물 네트워크의 구축 등), ③ 자연의 쾌적함을 되살려내는 도시공간의 창조(예, 녹색의 연출, 꽃의 연출, 수변의 연출, 생태적 도시시스템과 공동체의 구축 등), ④ 환경과 공생하는 생활과 생산활동(예, 주민참여에 의한 공원관리, 주민 및 지역 단위의 녹화운동의 지도 및 지원, 환경친화적 상품에 대한 제공)으로

---

4) 우리나라 환경부에서는 생태도시를 "지속 가능한 자원이용 혹은 도시 기능을 유지하고, 인간사회가 배출하는 각종 환경부하를 감소시키고, 자연과의 공생을 추구하며, 자연생태계의 다양성과 안정성이 도시 내에서도 실현되도록 추구하는 친환경적 혹은 환경조화형 도시"로 규정하고 있다(환경부, 1996).

5) 1988년 일본 환경청은 에코폴리스 구상을 하고 이를 고베 시와 시가 현에서 시범 적용한 후, 다마 뉴타운, 요코하마, 기타규슈 등으로 확산시켰다. 일본 건설성도 물질의 리사이클, 에너지 절약, 쾌적한 주거에 목표를 둔 '에코시티(ecocity)'라는 개념으로, 농수산성은 '애그로폴리스(agropolis)'라는 개념으로, 임야청은 '삼림도시'라는 개념으로, 통산성은 '테크노폴리스'라는 개념으로 추진했다.

정했다.

생태도시의 기본 원리는 "삼림생태계(의 구조와 기능)로부터 배워온 것으로, 도시가 자립성과 순환성을 갖춘 생태체제로 기능을 하는 데"에 있다. 즉 "자원이나 에너지를 계속해 순환 사용할 수 있도록 외부로부터의 입력량과 외부로의 출력량을 극소화하는 동시에 입력과 출력의 질을 생태적으로 하는 것"이 생태도시의 원리이다(한국도시연구소, 1998).[6] 생태원리에 따라 도시를 만들어가는 것이 생태도시의 조성이라면 여기에는 다음의 세 가지 측면이 지켜져야 한다.

① 도시 내에서 환경순환의 시스템이 구축되어야 한다. 생태도시의 핵심은 순환성에 있기 때문에 도시에 입력되는 물질과 에너지의 순환 사용을 계속할 수 있는 도시시스템을 갖추어야 한다.
② 도시 속에서 자연이 적극적으로 재생·회복·육성되어야 한다. 도시에 남아 있는 자연과 농지, 하천과 수변, 용수 등의 보전과 생물 등의 보호는 말할 것도 없고 적극적인 도시녹화, 작은 동물을 위한 서식환경의 창출 등이 광범위하게 이루어져야 한다.
③ 시민 주체들이 참여하고 만들어가는 제도가 확립되어야 한다. 도시 환경을 잘 숙지하고 있고, 또 환경의 악화로 인해 피해를 받고 있는 것은 그곳에 살고 있는 사람들이기 때문에 이들이 도시의 환경을

---

[6] 이 같은 삼림생태계의 원리는 생태계가 가지는 일반적인 원리이기도 하다. 생태계는 에너지와 같은 물리적 요소, 화학물질로 이루어진 무생물 환경적 요소, 그리고 생산자, 대형 소비자, 분해자인 생물적 요소로 구성되어 있다. 이러한 구성적 특성으로 인해, 생태계는 에너지 흐름과 물질순환을 통해 작용, 반작용, 공작용을 하면서 연계되고 무엇인가 끊임없이 들고 나면서 동적 평형상태를 이루고 있다. 생태도시는 자연적 생태계의 이러한 원리를 인공적인 생태계인 도시에 적용해 조성한 것이라 할 수 있다.

바꿀 수 있는 주체로 역할할 수 있는 제도와 생물문화를 만들어야 한다.

　기존의 도시는 도시활동 및 유지에 필요한 자원을 자연환경을 포함한 도시 외부환경에서 유입해 사용하고 이로 인한 폐기물을 다시 외부에 배출하는 일방적인 소비체계로 이루어져 있다. 기존 도시의 이러한 성격은 대개 근대도시계획을 통해 거주, 업무, 휴식 등으로 도시의 기능을 분리시켜 배치함으로써 과도한 이동과 이에 따른 에너지 사용 및 도시의 면적 확산을 가져옴으로써 생겨났다. 또한 한정된 공간으로 사람과 활동 및 에너지 이용체계, 즉 상하수도 처리망, 전기공급망 등을 비롯한 공급 처리시스템의 비대화, 집중화를 초래하고 한정된 화석 에너지에 의존하는 도시체계가 형성되었다. 자원과 에너지의 유입과 유출이 닫힌 순환체계로 이루어지지 못하고 일회적이고 일방적인 소비체계가 되어 있어, 이로 인해 환경오염과 함께 도시생태계의 균형과 다양성을 파괴하면서 오늘과 같은 도시환경 문제가 발생한다(김현수, 2000: 387).

　이에 견주어, 생태도시는 환경용량과 인간의 생활을 고려한 적정밀도의 소규모 자족체계를 기본 개념으로 해 에너지와 물질의 순환이 이루어지고, 자연(녹지와 경관)과 인공환경이 유기적으로 연계되며, 건강과 어메니티가 향상된 도시를 말한다. 따라서 생태도시와 기존 도시의 가장 중요한 차이는 도시 내에 물질과 에너지 순환이 닫힌 순환체계를 가지고 있느냐 그렇지 않느냐에 있다. 따라서 생태도시에는 동·식물을 비롯한 녹지의 보전, 에너지와 자원 절약을 통한 환경부하량의 저하, 물과 자원의 절약·재활용·순환 등이 일어나야 하는 것이 가장 중요한 특징이 된다. 그러나 진정한 의미의 생태도시는 환경을 배려한 도시시스템(주로 하드웨어)을 갖추는 것뿐만 아니라, 환경부하를 저감시키기 위한 시민과 기업의

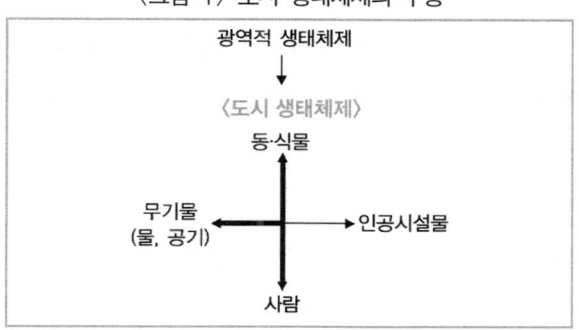

〈그림 1〉 도시 생태체제의 구성

의식과 행동, 그리고 사회·경제·법률·행정 등을 친환경적인 것으로 바꾸어가는 사회시스템(소프트웨어)을 함께 갖추어야 한다.

3) 생태도시의 구성과 조성방안

도시의 생태체제는 기본적으로 인간계와 자연계로 구성된다. 인간계는 사람들이 사는 생활체계(예, 소비생활, 법제도 등)와 이를 담아내는 인공구조물(예, 주택, 도로, 건물, 에너지 소비체계 등)로 나뉜다. 반면 자연계는 생물종과 이들의 상호의존 망(예, 비오톱, 먹이사슬 등)과 공기와 물 등과 같은 무기물의 순환영역(예, 물 순환체계)으로 나누어진다. 도시에 관한 전통적인 접근(예, 도시계획)은 도시란 사람과 이를 담아내는 인공구조물로 구성되는 것을 암묵적으로 상정한다면, 인간과 자연의 공존을 전제로 하는 생태도시에서는 사람에 대칭되는 생물종, 인공구조물에 대칭되는 물·대기 순환계를 설정하고, 이 네 부문이 하위 생태체계를 이루면서 상호균형을 이루는 상태를 전제한다.

따라서 <그림 1>에서 보듯이, 생태도시는 ① 식물과 동물들로 구성된 생물서식체계, ② 대기, 하천, 지하수, 우수 등의 흐름으로 구성된 대기 및 수문환(水文還) 체계(혹은 순환체계), ③ 주택, 공장, 상업시설,

교통시설 등으로 구성된 인공시설물 체계, ④ 사람들의 일상 사회적 활동들로 구성된 사회체계가 전체로서 조화적인 관계를 이루면서 순환하는 생태체제로 구성된다. 특정 생태도시는 광역적 생태체제의 하위 단위이면서 일정한 권역 내에서 순환의 상대적인 완결성을 갖는 것으로 간주된다.

생태체제(혹은 생태성)라는 개념은 이렇듯 환경체제(혹은 환경성)라는 개념보다 인간과 자연(환경) 간의 관계에서 자연(환경) 상태의 속성과 중요성을 더 강조할 뿐 아니라 인간의 활동체계(예, 도시적 활동)가 전체 체제의 한 단위로 생태계의 다른 부문과 상호호혜적인 관계를 가져야 함을 강조한다. 이러한 발상하에서 추진되는 도시관리나 도시계획의 방식은 그 기본 전제나 개발체계 면에서 사람 중심(혹은 개발 중심)의 접근이 아니라 자연과 인간의 조화, 그리고 생태 기능의 복원을 중심 가치로 해서 접근되어야 할 것을 필요로 한다.

인간계와 자연계가 상호의존적이고 순환적인 상태의 도시를 생태도시라 한다면, 이러한 조건을 완벽하게 충족할 도시는 그렇게 많지 않다. 그것은 인간이 자연을 여전히 이용과 지배의 대상으로 여기고 있기 때문이다. 따라서 생태도시는 현실의 제도와 관행으로 점진적으로 이룩할 수 있는 최소 유형, 즉 '약한 생태도시 유형'과 장기적인 도시환경 개조와 사회제도 개혁을 통해 이룩할 수 있는 최대 유형, 즉 '강한 생태도시 유형'으로 나누어볼 수 있다.

전자는 과도한 자원과 에너지의 사용을 줄여 환경오염물질 배출을 최소화하면서 환경의 수용 능력을 초과하지 않는 '녹색도시'나 '환경집약도시'와 같은 생태도시 유형이라 할 수 있다. 반면 후자는 도시 내에서 이루어지는 인간 중심적 삶의 방식과 인공체계를 대폭 축소하거나 개조해 동·식물이 인간과 함께 공존하고 나아가 에너지, 물, 대기의 흐름(투입

〈그림 2〉 생태도시의 순환구조

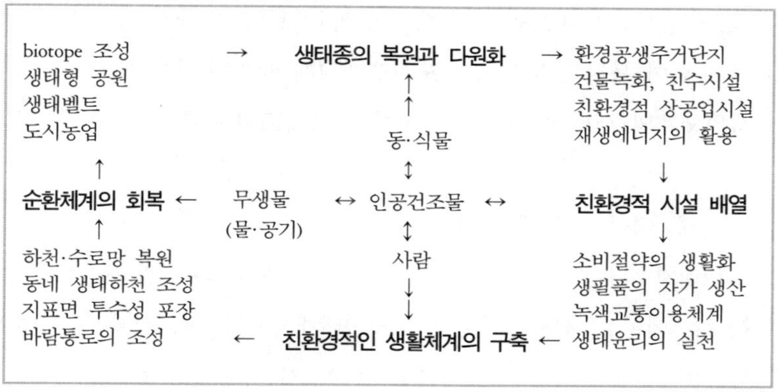

```
biotope 조성           →    생태종의 복원과 다원화    →   환경공생주거단지
생태형 공원                        ↑                      건물녹화, 친수시설
생태벨트                           ↑                      친환경적 상공업시설
도시농업                        동·식물                    재생에너지의 활용
   ↑                              ↕                              ↓
순환체계의 회복  ←   무생물  ↔  인공건조물  ↔   친환경적 시설 배열
   ↑                 (물·공기)       ↕                              ↓
하천·수로망 복원                  사람                     소비절약의 생활화
동네 생태하천 조성                  ↓                      생필품의 자가 생산
지표면 투수성 포장                                         녹색교통이용체계
바람통로의 조성       ←   친환경적인 생활체계의 구축  ←   생태윤리의 실천
```

과 산출의 흐름)이 도시생태계 내에서 상대적으로 완결되는 '생물공간(biospace)' 혹은 '에코토피아(ecotopia)'와 같은 생태도시 유형이라 할 수 있다.

생태도시의 조성은 장기적으로 '최대 유형'을 목표로 하더라도 단기적이고 현실에서는 최소 유형을 추구하되, 해당 도시의 생태적 여건과 특성에 따라 도시생태계를 특성 부문의 기능을 활성화하면서 조성해야 할 것이다. 이런 차원에서 생태도시의 4가지 하위체계와 대응해 생태도시를 4가지 유형으로 나누어볼 수 있다.

첫째, 생물종 다양성의 생태도시

녹지와 하천의 복원으로 생물종이 서식하는 환경이 많이 창출되어 생물종의 다양성이 증진된 도시로서, 도시생태체제에서 '동·식물' 관련 하위체계의 생태적 기능이 활성화된 생태도시 유형이라 할 수 있다.

둘째, 자연순환적 생태도시

수(水)환경 및 비오톱 간 물순환의 복원, 토양 및 대기 속의 무기물질 간 순환이 복원된 도시로서 도시생태체제에서 '무기물(바람, 물)' 관련 하위체계의 생태적 기능이 활성화된 생태도시 유형이라 할 수 있다.

셋째, 에너지 집약적 생태도시

에너지 사용을 줄이는 인프라 및 건축물, 폐기물의 재활용이 이루어지는 시스템이 구축된 도시로서, 도시생태체제에서 '인공시설' 관련 하위체계의 생태적 기능이 활성화된 생태도시 유형이라 할 수 있다.

넷째, 사회적(social) 생태도시

생활양식, 상품생산 및 소비패턴, 세제정책 등이 계층 간, 세대 간 격차를 줄이고 환경을 배려하는 도시사회구조를 갖춘 도시로서 도시생태체제에서 '사람' 관련 하위체계의 생태적 기능이 활성화된 생태도시 유형이라 할 수 있다. 생태도시의 조성은 도시지역 내에서 생태체제가 복원되어 그 안에서 각 요소 간에 생태순환이 이루어지는 상태를 만들어 내는 것을 의미한다. 생태도시를 조성하는 방안으로는 생물서식체계 내에서 '다양한 생태종의 복원'을 도모하는 방안, 인공건조물체계를 '친환경적인 구조로 배열'하는 것, 사회제도체계 내에서 도시인들의 일상관계를 '친환경적인 생활체계'로 재편하는 방안, 대기·물순환 체계의 '순환기능을 원활하게 회복'해내는 방안으로 나누어볼 수 있다. 이러한 방안들은 궁극적으로 생태도시를 구성하는 각 부문 간에 순환이 이루어짐으로써 도시가 하나의 유기적인 생태체제로 기능을 하는 데 기여해야 한다.

첫째, 생태종의 복원과 다원화

생태도시 조성에서 가장 중요한 부문은 생태종의 복원과 다양한 생태종 간의 조화로운 의존관계를 형성하는 것이다. 이를 구현하기 위해서는 도시생태계에서 사람은 하나의 종(種)으로 다른 생태종과의 공생관계를 유지하는 생태적 하부구조 및 사회시스템이 구축되어야 한다. 이러한 환경공생의 창출은 생태도시를 지향하는 도시관리에서 핵심 목표이자 기준으로 설정되고 활용되어야 한다. 도시 내에 생태종이 복원되고 다양하게 존재하기 위해서는 해당 도시가 여러 하위 '비오톱(biotop, biotope)'[7] 과 에코 시스템으로 나누어 구성되고, 전체로서 유기적인 전체성을 띠게 해야 한다.

생태종의 복원과 다양성을 이끌어내기에 앞서 해당 도시의 생태종의 종류 및 서식체계, 식생구조, 환경용량 등에 관한 철저한 조사 분석이 이루어져야 한다. 이를 통해 복원·보전되어야 할 생태종, 특히 지표종과 그 서식체계가 설정되어야 한다. 비오톱 지도 작성은 이를 위한 한 방편이 될 수 있다. 이를 바탕으로 보전녹지를 조성해 다양한 동·식물 서식처를 가꾸어가되 그 방안으로 서식지별 군집식재, 습지조성, 하천복원, 서식지 간 생태통로의 형성 등을 들 수 있다. 전략적으로 필요로 하는 곳에는 다양한 규모의 비오톱을 조성해 특정 지표종의 복원과 이를 중심으로 한 에코 시스템이 되살아나도록 해야 한다. 비오톱은 주거지역이나 상업지역 등에 '점' 조직, 즉 건물, 거리, 단지 형태로 조성해 도시인의 일상생활과 생태환경이 자연스럽게 결합하게 해야 한다. 아울러 도로망, 녹지

---

7) 비오톱(혹은 바이오톱)은 야생생물의 생식·생육 공간을 의미하는 개념이다. 이러한 야생생물의 생식·생육 및 이동에 필요한 공간을 도시 내에서 계획적으로 조성해 사람과 타 동물이 공생할 수 있는 도시환경조성이 곧 비오톱을 영역별로 나누어 조성하는 것이 된다.

축, 하천망, 건축 배열 등을 따라 개별 비오톱들이 '선'으로 연결되어 도시 전체에 생태 네트워크가 깔려지고 또한 서로 연결되도록 해야 한다. 생태 네트워크상에는 녹지대, 농지, 산림지, 하천, 공원 등을 생태거점으로 조성하고 이들을 묶어서 생태권역이 설정될 수 있어야 한다. 생태도시계획은 도시공간을 여러 생태권역으로 나누어 권역별로 특화된 생산 및 소비활동시스템을 유도하고, 권역별 생태종의 서식체계 및 에코 시스템을 이와(생산 및 소비활동 시스템) 유기적으로 연계시키는 것으로 작성되고 작동되어야 한다. 한편 도시 공간 내에 주요 생태시설과 기능이 점, 선, 면의 형태로 위치되고 연결되면, 이를 바탕으로 도시공간 내에 생태축 혹은 생태벨트를 조성하고, 이 벨트와 도시 밖 광역 생태축 혹은 생태벨트와 선택적인 연계를 형성해준다면, 해당 도시의 생태체제는 광역 생태체제의 하위단위로서 상대적 완결성과 자율성을 갖추게 된다.

둘째, 순환체계의 복원

도시생태계의 유지는 물과 공기의 자연스러운 순환이 이루어질 때 비로소 가능하다. 물과 공기는 토지, 동·식물, 인간생활계 모두를 관류하면서 각종 에너지를 투입시키고 노폐물을 거두어내는 작용을 하면서 도시의 생물·무생물 간의 상호의존 관계를 맺고 유지시킨다. 도시순환체계를 살리기 위해서는 특히 생태적 기능을 담지한 물순환체계를 복원하는 것이 무엇보다 중요하다. 이를 위해서는, 우선 도심의 하천복개를 철거하고, 사라진 지천들을 복원해 연결하며, 하천의 유지용수를 정화해 사라진 생물종(수서 동·식물 등)이 돌아오게 해, 하천생태계 전체를 복원하도록 해야 한다. 나아가 도시 내에 다양한 친수(親水)공간의 조성을 통해 인간과 물(혹은 물에 서식하는 각종 생물)과의 생태적 친화를 도모하도록 해야 한다. 물순환의 체계는 강, 하천, 수로망 등을 위계적으로 연결해 전체의 흐름을 만들면서, 미시적으로는 생활현장인 동네별 작은 생태하천을 조성해 일상 부문 속으로 생태적 물순환이 이루어지도록 해야 한다. 아울러 우수, 하수, 폐수의 분리, 그리고 폐수의 적정처리, 중수 사용의 확대, 우수의 저류와 재활용 등이 물순환체계 구축과 관련해 추진되어야 한다. 한편 지표수와 지하수 사이에 원활한 순환을 위해서는 비건폐지를 도시 전역에 대폭 조성하되, 특히 지표면을 투수성 포장으로 바꾸어가는 사업이 체계적으로 추진되어야 한다. 지하생태계가 유지되게 하기 위해서는 지하수에 대한 종합적 관리가 이루어져야 하되, 특히 지하수를 일정하게 유지하기 위한 측정망의 구축, 부족한 지하수의 충전, 지하수맥의 단절 방지, 지하수질의 유지 등을 핵심으로 다루어야 한다.

최근에는 각종 대기오염의 증대와 건축물의 고밀도 집적 등으로 대기 흐름이 단절되어 온난화 등 미기후 변화를 초래하고 있다. 이를 막기 위해서는 바람의 통로를 확인해 도시 내에 시설이나 활동체계를 이에 따라 배치시키도록 한다. 대기오염 저감을 위해서는 오염발생원을 대폭 줄이는(특히 자동차 사용) 것이 무엇보다 중요하며, 이를 위해서는 대기오염 관리구역을 설정해 기업 활동과 차량과 관련된 대기오염, 소음 등을 집중 관리하도록 해야 한다. 또한 실내 대기질을 정화하고 외부와 자연스럽게 흐르게 하는 것도 세심하게 관리되어야 한다.

셋째, 인공시설의 친환경적 배열

생태도시 조성을 위한 가장 효과적이면서 실제적인 방안은 도시의 각종 인공시설물을 친환경적으로 건설하고 배열하는 것이다. 도시가 반환경적이라 한다면 이는 도시의 각종 인공시설이 개발되고 이용되는 과정에서 다양한 환경유해물질이 발생하기 때문이다. 생태도시의 건설에서 도시계획 시설의 건설·배열·이용체계에 친환경성을 확보해내는 것이 그 무엇보다 중요하다.

환경친화적인 도시계획이 되기 위해서는 우선 토지이용체계의 기준을 인간 중심적 기준으로부터 생태 순응형 기준으로 변환해야 한다. 다시 말해 기존의 토지이용계획은 사람 중심의 원 단위, 엄격한 용도분리, 용도별 일괄행위(예, 용적률, 건폐율) 규정 등으로 고밀도의 반환경적 개발·투기적·상업적 이익창출을 위한 무작정 개발을 초래하고 있기 때문에, 환경용량, 생태종지표, 생태기반지표 등을 고려한 용도지역의 면적, 밀도, 분포 등을 결정하도록 해야 한다. 한편 용도지역 중에서는 주거 및 상업지역에 대해서는 복합용도, 고밀도 이용체계, 입체적 활용방식을 강구해 전체 면적을 줄여 이를 녹지 등과 같은 생태적 용도로 전환하도록 해야 한다.

환경친화적 배분을 바탕으로 용도지역별 시설이나 활동체계가 에너지 집약적이고 환경친화적인 방식으로 설계되고 건설되게 하되, 특히 시설의 이용에서는 소음, 진동 등을 저감할 수 있는 시설과 장치를 갖추어야 한다. 주거단지의 경우는 환경공생 주거지 모델을 기본으로 해 지역별로 생태공동체 혹은 '도시촌락(urban village)'이 기능 하는 방식으로 조성해야 한다.[8] 주거단지별로는 작은 비오톱 조성과 함께 에너지 사용을 집단화하는 지역 냉·난방체계를 구축하되, 특히 일정량 이상은 대체 및 재생에너지(예, 태양열, 풍력 등)를 사용하는 시설체계를 갖추도록 해야

---

8) 우리의 도시 주거지 재개발은 너무나 과도한 상업적 논리에 따라 추진되기 때문에 그에 따른 환경문제가 심각하게 발생하고 있다. 이를 근본적으로 막기 위해서는 주거지 재개발의 기준 중에서 생태성과 환경성에 관한 것을 최우선으로 해야 하며, 여기에 바로 환경공생 주거단지가 주거 재개발을 위한 기본 모델이 되어야 한다.

한다. 한편 상업지구나 공업단지의 조성과 관련해서는 저밀도·에너지 절약적인 건축물, 단지, 시설체계 등을 지역 실정에 맞게 설계해 운영하도록 유도해가야 한다. 이를 위해서는 그린빌딩 인증제가 내실화되어야 한다. 개별 시설물(특히 대형 빌딩)의 경우는 옥상녹화, 벽면녹화, 공지녹화 등을 유도하고, 빈터를 이용한 쌈지공원 조성을 권장하며, 작은 생태기능을 갖춘 친수시설 등을 조성하여 건물군 자체가 도심 내의 작은 비오톱이 되게 해야 한다.

넷째, 친환경적 생활체계의 구축

생태도시 조성의 성패는 궁극적으로 도시인의 일상생활에서 친환경성과 생태성을 구현하고 유지해가는 정도에 달려 있다. 친환경적 생활체계의 구축은 우선 개인적인 생활차원에서 환경오염 유발형 상품 사용을 최대한 줄이는 것으로 시작해야 한다. 가령, 소비절약을 기본으로 하면서, 생필품들은 되도록 에너지 절약형 단순 소재로 된 소비재로 대체해 사용하고, 아울러 자가생산과 공동소비도 적극적으로 실천할 수 있도록 시민생활이 계몽되어야 한다. 도시 대기오염, 소음·진동의 주범인 교통문제를 해결하기 위해서 사적 교통(즉 자가용)의 사용과 그에 따른 오염물질 방출을 최대한 억제하고(예, 자동차운행 및 진입, 주정차 금지, 자동차 공유서비스 시스템의 활성화, 공동집배송 시스템의 확대, 무공해 차량보급, 대체연료의 보급 등), 대신 대중교통이나 녹색교통(도보, 자전거, 경전철 등)을 주된 교통수단으로 이용할 수 있는 도시교통체계가 확립되어야 한다. 생산과 소비활동에서 발생하는 노폐물을 최소화하는 실천방안이 가정에서부터 직장과 산업체 모든 영역에 도입되며, 특히 부득이 하게 나오는 폐기물은 주민들의 지혜를 모아 재활용을 극대화해, 궁극적으로 '무배출(zero emission)'을 실현시켜야 한다. 생활방식이 친환경적인 것으

〈표 1〉 도시 생태체제의 복원을 위한 방안

영역	방안
생태종의 복원과 다원화	· biotope 조성 · 보전녹지 조성 · 동·식물 서식을 위한 군집식재 · 녹도의 체계적 조성 · 그린벨트·생태벨트 조성 · 자연(생태)하천의 복원 · 인공습지의 조성 · 생태공원의 체계적 조성 · 도시농업의 확대 · 친수 공간(시설)의 조성 등
순환체계의 복원	· 하천복개의 철거 · 하천정화 · 중수도 시스템 및 자연정화 하수처리장 시설 · 동네 생태하천의 조성 · 하천·수로망 형성 · 우수분리와 저류 · 지표면 투수성 포장 · 대기오염 저감시설 · 바람통로의 조성 등
인공시설의 친환경적 배열	· 생태순응형 토지이용체계 · 에너지 절약형(자연에너지 사용) 건축 · 소음·진동 저감시설 · 지역난방체계 · 환경공생주택의 단지화 · 저밀도·저에너지 사용 상업·공업시설 · 건물녹화·옥상녹화 · 쌈지공원 · 친수시설 등 · 건물녹화·옥상녹화 · 쌈지공원 · 친수시설 등
친환경적 생활체계의 구축	· 소비절약의 생활화 · 저에너지, 단순 소비재의 사용 확대 · 생필품의 자가 생산 · 녹색교통수단의 활용(도보, 자전거 등) · 폐기물의 저감과 재활용 확대 · 친환경적 도시관리 기법의 개발 · 계층 간 소비격차의 완화 · 환경교육의 실시 · 환경감시의 일상화 · 생태윤리의 실천 등

로 재편되기 위해서는 세제, 산업정책, 행정규칙과 같은 법률이나 제도들이 이를 뒷받침할 수 있어야 한다.

친환경적 생활체계의 조성은 소극적이고 사후적 방식보다 적극적이고 사전적 방식으로 접근해야 한다. 여기에는 계층·세대·지역 간 소비격차를 줄이는 사회정책, 시민들의 친환경적 마인드를 일깨우는 환경교육, 환경문제에 대한 시민감시, 녹색상품의 생산과 소비를 장려하는 시책(예, 녹색구매), 무절제한 소비를 자제하는 사회적 캠페인 등의 방안들이 포함된다. 하지만, 진정한 생태도시를 구현하기 위해서는, 그 무엇보다 물질만능주의에 매몰된 소비생활을 지양하고 자연과 조화로운 삶을 더 값진 것으로 자각하고 실천할 수 있는 도시인들의 새로운 윤리의식(일종의 생태윤리)이 형성되어야 한다.

지금까지 논한 도시 생태체제의 복원과 유지를 위한 방안들을 영역별로 정리하면 <표 1>과 같다.

4) 한국에서 생태도시 만들기: 한계와 대안

생태도시는 궁극적으로 인간 중심의 반환경적 도시에 사라진 자연의 생명이 돌아오는 도시이다. 현실에서 생태도시는 앞 절에서 살펴본 방안들을 정부정책, 개발계획, 사회운동 등의 틀에 담아 추진하는 것을 통해 조성된다. 우리나라에서도 1990년대 중반부터 도시의 환경친화적 관리에 대한 관심이 일면서 생태도시에 관한 관심이 급속히 확산되었고 또한 여러 방식을 통해 그 실현을 위한 시도들이 있어왔다. 그간 한국에서 시도된 생태도시 만들기는 크게 네 가지 방식으로 추진되었다.

첫째, '환경정책형' 접근

환경부는 1990년대 중반부터 선도적 환경정책의 일환으로 생태도시

모델을 연구하고, 몇몇 환경 시범도시(예, 의왕시, 동해시, 경주시, 무주군, 남해군)로 지정해 이를 실제 적용하고자 했다. 이 사업은 조경학자나 도시계획 전문가 등이 중심이 되어 추진함으로써 생태도시의 하부구조 조성(예, 비오톱 조성, 환경친화적 단지 조성 등) 기법을 연구하고 이를 시범사업으로 실시(예, 대전 갑천을 생태하천으로 복원)하는 데 한정되었다. 그러나 생태도시의 역사가 일천한 우리나라에서 환경정책의 일환으로 추진된 이러한 접근은, 추진 과정에 국책연구기관(예, 환경정책평가연구원, 건설기술연구원, 주택공사연구소 등)이 참여함으로써 생태도시의 개념이나 조성방법 등에 관한 기본적인 지식을 생산하는 데 나름대로 성과를 거두었다.

둘째, '도시계획형' 접근

대전시나 제주시 등, 몇몇 지자체 차원에서 친환경적인 도시계획의 일환으로 생태도시계획이 시도되었다. 대전시는 1995년에 '생태도시 조성을 위한 구체적인 추진방안'에 관한 연구용역을 바탕으로 갑천 상류 및 유등천 생태하천 조성사업, 세천유원지 생태보전림 조성사업, 고속도로변 야생동물 이동통로 설치사업 등을 추진했다. 강화군, 동해군, 제주시 등도 생태도시 조성을 위한 용역사업을 발주하고, 시민들이 참여하는 공청회 등을 개최했으며, 이러한 성과를 바탕으로 제한적인 '생태도시 만들기' 시책을 선언적으로 발표했다. 그러나 뚜렷한 성과를 내지 못했다. 연구 차원에서는 국책 연구기관이나 개별 연구자들이 생태도시계획이라는 개념을 설정하고, 내용적으로는 전통적인 물리적 도시계획과 환경계획(경관생태계획)을 통합하는 모델들을 제시해왔지만, 실제 내용에서는 기존 '도시계획'에다가 환경보전 측면을 더 많이 반영한 정도에 머물렀다.

셋째, '지방의제 21'형 접근

1992년 브라질 리우에서 개최된 세계환경회의에서 채택된 '의제 21'을 지방별로 옮기기 위한 유행이 일면서 우리나라 지방자치단체의 90% 이상이 '지방의제 21'을 작성했거나 작성 중에 있다. 지방의제 21은 주요 그룹 간의 협력을 통해 해당 지방의 지속 가능한 발전을 위한 실천 프로그램을 수립하고 또한 이를 실천으로 옮기는 활동을 강구하는 것을 주된 내용으로 한다. 도시계획은 관련법을 기초로 지방자치단체가 수립하고 집행하는 행정행위라면, 지방의제 21은 관과 민이 함께 작성하고 실천하는 사회운동적 의미를 지니고 있다. 또한 도시계획이 물리적 시설의 개발과 이용을 중심으로 하고 있다면, 지방의제 21은 생태환경의 보전과 관리를 중심으로 한다. 하지만, 지방의제 21에서 설정된 도시상은 '지속 가능한 도시(sustainable city)'[9]로서 엄밀한 의미에서 '생태도시'와 구분되지만, 기본적으로 생태도시의 이념형을 도시의 지속 가능한 발전 원리로 재해석한 것이라 볼 수 있어, 양자 간의 구분은 그렇게 쉽지 않다. 다만 지방의제 21은 핵심의제(예, 대기, 폐기물, 녹지 및 생태계, 교통, 주택, 교육, 참여 등)를 설정하고 정부, 시민, 기업 등 주요 그룹들의 참여와 협력을 통해[10] 이를 실천하는 데 역점을 두고 있다는 데 나름의 차별성을

---

[9] 지속 가능한 도시는 '세대 내 형평성', '세대 간 형평성', '인간종·생태종 간 형평성'이 구현됨으로써 도시가 지속적으로 발전될 수 있는 것을 전제한다. 이 세 형평성은 지속가능성의 세 가지 유형을 구성한다. 세대 내 형평성은 현 세대에서 자원이 평등하게 배분됨으로써 '사회적 지속가능성'이 구현되고, 세대 간 형평성은 미래세대까지 자원과 환경을 비효율적으로 사용함으로써 '경제적 지속가능성'이 실현되며, 생태환경의 보전을 통해 인간종과 생태종이 호혜적으로 공존함으로써 '생태적 지속가능성'이 달성된다고 본다. 지속 가능한 도시는 '사회적·경제적·생태적 지속가능성'이 구현되는 도시라 할 수 있다.

[10] 이러한 방식을 곧 '거버넌스(governance)'라 부른다.

가지고 있다 할 수 있다.

넷째, '공동체운동형' 접근
　이는 주로 환경운동가들이 전개하는 생태공동체운동의 방식을 통해 생태도시의 이상을 실현하는 것이다. 이러한 생태공동체운동은 대체로 농촌지역에서 이루어지고 있고, 생태마을운동의 특성을 띠고 있어 생태도시의 특성과는 다소 차이가 있다. 그러나 내용적으로는 생태건축, 환경친화적 생산 및 소비활동, 대체에너지 사용 등의 생태도시의 조성에 동원되는 방안들과 유사한 것들을 활용하고 있다. 최근 들어서는 도시지역에서도 주민운동이나 공동체운동들이 환경적인 요소들을 끌어들임으로써 미시적 차원의 생태도시 만들기 운동으로서 특성을 띠고 있다(예, 생태자치구운동, 녹색아파트운동 등). 이 접근은 NGO에 의해 주도되고 있다는 데 가장 중요한 특징을 가지고 있다.

　전반적으로 볼 때, 지금까지 우리나라에서 시도된 생태도시 만들기는 정부가 주도하되, 내용적으로 생태도시 기반을 조성하는 데 주된 역점을 두고 있고, 실천에서는 환경친화적 도시계획의 형식으로서 지방의제21의 일환으로 추진돼왔다. 따라서 생태도시의 모델에 대한 이해의 공유가 부족하고, 또한 정부 주도적으로 추진되어왔다는 데 근본적인 한계가 있다. 한국적 생태도시 만들기의 이러한 한계를 극복하기 위해서는 다음과 같은 노력이 앞으로 진지하게 이루어져야 한다.
　첫째, 생태도시의 구성원리와 차별적 특성을 분명하게 이해해야 한다. 생태도시는 인간계와 자연계가 공존하는 도시로, 이를 조성하기 위해서는 생태도시의 하드웨어뿐만 아니라 도시인들의 생활방식이나 제도와 같은 소프트웨어도 지속 가능한 것으로 바꾸어야 한다.

둘째, 생태도시 만들기는 단순한 환경정책적 접근이나 도시공학적 접근을 지양하고, 녹색의 가치를 이해 당사자들 간의 이해관계 조정을 통해(예, 개발주의와 보전주의 간의 합의를 통해) 조성되어야 한다는 점에서 이른바 '녹색정치의 지방화'라는 틀로 접근되어야 한다.

셋째, 생태도시의 조성은 단계적으로 접근되어야 한다. 장기적으로는 '강한 생태도시' 유형을 지향하더라도, 단기적으로 '약한 생태도시' 유형을 현실화하는 데 역점을 두어야 한다. 이 경우 생태도시 조성은 대체로 도시구조를 개편하거나, 환경집약적인 토지이용을 도모하며, 녹색교통체계를 도입하고, 생물서식지를 조성하며, 도시하천 살리기를 추진하는 것 등과 같이 도시환경개선을 위한 단위사업 중심으로 전개될 가능성이 많다. 그러나 단위사업 중심의 단기적 접근은 궁극적으로 생태도시 이상과 배치될 수 있어, 이러한 한계를 극복할 수 있는 원칙과 방향을 처음부터 가지고 가야 한다.

넷째, 생태도시는 '인간 중심'의 도시를 '인간과 자연이 공존'하는 도시로 전환하는 것을 궁극적으로 전제한다. 하지만 이러한 전환은 도시를 대하는 기존의 인간 중심적 사고를 버리고 인간종과 생태종이 대등한 관계가 '심층생태주의(deep ecology)적' 인식과 실천을 필요로 한다.

다섯째, 생태도시의 조성은 현재로서는 '도시계획'이란 틀에 의거해 영역별·단계별·주체별로 추진될 수밖에 없다. 그러나 기존 도시계획은, 과도한 인간 중심주의적 시각과 방식을 전제하고 있어 이를 근본적으로 극복할 수 있고, 내용적으로 생태환경을 기존의 인간 중심의 시설이나 기능만큼 중요하게 다룰 수 있을 때, 비로소 생태도시의 진정성을 구현할 수 있게 된다.

3. 제안: 창원시 환경수도 만들기의 방안

1) 적정 생태도시 모델의 선정

환경과 관련해 으뜸이 되는 도시를 환경수도라 한다면, 이 도시는 더는 사람 중심의 산업도시가 아니라 사람과 자연이 공존하는 생태도시로서의 면모를 갖추어야 한다. 환경수도가 될 수 있는 가능성은, 따라서 일차적으로 생태도시로서의 조건을 최대한 갖추는 데 있다. 생태도시는 인간계와 자연계가 통합되어 있고, 양 부문이 순환하는 도시구성을 이루고 있지만, 해당 도시의 여건에 따라 유형과 내부 구성을 달리할 수 있다. 앞서 우리는 생태도시의 유형으로 '생물종 다양성의 생태도시', '자연순환적인 생태도시', '에너지 집약적 생태도시', '사회적 생태도시'가 있음을 살펴보았다.

서론에서 살펴본 독일의 프라이부르크는 이 네 가지 유형 중에서 '에너지 집약적 생태도시' 유형이라 할 수 있고, 이는 지역 주체들이 반핵운동으로부터 시작해 에너지 자립 도시를 의도적으로 만들어온 과정의 결과로 채택된 것이라 할 수 있다. 환경수도가 되기에 앞서, 어떠한 유형의 생태도시가 해당 도시에 적합할지를 지역 주체들이 진지하게 고민하고 합의하는 노력이 선행되어야 한다.

창원의 경우, 현재 어떠한 절박한 환경위기 상황에 있지도 않고, 생태자원을 풍부하게 가지고 있는 것도 아니어서, '주민운동을 통한 생태도시 만들기'보다, '주민 참여형 계획이나 정책을 통한 생태도시 만들기' 전략이 좀 더 적합할 것으로 사료된다. 산업시설이 많고, 전통적인 에너지(화석연료, 전기 등)를 많이 쓰는 계획적 산업도시임을 감안하면, 한편에서는 에너지 자립형 혹은 대안에너지형 도시(예, 솔라 시티) 모델을 지향하면서, 다른 한편으로는 에너지 집약형 도시(예, 콤팩트 시티) 모델을 추구하는 생태도시전략이 유리하다고 본다.
 전자와 관련해서, 산업분야에 태양에너지 등 대체에너지 사용을 확대하는 생태산업 모델을 전제로 시, 산업계, 주민이 합쳐 태양광 발전소를 건립하거나, 창원 소재 산업체나 신규업체를 선정해 태양전기기술 관련 한국의 메카로 육성하는 것이 단기적으로 시도해볼 만한 사업이라 여겨진다. 후자와 관련해서는, 일상 소비 부문에서 에너지를 절약하고 나아가 재생 가능 에너지 사용을 확대하는 녹색교통체계나 환경공생 주거단지를 점진적으로 도입하고 확장하는 것을 사업으로 추진할 만하다.
 창원시의 경우, 도로는 계획적으로 조성되어 있지만 자동차 중심의 체계여서, 생태도시의 조건과 부합하지 않다. 따라서 사적 교통수단의 사용을 줄이면서(예, 도심 진입 억제 등) 대중교통수단(예, 자전거, 보행, 무공해 트램 등)의 사용을 늘리는 교통시스템의 도입을 '콤팩트 도시' 만들기의 핵심 수단으로 활용해야 한다. 한편 기존 시가지나 이전 적지를 재개발하거나 신규택지를 개발할 때는 에너지 절약적이고 자원순환적이며 비오톱이 구비된 환경공생 주거단지 방식으로 조성하는 도시계획이 제도화된다면, 일상 주거생활로부터 생태도시의 기초를 다지는 것이 가능해진다.
 하지만 생태도시는 몇 가지 단기적 환경사업으로 구현될 성질의 것이 아니다. 도시시스템 전반을 생태적 원리에 맞도록 재편해가는 중·장기적 전략이 처음부터 수립되고 또한 단계적으로 추진되어야 한다. 중기적인 전략으로 도시공간구조를 생태적으로 재편하는 것(예, 도시권역을 생태권역으로 나누고 권역별 생태순환이 이루어지는 도시공간구조의 확립, 스마트 도시 관리제의 도입)과 도시경제를 녹색화하는 과제(예, 공급망 환경관리, 녹색구매제, 환경 관련 세제 등의 도입 및 확대)를 핵심으로 제안할 수 있다. 장기적인 전략으로는 생물종 다양성을 적극적으로 관리하고(예, 생물종 다양성 협약을 도시계획에 반영, 생태 지표종 지정 및 보호, 생물서식 공간 지정, 환경 약자 보호 등) 지방자치제 내에 환경 거버넌스를 제도화하는 방안(예, 지방지속가능발전위원회 설치, 지방지속가능발전전략 수립, 환경 부시장제 도입, 시정의 지속가능성 평가, 생태 예산제, 지속가능발전 담당관 신설 등) 등을 핵심으로 제안할 수 있다.

2) 환경경쟁력의 확보

환경수도는 단순히 생태도시가 되는 것으로 끝나는 것이 아니라, 환경 경쟁 측면에서 다른 도시를 압도하고 나아가 이 도시들에 실험적이면서 선도적인 모델이 될 수 있어야 한다. 독일 프라이부르크의 예에서 보듯, 도시의 환경 관련 상태나 정책성과 면에서 다른 지방자치단체를 능가하고 앞서갈 수 있는 생태도시로서의 선도성이 이 도시를 환경수도로 인정받게 해주었다. 수도는 그 나라의 정치·경제 권력의 중심지를 일컫는 것으로 대개 법적인 지위를 누리고 있다. 그러나 환경수도는 생태환경 측면에서 다른 도시를 앞서가고 선도하는 실질적이면서 상징적 지위를 가지는 도시를 말한다. 생태도시이면서 동시에 다른 여타 도시에 비해 생태환경 측면에서 경쟁력을 갖춘 도시로서의 역량과 지위를 가질 때, 우리는 그 도시를 환경수도라고 부를 수 있다.

가령, 다른 도시에서 쉽게 하지 못하는 대안에너지 중심으로 도시에너지 시스템을 확립하고, 폐기물 배출을 제로(zero)화해 자원순환체제를 선도적으로 구축하며, 생산과 소비의 녹색화를 모범적으로 구현해 환경이 해당 도시의 경쟁산업이 되고, 도시계획과 환경계획을 통합한 생태도시계획을 제도화하며, 민주적 환경 거버넌스의 원리를 바탕으로 녹색자치를 꾸리는 등, 생태도시로서의 모범적 역할을 하게 될 때, 해당 도시는 진정한 환경수도가 될 수 있다.

이러한 조건을 갖춘 환경수도가 되기 위해서는 생태도시를 꿈꾸는 주민운동이 활발하게 전개되어야 하고, 청정에너지나 녹색교통 등을 일상생활에 활용하는 기술·제도적 실험이 선도적으로 이루어져야 한다. 또한 환경 관련 NGO나 연구 기능 등이 집중하고, 그렇게 해서 환경측면에서 거점으로 기능을 하게 될 때 해당 도시는 환경수도가 될 수 있다.

창원의 경우, 생태도시로서 경쟁력을 갖추기 위해서는 두 가지 방안을 적극적으로 강구하되, 이는 위에서 살펴본 생태도시전략에서 주로 중기적인 것에 해당한다 할 수 있다. 첫 번째는 생태도시계획의 전면적 실시이다. 인구목표를 하향 조정하는 등의 생태적인 목표 설정, 생태순환권역의 설정과 권역별 인구·활동의 적정배분, 커뮤니티 모델을 바탕으로 한 스마트 성장관리방식의 운용, 토지용도별 최소 생태기준의 도입, 생태기반지수 적용의 의무화, 건축물 녹색준공제의 전면실시, 녹지총량제의 도입과 녹지의 네트워크화, 전략적 녹지생태공간의 조성, 물길의 복원과 생태기능의 부여, 도시 에코 시스템의 구축 등이 도시계획에 구체적으로 도입될 수 있는 실천방안이다. 생태도시계획을 통해 창원의 도시구조 자체가 친환경적으로 재편되고, 많은 도시들이 이를 벤치마킹하면서 창원시는 자연히 환경경쟁력을 가지게 될 것이다.

두 번째는 환경경제의 제도화이다. 에너지 절약적인 도시가 되기 위해서는 대안에너지의 생산과 활용을 위한 새로운 기술의 개발, 대안에너지 사용 시스템의 구축, 건물배치, 환경산업 등이 활성화되어야 한다. 환경기술이나 환경산업 없이는 환경수도는커녕 생태도시도 될 수 없다. 창원에는 이미 많은 산업체와 대학 및 연구기관 등이 있기 때문에, 이들을 자원으로 해 대안에너지 기술 개발, 환경친화적인 공급체인 생태공단 등을 한국을 대표하는 환경산업 네트워크로 구성한다면, 이를 통해 창원은 탁월한 환경경쟁력을 확보할 수 있게 된다.

3) 생태환경의 적극적 복원

환경수도는 한국적이면서 지역적 특성을 최대한 반영하는 생태도시가 되어야 하지만, 동시에, 한국적 생태도시의 한계를 극복할 수 있어야 한다. 한국에서 생태도시를 향한 다양한 시도들이 있었지만, 대개 환경친화적 도시를 만드는 데 그치고 있다. 생태환경을 배려하는 도시의 심층적 구조, 도시 주체들의 깊은 환경의식과 실천, 녹색민주주의를 바탕으로 하는 도시자치 등과 같이 생태도시가 될 수 있는 인프라를 만들기보다 구호나 무늬로만 생태도시를 표방해왔던 것이다. 어느 지방 할 것 없이, 여전히 개발주의가 풍미하고, 또한 개발 리더십이 지배하는 자치하에서 생태환경은 개발의 볼모가 될 수밖에 없다. 따라서, 이러한 한국적 현실의 관행과 장애를 어떻게 극복하느냐가 생태도시로서 환경수도를 향한 진정한 첫걸음이라 할 수 있다.

말하자면 한국에서 생태도시의 건설은 인간의 물질적 욕구 충족을 최대화하기 위해 자연환경을 마구잡이로 훼손하고 오염시키는 개발주의의 극복이 1차 관문이지만, 생태도시가 되기 위해서는 그 다음 관문을 통과해야 한다. 자연이 돌아오고 생태적 순환이 이루어지는 상태가 이룩되는 것이 곧 생태도시를 향한 2차 관문을 통과하는 것이다. 이를 위해서는 지상과 지하 생태계, 육상계와 수상계, 인간계와 자연계 사이에 물, 대기, 에너지 흐름을 복원하는 사업들이 생태도시전략의 이행수단이 되어야 한다. 이러한 흐름을 따라 도시의 중요한 선과 면(예, 건물군, 주거단지, 녹지, 도로, 하천, 수변, 공원 등)에 비오톱을 조성해 다양한 생태종들이 돌아와 작은 에코 시스템이 도시의 곳곳에 형성되는 생태도시전략도 추진되어야 한다. 이와 함께 도시생태계 내에 유해물질의 흐름을 차단해(예, 환경호르몬 사용의 억제, 환경유해물질 사용의 제한, 환경오염지역의 정화 등) 환경적으로 건강(environmental health)한 삶, 즉 생명적 삶이 구현되는 생태도시전략도 적극적으로 펼쳐야 한다. 중·장기적인 전략이지만, 생태도시, 나아가 환경수도를 꿈꾸는 도시라면, 현재의 도시계획 등에 생태환경의 복원을 위한 다양한 사업을 포함시켜 점진적으로 추진하다가 일정한 단계를 지나면 전면적으로 추진해야 한다.

환경수도를 지향한다면 창원의 경우도 마찬가지이다. 이와 관련해 창원시가 추진해야 하거나 할 수 있는 것으로는, 도시녹화(가로녹화, 단지녹화, 건물녹화)를 전면적으로 추진해 생태적 기능(예, 산소배출 기능, 도시열섬 감소 기능, 생물서식지 제공 기능)을 복원하고, 나아가 하천 복원, 인공운하나 인공습지 등을 만들어 인간과 자연의 인터페이스를 위한 수변공간, 특정 지표종의 서식공간을 조성하는 사업들을 예거할 수 있다. 특히 람사 총회가 개최될 도시로서 상징성을 고려한다면, 다양한 물길을 복원하거나 만들고, 이를 이용해 도시 인공습지를 조성해 생물종 다양성을 실현하는 새로운 유형의 생태도시모델을 창출하는 생태도시전략을 창원시가 적극적으로 추진할 만하다. 이러한 실천전략을 창원시의 도시계획과 연동해 추진하면, 이를 통해 도시계획과 생태환경계획의 통합도 자연스럽게 이루어질 수 있다. 욕심을 더 부린다면, 도시 에코 시스템의 복원을 통해 환경적으로 건강한 삶이 구현되는 도시, 즉 '환경건강도시'를 선언하고 실천하는 정책(예, 유해물질 유입을 차단하는 정책, GMO 사용을 억제하는 정책, 환경질병 치료를 특화하는 녹색병원의 운영)도 적극적으로 도입·추진하게 되면, 창원시를 환경수도로 브랜드화하는 데 크게 도움이 될 수 있을 것이다.

4) 녹색자치의 구현

환경수도가 될 수 있는 가장 힘 있는 조건의 하나는 자기 고장을 생태환경적으로 지속 가능한 터전으로 바꾸고, 나아가 지역적 생활양식을 자연과 조화되는 것으로 바꾸는 주민들의 환경자의식과 실천이다. 독일 프라이부르크의 경험에서 살펴보았다시피, 환경수도가 될 수 있었던 일차적 조건은 흑림(black forest)을 지키기 위한 반핵운동에서 시작해 에너지 자립 도시시스템을 스스로 만들어가는 주민들의 집합적 실천, 즉 지역환경운동이었다. 이를 지지하기 위해 환경 NGO와 연구단체들이 집결하고 이들과 연계해 지방자치단체가 개혁적 환경정책들을 추진하는 이차적 조건이 프라이부르크의 환경수도로서의 지위를 굳히게 했다.

이런 점에서 환경수도가 될 수 있는 필요조건이 생태도시로서 하드웨어(예, 인프라, 생태종 서식공간 조성, 유해물질 사용제한 등)를 갖추는 것이라면, 충분조건은 생태도시를 만듦에 있어 도시 주체들이 민주적으로 합의하고 협력하는 환경 거버넌스라 할 수 있다. 환경 거버넌스는 생태도시의 하드웨어를 구축하고 작동시키는 사실상 추동력인 셈이다.

환경 거버넌스가 생태도시, 나아가 환경수도를 만드는 실질적인 힘으로 작용하기 위해서는, 주민들의 환경의식과 자발성을 바탕으로 하는 민주적 환경 거버넌스가 지방자치 속으로 녹아들어 녹색자치로 구현되어야 한다. 다시 말해, 환경 거버넌스는 단순히 지방주체들 간의 협치로만 머물러서는 안 되고, 환경을 상위가치로 하는 도시발전의 조건이 생산과 소비, 하부구조, 도시계획, 공공정책의 의사결정 과정 등에 녹아들어 지방자치 자체가 녹색의 가치를 구현하는 것으로 거듭나야 한다. 따라서 녹색가치(생태환경의 가치)를 추구하는 생태도시로서 환경수도는 환경을 단순히 지키고 관리하는 것으로 되는 것이 아니라 도시의 사회경제구조 전반에 환경을 최우선으로 배려하고 반영하는 지방자치가 제도화되어야 한다.

프라이부르크의 경우, 세 가지 차원에서 녹색자치를 실현하고 있다(김해창, 2003). 첫째, 에코 인스티튜트를 비롯한 독일의 대표적인 환경단체인 분트, ICLEI(국제환경지자체연합회)의 유럽사무국 등 60여 개의 각종 환경 관련 NGO 사무국 및 연구기관들이 명실상부한 환경수도 기능을 수행하고 있다. 둘째, 철저한 학교교육 및 사회교육을 받은 녹색시민들이 녹색자치를 행동으로 옮기고 있다. 독일은 1971년부터 연방정부가 환경계획을 수립해 일반시민도 환경친화적 행동을 통해 환경보호에 노력하도록 했고, 1980년부터는 학교에서 환경교육이 의무화되었다. 프라이부르크가 환경수도가 되는 데 가장 중요한 힘의 원천은 바로 녹색시민이었다. 셋째, 녹색당이라는 환경가치를 최우선으로 하는 정치세력들이 지방정치에 참여하면서 혁신적인 환경정책이 제도화되었다. 프라이부르크를 중심으로 기반을 구축하기 시작한 독일의 녹색당은 환경단체인 분트와 함께 유기농의 추진, 쓰레기 배출의 억제, 다이옥신 오염 방지, 태양열 풍력 발전 등 대체에너지의 보급에 앞장섰고, 이는 지방자치 차원에서 다양한 환경정책을 경쟁적으로 도입하는 배경이 되었다. 프라이부르크의 경우, 사민당 출신의 환경시장이 20년간 집권하면서 태양도시 시책을 추진했고, 지역주민들이 이에 동참함으로써 환경수도를 만들어낼 수 있었다.

환경 NGO, 녹색시민, 환경리더십, 3대 요소가 곧 프라이부르크를 녹색자치의 도시로 만드는 것을 견인한 힘이었던 것이다. 이러한 경험은 창원시를 환경수도로 만드는 데 유효하다. 그러나 지방자치가 개발자치로 치닫고 있는 한국의 현실에서, 녹색자치를 구현하기 위한 좀 더 중요한 조건은 지방행정 내에 지속 가능한 발전을 실현할 수 있는 제도의 강구이다(조명래, 2006). 지방의 지속 가능한 발전을 자치틀 속에 제도화하는 방안으로는, 지방지속가능발전위원회 설치, 지방지속가능발전전략 수립, 환경부시장제 도입, 시정의 지속가능성 평가, 생태예산제, 지속가능발전 담당관 신설 등을 들 수 있다(조명래, 2006). 이러한 과제는 중·장기적으로 추진해야 할 것들이지만, 창원시의 경우 환경수도를 지향한다면 지금부터라도 창원의제 21을 확충하는 것을 계기로 해서 점진적으로 추진해야 할 것들이다.

참고문헌_ 8장 환경수도의 개념과 전략: 생태도시모델을 중심으로

건설교통부. 2002. 『21세기 도시정책 방향』.
김일태. 2001. 「생태도시 조성을 위한 추진전략」. 환경정의시민연대 편. 『생태도시의 이해』. 다락방.
김해창. 2003. 『프라이부르크에서 배운다』. 이후.
김현수. 2000. 「꿈이 아닌 현실로, 생태마을과 생태도시」. 녹색연합 배달환경연구소 편. 『한국환경연구보고서 20002』. 녹색연합.
박종화. 1999. 「서울시 생태도시계획 대안의 수립」. ≪녹색서울 21≫, 5월호.
조명래. 2001a. 『녹색사회의 탐색』. 한울.
_____. 2001b. 「환경과 도시계획」. ≪녹색서울 21≫, 가을호.
_____. 2002. 『현대사회의 도시론』. 한울.
_____. 2003. 「도시화의 흐름과 전망: 한국 도시의 과거, 현재, 미래」. ≪경제와 사회≫, 제60호.
_____. 2006. 『개발정치와 녹색진보』. 환경과생명.
조진상. 2001. 「생태도시의 개념 및 조성방안」. 제주시 외 주최 제주시 생태도시 조성을 위한 전망과 과제 세미나 발표 논문.
한국도시연구소 편. 1999. 『생태도시론』. 박영사.
환경과 자치연구소. 2005. 『생태도시를 향한 발걸음』. 전망.
환경부. 1996. 「생태도시 조성 기본계획 수립을 위한 용역사업 최종보고서」.

Cho, M. R. 2003. "Post-developmental urbanization, environmental changes and governance in Seoul." ≪지역사회발전연구≫, 제28집 2호.

9장

쿠바 농업에 대한 사례연구와 농업의 패러다임 전환

권영근(한국농어촌사회연구소 소장)

1. 지속 가능한 사회란 무엇인가

1) 현대문명으로 인한 자연 순환과 다양성 파괴

20세기 과학기술의 발달은 자본주의적 공업화라는 물질문명을 만개시켰다. 전기와 원자력, 석유와 컴퓨터 시대로 상징되는 20세기 물질문명은 거대한 생산력 증대를 창출했지만, 이는 동시에 생명에 대한 엄청난 파괴력 증대를 초래했다. 거대한 생산력 증대를 효과적으로 제어하지 못함으로써 지구 규모의 자원제약, 환경제약 등의 환경문제가 야기되었던 것이다.

이와 동시에 내분비교란 화학물질이나 유전자조작 먹을거리 등 생명파괴 문제가 지구적 문제로 부상하면서, 최근 지속가능성(sustainability: '지속 가능한 개발'이라든가 '지속 가능한 성장', '지속 가능한 농업', '지속 가능한 농촌' 등)에 대한 우리들의 관심이 집중되었다.

현대의 최대 환경문제는 토양·지하수 오염으로 인한 식료·농지 문제이다. 현상적으로는 선진국이 석유를 소비하고 과학기술을 구사해, 값싼

농산물을 대량으로 생산하고 있다. 아메리카, 캐나다, 프랑스 3개국의 농산물 수출이 세계수출량의 59%를 차지하고 있으며 아프리카, 아시아는 이 값싼 곡물을 공급받아 주식으로 활용함으로써 그들 국가의 주요 산업인 농업은 괴멸 상태가 되었고, 그 결과 농업이 불가능해져서 방치된 세계 각지의 토지는 풍우의 침식을 받아 회복 불가능한 상태로 파괴되고 있다.

공급 측의 농지도 철저한 수탈로 열화(劣化)하고 있다. 공급 측에 이상기온이 내습하면, 아프리카나 아시아는 곡물 수입을 할 수 없으며 농지 파괴로 농업 재개가 불가능하기 때문에 대기근의 발생이 우려된다. 토지를 황폐화시켜 멸망한 고대문명의 실패를 현대문명도 반복하고 있는 것이다.

금세기 최대의 환경파괴는 이 같은 곡물무역으로부터 시작되었다. 곡물 등 식료의 경우 값이 싸다고 좋은 것은 아니다. 특히, 아메리카나 EU는 국내의 잉여농산물을 처리하기 위해 보조금까지 주면서 수출했다. 이 국가들에 의한 불공정 덤핑 행위로 수입국의 농업은 괴멸하고, 수출국의 의도대로 식량의 종속을 가져왔으며, 곡물 다국적기업에 의한 종자와 먹을거리의 지배시스템(food system)이 확립되었다. 식량원조 또한 이러한 구조가 정착되는 데 중대한 역할을 했다.

현재 세계의 물류는 자연의 순환을 대파했다. 사회의 순환과 자연의 순환이 완벽히 결합되었던 것이 농산물 수출국에 의해 깡그리 파괴되었다. WTO 시스템은 자유무역제도라는 미명하에 수입국의 선진국 농업 폐기물 처리장[고엔트로피 증대]화를 촉진시킬 뿐만 아니라, 고엔트로피의 폐기를 통해 순환과 다양성을 파괴하고 있다.

2) 지속 가능한 농업의 조건

농업의 '지속가능성(sustainability)'은 ① 경제적으로 성립 가능한 농업 생산 시스템이라는 측면에서 '경제적 지속성', ② 생산물의 질이라는 측면에서 소비자에게 안전한 농산물을 공급함으로써 '소비자의 소비 지속성', ③ 농업 이외의 생태계를 포함한 농업생산의 '환경'이 파괴되지 않고, 생산 환경에의 부하를 줄이면서 생산력을 높여가는 '생산의 지속성', ④ 자원(특히 토지자원)의 유한성의 측면에서, 수도작을 중심으로 한 지속적 토지 이용 시스템의 확립을 통해 '생태학적 균형의 유지 또는 생물상(生物相)의 지속성'과 동일한 차원에서 인간과 생물의 관계가 지속되는 그런 지속성을 의미한다. 따라서 당연히 이들은 '지역사회'를 토대로 이루어지며, 이 4가지 지속가능성이 상호 유기적으로 밀접한 관계성 속에서 추구됨으로써 '지역사회' 자체의 지속가능성이 보장되는 것을 의미한다. '지속 가능한 농업'이란 생산성을 지속시킨다는 측면의 기술적 측면뿐만 아니라, 인간과 농업=생물=생명의 관계의 존재방식을 근본적으로 변화시켜서, 상호 의존의 상생관계로의 재편이라는 측면에서 '지속 가능한 농업'이 되어야 한다.

"개발을 뛰어넘어, '자연의 지혜'의 재발견과 새로운 지역의 창조 (Beyond Development, Rediscovering Nature's and Region's Wisdom)"를 통해 지속 가능한 성장, 지속 가능한 농업을 확보하고 지구의 생태환경을 복원·보전하기 위해서는 '지역 내의 물질순환, 지역자급, 지역자립형 사회를 확립'하는 것만이 대안이 될 수 있다.

3) 생태계·환경·생명·지역·농촌의 문제는 엔트로피 증대법칙에 토대를 두지 않으면 안 된다

환경, 생명, 생태계, 농촌의 문제는 엔트로피 증대법칙에 토대를 두지 않으면 안 된다. 물질과 에너지를 하나로 통합해, 자연계(물질의 세계)의 변화는 확산의 정도가 증대하는 방향으로 일어난다고 하는 것을 표현한 것이 '엔트로피 증대의 법칙'이다. 물질이나 에너지는 사회적 생산·소비의 측면에서는, 외부에서 무엇인가 변화를 수반하지 않는 한(다시 말해 외부로부터의 목적의식적인 작용이 없는 한) 유용한 상태에서 쓸모없는 상태가 되어버린다. 그런 의미에서 엔트로피는 열화(오염: 역자)의 정도를 나타내는 지표라고도 말할 수 있다.

4) 생태·생명계의 특징은 그 정상성에 있다

'엔트로피 증대의 법칙'의 존재에도 불구하고, 생명계가 엔트로피를 일정하게 보존하며 살아갈 수 있게 되는 것은, 엔트로피를 버리는 과정이 있고, 그 엔트로피를 수취하는 환경이 정상적으로 존재하기 때문이다.

생명계에 저엔트로피의 물질·에너지를 공급하고, 고엔트로피의 물질·에너지를 받아들이는 외곽세계가 환경이다. 만약 환경이 닫혀 있으면, 생명계에 대해 환경으로서의 역할을 완수할 수 없게 된다. 환경이 환경으로서 기능을 할 수 있기 위해서는, 환경의 엔트로피를 수취하는 '환경의 환경'이 필요하다. 실제 지구에는 계층적 다중구조를 가진 환경이 있기 때문에, 생명과 생태계가 장기간 존속해왔다.

다중구조의 각각의 수준에서는, 그 안쪽을 생명계(살아 있는 계), 그 바깥쪽을 환경이라고 간주할 수 있다. 바깥쪽의 환경은 안쪽의 생명계보다 크며, 따라서 변화가 느리다. 환경의 변화가 빠르게 되면, 생명계는 그것을 뒤쫓지 못해 존재가 위태롭게 된다. 그러한 의미에서 환경은 정상적인 상태가 되어야 한다.

지구 상의 생명과 인류사회의 존속을 근저에서 지탱하고 있는 것은, 태양으로부터의 저엔트로피의 에너지(태양광)의 공급과, 우주공간으로의 열방사라는 고엔트로피의 에너지의 폐기이다. 식물은 이 저엔트로피의 에너지를 고 에너지의 저엔트로피 물질(탄수화물)로 변환시켜 동물에게 제공한다. 동물은 그 고 에너지의 저엔트로피 물질과 산소를 소비해 식물이 이용할 수 있는 형태로 변환시킨다. 어느 쪽 과정에서든 발생하는 엔트로피를 생명계의 바깥으로 폐기하는데, 그것을 우주공간에 열방사할 수 있는 곳으로 운반하는 데에도 저 에너지의 저엔트로피 물질인 물이 필요하다.

이렇게 생명·환경계의 각각의 수준에 있어서 엔트로피 폐기의 과정을 담당하는 것이 순환이다. 생명계의 상태는 일정불변이 아니며, 주야·계절이라고 하는 태양의 운행에서 유래하는 상태의 순환에 의해 그 정상성을 보장하고 있다. 상태가 순환하기 위해서는 물질이 순환하지 않으면 안 된다. 광합성에 의해 식물이 고정시킨 탄소가, 여러 가지 과정을 거쳐 이산화탄소가 되어 다시 되돌아가는 것과 같다.

5) 엔트로피 증대법칙이 주는 교훈은 무엇인가: 지속 가능한 사회의 형성 확립 조건(순환성·다양성·관계성)

에너지 물질 보전법칙에 따라 "도입하는 자원의 양과 폐기하는 폐기물의 양은 같다." 그러므로 자원 리사이클링 운동에 의해, 폐기물 제로(zero) 사회에 가까워지려는 제안은 자원의 도입을 제로로 하지 않는 한 성립이 불가능하다. 즉 폐기물을 모두 자원으로 재이용해 도입자원을 제로로 하려는 것은 엔트로피 법칙을 무시한, 불가능한 것이다.

생명의 지속성, 즉 살아가는 것이 지속되려면 '활동과 변화'를 해야만 한다. 즉 필연적으로 엔트로피가 발생하고 추가되는 것이다. 슈뢰딩거(Schrödinger)는 "생명이 열을 방출하는 것은 우연적인 것은 아니며, 없어서는 안 되는 본질적인 것이다. 왜냐하면 확실히 그렇게 하여 우리들이 물리적인 생명의 영위를 행하는 한, 끊임없이 창출하는 여분의 엔트로피(surplus entropy)를 처분하기 때문이다"라고 서술한다(Schrödinger, 1955: 87). 그는 또한 생명의 '열(熱)엔트로피 폐기설'을 주장한다.

생명(체)은 자기를 복원하는 것에 의해 스스로를 유지한다. 복원을 위한 활동에서 가장 중요한 것은, 생명활동에 의해 발생한 여분의 엔트로피를 생명체 외(환경)에 버림으로써 엔트로피 수준을 복원하는 것이다. 엔트로피를 버리는 방법은 생명의 '활동과 변화'에서 발생한 여분의 엔트로피를 폐물(廢物)과 폐열의 형태로만 버릴 수 있는데, 이를 통해 물(物)엔트로피와 열엔트로피(='오염물')를 버린다. 따라서 생명체 속에는 엔트로피와 물질이 부족하게 되어 이들의 보충이 필요하게 되고, 생명체는 환경으로부터 물과 빛 그리고 저엔트로피의 물과 열을 흡수해야 하는데 이 과정에서 순환이 발생하는 것이다.

다시 말해 생명은 엔트로피 수준이 낮은 지구환경에서 엔트로피가 적은 자원을 획득해 활동하고, 그 결과 발생한 잉여의 고엔트로피를 폐물과 폐열의 형태로 지구환경에 버리면서 지속적으로 유지되는 것이며, 따라서 정상 개방계에서의 생명의 본질은 순환성과 다양성, 상호의존적 관계성인 것이다.

순환의 요소에는 두 가지가 있는데, 하나는 순환체로서 엔트로피의 운반자인 유동체이다. 유동체는 그 화학적 성질을 변화시키면서 장소를 바꾸어가며 흘러간다(생명에서의 물질순환, 화학반응의 순환). 다음으로는 자루 구조의 틀로서 순환체를 지탱하는 구조이다. 이 자루형의 구조가 갖는 공간적·시간적 비대칭성=다양성 때문에 순환이 발생한다. 생명의 고유한 본질은 적극적·주체적으로 순환과 다양성을 유지하려고 작동하는 계(系='살아 있는 계')라는 사실이다.

생명의 본질은 순환을 적극적·주체적으로 유지하는 것인데, 이 순환에는 두 가지 측면이 공존한다. 즉 상태의 순환(매일매일 세 끼 식사를 하면서 성장하는 것)과 관계의 순환(성장하고, 혼인해 부모가 되고, 죽는 것)이다.

엔트로피 증대 법칙이 작용하고 있는 데도 불구하고, 엔트로피 수준이 낮도록 지구환경을 보전·유지시키는 것은 4가지 종류의 자연의 순환이 동시에 존재하기 때문이다. 첫째는 '대기순환', 둘째는 '대기순환을 보완하는 물(水)순환'이다. 지표의 열을 흡수하는 양은 물순환이 대기 순환보다 4배 크다. 대기와 물순환은 지표에 존재하는 여분의 열엔트로피를 우주에 버림으로써 지표의 열엔트로피 수준을 낮게 유지하게 된다. 셋째는 '생물순환 또는 생태계순환'인데, 지구 상에는 중력이 있기 때문에 폐기물을 지구 밖으로 방출하는 것은 곤란하다. 그럼에도 불구하고, 엔트로피 증대법칙으로 인해 지구 상의 물질은 엔트로피 최대의 평형상태가 되는 것이 아니라 지표의 물엔트로피 수준이 낮게 유지된다. 그러면 지구 상에서 생기는 폐기물, 물엔트로피는 어떻게 처분되는가?

만약 지구 상에 생명으로 식물만 존재한다면 토양 속의 양분은 수년 내에 고갈되고 식물의 사체도 누적되어 오염될 것이다. 그러나 식물의 사체는 동물, 균류, 미생물에 의해 해체되고 소화·분해되어 최종적으로는 물과 토양, 탄산가스로 분해된다. 그리고 미생물의 폐기물인 영양분은 다시 토양으로 돌아간다. 이와 같은 생물순환에 의해 지표의 물엔트로피 수준이 낮게 유지되는 것이다.

생물순환 혹은 생태(계)순환은, '인 등의 양분이 토양→식물→동물→미생물→토양'으로 전환되는 시스템을 유지하면서, '적대적 상생 혹은 공생계'를 통해 순환과 다양성을 동시에 유지하는 개방계여야 한다. 이 같은 '적대적 상생'은 시간적 역행이 없는 비가역의 세계이며 동시에 거대수(巨大數)의 법칙이 지배하는 세계이므로 엔트로피 증대법칙이 지배하는 세계이다. 이러한 순환에 의해 토양에 다시 양분이 공급되고,

식물은 다시 생육된다. '적대적 상생'은 생명의 정상성을 유지하는 최고의 방법이다. 이 순환에 의해 생태계의 엔트로피 수준은 변함이 없게 된다. 이 같은 적대적 상생을 활용하는 농법인 유기농법은 엔트로피 법칙의 측면에서도 지속가능성을 보장해주는 생명농법이다.

20세기의 문명은 인간만이 이 지표에서 살아간다는 것을 목표로 다른 생물과의 적대적 상생을 깡그리 망각하고 있다. 즉 인간에게 해로운 생물도 인간이 이 지표에서 살아가기 위해 필요한 존재임을 망각하고, 그것을 구축·배제해 버림으로써 다양성을 축소·파괴하고 나아가 순환성을 왜곡·파괴시킨다. 이러한 반생명적인 농법이 근대 과학적 농법이라는 이름하에 시행되고 있는 이른바 '녹색혁명'이라는 것이다. '녹색혁명형 농법'은 요컨대 열역학 제1법칙이 작용하는 세계의 연장이므로, 과감하게 패러다임의 전환을 시도하여 엔트로피 증대법칙이 작용함으로써 생명의 가치가 존중받게 되는 세계로 나아가야 할 것이다. 엔트로피 법칙에 바탕을 둔 '유기농업' 또는 '유기·순환농업', '환경보전형 농업'은 '적대적 상생'을 유지시킴으로써 생명의 정상성을 유지하고 소비자의 안전성을 담보하는 것이다. 생명활동에서는 엔트로피를 대량으로 발생시키지만 물엔트로피가 증대하지 않는 것은, 생태순환이 전체로서 발열하므로 물엔트로피가 열엔트로피로 전화되기 때문이다. 이 같은 생태순환을 지탱하는 중요한 축은 토양과 물이다.

그 다음은 영양분 순환이다. 양분이란 토양 속의 미생물이 엔트로피가 낮은 유기물을 몇 단계에 걸쳐 계속 분해하는 결과물로서 미생물에게는 최종의 배설물이다. 그런데 생태순환에는 큰 약점이 있다. '인' 등 영양분은 물에 용해되면서 식물이 이용하게 되는데 이를 이용하는 식물이 적다든지 겨울에 식물이 활동을 쉬고 휴식하게 되면 양분을 함유한 물이 토양에서 유출되어 산지는 민둥산으로, 육지는 사막화되며 해면은 무생물 상태가 되고 모든 양분은 심해로 흘러들어 간다.

그러나 심해의 영양분도 바다의 대류에 의해 순환된다. 예를 들면 적도 부근의 무역풍은 해류를 발생시켜 심해의 양분 많은 해수를 상승시키며, 북양의 겨울에는 해수 표면의 온도가 저하되어 무거워짐으로써 심해의 따뜻한 양분 많은 해수 간에 대류가 발생한다. 이러한 대류의 영향으로 양분이 풍부한 해역에서 자란 고기들이 세계의 바다를 회유하면서 영양분순환을 시켜 먹이사슬을 형성한다. 또한 해류도 양분이 많은 해역에서 해안으로 양분을 운반해 연근해의 고기들이 자랄 수 있게 하고 해조(海鳥)는 연근해의 고기들을 먹고 육지에 배설하며, 그 배설물에서는 곤충 등이 발생하고, 이 곤충을 먹은 철새 등의 조류들은 산지의 삼림에 배설한다. 이같이 해서 심해의 풍부한 양분은 순차적으로 높은 곳으로 운반되고, '영양분의 대순환'이 성립한다. 그래서 육지에 영양이 풍부한 생태순환이 존재할 수 있게 하는 데 곤충과 새의 존재가 중요한 역할을 한다. 이것이 육상 생태계순환의 기본이다.

생명·생태계의 또 하나의 본질은 다양성이 전개되고 있다는 점이다. 생태계의 본질은 순환성의 지속에 있다. 어떤 유기체의 물질순환도 영속할 수는 없다. 생명활동의 유지가 곤란하게 되면 개체순환을 뛰어넘어 세대교대가 요구된다. 순환성의 종적 측면이라고 할 수 있다. 종의 세대교체가 원활히 이루어지면 다종다양한 생명활동(생태계)이 존재하게 된다. 다양한 생명활동의 공존은 순환의 안정성을 지탱해준다. 순환의 횡적 성격은 다양성을 의미하며 개체순환을 뛰어넘는 순환성이 없으면 다양성은 존재할 수 없다. 생명활동의 다양성의 전개는 순환성의 지속을 보장한다. 다양성이란 가장 강한 자연의 표현력이며 생태학적 평등을 보장하는 것이다.

인간도 생물이기 때문에 '순환성과 다양성'이 충족되어야 제대로 살아갈 수 있다. 다른 생물의 순환성과 다양성이 보장되지 않으면 인류만으로는 살아남을 수 없다. 그런데 인간이 인간인 이유는 순환성과 다양성 속에서 관계를 창출하면서 비로소 인간이 된다는 점 때문이다. 그동안 인간은 순환성과 다양성을 유지하려고 하지 않고 다른 생물로부터 배우려고도 하지 않으면서 생태계를 적대시했다. 그리하여 지구에 서식하는 생물의 순환성이나 다양성을 파괴할 정도에까지 도달했다. 20세기의 문명은 순환성과 다양성을 파괴하는 힘을 제고시켜온 문명이다.

6) 현실적 대안: '자연향유권'의 확보를 위한 '자연재생법' 제정

자연생명·생태계의 순환성, 다양성, 상호의존적 관계성을 확보해 지속 가능한 성장, 지속 가능한 농업의 발전을 도모하기 위한 현실적 대안으로서 '자연향유권'의 확보를 위한 '자연재생법'의 제정·추진을 제안한다. '자연향유권'은 자연 자신 및 장래의 국민으로부터 신탁 받은 자연을 보호·보전하는 권리이며, 자연을 수호하는 삶 속에서 인간다운 생활을 즐기며, 자연의 혜택을 향유하는 것을 가능하게 하는 것이다. 대표적 사례로 일본의 기후(岐阜) 현 에나(惠那) 시 야마오카초(山岡町)의 골프장 건설에서, 6명의 지주들은 건설업자들을 상대로 최초로 '자연향유권'을 명분으로 '골프장 건설 중지 청구소송'을 제기함과 동시에 그 땅을 소유하는 지주들의 동의 없이 지사가 골프장 건설 허가를 한 것에 대해 지사를 상대로 허가취소를 요구하는 행정소송을 제기한 일이 있었으며, 이에 대해 1995년 기후 현 지방재판소에서는 원고패소 판결을 받았으나, 결국 최고재판소에서는 원고승소 판결을 받아낸 최초의 사례가 있다.

또한 OECD는 2004년 5월 7일, 지역 자립·지역 내 물질순환형 사회건설과 국가균형발전을 위해 ① 3년 내, 회원국의 이행보고서 제출, ② 물질순환에 관한 정보개선, ③ 환경과 경제의 의사결정 연계를 위한 지표 개발, ④ 물질순환을 분석·이용하고, 거시, 미시 수준에서 지표유도, ⑤ 물질순환, 자연자원이동, 환경지출, 환경정책의 거시경제적 측면에 관한 작업을 통해 환경과 경제 및 관련 정보의 연계 등을 주요 내용으로 하는 「물질순환 및 자원생산성에 관한 이사회 권고」를 채택하고 이를 가맹국들에게 제시하고 있다.

2. 쿠바 농업에 대한 사례연구

1) 쿠바 공화국

(1) 역사

1492년에 콜럼버스에 의해 유럽국가에 알려진 쿠바는 스페인과 미국의 식민지를 거쳐, 라틴 아메리카 국가 중 제일 늦게 독립을 달성한 국가이다. 독립을 달성하기 위해 두 차례의 전쟁을 치렀고, 전쟁의 결과로 국민경제의 주요 부분이 파괴됨으로써, 미국 자본주의가 깊이 침투하는 조건이 형성되었다. 미국 자본주의는 쿠바의 과두제와 결탁해 쿠바의 기초 자원을 무자비하고 조직적으로 착취했다.

1953년 7월 26일, 쿠바에서 두 번째로 중요한 군사시설인 몬카타 연대의 공격을 시발점으로 한 카스트로 혁명의 장정은 1959년 1월 1일, 바티스타 정권을 축출함으로써 마무리되었으며 95%에 이르는 민중의 지지를 받으면서 민중과 함께 수행한 세계 유일의 혁명[1]으로 알려지고 있다.

---

1) 1959년 2월 6일, 쿠바 셸 회사 노동자 집회의 연설(『쿠바혁명의 재해석』).

(2) 자연조건
- 인구: 1,100만 명, 수도 하바나에 218만 명 거주. 도시거주자가 전체 인구의 80%이다.
- 국토면적: 114,524㎢, 농경지 면적 660만 ha 중 130만 ha에서 유기농업을 시행하고 있다.
- 기후: 아열대성 해양기후, 연간 평균기온 섭씨 25.5°(겨울 22°, 여름 28°)이다.
- 강수량: 1,375㎜/연(우기 1,059㎜, 건기 316㎜)이다.
- 산업: 16세기 스페인 식민지 지배 이후 사탕산업이 발달했으며, 19세기 미국의 식민지 지배 이후로는 잎담배산업이 발달했다.
  ⇒ 수출 중심의 상업적 경제작물로 모노컬처화된 기업적 농업이 중심을 이루었으며, 1959년 카스트로 혁명 이후, 대규모 기업농장은 국유화되었다.

2) '특별시기(Special Period in Peacetime)'하에서 쿠바의 대전환

(1) '미국과 소련에 의한 쿠바 봉쇄'(카스트로)의 교훈
| 미국에 의한 쿠바 봉쇄 |
- 1898년부터 미군정이 지배하고, 수출 중심의 환금성이 높은 상업적 경제작물에 의한 대규모 모노컬처화된 기업적 농업체제가 확립되었다.
- 1959년에 카스트로의 쿠바 혁명이 승리하고, 1960년에 미국의 쿠바 경제봉쇄가 시작되었다. 40년간 아스피린 하나 들어오지 못하는 아주 혹독하고 어려운 경제봉쇄가 강제되었다.
- 농지개혁을 단행하여, 1959년 3월 카스트로 혁명 이후, 유나이티드

프루츠(United Fruits) 회사 등 미국인이 소유한 대부분의 기업과 쿠바의 대규모 기업농장을 대상으로, 국유화 작업을 실시하여 전국 농지의 약 80%가 국유화되었다(개인 농지는 약 20% 수준).

| 소련에 의한 쿠바 봉쇄 |

- 미국의 경제봉쇄로 인해 쿠바는 사회주의권에 지원을 요청하게 되었으며, 사탕수수 중심의 국제 분업체제가 확립되었다. 에너지 자원인 석유, 화학비료, 농약, 트랙터와 기계부품, 사료작물 등을 소련에 의존하게 된 쿠바는, 카스트로 혁명 이후에도 트랙터, 화학비료, 농약, 제초제 의존형 농업, 대규모 농업이 지속되었다. 1980년대 이후, 모노컬처로 인한 병충해 발생으로 큰 피해가 초래되었으며, 화학비료 투입에 따른 지하수 오염, 토양침식률 44%, 염해(鹽害)가 15%로 나타나고 지속적으로 악화되는 추세에 따라 단작화된 대규모 농업의 피해 증대가 예측된다.

- 1989년에 소련이 붕괴된 후에도, 미국의 경제봉쇄는 계속되어, '붕괴의 10년간' 1991년 쿠바의 석유 수입량이 53%로 감소되고, 석유를 원료로 한 연료와 기타 에너지 자원이 50% 이상 축소되어 경제에 심각한 타격을 주었다. 식량용 밀과 기타 곡물도 50%, 가용 비료와 농약도 70% 감소되었다(Rosset and Benjamin, 1994). 1992년 쿠바의 수입액은 1989년의 20%로 전락했다. 소련의 붕괴는 또 다른 쿠바에 대한 경제봉쇄 현상을 초래하여, 화학비료 연간 100만 톤, 사료작물 200만 톤, 농약 2만 톤, 대규모 농장경영에 필요한 트랙터, 기계 부품 등 당시 무역 수입량의 30%가 일거에 상실되었다.

1990년 초반에는 1일 평균 칼로리 섭취량과 단백질 섭취량은

1980년대의 30% 이하의 수준이었다.
- 쿠바는 이러한 상황의 극복을 위한 생존전략을 모색하게 된다. 인구는 라틴 아메리카 인구의 2% 수준이지만, 과학자의 숫자로 11%에 달하는 역량을 토대로, "환경적으로 오염되지 않는, 경제적으로 발전 가능한, 사회적으로 공명정대한, 문화적으로 고유한 전통(Environmentally sound, economically viable, socially just and culturally appropriate)"을 가지는 모델 개발에 착수한 것이다(Funes and Rosset, 2002).

| 쿠바의 대응정책 |

- 쿠바는 '7월 26일 운동'의 강령을 토대로 혁명이 승리한 직후부터 농업의 다작화가 장려되고 있었다. "쿠바는 설탕가격의 변동에 따라 성장하거나 정체하거나 쇠퇴하고 있다. 따라서 우리 국민의 생산을 다각화해야 한다는 목적은 누구에게나 명백하다"(『피델 카스트로의 정치·경제·사회사상』).
- 동유럽 사회주의권의 변화에 따라 소련 붕괴를 예측하고, '귀농주택 10만 호' 계획을 수립했으나, 1991년에 예상보다 빨리 소련이 붕괴되어 귀농주택 2만 호 정도만 건설되었다. 소련의 붕괴라는 외부 조건의 변화가 쿠바 농업의 변혁을 강요했다(Castro and Borge, 1993).
- 소련 붕괴에 의한 현실상의 경제봉쇄에 대응해, 비상사태를 '특별시기(Special Period in Peacetime)'라고 선포했다. 따라서 식량자급을 최우선 과제로 하고, 농업시스템의 대전환을 시도했다. 단작화된 대규모 농업의 피해 증대를 유기농업으로 대전환해 대안을 모색했다. 전통적인 지혜와 기술의 재발견과 그를 토대로 한 유기농 신기

술 개발을 접목한 농법 개발을 시도했다.
- 미국 경제봉쇄시기에 단행된 농지개혁을 '대규모 기계화 농업에서 유기 자급농업'으로 전환하기 위해 농지의 재분배 개혁을 단행했다. 농사를 지으려는 사람에게는 생산자조합(Basic Units of Cooperative Production: UBPC)에서 농지를 무상으로 대여하는데, 이런 농민조합이 1,588개(약 150만 ha)나 결성되었고, 또 다른 농업생산조합은 810개(44만 7,000ha), 조합에 가입하지 않은 소작인이나 개인 농가는 약 12만 호(66만 7,000ha), 농민에게 토지를 판매하기 위해 준비 중인 신용대부 협동조합 1,806개로 구성했다.

  이외에, 커피재배 농가에 5만 8,000ha, 담배재배 농가에 4만 2,000ha를 대부하여, 그 결과 80%였던 국영농장은 협동조합 소유와 개인 소유가 74%가 되고 정부의 토지 소유는 26%로 감소되었다.
- 쿠바의 석유 수입이 중단되자 석유에너지 의존형 경제에서 자연에너지 의존형 경제로 전면적으로 전환시켰다. 석유에 의존해야 하는 화학비료·농약 생산이 어려워지자 유기농업을 바탕으로 쿠바 발전량의 38%를 바이오매스로 전환함으로써, 연간 석유사용량을 1,500만 톤에서 절반 이하로 감축했다.
  - 독일은 2003년 1년간 324만 kW 풍력발전 도입. 2003년 말 현재, 풍력발전 총량 1,200만 kW 보유. 독일이 단기간에 이만한 양을 보유하게 된 근본 원인은, 민간이 생산한 풍력발전량을 전력회사가 구입하는 정책 시스템을 도입한 결과로 급성장하게 됨.
  - 미국도 풍력발전량이 468만 kW로 급증하고 있는데, 카터 대통령 시절, 전력회사가 풍력발전을 하면 보조하는 시스템을 채택한 결과임. 따라서 재생에너지를 추진하는 문제는 국가가 원조하면 얼마든지 가능함.
  - 일본은 풍력이든 태양광 발전이든 재생에너지 발전에는 정부가 지원하지 않지만,

원자력 발전에는 연간 5,000억 엔을 지원함. 따라서 정부의 이런 역할이 에너지 종속과 경제 종속을 초래함. 원자력 발전에 대한 지원정책은 그만큼 자연에너지, 재생에너지 도입을 방해함.
- 미국은 부시 정권 출범 초기, 에너지 자원 고갈 문제를 포함해 국가 에너지 정책을 체니 부통령에게 위임함. 이는 불안정한 국제질서 속에서 미국의 안정적인 에너지 자원 확보와 뉴욕, 샌프란시스코에서 발생했던 정전사고의 재발을 예방하기 위해 국가가 에너지 공급체제에 책임을 지고 감독·개입하기 위한 것이었음.
- 클린턴 시대, 1998년 1월 네오콘 그룹의 건의서 제출. 그 내용은 이라크를 군사력으로 공격하라는 것. 그 이유는 중근동의 불안정한 정치 상황을 미국의 영향력으로 안정화시키려는 것. 이것은 원래 이스라엘의 싱크탱크 그룹이 제안한 것으로, 1997년 이라크를 공격하라는 것인데 부시 정권은 이 정책을 채택함. 따라서 카터 독트린 이래, 미국은 국가가 어떠한 '불안정한 상황'이 되어도 에너지 자원 확보는 국가의 사명이고, 사활적 이익(Vital Interest)이며, 이를 수호하기 위해 군대를 사용하는 것이 확고한 전략임을 강조함.
- 군대 사용 전략보다는 대체에너지 원조전략(독일, 스웨덴)이 모든 면에서 뛰어남. 따라서 '불안전성'에 대한 대비책을 마련하는 것, 즉 중·장기 전략·계획의 필요성이 중요함.

• 쿠바는 수입이 곤란하자 유기농업으로 전환했다. 이른바 일본식의 '지산지소(地産地消: 지역에서 생산한 것을 지역에서 소비하는, 지역 내 물질순환 시스템)'는 선택의 여지가 없으므로 필연적 선택이었다.
- 쿠바의 전통적 생활양식, 즉 문화가 부활됨. 세계가 미국식으로 표준화·규격화·세계화·획일화되면서 쿠바에 대한 국제적 매력이 부활됨. 따라서 관광객 급증, 10년간 관광수입 6배로 증가. GDP에서 차지하는 관광수입의 비중이 일본보다도 높아 경제성장률도 높아짐. 1991년 -10.7%, 1992년 -11.6%, 1993년 -14.9%, 1994년 0.7%, 1995년 2.5%, 1996년 7.8%, 1997년 2.5%, 1998년 1.2%, 1999년 6.2%, 2000년 4.6%를 달성함.
- 의약품의 수입이 불가능한 상황에서 교육수준을 높임(인간의 능력을 높임)으로

써, 건강문제도 스스로 해결함.

인구당 의사 숫자가 일본보다도 많고, 인구당 교원 숫자는 미국보다도 많다(한국의 경우, 여기서 문제는, 어떤 철학·이념·방향의 교육이냐가 중요하다. 농촌을 떠나서 도시로 가는, 도시생활을 동경하는 교육, 그래서 모두 도시로 집중하려는 교육, 도시로 진입하기 위한 경쟁력을 육성하려는 교육, 그래서 경쟁력 육성을 위한 '교육의 암시장'의 창궐을 방치하는 교육은 곤란하다).

- 지역자급과 도시농업: 쿠바는 인구의 80%가 도시에 집중하고 있기 때문에 도시인구의 식량을 자급하기 위해 도시농업을 철저히 실시하고 있다. 수도 하바나에는 행정구역이 15구 103동인데, 이 중 유기농업에 적합하다고 판단되는 67동에는 각종 농업지원정책이 취해지고 있다. 하바나 주 의회 내에 농업연구그룹을 만들어 세 가지 형태의 도시농업 경영의 지원을 강화했다.
    - **농업클럽**: 자기 정원이나 인근의 유휴농지를 활용하는 사람과 연금을 받고 농사를 짓는 시민에게 기술 지원과 재배 지원을 함. 소 한 마리 정도를 농민에게도 지원함.
    - **목축클럽**: 양, 산양, 돼지, 소, 토끼, 민물에서 잡히는 생선 등 축산 지원. 우유는 어린이에게만 배급되므로 일반 시민은 염소젖을 권장하기 위해 염소 사육 등을 지원함.
    - '나의 녹색 프로그램': 도시에 녹색을 늘리는 계획
    - 기타, 도시의 공터를 자급용 텃밭으로 만들기. 시내 14곳의 컨설팅 상점, 14곳의 모델 농장, 9곳의 가축진료소와 11곳의 천적과 생물농약을 이용한 병해충 종합방제망 설치, TV와 라디오를 활용한 시민 자급 지원 프로그램 편성 등등. 이런 정책 지원의 결과, 1993년에는 채소자급률이 30%였는데, 1998년에는 거의 100%에 도달함.
- 토양연구소, 양돈연구소, 식물방역연구소, 열대농업 기초연구소 등을

설립했다.
- 농민들은 종자, 유기질 비료 등 농자재를 정부의 지원을 받아 재배하는데 감자는 전작화하고, 농산물 생산량의 80%는 무조건 정부에 판매해야 한다. 계약 시, 농산물 가격은 시장가격의 약 1/2이지만, 80%의 계약생산량보다 증산된 부분은 2배의 가격으로 판매 가능하다. 그러므로 유기농산물 생산량이 증대되었다.
- '식량 바구니' 제도: 병원, 학교, 낮은 급료를 받는 사람들에게 식량을 우선적으로 확보해주려는 제도이다.

② 쿠바의 사례가 한국에 시사하는 교훈
- 종합해충방제체제(IPM)가 아니라 생태적 해충방제체제(Ecological Pest Management)를 선택해야 한다.
- 새롭고 전체적인 농업 생태학적 패러다임의 도입, 즉 동식물의 생물학적 효율성을 활용한 통합적 상호재배방식과 생태적 에너지 경제·환경론이 도입되어야 한다(New Holistic, agroecological Paradigm, Intercropping Integration of Plants & Animals Biological efficiency, ecological Energetics, Economy, Environment).
- WTO 체제하의 자본·금융·경제의 세계화로 인해 국내 자원 의존형 수출국 또는 자원 수출국은 자원고갈 초래, 가공무역 수출국은 외국자원 수입·가공·수출로 자국 내 폐기물 증대, 수입국은 수출국의 폐기물 처리장화해 중금속 폐기물이 증대했다. 따라서 수출국이든 수입국이든 자연·생태계·환경이 파괴되고, 토양과 지하수가 오염되었으며, 지역산업·지역경제가 침체·해체·붕괴되었다. 그리하여 지역 내 물질순환·지역자급·지역 자립 시스템 확립의 절실함을 깨닫게 되었다. 쿠바는 '탈석유시대를 향한 식량자급'의 새로운

모델이 되었다.
- 농산촌 지역경제의 활성화와 발전은 농산촌 외부의 발전된 경제시스템, 세계화(Globalization)된 경제시스템 속으로 지역의 부(富)가 이전·흡수되지 않도록 방어장치가 마련되면 가능하며, 이를 위해서는 효과적인 방어·차단방법의 모색이 중요하다. 효과적 방어·차단이란 '괴멸적 지배, 종속적 거래(무역)'의 차단하는 것이고 동시에 '상생적인 교류방식'의 모색이다.
- 농산촌 지역경제의 활성화와 발전이란, 외부와의 차단 속에서 지역사회에 내재하는 능력을 어떻게 활성화시키는가, 또는 기존의 사고방식에 토대를 둔 활용방식으로부터 어떻게 해방시키는가 하는 문제이다. '발전(develop)'이란 '에워싸다·감싸다·사로잡히다(envelop)'의 반대말로, 즉 '에워싸다·감싸다·사로잡히다(velop)를 해체하는 것(de)'을 의미한다. '발전한다는 것'은 기존의 고정관념의 틀 속에 내재하는 것을 해방시킨다는 것을 의미한다. 식물에서는 종자가 그 껍질 속에 에워싸여 내재하고 있던 것을 해방해 싹을 내고, 싹은 줄기와 뿌리로 발전해가는 것이다. 동물에서도 알이 유충으로, 유충이 애벌레로, 성충으로 발전해간다. 그러나 나무가 책상으로 발전했다거나 성장했다고는 말하지 않는다. 그러므로 외부의 강한 힘이나 압력에 의해 변형된 것은 발전이라고 부를 수 없다.

일본에서 논의되는 '내발적 발전'이란 동어반복이다. 여기서도 문제는, 누구를 위한 발전인가 또는 무엇을 위한 발전인가, 즉 발전의 방향성이 중요하다. 그 발전의 방향성은, 순환성과 다양성, 상호의존적 관계성을 토대로 기존의 고정관념의 틀 속에 내재하는 것을 해방하는 것이며, 그것을 통해 '지역 내의 물질순환, 지역

자급, 지역 자립 시스템을 구축·확립'하는 것이다.
- 지역경제는 번영하는 중심부 지역과의 직접적이고 긴밀한 연결이 없이도 발전할 수 있다는 것이 중요하다. 앞서 지적한 것의 뒷면, 즉 다른 측면이다. 지역경제의 발전과 관련해 좀 더 발전한 중심부 지역과 직접적이고 긴밀한 연결이 없으면 발전하지 않는다는 주장도 있고, 반대로 발전된 중심부 지역과 단절하지 않으면 언제까지나 중심부에 대한 주변부에 머물 수밖에 없다는 주장도 있다. 쿠바의 경험은 중심부와의 연결성 여부가 발전을 규정하는 요인은 아니라는 것이다. 이와 관련해 농산물의 경우, 대도시 유통망의 확보 또는 판매처를 개척하는 것이 필수적이라는 생각을 많은 사람들이 하는데, 이러한 사고에 대해 재고할 필요가 있다.
- 쿠바의 경제발전은 스페인 바스크 지방의 몬드라곤 협동조합 복합체 사회와 더불어 선진국들이 모색하고 있는 21세기의 지역발전 모델을 제시한다. 유럽도 공업(지하자원 의존형 문명)의 쇠퇴에 의해 지역경제가 황폐화되었는데, 이는 '지하자원 의존형 농업의 쇠퇴에 따른 지역경제의 황폐화'도 동시에 의미하며, 이것을 지속 가능한 지역사회로 어떻게 재생할 수 있는지에 대한 모델이 된다. 지역재생의 키워드는 7-C 즉, Cost Down(저비용), Cunsumer(소비자), Co-operative Community(협동의 지역사회), Culture(문화), Cycle & Circumstance(자연 순화와 생태환경보존), Confidence(신뢰), Conviviality(공생의 즐거움 맛보기)이다.

3. 농업의 본래적 개념에 대한 재검토

1) 생물다양성의 지역성과 역사성, 농촌문화의 다양성

인간이 살아가기 위한 먹을거리의 종류는 상당히 다양하다. 우리들은 현재, 인간이 여기에 존재하고 있다는 사실, 먹을거리가 제공된다는 사실을 당연한 것으로 받아들이고 있다. 그러나 1만 년 전의 인류에게는 이 같은 다양한 먹을거리는 제공되지 않았다. 더욱이 수십만 년 이전에는 이런 먹을거리를 향유하는 인류도 존재하지 않았다. 그러면 현재와 같은 먹을거리가 어떻게 인간의 생활 속으로 들어오게 되었는가? 광대한 우주에서 생물 간에 깊은 관계를 맺고 있는 곳은 지구밖에 없다. 우리의 다양한 먹을거리는, 한편에서는 생물이 갖는 잠재적 능력을 깨닫고 그 가능성을 이끌어낸 조상의 덕분이다. 다른 한편에서는, 사육·재배라는 형태로 인간과의 공동생활에 들어가게 된 생물들이 살아가는 새로운 방식을 선택했기 때문이다. 좀 더 나은 생존방식을 추구해온 생물들과 인간들이 자연과의 치열한 경합 속에서 상호 보완하며 조화롭게 공존하는 길을 개척했기 때문이다. 인간에 의해 외부의 천적으로부터 보호받은 식물·동물은 인간이 만든 새로운 환경 속에서 급속히 증식하며, 급속히 변화를 모색했다. 그리하여 인간은 식물이 만들어내는 광합성 산물과 질소고정·동화 산물을 식량으로 삼아 살아왔으며, 생산 과정에서 함께 일하는 가축과 더불어 사회와 문화를 건설할 수 있었다. 이와 같이 인간과 공동생활에 들어간 생물들과 함께 그 삶을 다양화하고 풍요롭게 발전시켜왔다. 45억 년이라는 지구의 역사에서, 생물들은 무수한 화학반응을 거듭하며 다음 세대로 전해질 수 있는 화학분자가 살아남은 것을 출발점으로, 선택된 시스템의 보존을 가능하게 할 뿐만 아니라 좀 더 바람직한 시스템을 구축하는 방법을 찾았기 때문이다. 자연의 에너지 흐름 속에서 단순히 서로 경쟁하는 화학시스템뿐만 아니라, 상호 보완·조화함으로써 좀 더 크게 성장하는 길을 열었다. 지구의 역사 속에서 이 같은 생물유산은 우리들의 식량뿐만 아니라 인간의 존재 그 자체도 뒷받침해주고 있다.

생물유산은 그 역사적 산물로서 생물다양성을 초래하게 되고, 생물다양성은 생물의 고유한 특징이 되었다. 생물다양성이 높은 지역에서는 생물 상호 간의 보완·조화 작용이 크기 때문에, 하나의 종의 근절은 다른 종의 근절로 연결된다. 생물다양성은 다양한 개발정책과 인간 생활권의 확대로 인한 자연생식지의 감소로 위협받고 있다. 생물이 발생한 장소의 변동, 기후변동, 생물의 이주, 생물 간의 상호작용 등에 의해, 생물다양성의 정도는 지역에 따라 다르게 나타나는 편향성을 갖는다. 따라서 농업의 모습도 생물다양성의 지역성에 따라 다른 문화를 형성할 수밖에 없다. 한국 등 논농사 중심지역은 서양 농업사회와는 다른 문화를 낳았고, 그에 따른 '농업의 본래적 가치', '공익적 기능(다원적 기능)'도 차별성을 가질 수밖에 없게 된다.

2) 농경 = 농사일 영위 = 식물·동물과 인간의 공생관계의 재조직화

인류의 문명을 낳은 원천인 농업은 인간이 살기 위해 필요한 식료를 획득하는 업(業)으로서, 동·식물이 생산한 에너지를 인간이 다른 생물로부터 탈취하는 것으로 생각하기 쉽지만, 사육이나 재배라고 하는 형태로 인간과의 공동생활에 들어간 생물들은 그들 나름의 새로운 생존방식을 선택한 것으로 보아야 한다. 육종이라고 하는 것은 생물이 갖고 있는 잠재적인 능력을 인간이 간파해 그것을 한 방향으로 펼치는 것이며, 재배라는 것도 생존방식을 모색하는 식물과 인간이 상호 보완·조화하면서 선의의 경쟁이라는 투쟁을 통해 앞지르는 길을 찾아낸 결과이다.

천적을 방어하는 것에 에너지를 사용할 필요가 없게 된 식물은 새로운 환경에서 증식하고 확산을 거듭하면서 변신해왔다. 이 같은 농업생산은 인간이 일방적으로 동·식물을 이용하는 것이 아니라, 인간과 생물이 그때까지 없었던 공생관계에 들어가면서 가능하게 된 것이다. "인간이 동·식물을 사육하는 것에 의해, 인간도 동·식물에게 사육당하게 되었다"(Evans, 1993: 500). 가축이라는 말에서 알 수 있듯이, 동물이 인간의 집 속에 들어와 함께 생활하거나, 또는 정원에서 꽃을 즐기는 것처럼 동물·식물과 함께 생활하는 즐거움이 문화를 건설하는 하나의 원동력이 되었다. 이같이 식물과 동물의 힘을 활용함으로써 인간은 물리적 에너지를 영양원으로 변화시키는 데 성공했다.

농사일을 영위하는 것(편의상 '농업'으로 표기)은 인간이 홀로 시작한 것이 아니라 식물·동물과 인간의 공생이 시작되면서부터였다는 것이 농경의 기원이다. 따라서 이런 관계가 잘 유지·발전하게 하는 것이 농업의 본래적 가치 또는 다원적 기능이다. 식물에는 교란지에서 생육하는 식물군, 즉 변동하는 환경에 적응 능력이 높은 종이 있다. 그중에서도 햇볕을 잘 받는 생식지인 야생 서식지(open habitat)에서 먼저 번식해 단기간에 종자를 만드는, 농경지의 잡초 같은 생태적 잡초성(Ecological Weediness)이라는 특성을 지닌 식물군이 있다. 원래 잡초란 자연의 식생이 번성한 곳에서는 잘 자라지 않고, 밭과 같이 인간이 경작을 위해 자연을 절개한 나지 같은 곳에서 잘 자란다. 인간은 생태적 잡초성을 갖는 식물에 적합한 장소(강 옆이나 산림 절개지)를 주거장소로 선택했다. 인간이 먹고 남은 것을 버리면, 그것을 비료로 해 비옥해진 땅에서는 생육량이 증가됐다. 인간이 이용하고 남은 종자는 다음해로 넘겨 의도적으로 파종되어서 가을에는 열매를 얻었다. 종자뿐만 아니라 뿌리를 사용하는 것은 저장해 겨울에도 먹을거리를 확보했다. 식물이 다음 세대로 확실히 계승되면서,

인간과 식물의 생존전략은 일치하게 되었다. 이 같은 농경기원설을 '쓰레기 퇴적장설'이라고 한다(Hawkes, 1983: 184). 이 같은 생태적 잡초성을 갖는 식물은 벼과, 콩과, 가지과 식물이며, 또한 가축의 먹이인 목초의 대부분도 벼과, 콩과 식물이다. 불량환경에도 강한 목초는 영양가나 기호성 등 품질 면에서 떨어지므로 초식동물들이 잘 먹지 않는다. 목초는 초식동물에게 뜯어 먹혀야 성장을 반복하고 재생력이 강해지며 영양체로서 장생할 수 있게 진화되었다. 그래서 소 같은 초식동물은 목초의 품종을 식별할 수 있는데, 이는 목초와 동물의 공진화를 보여준다. 재배식물 중 대부분이 이런 식물이라는 점은 이 같은 공생관계를 보여준다. 그러나 재배식물은 인간의 보호환경하에서는 그 식물의 특징을 신장해 단기간에 높은 생산성을 올릴 수 있지만 본래 가지고 있던 환경 변동에 대한 다양한 반응성을 상실해버려 야생생물과의 경쟁에서 살아남을 수 없을 뿐만 아니라 잡초와의 경쟁에서도 그 능력을 발휘할 수 없게 된다.

결국 25만 종의 식물 중에 생태적 잡초성이 있는 식물이 인간의 생활환경과 그 주변에 스스로 적합한 생식지를 찾는다. 이 식물들은 외적으로부터의 공격을 인간의 도움으로 방어하게 되고, 인간의 요구에 따라 다음 세대의 확보도 확실해진다. 따라서 인간이 먹을거리를 찾는 데 허비하는 시간을 상당히 감소시켜 생활에 여유가 생긴 인간들이 정착생활을 하게 되면서 식물을 재배하는 즐거움을 얻게 되었다. 재배식물과 인간의 공생은 인류와 식물의 생활방식에 대혁명을 초래했다.

3) 농경=농사일의 영위=식물·동물과 인간의 공생관계 재조직화의 변모와 농'업'의 탄생

자본주의의 발달에 따라 인간이 부를 추구하게 되고 사회의 조직이 강화되어 식물의 개량이 조직적으로 수행됨과 더불어, 육종도 다수확을 목표로 하게 되면서 그에 적합한 소수의 재배식물에 관심이 집중되었고, 다수확을 위해 생력화가 추구되면서, 다른 분야의 경제활동에서 얻은 자재에 대한 의존과 재배되는 식물종·품종의 균일화의 진전은 많은 문제를 초래하게 된다. 먹을거리 생산도 소수의 작물에 대한 의존도를 높였으며, 그때까지 생물이 쌓아왔던 독자성, 생물의 상호관계에서 상호 보완·조화의 발전, 스스로의 존재를 다른 물질에 의존하지 않는 자율성과 다양성의 전개로부터, '농경 = 농사일의 영위 = 식물·동물과 인간의 공생관계의 재조직화'라는 과거의 모습은 이탈·소멸·변질하게 된다. 과거의 '농업'의 모습, 즉 농경 = 농사일의 영위 = 식물·동물과 인간의 공생관계의 재조직화는 자본주의의 성립·발전과 더불어 그 모습이 급격히 변모하게 되었고, 자본주의 시장경제제도에 편입되면서 새로운 산업인 농'업'으로서 다시 탄생하게 된다. 우리는 변모된 새로운 농업을 '녹색혁명형 농업'이라고 부른다.

이같이 과거로부터의 이탈과 자본주의 시장경제제도로의 편입은 다수확 중심의 재배종·품종의 단순화를 수반해 먹을거리 중 50% 이상이 7가지 종류의 벼과 식물의 종자작물에 의존하게 되고, 40%는 소맥과 벼에 의존하게 되었으며, 이는 유전질의 감소를 초래하게 되었다. '녹색혁명형 농업'인 새로운 산업, 직업으로서의 농'업'의 탄생은 '본래적 농업'의 미래를 어둡게 하고 있다. 여기서 농업의 '본래적 가치', '다원적 기능'에 대한 회복의 중요성이 부각된다.

녹색혁명형 농업의 성과는 맬서스의 예측을 빗나가게 한 장점이 있다. 녹색혁명형 농업의 세계적 성과는 유럽, 아메리카, 일본 등 선진국에서 이미 달성된 것을 개발도상국에 수출한 결과이며, 그 수출로 선진국에서 경험했던 한계와 문제점도 그대로 개도국에 전가되었다.

따라서 농업이 가지는 다원적 기능은, 농경＝농사일의 영위＝식물·동물과 인간의 공생관계의 재조직화라는 그 본래적 가치, 즉 '농촌'이라는 '인간의 주거공간과 동물·식물의 공생장소'라는 생태계가 갖는 그 본래적 가치 속에서만 제대로 발휘될 수 있는 것이지, 본래적 가치가 파괴된 녹색혁명형 농업의 토양에서는 한계를 가질 수밖에 없다는 사실이 중요하다.

'농업'이라는 용어도 그 본질적인 측면에서는 올바른 용어라고 할 수 없는 편향성을 지닌 것으로 보인다. 현재의 농업이란 용어는 자본주의 성립과 더불어 공업에 대비되는 말로 사용되면서, 첫째, 하나의 산업이라는 뜻과 둘째, 직업이라는 의미를 지니게 되었다. 그래서 현재 사용되는 농업이란 단어는 엄밀하게는 '자본주의 시장경제하의 농업'이라는 의미를 지니며, 이는 산업, 직업이라는 의미로서 녹색혁명형 농업을 의미하기 때문에 다원적 기능을 어느 정도는 가지고 있다고는 하나, 그 본래적 가치를 충분히 의미하고 있다고는 말하기가 어려워진다.

agriculture는 라틴어 agricultura에서 유래한 단어로 ager와 cultura가 결합된 것인데, ager는 acre 또는 a field, 즉 토지 또는 논밭을 의미하며, cultura는 cultivation, 즉 경작한다는 의미이다. 따라서 agriculture는 농'업'이라기보다는 '토경＝농사의 영위'라고 이해할 때 그 의미가 정확하다고 할 수 있다.

다산 정약용은,

대저 농(農)이란 천하의 가장 근본으로서 천시(天時)와 지리(地理)와 인화(人和)의 화합을 기해야 그 힘이 온존하게 되고, 심고 기르는 것이 왕성하게 된다. 그렇기 때문에 낳는 것은 하늘이고, 기르는 것은 땅이며, 키우는 것은 사람이다. 이 3재(三才)의 도(道)가 하나로 모인 다음에야 농사일과 나랏일에 모자람이 없게 된다. …… 그런데 천하의 사람들이 차츰 그 근본을 버리고 끝만 도모하니 기름진 논밭과 살진 흙을 모두 묵히게 되고, 높은 모자와 좋은 옷을 입은 놀고먹는 사람이 늘어난다. …… 농사일의 고달픔을 어루만지지 못하면서 어찌 모든 백성의 평안함을 기대할 것인가.

라고 해서 3재의 상호 보완과 조화·협력을 강조했고, 농사일 즉 올바른 치농(治農)은 생태계와 자연환경 및 인간의 조화·협력하에서 그 본래적 가치가 발휘됨을 지적하고 있다.

4. '다원적 기능'인가, '본래적 가치'인가

농업의 '공익적 기능'과 관련된 용어들은 '농업의 본래적 가치'라는 용어를 제외하고는 모두 농업이 가지고 있는 '기능적 측면'에 대한 것이 강조되고 있다.

생물다양성의 지역성과 역사성 측면을 '농업의 본래적 가치'라고 볼 때 생태계 다양성을 다원적·다면적 기능의 측면에서는 공익을 위한 기여와 그에 대한 보상이라는 정책화의 측면을 '농업의 공익적 기능'이라고 말하고 있으며, 국가 간의 거래의 측면에서는 '농업의 비교역적 기능'으로 주로 표현하고 있다. 여기서 중요한 것은, 생물다양성의 지역성과 역사성의 측면에서 발휘되는 본래적 가치의 정도에 따라 '농촌, 농업, 안전한 먹을거리와 그 문화'의 지속가능성의 정도도 달라진다고 할 수 있다.

농업의 다원적 기능인가, 농촌의 다원적 기능인가에 대해 우선 다원적 기능에 대한 외국의 사례를 살펴보자.

　EU는 이런 다원적 기능의 정책화를 위해 농업 환경정책(agri-environ-mental policy)의 필요성을 강조하고 그 방향에서 접근하고 있다. 그래서 경관생태학(Landschafts-ekologie)의 관점에서 보는, 농업과 '경관(country-side, Landschaft, espace naturel)'의 통합, 즉 환경의 관점에서 파악하고 있다(Heibenhuber, 1994; 橫山秀司, 1997).

　농업을 생물다양성, 경관, 문화, 농촌개발과의 관련성 속에서 파악하고 있는데, 여기서 중요한 것은 '경관'이라는 개념이다. 그에 해당하는 용어를 보면, EU의 「각료회의 지령 75/268」의 기본 개념은 프랑스어의 자연공간(espace naturel)이란 용어에 토대를 둔다. 유럽에서 경관이란 국토를 공간적으로 파악하는 방법이다. 농업은 이 경관의 구성요소 중 하나이다. 여기서 농업과 생물다양성, 경관 사이에 긴밀한 내부적 관계가 생긴다.

　농업과 환경과의 관련에서는 경관이라는 개념이 중요한 역할을 하고, 또 경관의 요소로서 생물다양성이 중요한 역할을 한다. 결국 경관이라는 개념장치를 매개로 해 농업의 내부효과와 생물다양성의 보전과 경관상(景觀像)의 보전이라는 외부효과는 곧바로 연결된다. 왜냐하면 생산조건으로서 농업(적) 자원에 대한 이해가 생태학적 측면〔지구생태학(Geotop)과 생물생태학(Biotop)의 두 가지 측면을 동시에 내포하고 있다〕과 경관상적인 두 가지 측면에서 동시에 이루어지고 있기 때문에, 농업자원을 이용하고 경영해 식료생산이라는 내부경제를 창출하는 농업활동은 곧바로 외부효과로서의 생물다양성과 경관상의 보전효과를 창출하기 때문이다. 경관생태학에서 농지는 지구생태학적 요소, 생물생태학적 요소, 인위적 요소라는 세 가지 측면에서 파악된다. 그래서 농업이 관련되는 자원을 농지와 농지 공간에 포함되는 비생물적 자원(물, 공기, 토양 등), 생물적 자원(식물상, 동물상, 생태계 등), 미적 자원(경관요소의 다양성, 다양한 경관상 등)이라는 세 가지 측면에서 파악하고 있다. 일반적으로 개개의 경관(Landschaft)은 각각의 토지조건에 적합한 경종과 축산의 형태에 의해 제각기 개성을 부여받음으로써 농경경관(農耕景觀, Kulturlandschaft)이 형성된다. 동시에 이것을 통한 농업경관(Agrarlandschaft)이 형성되고 생물다양성은 현저해진다고 한다.

유럽 대륙의 일반 환경론자들도 비슷하다. 유럽 대륙의 일반 환경론자들은 식물종, 동물종, 지역생물민족(Population), 에코 시스템이라는 측면에서는 농업경관은 자연경관(Narur landschaft)보다 훨씬 풍부한 경관이라고 농업과 환경과의 관련성을 설명한다. 결국 '농업의 다원적 기능'에 중점을 두고 있는 것이 아니라 '농촌의 다원적 기능'을 더욱 중요시하고 있음을 알 수 있다.

물론 우리나라의 경우, 당연히 다원적 기능에 대한 이상과 같은 인식이 결여되어 있다. 다원적 기능에 대한 철학이 가장 많이 반영되었다고 할 수 있는 환경농업정책도 소위 친환경 농업정책으로 후퇴해버렸지만, 그 용어보다는 '환경보전형 농업정책' 아니면 농업 환경정책이라는 말이 더욱 올바르다는 것을 알 수 있을 것이다.

일본의 경우도, 삼림생태학자인 시테이 쓰나이데(四手井綱英)가 1960년대 전반, 사토야마(里山)란 용어를 현대적으로 소생시킨 이후, 사토지(里山, 里地) 이론을 경관생태학적 관점에서 개발해왔다.

사토야마란 현대에는 상당히 다의적으로 사용되고 있지만, 인간의 손에 의해 관리되는 자연, 즉 '이차적 자연'을 중요한 구성요소로 하고 있다. 이차적 자연은 대규모 개발에 의해 상실되지만, 방치해놓으면 자연은 변질해버린다. 사토야마가 사토야마답기 위해서는 전통적인 농사일의 영위에서 보이는 것처럼 '관리'를 통한 적정한 인간의 관여가 필요하다. 사토야마의 자연의 풍요로움은 본래의 자연의 다양성이 인간의 영위에 의해 한층 증가한 것이다. 그래서 사토야마라고 하면 2차림(林), 초지, 논을 포함한 농지, 집락이라는 전통적 농촌경관을 하나로 파악하는 것이다.

1994년 12월 환경청이 만든 환경기본계획은 장기적 목표의 하나로 '자연과 인간의 공생의 확보'를 들고, 그것을 실현하기 위한 시책으로 '국토공간에서 자연적·사회적 특성에 맞는 자연과 인간의 공생'을 제창하고, 자연지역마다의 시책의 전개를 추구하고 있다. 이 자연지역에는 산지 자연지역, 사토지 자연지역, 평지 자연지역, 연안 해역을 포함시켜서, 사토지를 산지와 평지의 중간지역에 위치시키고 있다. 사토지는 사토야마와 더불어 계곡의 논과 수변지역을 포함시키고 있다.

사토지는 전통적인 농업생산과 생활에 필요한 다양한 자원, 즉 작물의 육성을 위한 비료와 물, 가축사육을 위한 사료, 가옥의 건축과 유지를 위한 목재와 집, 연료가 되는 땔나무와 소나무 낙엽, 일용품을 만드는 넝쿨식물과 대나무 등을 필요에 따라 채취할 수 있도록 다양한 수림, 초원을 논밭과 거주지 둘레에 배치하고, 저수지, 소류지, 수변 지역과 더불어 이것을 이용·관리함으로써 유지되어온 자연이다. 사토야마의 이 같은 시스템은 인간의 간섭에 의해 정기적인 교란을 받으면서 토양 영양분의 부족이 발생한다. 인간의 간섭에 의한 적당한 교란(식물체를 파괴하는 작용)과 영양분 부족의 스트레스(광합성 물질 생산을 억제하는 환경의 작용)는 식물의 종 다양성을 높이는 필수조건이다. 인간의 간섭에 의한 교란과 스트레스가 없다면, 경쟁력이 큰 식물이 우점(優占)해서 자원을 독점해 소수의 종만으로 식생이 성립하기 때문이다. 사토야마에서는 자연의 이용에서도 환경용량이라는 인간을 포함한 생물 일반의 생활을 지배하는 엄격한 제약이 있다. 자원과 공간의 과잉이용은 자원의 고갈과 더불어 생물다양성의 저하도 초래하게 된다. 자원의 재생 가능성을 손상하지 않는 범위에서 이용할 때만 식물자원의 지속 가능한 채취가 보장된다. 식물자원의 지속 가능한 채취가 성공한 지역에서는 대부분 공유·공용지(commons)인 사토야마의 이용에 관한 상당히 세밀한 관습이 만들어져 있다.

사토야마, 사토지의 특정한 공간에 있어서 종 다양성의 요소는 a 다양성, β 다양성, γ 다양성의 개념으로 구성된다(Whittaker, 1960: 279~338). a 다양성은 이차적 자연의 비교적 균질한 생육장소 내의 다양성, β 다양성은 이질적인 Patch에서 다른 종이 생육함으로써 발생하는 생육장소 간의 다양성, γ 다양성은 동일한 삼림이나 초원에서도 지방이 다르면 지사적(地史的)·생물지리적으로 생물상이 다른 지역 간의 다양성을 의미한다. 사토야마, 사토지에서 식물의 종 다양성을 초래하는 첫째 요인은, 식물자원의 채취가 초래하는 교란과 스트레스에 의한 식물의 a 다양성을 높이는 효과이다. 이는 먹이나 서식장소 등의 다양성을 높임으로써 동물의 다양성도 높인다.

사토야마, 사토지는 각각 지역의 특유한 자연에 조상들이 생활과 생산활동을 위해 적당한 정도로 힘을 가해 정비하고, 지속적으로 유지해온 다양한 환경이 모자이크를 이루는 유기적 시스템이다. 이 같은 환경의 모자이크성은 동·식물의 다양성이 가장 중요한 요인이 된다.

다원적 기능이란, 따라서 '농업'의 다원적 기능보다는 우선 '농촌'의 다원적 기능의 측면이 더욱 본질적이라고 할 수 있다. 생물다양성의 보존 → 농촌의 다원적 기능의 재생·유지·보존 → 농업의 다원적 기능의 복원·유지·보전이 되어야 한다.

5. 적극적 공생형 환경전략의 사례 만들기: 농업과 환경의 조화를 통한 인간과 자연이 공생하는 생명공동체 형성 정책 추진

1) 충북 청원군 미원면, 황새와 공생하는 농촌생태복원추진위원회

충북 청원군은 일본 효고 현 북부 도요오카 시의 사례를 모델 삼아 황새(천연기념물 제199호) 복원과 야생방사·복귀사업을 추진 중이다. 이를 추진하는 목적은 다음과 같다.

첫째, 멸종된 천연기념물 제199호인 황새를 복원해 야생방사·복귀시킨다. 현재는 황새가 살 수 없는 농촌의 자연생태계를 황새가 살 수 있는 농촌의 자연생태계로 만들어서, 자연재생과 생물다양성을 복원하려는 것이다. 영국의 왕립조류협회(Royal Society for the Protection of Birds: RSPB)의 사업방식을 모델로 한 것이다. 세계야생생물기금(World Wildlife Fund, 이하 WWF)도 1987년 네덜란드에서 '하천자연화운동(Living Rivers Campaign)'이라는 이름으로 하천자연화운동을 세계에서 제일 처음 시작하면서, 생물다양성 복원운동에 불을 붙였다. 같은 해, 네덜란드 정부도 황새복원계획(Plan for the Restoration the Oriental White Stork)을 발표하면서, '자연의 경관'이라는 관점을 도입·실천하게 되었다. WWF도 처음부터 이 계획에 참여해오고 있다.

둘째, 황새는 먹이사슬의 최상위에 위치하고 있어 물고기, 뱀 등의 동물만을 먹는다. 따라서 황새가 살려면 뱀이나 물고기 하부의 먹이사슬이 재생·복원되어야 하고, 이를 위해서는 가장 먼저, 습지생태계로서 논의 재생·복원이 중요하다. 즉 생물다양성과 생태계를 재생·복원시키는 데 가장 먼저 해야 할 일은 논 습지생태계의 재생·복원이다. 이를 위해서는 지역주민들의 협조가 필요하며 지역농민들이 환경보전형 농업, 즉 유기농업(지역 내의 물질순환형 농업) 시스템을 구축·확립해야 한다.

그렇게 되면 황새가 살고 있는 곳은 유기농산물로 품질인증을 받을 필요가 없어진다.

셋째, 현재 많은 문제를 야기하고 있는 관행적인 녹색혁명형 농업체계에서 벗어나 새로운 대안 농업체계를 지역 내의 물질순환형 농업체계로 구축하고, 이를 토대로 기타 모든 분야에서도 자연과 인간이 공생할 수 있는 '순환성, 다양성, 상호의존적 관계성'이 보장되는 생활시스템으로 구축해가야 할 것이다. 이를 통해 농가소득 증대는 물론, 농촌지역 경제를 활성화시키게 된다.

넷째, 이를 통해 자연의 재생·복원과 생물다양성을 재생·복원·보전함으로써 자연과 인간이 공생하는 생태·생명공동체를 구축하려는 것이다.

2) 일본 효고 현(兵庫縣)의 황새마을 재생·방사 사례

효고 현 북부 다지마 지방은 일본의 마지막 야생 황새가 살던 지역이다. 그 마지막 황새는 1971년에 죽었지만 효고 현은 절멸하기 전부터 황새를 시설 내에 보호하고 번식시켜 현재에는 현립 황새마을공원에서 100마리 이상을 기르고 있다. 그 황새 몇 마리를 야생에 풀어주고자 하는 '황새야생복귀추진계획(2003년 3월에 책정됨)'이 현재 진행되고 있다. 야생동물이 살 수 있는 환경을 복원한다는 의미를 넘어 인간과 자연이 공존하는 방법에 대한 모범적인 사례이다. 이 계획은 황새가 야생에서 살 수 있도록 지역 전체를 야생생물들과 공생하는 구조로 바꾸고자 하는 것이며 1차목표인 2005년의 첫 시험방사 이래 현재까지 지속적으로 방사가 이루어지고 있다. 이 계획에 의해 2003년 7월에는 주민, 각종 단체, 학자, 행정부로 구성되는 황새야생복귀추진협의회가 출범되었으며 동 협의회는 「황새야생복귀추진계획활동 일람」을 발표했다. 이것은 황새야생복귀추진협의회를 구성하는 도요오카 시, 효고 현, 정부 등 행정부와 각 민간단체가 벌이는 활동을 정리한 것이다.
 이 사업은 크게 세 부분으로 나뉜다. 첫째는 야생에 황새를 놓아주기 위한 환경정비사업, 둘째는 황새 놓아주기 사업 그 자체, 셋째는 홍보 및 교육사업이다.

(1) 환경정비사업
 환경정비사업은 황새에게 먹이를 공급하는 논을 정비해, 논에 물과 영양분을 공급하는 하천을 복원하는 것을 하나의 축으로 하고, 황새의 서식지가 될 마을 야산의 재생을 또 하나의 축으로 해서 진행된다. 이 두 개의 축을 중심으로 상수원인 마을 야산에서 논을 포함한 마루야마 강수계 전체를 재생·복원하려는 계획이다.
 첫째로 '전원의 재생'이라는 목표로 효고 현과 도요오카 시는 생산조정 등에 의한 휴경전(休耕田)을 생물의 서식공간으로 만들고 동시에, 사철 물 가두기 벼농사를 추진해서 겨울의 먹이를 확보한다. 기존의 벼농사 체계에서는 7월쯤에 실시되는 중간 물 빼기로 수서생물이 살 수 없었으나 휴경지 논의 서식공간화 상태를 상시 유지함으로써 많은 수서생물이 살 수 있는 공간을 확보하게 되었다. 또한 논과 배수로를 잇는 배수구를 설치하고 수서생물들이 이동하기 쉽게 논 어도(魚道)를 정비하며, 이것의 효과를 확인하기 위해 논 어도에서의 서식 조사, 논의 타입별 서식 조사 등을 실시해 생물다양성, 서식량과 계절 변화를 파악한다. 아울러 '강 → 수로 → 논'이라는 물의 네트워크에 관해서도 조사한다. 이런 서식공간 만들기, 생물조사 등의 일부는 시민단체가 주최하며 어린이들도 참여해 환경교육의 일환으로 실시된다. 그 밖에 황새마을공원 주변에서는 황새 놓아주기에 대비해 장애물 제거, 전선의 지하화, 도로의 녹화, 전봇대의 미장화(美粧化)가 실시된다.

둘째는 '마을 야산의 숲 정비'로 예전의 황새 서식지에서 둥지를 지을 나무를 재생하기 위해서 현, 시, 황새시민연구소, 학자가 공동으로 도요오카 시 지역 숲 만들기 실행위원회를 설치·운영해 소나무 정비, 숲 간 도로 정비(삼림조합에 위탁)를 실시한다. 이 작업은 연 5회 실시되며 등록한 자원봉사자 50명, 연간 참가자 총계 200명 정도가 참여하고 있다. 기타, 마루야마 강 어업협동조합이 오사카, 교토, 고베 지역의 도시 주민 자원봉사자들과 함께 마루야마 강 수계 전역의 자연재생을 목적으로 활엽수의 식수조림을 실시한다.

셋째는 '하천의 자연재생'을 목표로 마루야마 강 수계의 자연재생을 도모한다. 하천을 관리하는 정부와 현이 치수와 근대농업 기반 정비로 감소한 습지를 구(舊)경작지 소유자들의 협력을 얻어 마루야마 강 유역의 습지 생태를 복원한다. 구체적으로는 물과 강기슭이 명확히 분리된 둔치를 낮추어 습지를 만들어낸다. 콘크리트를 깐 하천을 자연화(배수구를 수서생물이 거슬러 올라가기가 가능한 형태로 만드는 등)시키고 인공저수지를 설치해 습지를 만듦과 동시에, 하천과 논, 산기슭과 하천 안에서의 연속성을 확보하기 위해 수문과 하천 내의 높낮이 차이를 해소한다. 즉 생물의 서식지역인 물과 녹지를 양·질적으로 확보하면서 각 구역을 물과 녹지로 이어 생물이 이동하기 쉽게 하는 것이다(생태 네트워크의 형성). 그 밖에 마루야마 강 어업협동조합이 어패류 방류, 산란장 조성, 블루길·배스 등 외래종 구제(驅除), 하천환경의 감시, 강기슭의 풀베기 등을 실시한다.

넷째는 '농산물 안심 브랜드화'의 추진이다. 황새와 공생하는 마을에서 생산된 안전하고, 안심하고 먹을 수 있는 농산물로서 현이 인정하는 '효고 안심 브랜드'[2]를 소비자에게 널리 알려준다. 또한 도요오카 시는 효고 안심 브랜드 인정 작물 중에서 구분하여 '황새의 춤'이라는 브랜드를 만들어 농업경영 기반의 안정과 소득 증대를 도모하고 있으며 다지마 농협은 이와 별도로 독자적인 특별재배농산물인정제도를 마련해 '황새의 선물'이라는 브랜드로 상품화하고 있다.

그 외에 유기벼농사 기술 확립을 목표로 현, 시, 황새마을영농조합, 에코파머 인정농가[3] 등이 저농약 재배면적의 확대, 사철 물대기와 중간 물빼기 안 하는 벼농사 장려, 쌀겨에 의한 제초, 제초기를 사용한 기계화 제초체계를 확립한다.

그 밖에도 황새를 상징으로 한 관광 유치(다지마 관광연맹), 시민농원의 정비 운영(시), 황새마을공원 안에서의 다지마 소 방목(현), 환경경제전략의 책정(시) 등을 내걸고 있다.

(2) 방조사업

첫째로 '야생순화(馴化)'라는 제목을 붙이며, 사람이 기른 황새를 야생

---

[2] 2001년 4월부터 제품에 유기나 '오가닉(organic)'이라는 표시를 내걸려면 「농림물자의 규격화 및 품질표시의 적정화에 관한 법률(JAS법)」의 기준에 따라야 하게 되었다. 그 기준은 수확 전 3년 이상 화학비료와 농약을 사용하지 않은 논, 밭에서 재배해야 되는 등 엄격하며 인증을 받는 과정에서 비용이 많이 들고 절차도 복잡하다. 이 JAS법에 의한 유기 인증 밑에 특별재배농산물이라는 범주가 있다. 효고 안심 브랜드는 이 특별재배농산물에 해당된다. 특별재배농산물은 화학합성농약이나 화학비료를 사용하지 않거나 사용횟수 혹은 사용량을 그 지역의 관행보다 반 이하로 줄여서 재배된 농산물을 말한다. 유기재배농산물이 JAS법이 정한 기준에 따라 국가에 등록된 제3자 기관에 의해 인증을 받는 것에 대해 특별재배농산물은 국가가 행정지도로서 지침을 정했을 뿐이며 인증에 관한 법적 근거나 벌칙규정이 없는 것이 특징이다. 그래서 각 현이 국가지침에 따라 독자적으로 인증제도를 만든 경우가 많다.

[3] 1994년에 「환경 보전형 농업을 추진하는 지속 농업법」에 의해 제정되었다. 농림수산성령에 따른 생산방식을 바탕으로 각 자치체 지사가 지역 사정에 맞게 지침을 정하고 인정한다.

에 순응시키기 위해 현이 황새마을공원의 순화 케이지(cage, 우리) 안에 자연계와 비슷한 환경을 정비하고 먹이를 잡는 훈련, 비행훈련을 실시한다. 더구나 위성추적 시스템, 인터넷도 활용하면서 모니터링 체제를 정비해 황새 놓아주기에 앞서 위험성 분석과 환경 구축을 위한 데이터 활용을 도모한다.

둘째는 '거점정비'로 도요오카 분지 안의 자연환경이 좋은 지역에 용지를 빌려 오픈 케이지를 설치한다(2004~2006년, 5개소).

셋째는 '환경평가'이다. 현이 위성추적시스템에 의한 추적조사에서 얻은 데이터를 지리정보 시스템에 입력하고 분석해 황새가 살기에 적합한 환경의 생태조사를 실시한다.

넷째는 '연구'로, 황새마을공원에서 지속적인 지역 개체군(個體群)의 확립을 위해 사육번식과 놓아줄 개체 선정 시에 서식지 내외에서 유전적 다양성이 확보되도록 노력한다.

(3) 홍보 및 교육

현은 황새마을공원에서 전원생태 세미나, 자원봉사자 양성강좌, 생물관찰회를 개최함과 동시에 환경교육프로그램의 정비와 학교에서 실시하는 환경교육을 지원한다.

시는 2002년에 책정한 '황새 나는 지역 박물관 구상계획'에 따라 황새마을공원 주변 지역의 어린이들을 대상으로 학교, 주민, 비영리조직 (Non-Profit Organization: NPO)와 함께 환경교육을 추진한다. 그 밖에 '황새 야생복귀 학술연구 장려 보조사업'이라는 이름을 붙여 황새의 야생복귀를 기본 주제로 하고 도요오카 지구의 자연환경·사회환경을 대상으로 한 연구를 하는 대학생 혹은 대학원생에 대해서 연구비 보조(개인 1건당 10만 엔까지, 그룹 1건당 20만 엔까지)를 실시한다.

NPO 법인인 황새시민연구소는 '논 학교'라는 이름을 붙여 생물조사를 실시해서 어린이들의 환경에 대한 의식을 높이고 있으며 다지마 초등학교장회는 환경교육 설문조사를 실시해 다지마 지구의 초등학교에서의 환경교육 실시 상황을 파악한 바 있다(2003년 10월~2004년 1월 실시).

이 밖에 다지마 문화협회는 자연, 문화, 풍토를 소개하는 책을 출판했으며, 도요오카 상공회의소는 다지마 산 특산품 판매 촉진의 일환으로 '황새상품권'을 발행해 매출의 일부로 황새의 먹이가 되는 미꾸라지를 구입, 황새마을공원에 기증한다. 다지마 지구소비자단체협의회는 장바구니 가져가기 캠페인을 전개하고 시, 현, 정부, 황새시민연구소, 마루야마 강 어업협동조합은 팸플릿, 비디오, 뉴스레터, 각종 전시, 행사 등으로 각각 정보를 제공한다.

타 지역에 대한 홍보·교육 활동은 현이 황새 팬클럽을 설립해 적극적인 홍보와 참여가 이루어지도록 유도한다. 시와 공동으로 아이치 만국박람회에 출전하는 한편 각종 포럼, 축제, 국제회의를 개최한다.

이상 「황새야생복귀추진계획활동 일람」을 훑어보았다. 농업 분야에 관해서는 현 단계에서는 아직 휴경전 이용이 중심이 되어 있고 수서생물이나 황새와 공생하는 농업은 아직 시도 단계인 모양이다. 이 계획이 앞으로 소비자들의 의식과 다지마 지역의 농업구조 자체를 바꾸고, 나아가서는 지역을 활성화시킬 수 있을 것인지 주목된다.

2002년 8월에 31년 만에 야생 황새가 다지마 땅에 다시 날아와 정착했다. 다지마 지방이 점점 황새에게 살기 좋은 땅이 되고 있는 것이 확실한 것 같다.

황새의 복원을 위해서는 생물다양성과 자연재생이 이루어져야 하고, 그 위에서 지역순환형 농업이 전개되어야 하며, 그를 위해서는 지역

주민들의 적극적 참여를 유도하기 위한 보상지불제도와 직접지불제도가 이루어져야 한다. 이처럼 '환경과 농업'이 통합된 정책들이 개발·확산되어야 한다.

3) 람사 협약과 논 습지 등록의 의미

2005년 11월 우간다 캄팔라에서 열린 람사 협약 제9차 회의(COP9, Kampala)에서 일본의 미야기 현(宮城縣) 다지리초(田尻町)의 가부쿠리누마와 주변 논 지대가 람사 협약에 등록되었다. 이는 자연습지 이외에 인간의 농업생산 활동이 이루어지는 논이 습지에 등록된 세계 최초의 사례이다. 이 회의에서 일본에서 새로 등록된 습지는 20군데, 기존의 13곳과 합쳐서 33개 습지가 람사 협약에 등록되었다. 한편 한국은 순천만이 4번째로 등록되었다.

람사 협약은 2002년 제8차 회의에서 람사 협약의 사명으로 '습지 보전과 현명한 이용(the convention's mission is the conservation and wise use of all wetlands)'이라는 새로운 지평을 제시했다. 2002년 회의의 이러한 변화에 주목해 일본의 환경성과 다지리초는 람사 협약에 일본 최대의 쇠기러기 월동지인 가부쿠리누마와 주변 논을 협약에 등록시켜 환경직불제를 실시하고 있다(물론 이렇게 환경성과 마을이 움직이게 된 배경에는 오래 전부터 활동해온 시민단체와 연구자, 생산자의 노력이 있었다). 2005년의 람사 협약 제9차 회의의 테마도 '습지와 물: 생활을 지탱하고 생물을 지속시킨다(Wetlands and Water; supporting life,[4] sustaining livehoods)'였다.

제10차 람사 협약은 2008년에 한국에서 열린다. 9차 회의에 한국은

---

[4] supporting life를 '생명을 지탱하고'로 해석할 수도 있으나 캄팔라 호수 주변에서 고기잡이를 하는 우간다 어부들의 생활의 터전이라는 의미가 담겨 있다고 해석하는 편이 더 적절하다.

NGO로서 환경운동연합이 참가했으나 10차 회의에는 환경운동단체뿐만 아니라 농업생산자, 생활자 등이 함께 참가하게 될 것이다.

4) 람사 협약
① 습지의 특성
- 먹이사슬에 따른 다양한 생물서식, 생태계 유지
- 습원, 간사, 호소 등의 습지: 수계의 유량조절, 물 정화
- 인간생활로부터 강한 영향을 받음.
   예) 공장 폐수, 가정 배수, 해트로 유입
- 도시 인근 습지: 공업용지, 쓰레기 처분장으로 사용. 쉽게 파괴되기 쉬운 중요한 습지 보전이 협약 목적

② 협약 목적
- 특정 생태계를 취급·보호하는 유일한 지구 규모의 환경협약
- 물새 서식지 보존을 위한 습지의 생태계 보호, 천연습지, 인공습지, 습원, 하천변, 해안, 간사, 논 등 모든 수계환경 포함(제1조 1항, 제2조 1항)
- 생물다양성 보호가 목적

③ 시행과 운용
- 국내 야생조류보호법, 수렵금지법 등(대상범위 협소, 유역 보전 관점의 미흡)

④ 보전 방법
- 1987년 제3회 체약국회의에서 습지의 '현명한 이용(wise use)' 규정: 생태계의 자연재산을 유지할 수 있는 방법으로, 인류의 이익을 위해 습지를 지속적으로 이용하는 것
- 그 땅에서 대를 이어온 것, 즉 전통적 방법이 중요: 수렵, 어업,

논 경작
- 최근 '현명한 이용' 방법으로 유역 보전이 중요시되고 있으며, 1996년 람사 협약의 전략계획은 집수역(集水域)·해안유역까지 보호하는 추세로서 모자이크 식의 복합적 습지생태계인 논 유역의 보전성을 강조하고 있다.

'공간적으로 잘 배치되어 유기적으로 조화를 이룬 다양한 복합적 습지생태계'의 중요성에도 불구하고 세계 도처에서 습지생태계가 파괴되어가고 있기 때문에, 세계 각국은 습지생태계를 보호·보전하기 위해 1971년 2월 2일, 이란의 람사(Ramsar)에 모여 협약5)을 체결(1975년 12월 21일 발효)해, 2003년 8월 현재 138개국이 참가하고 1,308개소의 1억 1,000만 ha의 습지를 등록, 보호·보전하고 있다. 우리나라는 1995년 3월에 가입의사를 표시한 후, 1997년 3월 28일 UNESCO 사무국에 가입서를 기탁(1997년 7월 28일 발효)하고, 강원도 대암산 용늪, 창원 우포늪만을 보호습지로 등록한 바 있다.

람사 협약에서 말하는 습지란 자연적이든 인공적이든, 영구적이든 임시적이든, 물이 흐르고 있든 없든, 담수, 기수, 함수이든 관계없이, 늪지·소택지·토탄지 또는 물이 고여 있는 지역을 말하며, 여기에는 간조 시에 수심이 6미터를 넘지 않는 바닷물이 있는 지역까지도 포함시키고 있다. 1996년 람사 협약 전략계획회의에서는 '물을 저장하는 장소와 연안 유역'의 환경관리 강화를 결의로서 채택하고, 1999년 제7회 람사 협약 체약국회의에서는 재난 방지와 수자원 확보라는 관점에서도 물을

---

5) 정식명칭은 Convention on Wetlands of International Importance Especially as Waterfoul Habbitat으로, '특히 수조류(水鳥類) 서식지로서 국제적으로 중요한 습지에 관한 협약'이라고 번역할 수 있다.

저장하는 장소라는 넓은 '유역의 환경보전'을 강화해야 한다고 각국에 촉구하고 있다. 람사 협약의 원래 주된 목적은, 생태학적으로 습지에 의존해 살아가는 수조류(水鳥類)를 필두로 하는 생물의 서식에서 중요한 습지의 보전 차원에서 출발했으나, 최근의 추세는 '생물의 서식에서 중요한 습지'뿐만 아니라, 그 이외의 수계(水系) 환경 전반의 보전, 물이 저장된 유역 보전이 강조되면서 사라져버린 수계 환경의 복원으로 변화·발전되고 있다.

따라서 습지란 습원(濕原)·갯벌·호수와 호소는 말할 것도 없고, 특히 '다양한 복합적 습지생태계'인 무논〔水畓〕을 포함한 논〔水田=畓〕이 당연히 그리고 반드시 포함되어야 한다.[6] 따라서 새로운 습지를 포함할 수 있게 하기 위해, 람사 협약에서 체약 국가는

> 그 영역 내에 위치한 습지를 목록에 추가하거나, 이미 목록에 포함되어 있는 습지의 경계를 확장하거나 긴급한 국가 이익 때문에 이미 목록에 포함되어 있는 습지의 경계를 삭제 또는 축소할 권리를 가지며, ······ 목록에의 포함 여부에 관계없이 습지에 구를 설치해 습지와 물새의 보전을 촉진하고 그 감시를 위한 적절한 조치를 취한다. ······ 습지의 구획을 삭제 또는 축소하는 경우에는 가능한 한 습지자원의 상실을 보상해야 하며 ·······.

라는 규정을 두어서, 다양한 복합적 습지생태계인 무논을 포함한 논을 새롭게 등재하는 길을 열어놓고 있으며, 더욱 많은 습지를 등재해 습지 보전은 물론, 홍수 등 재난 방지와 수자원 확보, 수자원 보전 및 자연생태

---

[6] 杉山惠一·中川昭一朗(2004)도 같은 관점으로 해석하고 있으며, 일본 생태학회는 전반적으로 동일한 견해를 보여주고 있다.

계 보전과 복원에 전 지구적 관심이 집중되어야 함을 강조하고 있다. 따라서 우리나라도 람사 협약 가입 시 잘못된 '과거사 정리'를 빨리 반성하고, 무논(=논)을 습지로 등재한 후, 이를 토대로 WTO·FTA 협상에 임해야 할 것이다. 어째서 대암산 용늪과 창원 우포늪은 중요하고 다양한 복합적 습지생태계인 무논(=논)은 중요하지 않다는 것인가? 그 의도가 의문시된다.

람사 협약에서는 다양한 복합적 습지생태계의 보전방식으로 '현명한 이용(Wise Use)'을 그 기본 원칙으로 하고 있다. 1987년 제3회 체약국회의에서 다양한 복합적 습지생태계의 현명한 이용이란, "생태계의 자연재산을 유지할 수 있게 하는 방법이며, 인류의 이익을 위해 습지를 지속적으로 이용하는 것"이라고 정의하고, 그 첫째로 조상 대대로 면면히 이어져온 농어업 등 그 생활방식을 들고 있다. 다음으로는 다양하고 복합적 습지생태계의 현명한 이용이라는 관점에서 재난 방지와 수자원 확보와 물을 저장하는 유역 보전을 강조한다.

요컨대 "공간적으로 잘 배치되어 유기적으로 조화를 이룬 다양한 복합적 습지생태계"인 농촌의 자연 생태경관을 보호하고 보전해 복원하려고 하는 것이다. 우리는 이러한 환경 관련 국제협약을 잘 활용해 국내의 농촌 관련 정책을 서둘러 정비한 후, 이를 수단으로 국제적 환경 관련 외교를 강화하는 것이 농업·농촌·농민 분야의 지속가능성을 보장하는 중요한 WTO·FTA 전략이라고 할 수 있다. 우선 공간적으로 잘 배치되어 유기적으로 조화를 이룬 다양한 복합적 습지생태계인 무논(=논)을 람사 협약에 습지로 등재하고, 무논(=논) 보호와 보전 및 복원을 위한 국내의 제도적 뒷받침과 정책적 정비를 서둘러야 할 것이다. 이것은 농민을 위한 것일 뿐만 아니라 농촌의 생물다양성을 높이는 중요한 수단이기 때문이다.

참고문헌_ 9장 쿠바 농업에 대한 사례연구와 농업의 패러다임 전환

하바렉스사. 1959. 『피델 카스트로의 정치·경제·사회사상』.

杉山惠一·中川昭一朗. 2004. 『農村自然環境の保全·復元』. 朝倉書店.
橫山秀司. 1997. 『景觀生態學』. 古今書院.

Castro, Fidel and Tomas Borge. 1993. *Face to face with Fidel Castro.*
Evans, L. T. 1993. *Crop Evolution, Adaptation and Yield.* Cambridge University Press.
Funes, Fernando and Peter Rosset. 2002. *Sustainable Agriculture and Resistance: Tranforming Food Production in Cuba.*
Hawkes, J. G. 1983. *The Diversity of Crop Plants.* Harvard University Press.
Heibenhuber, A. 1994. *Landwirtschaft und Umwelt.* Economica Verlag(四方康行 外 譯. 1996. 『トイツにおける農業と環境』. 農文協).
Whittaker, R. H. 1960. "Vegetation of the Siskiyou Mounyains." *Oregon and California Ecological Monographs*, 30.

10장

생태학과 자연 이해

김기윤 (한국과학사학회)

1. 생태계 생태학은 자연의 거울인가

알도 레오폴드(Aldo Leopold, 1887~1948)의 『모래군(郡)의 열두 달』은 자주 인용되는 환경론의 고전이다. 이 책의 마지막 장인 「토지윤리」에서 레오폴드는 "산처럼 생각하라"며, 자연이 가장 훌륭한 길을 알고 있다고 선언한다. 이어서 레오폴드는 우리가 자연에 어떤 변화를 가해야 한다면, 자연 그대로와 크게 달라지지는 않는 방향의 변화를 선택해야 한다고 말한다. 자연은 나름대로 변화 과정을 거치며, 그 변화 과정은 풍성하고 건강한 자연생태계를 지향하리라는 생각, 그리고 인간을 비롯한 생물들과 마찬가지로 물리적 환경 역시 배려의 대상이 되어야 한다는 레오폴드의 생각은 단순한 직관이 아니었다. 레오폴드는 원래 자연자원이나 야생동물들이 무한정, 그리고 영원히 존재하는 것처럼 생각하여 사냥을 즐겼던 사람이었다. 그가 어떻게 전형적인 사냥꾼에서 산림 관리인으로 변신하여 토지의 윤리를 말하게 되었을까? 그는 살아가면서 야생동물이 희소해지는 상황을 직접 보아야 했고, 사라져가는 삼림을 지켜보아야 했다.

하지만 그러한 사실을 목도한다고 해서 누구나 대지의 윤리를 말하고 환경 보전을 꿈꾸게 되지는 않는다. 사실 레오폴드가 동·식물은 물론 대지조차 인간의 보호를 필요로 하는 환경의 일부라는 깨달음을 「토지윤리」로 결집해내게 되는 데에는 당시 막 알려지기 시작한 생태계라는 개념이 중요한 역할을 했다.

생태계 개념에 기댄 레오폴드의 선언은 많은 독자들의 심금을 울려왔다. 이렇게 정서에 호소하는 선언이 문학작품에서만 큰 힘을 발휘하는 것은 아니다. 정서적인 선언이나 행사, 구호는 환경정책론, 환경교육, 환경론에서 가장 중요한 작업의 일부이기도 하다(머천트, 2001). 하지만 많은 자연과학 분야가 다소 그렇듯이 생태학이라는 과학은 논리학이나 수학과는 달리 확실한 지식을 논하는 학문 분야가 아니다. 생태학적 개념이 자연을 거울처럼 비춰주는 것도 아니다. 거의 모든 생태학적 개념은 생성되어 사용되기 시작할 때부터 계속 생태학자들 사이에서 논란의 대상이 되어왔다. 우선 환경론의 가장 중요한 생태학적 개념인 생태계라는 개념의 탄생과 형성의 역사를 살펴보면서 생태학이라는 과학의 성격을 되새겨보자. 생태학이란 잡다한 유추와 은유를 바탕으로 만들어진 과학 분야이며, 생태학자들은 끊임없이 생태학의 주요 개념들의 타당성을 비판하고 그 내용을 변화시키고 있다. 그렇다면 우리는 생태학적 개념들을 버려야 하는가? 그렇지는 않다. 과학으로서의 생태학은 레오폴드에게 강렬한 영감을 던져주었고, 이어서 레오폴드의 글은 다음 세대 사람들이 환경을 논하는 데 훌륭한 소통의 도구가 되어왔으며, 아마 미래에도 좋은 도구가 되어줄 것이다(생태학 이론의 변화 과정을 간단히 살펴보는 글로 김기윤(2002a; 김기윤, 2002b 참조).

하지만 또 한편 많은 현대의 생태학자들은 레오폴드의 메시지가 다소 공허하게 들린다며 이의를 제기하고 있다. 생태계라는 용어 자체가 레오폴드가 『모래군의 열두 달』을 출판하기 겨우 십여 년 전, 당시의 지나치게 유기체 유비에 기대던 생태학에 대한 비판 과정에서 물리학적인 모델을 지향하면서 고안되었다. 레오폴드에게 당시의 생태계 개념은 자연을 거울처럼 비춰 보여주는 최신의, 그리고 최상의 이해를 뜻했다. 하지만 그 후, 생태학자들은 레오폴드가 알고 있던 생태계 개념에 담겨 있는 여러 가지 이론적 상정들에 의문을 제기하면서 새로운 개념들을 만들어내 왔다. 그럼에도 불구하고 자연을 그리는 시나 소설 또는 환경을 다루는 정책론은 물론, 생태학의 철학에 대한 논의에서조차 자연과학으로서의 생태학 이론과 개념은 대체로 자연을 비춰주는 거울, 또는 확고한 원리로 다루어지는 것이 통례이다.

생태학 이론은 레오폴드에게 또 우리에게 자연을 이해하는 언어를 제공해주었다. 그렇지만 과학으로서의 생태학 이론은 변화해가고 있으며, 생태학적 개념의 타당도에 대한 생태학자들의 견해도 다양하다. 이제 생태학자들 사이에서 좀 더 설득력 있는 환경담론을 만들어가기 위해서는 종래의 생태계 생태학이 제공해주는 개념들이라는 언어만으로는 부족하다는 인식이 퍼져나가고 있다. 많은 새로운 생태학 연구물이 쏟아져 나오고 있으며, 이러한 새로운 생태학 연구 결과는 좀 더 큰 규모의 연구 지원을 갈망하는 생태학자들의 요구와 맞물려 개발론자들이나 정책 입안자들에게도 자신들의 입장을 뒷받침해줄 수 있는 훌륭한 도구의 역할을 하기 시작하고 있다. 이에 비해 환경론자들은 대체로 선언적·규범적·감성적 환경론에 머무는 경향이 있다. 개발론자들에게나 환경주의자들에게나 자연과학의 성격, 생태학의 성격과 역사에 대한 경험적 성찰과 이에 따르는 다양한 시각과 입장을 함께 둘러보며 분석하는 부지런한 노력이 필요하게 되었다. 특히 자연의 심미적·도덕적 권위를 생태학으로부터 찾는 환경론, 생태론의 언어 관행은 좀 더 분석적인 논쟁의 대상이 되어야 한다(Phillips, 2003).

2. 생태계 개념의 출현

　부분과 전체 사이의 유기적 연계를 읽는 시스템적 이해라는 관점은 오랜 역사를 지니지만, 유기체들과 그 물리적 환경을 한데 묶어 통합된 시스템으로 보아야 한다는 의미의 생태계(ecosystem)라는 단어는 1935년 영국 생태학자 탠즐리(Alfred George Tansley, 1871~1955)의 글을 통해 탄생했다. 「식물학 개념과 용어의 사용 그리고 오용」이라는 글에서 탠즐리는 20세기 초반부터 사용되기 시작했던 군집생태학의 개념들이 생태학 분야의 형성에 중요한 역할을 했음을 인정했다. 하지만 그 개념을 사용하는 방식이 생물 특히 식물 군집을 기술하는 데 치우치는 경향이 있으며, 모호한 가정에 너무 크게 의존하고 있음을 탠즐리는 적시했다. 탠즐리는 특히 천이를 거치면서 극상에 이르는 식물 군집을 생육과정을 거치며 생장하는 생명체와 대비시켜 기술하는 경향은 올바른 유비가 아니라고 주장했다. 그는, 군집을 유기체로 보는 군집생태학자들의 관점은 군집을 이루는 생물체 간의 유기적 연결에만 초점이 맞추어져 있어, 주변의 물리적 환경이 간과되어 있다는 점도 지적했다. 탠즐리에 의하면, 사실 생물 군집의 변화는 그 주변의 물리적 환경과 매우 밀접하게 연결된 시스템을 이루며 변화하게 된다. 따라서 그는 "생태학자의 관점에서 볼 때, 이러한 생물과 그 물리적 환경의 시스템들이야말로 지상의 자연을 이루고 있는 기본 단위"이며, "전 우주로부터 원자에 이르기까지의 무수히 많은 종류의 그리고 다양한 크기를 지닌 이 시스템들 각각을 우리는 '생태계'라고 부를 수 있다"고 말을 잇는다(Tansley, 1935: 299).

이렇게 1935년에 태어난 용어 '생태계'는 현재에 이르기까지 생태학의 가장 중요한 개념으로 이용되고 있다. 20세기 초반 클레멘츠나 카울즈 등을 통해 한 학문 분야로 자리 잡아가던 생태학의 천이, 극상, 그리고 군집 개념이 식물은 물론 동물의 서식상태와 변화를 표현하는 데 매우 유용한 개념임을 탠즐리 역시 잘 알고 있었다. 그런데 그가 왜 1935년에 특별히 유기체들의 집합으로 이루어진 군집 자체의 유기체적 성격을 문제 삼는 긴 글을 쓰게 되었을까? 특정 잡지에 그러한 글을 쓰게 된 직접적인 동기는 탠즐리가 자신의 글에서 지적하듯이 군집의 천이와 유기체 생장 사이의 유사성을 지나치게 강조했던 남아프리카의 생태학자 필립스를 반박하기 위해서였던 듯하다. 필립스는 생물 군집이 탄생해 생장, 소멸하는 과정이 생명체의 일생과 궁극적으로 같은 성격의 변화라고 주장했는데, 이러한 논의를 비롯해 당시의 생태학이 일반적으로 동물이나 물리적 환경을 젖혀두고 식물 군집에 초점이 맞추어져 있음을 탠즐리는 불만스럽게 여겼다. 이에 더해서 당시 탠즐리는 학회지의 편집인으로서 생태학 분야를 좀 더 인정받는 학문 분야로 부각시켜야 한다는 강박관념에 시달리고 있었다. 생태학자 골리에 의하면, 탠즐리의 생태계는 생태학으로부터 형이상학적인 인상을 지워 없애는 동시에 "기계적이고 환원론적인 과학"과의 연결을 시도하는 과정에서 만들어진 개념이었다(Golley, 1993: 15).

탠즐리의 생태계는 또한 제1차 세계대전 이후 번성한, 특정 물리과학과는 다소 독립적으로 발달한 시스템학이라는 이론적 논의에 크게 영향을 받았다. 시스템학에서는 한 조직 내 준위별로 독특한 또는 새로운 성격과 법칙이 나타난다는 점이 강조되었다. 시스템학은 또한 실재의 변증법적인 상태와 역동적인 변화를 보여주는 모습이 자연에서도 생명현상에서도 또 인간의 사회에서도 나타남을 보여주고 있었다(Bertalanffy,

1952). 따라서 탠즐리의 생태계는 20세기 초반에 유행하던 전일론이나 군집 유기체설의 약점을 벗어던지기 위해 만든 개념이었음에도 불구하고, 바로 그 전일론적인 성격이나 유기체적인 성격을 그대로 유지할 수밖에 없는 개념이기도 했다. 어쨌든 탠즐리는 생태계라는 용어를 만들어내기는 했으되, 그를 바탕으로 경험적인 연구를 수행하지는 않았다. 탠즐리는 생태계 내에서 에너지나 물질의 이동이라는 개념을 생각하지 않았으며, 사실 시스템학이라는 분야도 컴퓨터가 개발되기 전까지는 계량적인 연구 프로그램을 만들어내지 못했다.

생태계라는 개념을 경험적 연구 프로그램으로 정립시키는 데 결정적인 역할을 한 논문은 린데만(Raymond Lindeman, 1915~1942)의 「영양물질의 동력학으로 살펴본 생태학」이다(Lindeman, 1942: 399~418). 린데만은 미네소타 대학 인근의 작은 빙하호인 세더 복 호수를 하나의 생태계로 보고 수중 동·식물은 물론 저서(底棲)생물의 생체량과 퇴적 유기물질의 계절에 따른 변화를 5년간 관찰했다. 린데만의 연구는 생태계라는 개념을 이용해 세더 복 호수 생태계를 정의하고 그 역동적인 변화를 정량적인 연구를 지향하며 살펴보려 한 첫 시도였다. 린데만은 우선 호수의 생물들을 식물성 플랑크톤, 동물성 플랑크톤, 수중어류, 수중식물 같은 몇 그룹으로 나눈 뒤, 이들 사이의 먹이사슬 관계를 그려냈다. 다음으로 그는 주로 호수 밑의 토양표층에서 살아간다고 생각된 분해자 박테리아를 중심으로 동·식물 그룹과 이 분해자 사이의 에너지 흐름을 기술함으로써 호수 생태계의 '메타볼리즘'을 추적했다. 마지막으로 린데만은 이 호수 내 생물 그룹과 환경 사이의 에너지 흐름을 호수 내 생물 군집 천이 과정의 일부로 표현해냈다. 호수 생물들의 물질 및 에너지 생산과 이화작용에 따른 물질의 이동과 에너지 소산(消散) 사이 균형의 변화를 천이로 설명하려 했던 것이다.

린데만의 연구는 생물종과 무생물 환경으로 이루어진 물리적 경계를 지닌 생태계를 정의하고, 그 생태계로 유입되는 태양에너지, 생태계의 축적 에너지, 유입되는 영양물질이 생물과 그 환경 내에서 이동하며 그 일부가 수중으로 또는 대기로 방출되기도 하고 또 호수 주변 동물의 먹이가 되기도 하는데 그 결과가 호수 생물상의 변화, 즉 천이로 나타난다는 사실을 커다란 그림으로 보여주고 있었다. 이 연구는 린데만과 조수로 그를 도운 린데만의 부인, 이 단 두 사람의 작업이었으며 이후 적당한 크기의 호수나 소택지 생태계 연구를 소수 인원으로 해낼 수 있다는 생각에서 호소 생태계에 대한 연구들이 이어졌다. 하지만 생태계의 성격에 대한 정량적인 연구가 본격적으로 진행된 것은 아니었다. 린데만의 논문에서 에너지의 흐름이라는 개념은 중요한 새로운 개념이었지만, 그 직후의 생태계 연구들이 생태계 내에서 이루어지는 에너지 흐름을 정량적으로 보여주지는 못했다. 『모래군의 열두 달』이 출판되었던 그해, 1949년에 출판된 생태학의 중요한 문제들을 망라해 다룬 유명한 생태학 교과서에서도 에너지의 흐름이라는 개념은 다양한 생명 현상을 비교하는 사례를 보여주기 위한 예시로만 아주 간단히 소개되었다(Allee, 1949).

3. 생태계 개념의 확립

생태학자들은 유진 오덤의 생태학 교과서 출간을 생태계 개념이 생태학의 핵심 개념으로 자리 잡게 된 결정적인 전환점으로 본다. 사실 오덤의 교과서는 더 나아가 생태학 자체를 생물학의 중요한 핵심 분야로 만드는 계기가 되었다. 1953년에 출판된 오덤의 생태학 교과서는 짧고 간결한 문장으로 핵심적인 개념을 설명하면서, 이론적 원리를 중심으로 내용을 배열했다. 그리고 그 개념들이 적용될 수 있는 사례들을 제시하고 있어 독자들에게 아주 명료하게 그 내용을 보여주고 있었다(Odum, 1953). 오덤 자신에 의하면, 이 책은 그가 재직하고 있던 대학에서 생태학을 핵심 교과목으로 개설하도록 동료들을 설득하는 데 실패한 후, 생태학이 그의 동료들의 관점과는 달리 원리와 핵심적인 개념으로 무장한 진정한 과학임을 보여주기 위해 출판되었다.

물론 이해와 학습을 돕는 원리 중심으로 간명히 저술되었다는 이유만으로 이 교과서가 중요한 고전이 된 것은 아니다. 오덤은 여러 새로운 개념을 도입하거나 적어도 분명히 표현해냈다. 예를 들어 오덤은 이 책을 통해 지구 전체를 거대한 생태계로 보면서 생물권을 그 일부가 되는 단위로 보는 시각을 제시했다. 생태계의 한 단위가 될 수 있는 사례들도 구체적으로 지구생물권으로부터 작은 호수에 이르기까지 다양한 규모로 제시했다. 그는 또한 모든 생물이 기본적으로 광합성을 하는 녹색 식물에 의존해 양분을 얻는다는 생각이나 동·식물 모두가 미생물의 영향을 받게 되는 양상을 명시적으로 그렸다. 무엇보다도 중요한 내용은 생물이 환경에 영향을 미칠 수 있으며, 인간이 생태계를 파괴할 수 있음을 그는 강조했다. 그런데 이렇듯 인간의 환경으로서의 생태계가 강조되는 시각은 생물과 무기 환경 사이의 관계에 대한 이해보다는 환경을 관리하기 위한 도구로서의 생태학이라는 성격이 크게 부각되는 시각이기도 했다.

따라서 오덤의 교과서가 단순히 동료 생물학자들에게 원리와 탐구 기획을 지닌 학문 분야가 될 수 있음을 보여주기 위해 저술된 책은 아니었다. 당시 시작되었던 환경을 훼손하는 인간의 역할에 대한 각성이 그 배경에 있었던 것이다. 그리고 더 직접적인 저술 배경으로는 핵무기의 개발과 핵실험, 그리고 핵물질의 위험성에 대한 두려움을 들 수 있다.

사실 오덤은 1952년 남캐롤라이나 주 서배너 리버 핵발전소 주변 지역 생물상의 천이를 살피는 과제를 에너지성으로부터 수주하게 되는데, 이는 1960년대까지 맹렬하게 이어질 방사성 물질의 지질학적·화학적 순환을 살피는 많은 연구의 시발점이기도 했다. 핵무기에 대한 두려움과 방사성 물질을 통제하고자 하는 열망이 생태계 개념이 확립되는 데, 나아가 사람들이 생태학이라는 단어를 일상적으로 사용하게 되는 데 가장 강력한 추동력이 되었던 것이다.

이렇듯이 생태학은 환경을 관리할 수 있는 과학적인 근거를 필요로 했던 한 사회의 필요에 의해 정립되었다. 생태계 개념과 이에 따르는 몇몇 기본 개념은 복잡한 환경의 변화, 특히 방사성 물질의 이동경로를 간결하게 보여줄 모델을 제공해줄 수 있어 정책입안자, 학자, 그리고 일반인들의 눈을 즉시 사로잡을 수 있었다. 군사적인 목적에서 개발된 사이버네틱스나 정보이론들로 무장한 공학적·경제학적 개념들이 생태계 생태학의 중심에 자리 잡고 있는 것이다.

무엇보다도 오덤은 생태계를 기능적 단위로 다루면서 그 기능을 보여주는 도구로 에너지의 흐름을 다루었다. 여기서 열역학은 생태계의 기능을 보여줄 수 있는 훌륭한 이론적 도구가 되었다. 린데만에게 대형 동물들이 먹이사슬 위쪽에 위치하는 경향이 있다거나, 먹이사슬 사이를 이동하는 동안 에너지가 소산되는 경향이 있다는 서술은 생명 현상을 기술하는 표현에 불과했었다. 이제 오덤의 교과서에서 이러한 내용은 열역학의 법칙 아래 연역될 수 있는 원리로 등장한다. 열역학 제1법칙에 따르면, 한 생태계 안으로 들어오는 에너지의 총량은 이 생태계 밖으로 빠져나가는 에너지의 총량 및 생태계 내에 축적되는 에너지의 총량과 같아야 한다. 따라서 이 원리는 이제 생태계 내의 주요 에너지 이동 과정이 제대로 측정되었는지를 가늠하는 지표가 되었다. 물론 열역학 제2법칙에 따르면, 에너지는 이동 과정에서 소산될 수밖에 없으므로 에너지 수율은 100%를 넘을 수는 없을 것이다. 이러한 원리하에 생물들 사이의 관계는 에너지 수율과 영양단계에 따른 생체량의 비율로 그려진다. 생물종은 추상화되어 에너지와 생체량을 주고받는 매개자로 암흑상자화된다. 사실 생태계 생태학이란 자연사나 생물학이라기보다는 수학이요 공학이라는 것이 생태학자 골리의 생각이다.

오덤 이후에도 생태계 생태학의 용어나 개념은 계속해서 변화해갔다. 1971년 비거트(Richard Wiegert)와 오언(Dennis Owen)은 생산자, 소비자, 분해자라는 영양단계 사이의 에너지 및 물질 교환이 단선적인 데다가 여기서 나타나는 연쇄가 획일적으로 분해자로 이어지므로, 좀 더 복잡하고 역동적인 생태계의 에너지 및 물질 대사를 그려낼 수 없는 약점이 있음을 발견했다. 따라서 비거트와 오언은 생산자, 소비자, 분해자 대신 독립영양생물(autotrophs), 기생영양생물(biophages), 부생영양생물(saprophages)로 개념을 바꾸고 1·2·n차 기생영양생물, 1·2·n차 부생영양생물을 구분하면서 이들 사이의 물질과 에너지의 전달 경로를 그려내기 시작했다. 그리고 이 새로운 개념 역시 무엇보다도 생태계 내의 에너지 및 물질 이동을 예측하고 통제하려는 시각에서 개발되었다. 이렇게 생태학의 여러 개념은 특정한 역사적 상황 속에서 형성되고 변화해왔으며, 앞으로도 계속 변화해갈 것이다. 그리고 생태계 개념은 그 태생으로부터 환경의 보전을 위해 만들어진 분야는 아니었으며, 환경의 보전이 필요하다는 사실을 뒷받침해줄 수 있으리라는 기대에서 생겨난 개념도 아니었다.

4. 생태계 개념에 대한 생태학 내부로부터의 도전

1970년대에 들어서면 생태계 연구는 기하급수적으로 늘어난다. 생물학 분야의 연구목록을 정리한 『생물학 연구 초록(Biological Abstracts)』에 생태계가 연구 대상이 되는 주제어로 등재되기 시작한 해는 1957년이었는데, 등재된 연구논문은 단 한 편이었다. 1975년에 등재된 연구 논문은 162건이었다. 1957년 생태계에 관한 논문 37편이 등재되었을 때 생태학 주제의 등재논문이 1,759편이었으니, 생태계에 관한 연구는 생태학 연구 전반이 확대되면서 함께 늘어났음을 알 수 있다. 이제 생태계 생태학은 핵폭탄 연구과제의 냄새가 나는 방사선 생태학(radiation ecology)이나 냉전 시대의 사이버네틱스나 암호 이론의 흔적이 드리워진 시스템 생태학이라는 모양새를 벗어나 핵폭탄이나 냉전과는 직접 연루되지 않는 다양한 연구 프로그램들이 개발되기 시작한다. 생태학자들은 1970년대에 들어서면서 생태계 생태학이 비로소 패러다임을 갖춘 '정상과학'이 되었다고 말하기도 한다. 『생물학 연구 초록』의 통계는 1960년대 끝 무렵부터 쏟아져 나오기 시작한 국제 생물학 프로그램(International Biological Program)의 연구 성과로 인한 생태계 연구물의 폭발적인 증가를 보여준다.

하지만 1970년대 들어서면서부터는 생태계 개념이 지니는 약점에 관한 논의들이 강하게 대두되기 시작한다. 생태학계 외부인들에게는 놀라운 일이겠지만, 생태학자 골리는 1980년대에 생태학을 공부하기 위해 대학원에 진학하던 학생들 대부분이 생태계란 시대에 뒤떨어진 개념이며 생태학계에서는 부정되고 있는 개념으로 생각하고 있었다고 회상했다(Golley, 1993: xi). 생태계 개념에 대한 공격의 중심에는 1960년대 중반부터 뜨겁게 달아올랐던 진화의 단위에 관한 논쟁이 자리했다. 1960년대 중반까지 많은 진화학자들은 진화에서 집단선택이 매우 큰 힘으로 작용한다고 생각해왔다. 그리고 진화에서 집단선택이 작용하는 예를 찾으려는 진화학자들은 생태학적인 조직 수준의 단위, 즉 한 생태계를 자연선택의 단위로 예시하곤 했다. 그런데 1960년대 중반부터 자연선택의 단위는 개별 유기체일 수밖에 없으며, 다양한 형질이 뒤섞여 있는 집단의 선택효과란 아주 미미하거나 전혀 없다는 입장이 대세를 이루기 시작했다. 진화에 있어 자연선택의 단위가 개체일 수밖에 없다는 주장은 1970년대에 들어 더욱 강력하게 생물학자들의 뇌리를 사로잡게 된다. 영국의 식물 생태학자 존 하퍼는 생태학 이론을 개관하면서, 모든 생명 현상의 배경에 진화가 자리 잡고 있음을 인정한다면, 여러 종 그리고 여러 개체로 이루어진 한 생태계 또는 군집이란 결국 집단이며(Superindividual), 이렇게 집단을 경쟁 및 진화 또는 천이의 단위로 보는 연구가 자연을 제대로 보여줄 수는 없는 일이라고 주장하게 된다(Harper, 1977: 148).

많은 생태학자들이 자연선택의 단위는 개체일 수밖에 없다는 진화학자들의 주장을 그럴 듯하게 생각했고, 하퍼와 같은 주장을 접하면서 생태계 및 군집 개념의 학문적 위상에 불안을 느꼈다. 하지만 생태학자들은 생태학의 연구를 중단할 필요를 느끼지는 않았다. 진화는 생태학자들의 주된 관심사가 아니었고, 더구나 종이나 개체 역시 생태학자들의 주된 관심사가 아니었기 때문이다. 종이나 개체는 생태계 생태학 속에서 단지 영양단계나 측정해야 할 생체량으로 기능을 할 뿐이었다. 더구나 예리한 생물학자 에른스트 마이어는 이미 1961년부터 생명 현상의 궁극적인 원인을 다루는 진화론과 직접적인 원인을 다루는 생리학이나 생태학을 구분하는 논의를 진행해오고 있었다. 생태학은 생물계의 기능을 다루는 학문이며 역사적인 과정을 다루는 진화론과는 다른 방법론과 원리에 기초를 둘 수 있다고 마이어는 주장했다(Mayer, 1961: 1501~1506).

역사학자 하겐은 1970년대 진화론에서 비롯된 생태계 생태학의 위기를 좀 더 심각하게 평가한다. 1970년대에 이르러 이미 많은 생태학자들은 생태학이 환경론과 환경정책에 중요한 역할을 할 수 있으리라는 낙관적인 기대를 버렸다고 하겐은 지적한다(Hagen, 1992: 162~163). 사실, 생태학을 진화론의 관점에서 바라보는 생태학자들은 점차 더 거세게 생태계 생태학과 군집생태학의 여러 개념을 공격하기 시작하면서 진화생태학으로 불리는 새로운 경향을 만들어내게 된다.

생태계 개념이 생태학 내에서 공격과 비판의 대상이 된 것이 단순히 진화 이론과의 충돌 때문만은 아니었다. 생태계라는 개념이 실제로 경험적인 연구 결과에 의해 뒷받침되지 못했다는 생태학자들의 인식이 이어졌다. 국제생물학 프로그램의 일환으로 시작되어 국립과학재단의 재정적 도움이 더해져 야심만만하게 시작된 반 다인(George Van Dyne)의 초지 생물권 생태계 연구는 거대한 지역의 복잡한 생태계를 단순한 변인들의 집합으로 바꾸어 모델링하는 시스템적 접근의 한계를 드러내어 실패로 돌아갔다. 무엇보다도 거대 생태계의 공간적 경계를 설정하는 일조차 어려웠다. 생태학자들의 단골 연구 대상이던 호수와는 달리 삼림이나 초지에서는 산불이 일어날 수도 있고, 동물들이 무리를 지어 이동할 수도 있다. 생태계의 균형 또는 생태계의 안정성이라는 개념은 사실 생태계 생태학자들이 상정한 '모델'에 지나지 않는다는 깨달음이 번졌다. 이 연구를 가까이서 살펴볼 수 있었던 생태학자 대니얼 보킨은 "모델은 그 모델이 상정하는 대상이 무엇인지를 뚜렷이 보여줄 수 있어야 유용하게 이용할 수 있는데 실체가 모호한 수많은 변인들을 모델화하여 조작하는 행위가 무엇을 뜻하는지가 분명해질 수는 없는 노릇"이라고 말하며 거대 생태계 연구는 실패할 수밖에 없었다고 분석했다(Botkin, 1977: 385).

국제 생물학 프로그램의 생물권 연구에서는 반 다인의 초지 생물권 연구 외에도 미국 동부 상록수림지역 생물권 연구를 포함한 네 지역 생물권 연구가 함께 진행되었다. 이 각기 다른 생물권에 대한 연구자들이 각자의 연구 결과물을 만들어냈지만, 계획했던 광역 생물권 생태계 연구 대신 그 지역을 수많은 소지역으로 나누어 모델링하는 연구 결과를 발표하게 된다. 비교적 너른 지역의 생태계 전체를 연구하려는 노력이 언제나 실패로 끝났다고 평가할 수는 없다. 라이큰즈와 보르먼은 삼림생태계를 연구하면서, 눈이나 비가 흘러내려가 영향을 미치는 한계, 즉 수계를 한 생태계로 구획해내는 방법으로 비교적 분명히 정의된 생태계 공간을 정의하면서, 매우 정밀한, 즉 유의미하다고 인정받는 측정과 통제 가능한 생태계 모델을 만들어낼 수 있었다(Bormann and Likens, 1979).

과학적인 개념이란 작동하지 않을 경우 이렇게 새로운 방법을 모색할 수도 있고, 또 그 개념을 조금씩 바꿔나갈 수도 있는 것이므로, 생태계 개념이 약점을 드러냈다고 해서 버려야 할 개념이라거나 쓸모없는 개념이라고 단정할 수는 없다. 하지만 생태계라는 모델 내에서 생명체 또는 생물종이 기계의 부품처럼 추상화되어 다루어지고 있다는 점을 염두에 두고 생각해보자. 생태학자들의 생태계 모델 내에서 생명체 또는 생물종은 생물학이나 자연사에서 다루는, 경쟁하고 번식하고 활동하는 존재가 아니다. 생태학자들의 생태계 모델은 공학적 모델이요 수학적 모델인 것이다. 더구나 이는 환경담론, 생태담론 중에 등장하는 생태계 그리고 생태학이라는 용어에 대한 감성적 이해가 기대기에는 너무 불안정한 모델인 것이다.

생태계 개념에 기계적이고 환원론적인 요소가 존재한다는 사실이 생태학이 잘못된 과학임을 말해주는 것은 아니다. 하지만 생태학자들이 다루고 있는 생태계 개념과는 전혀 다른 생태계 개념에 기댄 환경담론들은 매우 공허한 논란으로 비칠 수 있다. 생태계 개념이 유기체적이고 전일론적 개념인가, 기계적이고 환원론적 개념인가 하는 혼란보다도 더 큰 괴리가 생태학자들과 일반인들 사이를 가로막고 있는데, 이는 생태학의 과학적 위상에 대한 생태학자들의 불안감과 일반인들의 믿음 사이의 괴리이다. 일반인들이 접하는 생태계의 개념은 클레멘츠, 카울즈, 탠즐리, 유진 오덤 등이 현상을 단순화해 설명하기 위해 강렬한 언어를 권위적으로 사용하며 쓴 교과서적 논의 속의 개념이다. 이는 후학을 교육하고 생태학의 위상을 제고하며, 방사선 생태학이나 환경관리론을 전개하는 데 훌륭한 역할을 해왔다. 하지만 실제 생태계를 다루는 생태학자들의 논의는 점차 조심스러워지고 있고, 일반인들이 인기 있는 생태학 서적에서 읽을 수 있는 내용과는 전혀 다른 내용이 등장하고 있다.

예를 들어 생태계 내 종의 다양성이 생태계의 안정에 기여할 수 있다는 논의는 환경론에서 당연한 사실로 널리 수용되고 있다. 하지만, 이는 이론을 만들어낸 당사자인 골리와 같은 생태학자를 당혹스럽게 만드는 상황이기도 하다. 오덤, 골리 등 여러 생태학자들이 1960년대 전반에 생태계를 구성하는 종의 다양성이 생태계의 안정성에 기여하는 것으로 보인다는 관찰을 발표했다. 그러나 1960년대가 끝나기도 전에 골리는 다양한 종으로 이루어진 생태계가 단일 종으로 이루어진 생태계보다 더 안정한 것은 아니라는 연구 결과들을 수용했다. 생태학자 골리의 마음속에서 생태계는 끊임없이 변하는 존재이며, 종 다양성이 보장해 주는 생태계의 안정성이란 대중의 마음속(popular mind)에서나 존재하는 환상이었다(Golley, 1993: 100).

5. 생태계 개념에 대한 생태학 외부로부터의 도전

1990년경에 이르면 생태계 개념에 대한 생태학자들의 비판적 분석이 생태학계 외부로 확장되면서 환경론, 환경정책은 물론 생태론 일반에 대한 비판과 성찰의 글이 쏟아져 나오기 시작한다. 1990년 생태계 개념을 비롯해 천이, 극상에서 시작해 생태계의 균형론, 그리고 생태계의 안정성이 종 다양성에 의해 보장될 수 있으리라는 논의에 이르기까지 오랫동안 생태학계 외부에서 의문의 여지가 없는 원리로 여기는 많은 이론이 얼마나 취약한 근거에 바탕하고 있는가를 폭로하는 폭탄 같은 책이 출판되었다(Botkin, 1990). 이 책에서 보킨은 개체군, 군집, 그리고 생태계가 천이의 단계를 거치면서 극상이라는 안정단계에 접어들 수 있으리라는 고전생태학의 이론적 기반이 20세기 초반의 초유기체 이론과 20세기 중반의 기계적 은유 위에 만들어진 '신화'로서, 생태학의 경험적 연구 결과와는 전혀 맞아떨어지지 않는다고 주장한다. 그럼에도 불구하고 정부 관리들은 어획량 관리, 야생생물 관리, 그리고 환경영향 평가 등을 위해 여전히 이 오래된 자연의 균형이론에 매달리는 잘못을 범하고 있다고 보킨은 주장했다(Botkin, 1990: 42~43).

이어서 보킨은 환경론자들도 마찬가지로 생태계 개념이 상정하고 있는 기계적인 유비와 초유기체론에 근거한 '신화'인 자연의 균형에 집착하고 있음을 지적한다. 환경운동이 인간의 문명에 의한 자연의 훼손을 지적하며 사람들로 하여금 환경의 중요성을 깨닫게 해준 것은 사실이다. 하지만 보킨은 현대의 환경운동은 환경문제를 해결할 수 없으며, 환경문제를 해결할 수 있는 접근방식도 아니라고 주장한다. 일견 환경론자들은 개발론자들의 기계적·공학적 세계관에 반대하는 입장을 취하고 있는 듯 보이지만, 사실 환경론자들 역시 개발론자들과 마찬가지로 19세기를 거치며 만들어진 산업사회 특유의 자연관에 기초한 신화적 생태학 이론에 매달리기 때문이라는 것이다. 생태계, 자연의 균형, 생태계의 생산자·소비자 개념 균형을 위한 대차대조표 같은 에너지와 물질 이동 공식들이 모두 실상은 산업사회의 그림자를 토대로 만들어진 "비과학적인 신화"라고 보킨은 주장한다. 2003년, 오덤 형제가 둘다 죽으면서 21세기의 대표적인 생태학자가 된 보킨이 제시하는 해결책은 무엇일까? 현대의 과학과 기술이 의미하는 바를 제대로 이해해, "기술과 환경에 대한 관심을 긍정적으로 결합시켜야 한다"고 그는 주장한다(Botkin, 1990: 6).

이어서 보킨은 비과학적인 유기체 이론 또는 기계적 이론이라는 잘못된 모델에 근거한 생태계 개념을 대체할 카오스적 자연관을 소개한다. 생물 군집은 산불이나 인간의 간섭 등 동·식물들 사이의 상호작용만으로는 계측할 수 없는 교란을 경험할 수밖에 없다. 천이란 기후만으로 결정되지 않으며 다양한 비결정론적인 원인이 각 지역의 군집을 특정 동·식물상의 집합으로 만들어낸다. 식물의 씨앗이 어느 지역에 안착하게 될지, 어느 지역에서 산불이 발생할지, 어느 구역을 개발하기로 인간들이 결정할지 등의 사안은 예측할 수 없는 방식으로 특정 지역의 식물상과 동물상에 영향을 미치게 된다. 이러한 교란의 결과로 실제 자연, 예를 들어 식물상은 균일하고 예측 가능한 군집의 천이로 나타나기보다는 갖가지 식물상의 조각보 형태로 나타난다는 것이다.

하지만 이렇게 무질서해 보이는 자연의 이해가 어떻게 "기술과 환경에 대한 관심을 긍정적으로 결합시키는" 길을 제시해줄 수 있을까? 보킨은 컴퓨터라는 점점 더 정교해지는 도구가 현대 생태학의 복잡한 생물상을 그려내면서 자연을 대하는 우리의 선택에 이정표들을 제시해줄 수 있을 것이라고 주장한다. 이를 위해 "전문가들을 양성하고 적합한 연구와 관리를 위해 지금까지보다 훨씬 더 많은 연구비를 조성해야만 한다"는 것이다(Botkin, 1990: 194). 하지만 역사학자들에게는 복잡계 이론이나 카오스 이론이라는 새로운 패러다임에 의거한 보킨의 진화생태학 역시 포스트모던 시대의 특정한 문화 속에서 태동한 시대의 산물로 여겨진다. 더구나 자연의 질서와 균형을 상정하지 않고 교란을 겪으며 불규칙하게 변화하는 자연을 상정하는 생태학 이론이, 환경론을 위한 안내역을 해낼 수 있을 성싶지는 않다(워스터, 2002: 17장).

6. 생태계 개념의 심미적·도덕적·형이상학적 권위

사람들은 건강한 생태계란 인간의 간섭이 최소화되어 자연스러운 균형이 유지되는 생태계라고 말한다. 사람들은 또한 인간의 간섭이나 가뭄, 홍수 등과 같은 재해를 견딜 수 있는 생태계는 다양한 종으로 이루어진 생태계일 것이라고 생각한다. 하지만 생태계의 균형이라는 개념 자체 그리고 그 균형을 유지하는 데 종 다양성이 어떤 역할을 하는가라는 질문에 대한 생태학자들의 답변은 그리 명쾌하지 못하다. 많은 생태학자들은 생태학 연구 결과가 보여주는 불안정한 결과를 인정하면서도 그 이론에 기대는 환경론에 이의를 제기하지는 않는다. 하지만 매킨토시, 골리, 그리고 보킨과 같은 생태학자들의 발언에서 볼 수 있듯이, 그리고 최근의 환경과학 교과서들이 지적하기 시작한 것처럼, 생태학은 불변의 원리 위에 자리 잡은 진리의 전당 같아 보이지는 않는다. 생태학은 겨우 20세기에 접어들면서 생성되어 시대의 변화에 따라 모습을 달리해가는 학문 분야인 것이다.

그런데도 문인들이나 환경운동가들은 흔히 생태계, 심지어 생태학을 자연과 동일시하곤 한다. 그리고 생태계, 생태학 또는 자연으로부터 도덕적인 권위를 구한다. 역사학자들도 예외는 아니다. 환경 또는 생태론에서 가장 즐겨 인용되는 역사서의 저자인 역사학자 도널드 워스터는 보킨이 주창하는 현대의 진화생태학이 더는 "인간사회가 따라야 할 도덕적 모델을 제공해주지는 않는" 점을 지적하며 불만스러워한다(Worster, 1995: 72). 하지만 생태학이란 학문 분과의 이름일 뿐이며, 생태계 역시 생태학 분야가 유기체 모델, 기계 모델, 시스템 모델들을 채택하고 이론적 논쟁을 거치면서 만들어낸 개념이다. 더구나 지난 백 년 동안 생태학이 변화해왔듯이 앞으로도 생태학은 변화해갈 가능성이 크다. 그 과정에서 생태계 개념, 즉 생태학 자체가 관리와 개발을 목적으로 형성된 개념이라는 점도 염두에 두어야 한다. 물론 과학기술이 변화한다는 사실이나 생태학이 공학적 뿌리를 지닌다는 사실이 그 학문 분야들을 통한 자연의 이해가 잘못되었다는 해석으로 이어져서는 안 된다. 하지만 과학기술의 진보나 진정한 생태학이 전해주는 메시지에 우리의 미래를 맡길 수 있으리라는 기대 역시 하지 않는 것이 옳다. 이 모두 과학기술, 생태학 또는 생태계 개념의 정체에 대한 지나치게 결정론적인 이해와 안이한 근거에 의존하기 때문이다.

자연에 대한 감성이나 심미적 감각 또는 자연의 가치를 전제하는 선언이나 절규, 희망에 기대는 환경론은 매우 강력한 비판에 직면해 있다. 환경론 또는 생태담론들은 문화이론·사회이론의 정교한 분석 대상이 되어왔으며, 이제 환경론·생태담론들이 기대어온 생태학 이론 역시 이들의 분석 대상이 되기 시작하고 있다. 자연의 가치를 제고하고, 자연의 가치에 대한 신념을 선포하고, 이를 위해 정치적인 힘을 모으며 교육활동을 시도하는 일은 환경운동의 잎이요 꽃이라고 할 수 있겠다. 하지만 설득력 있는 근거를 제시하며 개발론, 산업계, 일반인들을 대상으로 효과적으로 대항하기도 하고 의사소통을 하기 위해 환경론은 좀 더 다양한 언어를, 즉 자연을 보는 사회이론과 문화이론, 그리고 생태학의 역사와 철학이라는 언어를 구사할 수 있어야 한다(김기윤, 2002c).

참고문헌_ 10장 생태학과 자연 이해

김기윤. 2002a. 「생태학의 사회 문화적 배경에 관한 역사적 고찰」. ≪한국과학사학회지≫, 제24권 1호(6월).
_____. 2002b. 「진화생태학의 형성을 통해 살펴본 생태학의 성격」. ≪한국과학사학회지≫, 제24권 2호(12월).
_____. 2002c. 「자연, 그 개념은 인간이 만든 것인가」. ≪과학과 철학≫, 11호.
레오폴드, 알도(Aldo Leopold). 1999. 『모래군(郡)의 열두 달: 그리고 이곳저곳의 스케치』. 송명규 옮김. 도서출판 따님.
머천트, 캐롤린(Carolyn Merchant). 2001. 『래디컬 에콜로지』. 허남혁 옮김. 이후.
워스터, 도널드(Donald Worster). 2002. 『생태학: 그 열림과 닫힘의 역사』. 강헌·문순홍 옮김. 아카넷.
매킨토시, 로버트 1999. 『생태학의 배경: 개념과 이론』. 김지홍 옮김. 아르케.

Allee, W. C. et al. 1949. *Principles of Animal Ecology*. Philadelphia: W. B. Sounders.
Bertalanffy, Ludwig von. 1952. *Problem of Life: An Evaluation of Modern Biological and Scientific Thought*. New York: Harper Torchbooks.
Bormann, H. F. and G. E. Likens. 1979. *Pattern and Process in a Forest Ecosystem*. New York: Springer-Verlag.
Botkin, Daniel B. 1990. *Discordant Harmonies: Ecology in the Twenty-first Century*. Oxford: Oxford University Press.
Botkin, Daniel. 1977. "Bits, Bytes, and IBP." *BioScience*, 27.
Golley, Frank Benjamin. 1993. *A History of the Ecosystem Concept in Ecology: More Than the Sum of the Parts*. New Heaven: Yale University Press.
Hagen, Joel. 1992. *An Entangled Bank: The Origin of Ecosystem Ecology*. New Brunswick: Rutgers University Press.

Harper, J. L. 1977. "The Contributions of Terrestrial Plant Studies to the Development of the Theory of Ecology." in C. E. Gorden(ed.). *The Changing Scenes in the Natural Sciences: 1776~1976*. Philadelphia: Academy of Natural Science.

Lindeman, Raymond L. 1942. "The Trophic Dynamic Aspect of Ecology." *Ecology*, 23-4.

Mayer, Ernst. 1961. "Cause and Effect in Biology." *Science*, 134.

Odum, Eugene P. 1953. *Principles of Ecology*. Philadelphia: W. B. Sounders.

Phillips, Dana. 2003. *The Truth of Ecology: Nature, Culture, and Literature in America*. Oxford: Oxford University Press.

Tansley, Alfred George. 1935. "The Use and Abuse of Vegetational Concepts and Terms." *Ecology*.

Worster, Donald. 1995. "Nature and the Disorder of History." in Michael E. Soulé and Gary Lease(ed.). *Reinventing Nature? Responses to Postmodern Deconstruction*. Washington D.C.: Island Press.

_____. 1998. "The Ecology of the Order and Chaos." in *The Wealth of Nature: Environmental History and the Ecological Imagination*. Oxford: Oxford University Press.

11장

생명공학의 문제와 그 근본 대책

박병상(인천 도시생태·환경연구소 소장)

1. 머리말

조상님께 죄송하다. 차례 상을 둘러보니 조상님이 드시던 음식은 하나도 없어 보인다. 수입쇠고기로 만든 산적, 수입 밀 약과, 조기와 동태전은 틀림없이 원양산이다. 모르긴 해도 부침개에 들어간 녹두와 나물로 올라온 숙주와 고사리는 중국산일 것이다. 농수산물유통공사 앞에서 유전자조작 콩 수입을 규탄하는 집회를 벌인 적도 있어서 차례 상을 준비하는 아내에게 우리 콩 두부를 주문했다. "우리 콩 두부요? 그건 3배나 비싸요!"

콩은 분명, 좋은 식품이다. 단백질이 풍부한 반면 콜레스테롤이 적어 고혈압이 걱정스러운 중년의 보양식으로 그만이고, 전통 된장은 항암 능력이 뛰어나다고 한다. 된장과 더불어 간장, 콩장, 두부, 발효와 저장식품에서 밑반찬에 이르기까지, 우리 조상들은 콩으로 만든 음식을 즐겨 먹었다. 그래서 차례 상에 두부는 빠지지 않는다. 그런데 콩은 유전자조작 콩을 재배하는 국가에서 주로 수입한다. 그렇지만 미국계 다국적기업인 몬산토가 개발한 '라운드 업 레디'라는 상품명의 유전자조작 콩으로 만든 두부를 꽤 먹었을 소비자들은 아직까지 특별한 불만을 토로하지 않는다. 알레르기 현상은 없을까. 원인도 모르고 긁지는 않을까. 조작된 유전자가 들어간 두부를 먹은 지 여러 해가 지났건만 아무런 반응이 없으니 유전자조작 콩은 과연 괜찮은 것일까.

한때 우리나라가 세계 5번째로 동물복제에 성공한 국가라고 믿었던 적이 있다. 이름하여 '영롱이'가 미수정란의 핵을 체세포의 핵으로 치환해 태어났다고 1999년 서울대학교 수의과대학 황우석 전 교수가 발표했다. 일반 소보다 3배나 더 많은 우유를 생산해낼 수 있다고 장담했던 영롱이는 영롱(玲瓏)한 생물일까. 4개월 후 육질이 좋고 병에 강한 복제 한우 '진이'가 태어났다고 거푸 발표했다. 그러자 영롱이나 진이와 같은 이른바 '슈퍼소'의 수정란을 일란성 다태자(多胎子) 상태로 2,000개 이상 복제, 전국 농가에 무료로 보급할 예정이라고 포부를 밝히기도 했는데, 자칫 '영농(榮農)이'가 될 뻔한 영롱이는 진이와 더불어 진위가 의심스러워졌다.

생명복제 기술은 축산동물을 넘어선다. 자신들이 보유한 가격이 비싸고 혈통이 우수한 종마와 한국산 호랑이를 복제하려는 재벌도 있었고(≪조선일보≫, 1999년 2월 21일) 거부반응 없는 이식용 장기를 복제 미니돼지로부터 저렴하게 추출해낼 것이라 멋대로 기대한다. 배아줄기세포 사기극으로 돌이키기 추문을 세계인의 뇌리에 각인시켰음에도 불구하고 여전히 체세포 핵이식 방식으로 줄기세포를 추출해 불치병과 난치병을 치료하겠다는 비윤리적 신기루, 그래서 반도체를 이을 밑도 끝도 없는 부가가치를 반드시 챙기겠다는 어처구니없는 의지를 국가 차원에서 불태우는 형편이다.

벼, 고추, 배추, 담배, 깻잎, 토마토를 비롯한 유전자조작 농산물을 개발했다고 밝힌 농업과학기술원은 전국 주요 표본지역에서 시험 재배를 해 안전성에 문제가 없다고 판단되면 그 씨앗을 농가에 보급하겠다는 계획을 천명했는데, 아직 안전성 여부를 농민과 시민에게 확신시키지 못해 보급을 실현하지 못했다고 밝혔다. 하지만 스스로 불어대는 찬란한 성공 나팔은 우리나라가 생명공학 선진국이라는 것을 시민사회에 인식시키려 무던히 애를 쓰는 모습이다. 이런 희망을 반영했을까. '생명안전성 협약(Biosafety Protocol)' 체결을 목표로 당사국 총회에 참석한 우리 정부는 유전자 농산물 수출국의 지위를 가슴에 품고 출발했다. 자급률이 형편없다는 사실을 망각하고, 우리가 마치 수출국의 일원인 양, 무역 라운드에서 수출국이 받을 피해에 노심초사하는 자세를 연출한다.

과학기술은 만능일까. 과학기술은 가치중립이고 연구자는 연구할 따름이며 어떻게 활용하느냐에 따라 선악이 발생하는 것일까. 과학자는 지적 호기심을 불태우며 자연의 이치를 하나하나 벗겨냈고, 세상은 덕분에 살기 좋아졌다고 믿어도 될까. 연구비의 많고 적음에 휩쓸리는 연구자는 연구비를 제공하는 정부나 기업의 의사결정에서 자유롭지 못하므로 현대의 과학은 결코 가치중립적일 수 없다는 과학기술 사회학자들의 논박은 일단 논외로 치자(로즈, 1984). 그렇다면 맹목적인 과학기술로 인해 '위험사회'가 초래했다는 울리히 벡의 경고는 한낱 잠꼬대일까. 과학기술의 성패는 개발 당시의 가치기준으로 판단할 수 없다. 칭송받던 과학기술이 훗날 폐기해야 하는, 폐기하고 싶어도 폐기할 수 없는, 폐기해도 돌이킬 수 없는 폐해로 인류에게 고통을 준 사례는 차고 넘친다. 생명공학기술은 안 그럴 것이라고 확신할 수 있을까.

영국의 아파드 푸스타이 박사는 "시민들을 모르모트로 이용하는 것은 매우 부당하다. 이런 일들은 실험실에서나 이루어져야 한다"며 유전자조작 농산물의 위험성을 밝혔는데, 방송 출연을 사전에 허락했던 연구소 당국은 느닷없이 그를 면직 처리했다. 그로부터 6개월 뒤, 유럽 13개국의 저명한 과학자 22명은 푸스타이 박사의 연구 결과를 지지하고 나섰다. 쥐들에게 유전자가 조작된 감자를 10일 동안 먹이자 신장, 쓸개, 창자가 손상되고 뇌의 크기가 줄어들었으며 면역기능이 약화되었다는 푸스타이 박사의 연구를 입증했기 때문이었다. 유럽의 과학자들은 푸스타이 박사의 복직과 유전자조작 농산물의 영향 연구를 요구했으나 영국 정부와 해당 연구소는 이를 외면했다. 푸스타이 박사는 자신을 침묵시키려는 산업계와 정치권의 압력이 있다고 확신했고, 영국을 비롯한 유럽의 소비자는 유전자조작 식품에 표시를 하거나 대형 마켓에서 판매를 중단할 것을 강력히 대응했다.

영국에서는 약품 허가처럼 엄정한 실험을 거쳐 유전자조작 농산물을 시판해야 한다고 주장한 푸스타이 박사가 면직되기도 했다. 그러나 생명공학 찬사에 도취한 우리나라에서 과연 생명공학의 위험성과 비윤리성을 지적하는 연구자가 나타날 수 있을까? 유전자조작 식품을 매장에서 철수시키는 업주의 과감한 모습을 시민들은 아직도 지켜볼 수 없다. 다만 황우석 전 서울대학교 수의과대학 교수의 사기극에 열광했다가 현재는 침묵하고 있을 따름이다.

2. 생명공학의 겉과 속

인간은 무엇으로 사는가. 종족 번식과 자신의 체온 유지를 위해 대부분의 동물들은 식과 주를, 어떤 동물은 식만 요구하는데, 인간은 식과 주에 덧붙여 의까지 요구한다고 『월든』에서 소로(Thoreau)는 간파한다. 제 몸의 털을 잃은 인간으로서 어쩔 수 없는 노릇이지만 덕분에 생태계는 어지러워졌다. 자신의 생존을 위해 인간 이외 생물들의 희생을 강요하기 때문이다. 인간만큼 복잡한 외피를 지닌 동물도 없다. 1년에 한두 차례 털갈이하는 동물과는 달리 하루에도 몇 번이나 옷을 갈아입고, 서너 겹을 겹쳐 입고도 춥다면서 다른 동물의 가죽을 벗긴다. 종류도 양도 엄청난 외피를 인간은 개성이라 둘러대는데, 그래서 그런지 같은 외피의 인간을 거리에서 만나면 여간 불쾌해하는 것이 아니다. 인간의 의(衣)는 종족 번식이나 체온 유지와는 별 관계없을 성싶다. 식과 주는 관계있을까.

생물다양성 급감, 부존자원 격감, 기아, 물 기근, 원시림 파괴와 사막 증가, 엘니뇨와 라니냐, 가뭄과 홍수, 기상이변, 지구온난화와 오존층 파괴, 환경호르몬, 핵폐기물, 산업폐기물, 토양오염, 대기오염, 수질오염, 강력해진 과거의 질병, 다른 지역의 풍토병, 듣도 보도 못한 병, 정 붙일 곳 없는 회색도시의 익명성과 삭막함, 살인, 방화, 폭력, 절도, 강간, 만성 수면부족, 피로, 스트레스 그리고 지역분쟁. 이 시대를 살아가는 지구촌 인간들에게 닥칠 수밖에 없는 부정적 현상의 목록이요 피할 수 없는 일상의 단면으로, 발생 원인은 하나같이 인간 자신에게 있다. 어느 것 하나 따로 떼어 생각할 수 없이 모두 연관되어 있다. 산업화, 인구증가, 도시화, 세계화, 중앙에 집중된 거대 사회구조, 획일적인 식성·습관·언어·문화·제도·돈, 그리고 수입 감탄사까지. 현대 사회에서 어느 것 하나 회피할 수 없다.

새천년의 4반세기가 되기 전에 중국도 마이카 시대를 열 것으로 전망된다. 소득 증가에 따른 식생활과 개인위생의 개선은 평균수명을 연장시켜, 한 자녀 갖기를 강력히 펼치고 있는데도 현재 13억 명인 중국의 공식 인구는 16억에서 18억까지 증가할 것으로 예상된다. 현재 채식 위주의 중국인들이 고기로 배를 채우고 햄버거에 길든다면 쇠고기를 공급하는 목장을 위해 아마존 원시림을 모조리 개발해도 모자랄 지경일 것으로 전망한다. 한 가구에 1대씩 쳐도 중국에 5억 대에 가까운 자동차가 굴러다닐 텐데 지구촌에는 그만한 철광석이나 고철이 남아 있을까.

　에너지의 궁극적 대안은 핵융합에서 찾을 수는 없다. 에너지 효율화 뿐 아니라 과감한 에너지 절약에서 찾아야 한다. 모자라는 자원은 기술 개발이 해결해주지 않는다. 자원재활용보다 덜 쓰기가 정답이다. 흔히 후손의 세대까지 지속 가능하도록 개발하자고 한다. 이른바 '지속 가능한 개발'이다. 생명공학은 그 대안이 될 수 있을까.

1) 식량과 생명공학

　"식량자급률 30% 이하!", "항생제 내성 세계 최고!", "최악의 환경 위기!" 이는 생명공학의 각성을 촉구하는 화두가 아니다. 식량·의료·환경 문제의 근본 원인은 생명공학밖에 있다. 그런데 생명공학이 책임지겠다고 나선다. 어떤 인류복지는, 물론 전문가 누구와도 상의하지 않았을 생명공학자들은 인류복지를 운운하며 온갖 문제를 해결하겠다고 한다.

　음식쓰레기가 한 해 13조 원, 식량자급률 26%. 우리나라 식량 사정의 현주소이다. 설날 차례 상에 오른 음식이 한동안 냉장고 구석을 지키는데 제삿날은 다가오니, 묵은 음식은 아마 쓰레기로 처분될 것이다. 조상님 살아 계실 적이라면 불호령이 떨어졌겠지만 조상님은 안 계시고, 음식도 남아도는 요즘 아무도 개의치 않는다. 쌀 한 톨에 99방울의 농부 땀이 스며 있던 시절의 밥은 곧 생명이었지만, 기계로 농사짓고 화학비료, 제초제, 살충제에 의존하는 위탁영농 시절인 요즘의 밥은 생명과 거리가 멀다. 한낱 상품일 뿐이다. 내 돈 내고 산 상품을 내가 버리겠다는데 누가 뭐랄 것인가.

　세계인이 모두 먹고도 남을 만큼 충분한 칼로리가 생산되는 지구촌에서 8억 명의 인구는 만성 기아에 허덕이고 해마다 약 3,000만 명이 굶어죽는데, 과연 이와 같은 지구의 식량 수급 사정은 바람직한 것인가?

멀쩡한 음식을 집어던지며 배꼽잡고 노는 나라가 있는가 하면 굶주림에 지쳐 죽음만 기다리는 사람들로 넘치는 나라도 있다. 그런데도 세계 식량의 약 30%는 가축이 먹어 치우고, 굶주리는 모든 이에게 충분한 칼로리를 공급할 수 있는 비용보다 훨씬 많은 돈을 다이어트에 쓴다. 붉은 쇠고기 1kg은 곡물 16kg에 해당하고 돼지 살코기 1kg은 곡물 10kg에 해당한다.

배고픈 나라에서는 상상도 할 수 없을 큰돈으로 연구하는 생명공학은 내일의 인구를 위해 어떤 대안을 준비하고 있는가. 식량 증가는 인구 증가를 낳는다. 늘어나는 인구의 95%는 굶주리는 인구가 많은 지역에서 태어난다고 한다. 인류복지를 외치는 생명공학은 배고픈 인구를 위해 어떤 프로그램을 준비하고 있을까. 큰돈이 약속되는 특정 제초제 저항성이나 해충 저항성 작물을 개발하고, 맛이나 영양보다 유통 과정에서도 상하지 않을 농작물 개발에 주력하는 생명공학의 관심사는 제3세계 인구의 고달픈 사정과 대체로 절연되어 있다. 식량 대금의 원금은커녕 이자도 갚지 못하는 국가에서 연구비를 제공하지 않기 때문이다. 막대한 연구비는 농약, 종자, 유통을 지배하는 다국적기업이나 그에 연관된 국가에서 제공했고 생명공학은 그들에 충성한다.

인풋 없는 아웃풋은 없다. 보통 미꾸라지의 30배인 300g의 가물치 크기만한 이른바 '슈퍼미꾸라지'는 보통 미꾸라지보다 최소한 30배의 먹이를 먹고 30배의 노폐물을 배설할 것이다. 보통 미꾸라지는 우리 생태계와 어울리지만 슈퍼미꾸라지는 그렇지 못하다. 전기, 석유, 정화된 물을 투입해야 유지되는 특수한 환경에서 사료를 먹으며 허우대를 늘릴 것이다. 영롱이는 어떠했을까. 보통 젖소보다 우유를 3배 이상 생산한다면 영롱이에게는 3배 이상의 무언가를 투입해야 한다. 물, 사료, 에너지, 의약품은 물론, 목동의 정성이 일반 젖소에 비해 3배 이상 들어가야 출신 성분에 걸맞은 성과를 기대할 것인데, 불행히도 영롱이는 현재 진정성 여부를 의심받는다.

2) 질병과 생명공학

최근 듣도 보도 못한 질병, 원인을 알 수 없는 질병, 과거의 질병, 다른 지역의 풍토병이 자주 발생해 의료계를 바짝 긴장시키고 있다. 슈퍼박테리아, 살 파먹는 박테리아, O-157 대장균, 사스, 조류독감, 에볼라바이러스, 뎅기열병, 광우병들이 그것이다. 에이즈를 일으키는 HIV 바이러스는 의료과학의 눈부신 성과에 힘입어 퇴치될 가능성을 점치지만 이미 많은 사람이 희생되었고 앞으로도 계속 희생될 것이다.

문제는 다른 데도 있다. 오랜 시간에 걸쳐 세계 유수한 연구소에서 어마어마한 연구비를 쏟아 치료제를 개발했을 때면 변형된 질병이 만연한다는 점이다. 박테리아의 한 세대는 체내에서 20분이면 족하다. 바이러스는 훨씬 빨라 에볼라바이러스는 단 3일이면 인간의 모든 세포를 망가뜨릴 정도이다. 병원균은 인간이 치료기술을 개발할 때까지 기다려주지 않는다. 생명공학이 해결해줄까. 현재 만연하는 질병 중 일부는 생명공학의 방법으로 치유할 수 있을지 모르지만 나머지 대부분의 질병과 앞으로 창궐할 질병에 대처하기는 쉽지 않을 것이다. 인간의 시간은 미생물의 변화를 예측하기에는 터무니없이 길다.

사람의 인슐린 생성 유전자를 미생물에 이식, 부작용 없는 인슐린을 값싸게 다량으로 얻어 당뇨병 치료에 신기원을 이룩했으므로 당뇨병 환자는 줄었을까. 당뇨병 치료가 감기 치료처럼 쉬워지면 당뇨병에 무감각해진 대개의 사람들은 예방하려는 노력에 등한하게 되어, 당뇨병 환자는 오히려 증가할 것이다. 심장병 치료술의 발달은 심장병 환자의 수를 크게 늘린다. 성인으로 성장하기 이전에 사망해 세대가 거듭될수록 줄어들던 심장병 인자가 감소하지 않기 때문이다. 그렇다고 심장병을 치료하지 말자는 뜻은 아니니, 오해는 말기 바란다. 유전병도 마찬가지다. 생명공학으로 부작용 없는 치료제가 개발된다 해도 해당 유전병은 줄어들지 않을 것이다.

미분화 상태이거나 발생 중인 배아의 유전자를 치환하는 이른바 '유전자 수술'이라는 수단을 사용하면 유전병이 사라질 것으로 믿는 생명공학자도 있을 것이다. 그러나 정상, 비정상 여부는 현재 환경에 의존한다는 것을 무시하면 안 된다. 현재 정상인 유전자는 과거에도 그랬을까. 나무에서 내려오기 전, 조상의 유전자가 직립보행을 고집했다면 인간은 존재하지 못했을 것이다. 발을 헛디뎌 나무에서 떨어진 조상들은 맹수의 밥으로 모조리 사라졌을 것이므로. 나무에서 불리했던 직립 유전자가 땅으로 내려오자 비로소 빛을 발한 인간 진화 과정과 마찬가지로, 현재 환경에 유리한 유전자라도 환경이 바뀌면 불리한 유전자로 바뀔 가능성은 충분하다. 유전자 수술은 지불 능력이 충분한 부모의 선택으로 '좋은 유전자'를 물려받은 태아부터 혜택을 받겠지만 그 태아가 태어나 한참 자란 이후 환경이 어떻게 바뀔지는 알 수 없다. 참고로 현재 세대의 기준으로 볼 때 지구촌의 환경은 나날이 악화된다.

'인간복제를 반대한다!'고 되뇌는 생명공학자 중 어떤 이는 장기이식을 위해 동물복제 연구는 계속되어야 한다고 주장한다. 거부반응을 일으키는 돼지의 유전자를 사람 유전자로 치환해 안전한 이식용 장기를 복제될 돼지로부터 값싸게 공급받게 될, 이른바 인류복지를 예견한다. 장기이식이 손쉬워지면 질병은 줄어들까. 희생될 돼지의 존엄성은 일단 잊기로 하고, 그로써 인간의 존엄성은 향상될까. 아닐 것이다. 생명에 여벌이 있는데 어찌 존엄성이 깃들겠는가. 질병은 늘어나고 의료산업은 눈덩이처럼 불어날 것이다. 가난한 이는 소외될 공산이 크다.

사람에게 치명적인 질병은 사람 아닌 다른 생물에서 기원한 경우가 많다. 에이즈는 원숭이, 결핵은 소, 말라리아는 닭, 백일해는 돼지에서 기원했다(다이아몬드, 2005). 돼지로부터 장기를 얻기 전에 우리는 돼지의 모든 질병을 연구하고 대책을 완벽히 마련해야 하는데 과연 가능할까. 인간의 질병조차 헤아리지 못하는 현실이 아닌가. 그런데 문제는 돼지 유전자 속에 포함된 수많은 내인성 바이러스 유전자이다(시민과학포럼 자료, 2004). 노출된 환경에서 감염된 바이러스 유전자와 달리 오랜 선조로부터 물려받아 진화 과정에 동참한 유전자로, 돼지 유전자의 상당 부분을 차지한다. 무균사육으로 차단할 수 없는 돼지의 내인성 바이러스 유전자들이 살아 있는 장기를 통해 사람의 몸에 직접 들어올 경우 어떤 질병이 어떻게 창궐할지, 아무도 예측하지 못한다. 에이즈보다 지독한 바이러스가 갑자기 만연하게 될 가능성도 감히 배제하지 못한다.

불치병과 난치병을 치료해줄 것으로 장담하는 생명공학은 인간의 수명을 대폭 연장시켜줄 것이라 믿는다. 약에 의존하는 병약한 수명이 아니다. 신체는 물론 성 기능도 건강한 상태로 오래 살 수 있을 것이라 장담한다. 물론 아무나 그런 혜택을 누리지는 못할 텐데, 오래 살면 당연히 좋을 일일까. 증손자뻘 되는 젊은이와 생존경쟁을 벌여야 하는 삭막한 시대가 연출되는 것은 아닐까. 그런 시대에는 나이에 걸맞게 살다가 사랑하는 자손들이 지켜보는 가운데 생을 마감하는 아름다운 죽음은 존재하지 않을 것이다. 수명이 연장될수록 죽음은 억울하게 느껴질 것 같다.

사람의 유전자를 처음부터 끝까지 밝혀낸 '인간 유전체 연구'는 이제 유전자 지도를 그리는 것으로 이어지고 있다. 유전자의 위치를 알면 돈벌이에 귀가 솔깃할 과학자들은 어떤 연구에 매진하고 싶을까. 유전병 치료를 넘어, 머리를 좋게 해줄 유전자, 키를 크게 해줄 유전자, 금발 유전자, 초록색 홍채 유전자, 보조개 유전자 같은 사회적 통념에 의거한 우생학적 개념으로 유전자를 치환하는 시술을 꿈꾸지 않을까. 유전자 결정론이 대두될 가능성도 있다. 생명보험업자들은 고객의 유전자 지도를 감안해 가입조건을 결정하고, <가타카>라는 영화처럼 불리한 유전자를 가진 이에게는 직장 선택의 불이익이 초래될지 모른다. 체외수정과 일란성 다태아 복제로 여분의 수정란을 충분히 확보, 태어날 아이의 유전자 지도를 살펴본 후, 바람직한 유전자로 미리미리 치환시킨 수정란을 자궁에 착상시키는 산부인과 시술이 권고될 수 있다. 엄마의 자궁에 착상하는 전근대적인 수고도 피할 수 있다. 대리모가 아니다. 생명공학으로 사람 자궁을 쏙 뺀 인공 자궁을 갖는 돼지나 소를 개발하면 그 자궁을 빌려 마음에 드는 아이를 배달받게 될 날도 다가올 것이다. 물론 아기 생산기업은 클레임을 조심해야 할 것이다.

프린스턴 대학의 생명공학자인 리 실버는 앞으로 10여 세대가 지나면 인간은 두 계층으로 분화될 것으로 전망한다(실버, 1998). 전통 방법으로 아이를 낳는 보통 계층의 인류와, 양질의 유전자로 그때그때 치환해 아이를 개량시킨 이른바 '부유 유전자' 계층이 그것이다. 유전자 교환 없이 세대를 거듭하면서 두 계층이 결국 두 종으로 분화되는 진화 과정을 피할 수 없을 것이라고 예견한 리 실버는, 보통 인류와 '부유 유전자' 계층 간의 갈등까지는 예상하지 않았다. 하지만 어떨까. 지금도 지구촌에는 민족 갈등, 종교 갈등, 지역 갈등이 첨예하다. 늘 힘 있는 자가 승리한다.

대부분의 질병은 정상이 아닌 환경에서 유래한다. 전쟁이나 작업장과 교통사고, 비위생적인 환경, 영양부족, 지구적 생태계 파괴, 산업화로 인한 폐기물 급증이 주요 원인이다. 원인 제거 노력 없는 생명공학은 인류복지와 무관하다. 악화되는 환경은 그대로 두고 여성과 난자를 착취해 말초 현상을 치유하려는 생명공학은 환경 악화를 부채질할 것이다.

환경은 더욱 악화되어 돌연변이는 양산되고, 따라서 생명공학의 요구는 증대되겠지만 혜택은 제한된다. 제한될 자비를 독점할 계층은 의사결정력이 높다. 그들이 환경 악화에 무감각해지면 지구 생태계는 어떻게 될까.

유전자 치환은 인류사회의 유전적 단순화로 이어질 것이다. 획일적인 유전자는 환경 변화에 치명적이고, 미래의 환 경변화는 현재 기준으로 전혀 예측할 수 없다. 30년 전 오늘의 환경을 미처 예측할 수 없었던 것처럼 앞으로 30년 후의 환경도 예측할 수 없다. 현재 유전자 중 어떤 유전자가 내일의 환경에 유리할지 전혀 예측이 불가능하다는 뜻이다. 생명공학자들은 그 점을 염두에 두어야 한다.

3) 생태계와 생명공학

복제한 희귀동물을 방생해 생태계를 회복시키겠다는 순진한 발상이 언급되기도 한다. 이러다가 슈퍼미꾸라지처럼 슈퍼쥐가 방생될까 문득 두려워진다. 복제된 희귀동물은 생태계에 아무런 도움이 되지 않는다. 사육실의 실험용 모르모트처럼 유전적 다양성이 없는 개체들은 엄격한 조건을 갖췄을 때 생존이 가능할 따름이다. 황우석 박사가 장담했던 호랑이 복제는 상업적 이윤추구라는 동기에서 비롯되었을 것이다. 삼성 에버랜드에서 희망한 종마 복제도 마찬가지다. 유전적으로 동일한 개체들이 요구하는 환경조건을 유지하기 위해서는 까다로운 식성, 온도, 습도들을 유지해야 하고 많은 에너지가 투입되어야 한다. 우리에서 자란 꿩이나 토끼도 생태계에 적응하지 못한 채 대부분 죽는다. 변화무쌍한 생태계에 방생된 값비싼 복제 희귀동물은 얼마 지나지 않아 사라지고 말 것이다.

농약을 덜 뿌리면 환경이 보호될까. 특정 농약 저항성 작물을 생명공학으로 개발 보급하면 농약 살포가 줄어드니 환경이 그만큼 회복된다는 아전인수 격 주장은 천박을 넘어 차라리 측은하다. 오염된 환경은 농약을 치지 않아야 회복되는 것이다. OECD 평균 6배가 넘는, 이미 살포된 농약만으로도 환경은 만신창이가 되지 않았던가. 한 가지 농약을 딱 한 번만 뿌리면 되므로 농약 사용량이 줄 것이라는 주장이 농사를 모르는 광고홍보팀의 발상이라면 억지라도 이해할 수 있다. 하지만 농업 계통 생명공학자라면 요즘 농촌의 행태를 다소라도 주목했어야 한다. 요즘 농촌은 '생명의 밥'보다 돈이다. 한 번이면 된다고 권유하면 기왕 뿌리는 것 흠뻑 뿌리려 들 것이다. '요만큼' 넣으라는 세제를 '이만큼' 넣고도 고개를 갸웃하는 게 인지상정 아닌가.

특정 농약에 저항성이 있는 유전자조작 종묘를 특정 농약과 함께 특정 회사에서 구입했던 농부는 다음해에도 같은 작물을 심고 그 농약을 뿌리려 할 것이다. 잔류 농약 때문만이 아니다. 종자 회사는 가을에 채종한 씨앗으로 이듬해 발아가 불가능하도록 생명공학으로 조작시킨 '불임씨앗'을 공급할지 모르기 때문이다. 그러면 특정 농약과 특정 씨앗을 세트로 팔 수 있는 특정 회사는 광고 없이도 해마다 많은 돈을 벌어들일 수 있다. 하지만 농촌은 종속된다. 식량도 식성도 종자회사에 종속되고 단순해질 것이다. 특정 농약 저항성 작물에 들어간 조작된 유전자가 주변 잡초에 전이될 경우 슈퍼잡초가 발생하게 되고 특정 농약도 소용없게 된다는 가설은 이미 증명되고 있다. 생명공학자들은 이런 문제를 제2의 특정 농약과 그 농약에 저항성을 갖는 제2의 유전자조작 종자가 해결해줄 것으로 기대하지만 과연 그럴까. 토양은 이미 특정 농약에 익숙한데, 먼저 뿌린 농약 이상으로 독성이 강할 제2의 특정 농약은 환경에 바람직할까.

알레르기 현상은 계속 무시해도 좋을까. "유전자가 조작되지 않은 보통 식품의 경우도 알레르기 현상은 있다. 유전자조작 식품이라고 알레르기가 더 발생되는 것은 아니다"라며 유전자조작 식품에서 나타나는 알레르기 현상의 위험성 여부를 축소하려 식품의약품안전청의 담당 과학자가 애쓰는 모습은 식품 안전을 다루어야 할 생명공학자가 취해야 할 자세라고 판단하기 어렵다. 문제는 알레르기가 발생되지 않던 사람에게 발생된다는 점이다. 그런 사람의 비율은 미미하므로 무시해도 좋을까. 알레르기는 면역 이상 현상이고 면역은 유전과 밀접하게 연관된다. 보통 식품에 알레르기가 나타나는 사람은 미리 대처할 수 있지만 유전자조작 식품에 따른 알레르기 현상은 그렇지 못하다. 유전자조작 식품으로 발생하는 가려움증은 체질과 환경에 따라 심각한 증상으로 발현될 가능성도 있다. 충분히 검증되지 않은 유전자조작 식품이 시판되는 만큼 위험을 감수하지 않을 수 없을 것이다.

   생명공학 안전성을 확보하는 기술은 완전하지 않다. 우리나라는 훨씬 뒤처져 있다는 게 생명과학자들의 중론이다. 그런데 유전자조작 식품이나 생명복제로 인한 생태계 교란은 당장 나타나지 않는다. 문제는 내일이다. 미래 생태계에 대한 생명공학의 안전성은 현재로서 전혀 예측할 수 없다. 현재 별 문제가 없어 광범위하게 사용하다 다음 세대에 예기치 못한 사태가 발생하면 누구도 수습할 수 없다. 유전자는 살아 있고 스스로 재생산하는 까닭이다. 지난 20여 년간 50여 국가에서 수만 건의 현장 실험을 반복해왔음에도 조작된 유전자가 생태계를 오염시키고 있다는 점을 상정할 때, 유전자조작 농작물을 표본지역에서 한두 해 현장 재배한 후 안전에 이상이 발견되지 않으면 전국에 보급하겠다는 농업과학기술원의 성마른 계획은 무모하다 못해 등골을 오싹하게 한다. 농업과학기술원의 무모한 연구와 계획은 철회해야 마땅하다.

3. 대안

　세대가 짧고 크기가 작은 미생물이라면 몰라도 대개의 생물에게 복제는 자연스럽지 않다. 미생물이라 할지라도 온도나 습도, 영양조건들이 합당할 때 한시적으로 이분법이나 출아법과 같은 복제방식의 무성생식에 의존하지만 환경이 맞지 않으면 유성생식을 취한다. 자연에서 조건이 꼭 맞는 환경은 드물다. 여름날 오염된 호수와 바다에서 나타나는 녹조와 적조, 장마철의 곰팡이는 그런 식으로 무한 증식하지만 그때뿐이다. 무성생식으로 증식된 개체는 유전적으로 동일하고, 유전적으로 동일한 개체들은 환경 변화에 매우 취약하다. 낮과 밤, 아침과 저녁, 건기와 우기, 계절에 따른 환경 변화들, 개체가 크고 수명이 긴 대부분의 생물들은 일생 수도 없이 변화하는 환경에 노출된다. 그들에게 무성생식은 도태를 의미한다. 변화무쌍한 환경은 다양한 유전자가 축적되어야 감당할 수 있다. 증식 효율은 비록 뒤떨어지지만 다양한 유전자를 후손에 남길 수 있는 유성생식이 그렇게 해서 선택된 것이리라.

　지구 생태계에 분포하는 수많은 생물종은 적응과 도태라는 엄격한 과정을 통해 그들의 독특한 환경을 구축했다. 38억 년의 세월 동안 유전자와 환경의 상호작용으로 빚은 생태계의 질서이다. 그런데 생명공학은 생태계를 교란한다. 복제, 유전자조작, 돌연변이 양산 기술로 요약할 수 있는 생명공학이 가하는 인위적 교란은 정도에 따라 해당 생물종의 멸종은 물론 생태계의 뿌리까지 파괴할 수 있다. 이는 사람에게도 영향을 미친다. 많은 돈을 주고 지능을 높이는 유전자를 주입해도 환경이 충족되지 않으면 지능은 향상되지 않는다는 뜻이기도 하다. 하나의 유전자는 많은 유전자들의 연관 속에서 발현되는 경우가 대부분이므로.

　부가가치와 경쟁력으로 위장되었지만 막대한 연구자금으로 수행되는 생명공학은 결국은 돈을 벌자는 의미로 풀이할 수 있다. 인공장기, 백신 주사를 대신할 바나나, 백혈병 치료에 사용될 흑염소 메디, 사람의 젖을 생산하는 젖소 보람이, 한결같이 인류복지라는 고상한 목적임을 강변하지만 기실은 돈이다(박병상, 1998: 11~12). 제초제 저항성, 해충 저항성, 과숙 억제 농작물은 소비자나 농부를 위해 개발했을까. 소비자보다 생산자, 생산자보다 다국적기업과 같은 공급자에 충성할 따름이다. 그들이 연구비를 주지 않았는가. 한시적인 돈벌이를 위해 후손의 세대에 위해가 미칠까 걱정된다. 유전자결정론 같은 환원주의로 생태계 조화가 무너질까 두렵다. 생명공학은 생태계를 부정하고 복제는 자신마저 부정한다. 인간복제를 반대한다고 외치지만 언제까지 유효할 수 있을까. 돈이 아른거리는데 생명윤리가 개입할 틈이 있을까.

유전자조작 반대운동이 세계적으로 확산되고 있다. 1997년 11월 11일 유네스코 제29차 총회에서 전 회원국이 모여 '인간 게놈과 인권에 관한 보편선언'을 만장일치로 채택했고 미국의 환경단체, 유기농단체, 소비자단체들은 유전자조작 농산물 승인 취소를 요구하는 소송을 제기하고 있다. 또한 급진적인 운동도 마다하지 않는다. 그린피스를 비롯한 많은 국제 환경단체는 유전자조작 콩을 쏟아버리거나 유전자조작 농산물의 선적을 가로막는가 하면, 유전자조작 농산물이 시험 재배되는 현장을 불사르는 행동까지 불사하고 있다. 생명공학을 핵보다 위험한 기술로 판단하기 때문이다. 끔찍한 핵폭발이라 해도 시간이 흐르면 피해가 완화될 수 있고 엄격히 관리하면 사고를 미연에 방지할 수도 있지만 생명공학은 다르다. 완벽한 안전성은 존재하지 않으며 미래의 영향은 전혀 예측이 불가능하고, 만일 문제가 발생하면 걷잡을 수 없이 확산될 가능성을 배제할 수 없다. 그러므로 반대운동은 환경단체의 몫으로 그칠 수 없다. "나는 결코 먹지 않겠다"고 공개적으로 선언하고 나선 영국의 찰스 왕세자는 유전자조작 식품의 반대운동을 선도하고, 시민의 여론을 반영하지 않을 수 없는 영국의 보수당에서도 분명하게 반대를 하고 있으며 인도 대법원은 유전자조작 면화의 시범 경작을 금지시키는 판결을 내렸다.

육성 못지않게 안전성 확보 연구를 게을리하지 않는 국가들은 생명안전과 윤리를 위한 연구지침을 제정·실천하고 있으며, 지침에는 위반 시 벌금형 중과는 물론 신체형을 부과할 수 있는 강력한 규제조항을 마련했는데(신현호, 1999), 우리 농업진흥청은 안전지침도 없이 연구를 감행하는 무모함을 과시했고, 우리 당국은 미국의 안전신화에 편승, 우리도 당연히 안전하다며 고집을 부린다. 유전자는 체질과 환경에 따라 다르게 발현되건만 막무가내다. 생명공학은 육성이 우선이라며, 생명안전과 생명윤리가 육성에 방해가 되지 않도록 노심초사해 제정한「생명윤리및안전에관한법률」은 어떤가. 후손의 생명과 생태계에 가해질 폭력을 정당화시키는 것이 아니고 또 무엇이랴.

눈앞의 오염만이 환경문제의 전부는 아니다. 핵산업을 반대하는 이유가 그렇고 갯벌 매립에 반기를 드는 일이 그렇다. 눈앞에 보이는 오염은 빗발치는 시민들의 민원으로 해결할 수 있지만, 생명공학은 그렇지 못한 관계로 생명공학의 문제 제기는 시민단체가 앞장설 수밖에 없다. 그 방면에 전문성을 키워 관련 정보의 공개를 요구하고 대책을 마련하라는 압력 행사도 물론 게을리 할 수 없지만, 시민단체는 시민들에게 문제의식을 심어주지 않으면 안 된다. 시민이 나서야 정치권은 꿈틀하고, 행동과 감각이 둔한 행정 당국은 정치권의 질책을 받아야 몸이 후끈 달아오른다.

언론도 공부 좀 해야 한다. 기자실에 앉아 보도자료만 요약하지 말고 문제점이 무엇인지 알아내려 이리저리 뛰어다니는 본연의 자세를 잊지 말아야 한다. 책임 있는 제4권부, '무관의 제왕'으로 거듭나야 한다.

제 이익과 아무런 상관도 없는데, 목 터져라 외치면 누가 사례하는 것도 아닌데, 시민단체는 왜 저럴까 궁금증을 가져야 한다. 황우석 사태를 빚었던 그간의 행태를 자성하고, 특종을 좇아 스타 과학자 뒤를 우르르 따라다니기보다 깊이 있게 접근하고 끝까지 추적하는 근성을 보고 싶다. 근사하게 홍보되는 피상적 지식에 매몰될 것이 아니라 생명공학의 근본적인 문제가 무엇인지 꼼꼼히 따져 들어가 자신의 이름을 걸고 끈기 있게 보도해주기 바란다.

과학이 가치중립이라 확신하는 생명공학 연구자들은 자신의 연구가 미칠 파장에 문제 제기가 있으면 흥분부터 하지 말기를 당부한다. 연구자는 연구만 할 뿐이고 그 결과를 어떻게 이용하느냐에 따라 문제가 발생할 따름이라 치자. 그렇더라도 제기된 문제를 참고해 연구 방향을 조금만 바꾸면 드러난 문제를 최소화시킬 수 있지 않은가. 모르는 사람들의 쓸데없는 참견이라고 외면하다가는 문제가 확대될 수 있다. 생명공학 연구자가 환경이나 윤리 분야에 전문성을 갖고 있는 아니다. 문제를 제기하는 시민단체와 마주 앉아 투명하게 논의하는 것이, 걸핏하면 인류 복지를 내세우는 생명공학자들이 취해야 할 바람직한 태도일 것이다. 과학기술자들이 미처 생각할 수 없었던 가치를 고민하는 사람들의 의견을 귀담아 들을수록 책임 있는 과학기술이 성숙될 것이다.

단단하다 싶던 기업도 IMF 충격에 쓰러지는 마당인데 기업의 한시적 이익을 위해 내일을 외면할 수는 없다. 기업이 살아야 시민이 산다지만 시민이 없으면 기업도 있을 수 없는 게 아닌가. 시민을 우선하는 기업이 되어야 한다. 후손의 건강을 고려하며 기업의 이익을 챙기는 자세는 어떨까. 그래야 사회에 기여하는 기업으로 오래 살아남지 않겠는가. 생명공학에 현재 투자하고 있거나 투자할 계획이 있는 기업에게 그렇게 당부하고 싶다.

황우석 사태가 발생하게 된 근본 원인을 제공한 정부는 아직 반성하지 않았지만 생명공학의 문제점 해결을 위해 나서야 할 일이 많다. 먼저 국민 앞에 반성해야 하고, 생명공학의 신기루에서 깨어나야 한다. 수천억의 세금을 배아복제 연구에 걸 것이 아니라 생명안전과 윤리의 확보를 위한 정책을 우선적으로 펼쳐야 한다. 유전자조작 농산물과 관련 식품의 안전성 확보를 위해 최선을 다해야겠지만 그 전에 우리 체질에 맞는 우리 농산물의 자급을 위한 대책 마련에 부심해야 하며 유전자조작 식품에 소비자들이 만족할 만한 표시를 해서 알고 선택해 먹을 권리를 보장해야 한다. 황우석 사태를 계기로 「생명윤리및안전에관한법률」의 개정을 논의해야 할 국회는 현 세대는 물론 다음 세대 생명의 윤리와 안전을 염두에 두고 개정안을 심의해야 한다. 그를 위해 이미 여러 차례 제시한 시민단체의 의견을 겸허하게 청취하고 수렴한다면, 공부하는 국회, 시민과 같이하는 국회라는 인상을 시민사회에 정립할 수 있을 것이다.

청장년이 모두 빠져나간 농촌에 노동력이 부족하다고 하더라도 농촌은 생명을 가꾸는 고향이 되어야 한다. 돈을 더 벌기 위해 자신은 물론 소비자의 건강에 위해가 될 수 있는 작물을 재배하는 것은 농부답지 않다. 앞으로도 농업과학기술원, 종묘회사, 다국적기업의 속삭임에 속아 유전자조작 농산물을 심지 않기를 바라는 마음이다. 농촌의 생명 주권마저 무너질까 두렵다. 소비자는 농촌이 살아야 우리도 살 수 있다는 각오로 우리 땅에서 나오는 우리 농산물을 사 먹기를 바란다. 농촌이 살아야 먹을거리가 안전해진다. 유전자조작 농산물과 관련 가공식품의 원산지 기재는 물론, 유전자조작 여부를 명백히 밝히는 납득할 만한 표시를 정부에 요구해야 하며 생명공학에 문제를 제기하는 시민단체에 관심을 가져야 한다. 가족의 건강이 사회의 건강을 반영하는 까닭이다. 생명공학의 의사결정 과정에 시민의 참여가 보장되어야 한다. 이미 유네스코에서 '합의회의'라는 형식으로 생명공학의 시민참여 가능성을 보인 만큼(유네스코 한국위원회에서 1998년과 1999년 유전자조작 식품의 안전과 생명윤리에 관한 합의회의를 두 차례 진행한 바 있다), 시민참여를 제도적으로 보장하는 방안을 마련해야 한다. 또한 생명안전과 윤리를 위한 연구기금을 제안하고자 한다.

남의 나라에 수출하는 농작물이나 가공식품은 내가 먹어도 괜찮은 것을 보내야 하고, 이미 수출한 식품이라도 그 나라의 기준에서 문제가 제기된 경우, 수출국은 문제 해결을 위해 공동으로 노력해야 한다. 지구는 하나의 유기체로, 각 지역이 상호 연관되어 있다. 따라서 생명공학의 안전성에 관련된 국제협약은 국가 이기주의에 매몰된 무역 라운드가 되어서는 안 된다. 생물다양성 차원에서 접근해야 한다. 앞으로 제기될 다양한 생명공학에 관련된 각종 국제협약은 같은 맥락에서 조정되어야 할 것이고 세계의 시민단체들은 같은 마음으로 서로 연대해야 할 것으로 믿는다.

4. 맺음말

냉장고가 크면 음식 쓰레기가 줄어들까. 아니다. 남은 음식을 한꺼번에 버리게 할 뿐이다. 냉장고가 없었을 때는 음식이 남지 않았고 음식쓰레기도 없었다. "순간의 선택이 십 년을 좌우한다!"고 광고할 때만 해도 우리 환경은 지금보다 나았다. "댁에는 있쑤?", "타사 제품도 3만 원 쳐드립니다"로 카피가 바뀐 이후 우리의 환경은 어떻게 되었는가. 오리털 파카를 입어야 할 날이 드물 만큼 겨울이 춥지 않건만, 한 벌에 수십만·수백만 원, 때로는 그 이상을 호가하는 모피코트를 장만해야 직성이 풀리는 겨울은 요즘 우리에게 없다. 북미 체로키 부족은 먹을 것 이상은 절대로 사냥하지 않는다고 한다. 필요 이상으로 많은 칠면조를 잡았을 경우에는 필요한 만큼 약해보이는 칠면조를 잡고 나머지는 풀어준단다. 그래야 다음에도 자연에서 칠면조 고기를 맛볼 수 있으리라는 걸 잘 알고 있기 때문이다.

생명공학은 오늘날의 환경 위기를 극복할 어떠한 대안도 될 수 없다. 오히려 비윤리와 위험성을 증폭시킬 뿐이다. 질병이 느는 이유, 식량이 부족하다고 느끼는 이유, 생태계가 오염된 이유는 모두 환경 때문이다. 생명공학에 투자하기에 앞서 우리의 환경을 돌아보아야 한다. 식량 분배와 인구 조절로 지구촌 일부 지역의 만성적 식량부족 현상을 우선 해결하고, 궁극적으로 생태계 복원으로 가야 한다. 농촌은 땅과 생명을 살리는 유기농으로 살려야 하고, 황폐된 생태계를 되살려 인류를 질병으로부터 보호해야 한다.

건강한 후손 없이 국가 경쟁력은 소용없는 일이다. 백범 김구는 강대국보다 아름다운 나라로 가꾸기를 희망했다. 후손에까지 이어질 건강한 생태계를 보존하는 것이야말로 바로 인류복지이다. 다음 세대의 건강과 생태계를 기준으로 수요자 중심의 농업을 육성하고, 자급자족을 지향하는 제철 제고장 음식 먹기를 실천하며, 생물다양성을 보전해야 한다. 획일적으로 주어지는 중앙집중적 물질주의에서 벗어나 다양한 지역문화와 정체성을 살리고 건강 수명의 중요성을 인식하며 나이에 걸맞은 삶을 자랑으로 삼는 지속 가능한 생태사회를 향해 나가야 한다. 생명공학은 그런 삶으로 안내하는 대안과는 아무런 관계가 없다.

지구온난화를 에어컨으로 극복할 수 없고, 수질오염을 정수기가 해결해주지 않는다. 겨우내 한 번도 꺼내 입지 않은 옷이 옷장 안에 수북하다면 몇 번 입지도 않고 다시 걸어둘 모피코트는 구입하지 말자. 신용카드 할부 대금이 부담되는 모피코트보다 한 벌 더 껴입는 옷이 우리를 진실로 따뜻하게 한다는 점을 기억하자.

참고문헌_ 11장 생명공학의 문제와 그 근본 대책

다이아몬드, 재레드(Jared Diamond). 2005. 『총, 균, 쇠』. 김진준 옮김. 문학사상사.
로즈, 힐러리(Hillary Rose)·스티븐 로즈(Steven Rose). 1984. 「과학의 중립성에 관한 신화」. 조홍섭 편역. 『현대의 과학기술과 인간해방』. 한길사.
박병상. 1998. 「후손의 처지에서 평가해야 할 생명공학」. ≪녹색평론≫, 81-101.
시민과학센터 제1회 시민과학포럼 자료. 2004.2.20. 「돼지 장기 인간 이식, 무엇이 문제인가: 이종 간 이식의 연구 현황과 문제점」.
신현호. 1999. 「인간복제에 대한 법적 대응: 외국의 규제 동향; '생명공학육성법 개정안' 검토를 중심으로」. 1999년 1월 18일 참여연대 과학기술 민주화를 위한 모임에서 주최한 인간복제에 대한 법적 대응 시민토론회 자료집.
실버, 리(Lee Silver). 1998. 『리메이킹 에덴』. 한승.

12장

대안적인 과학기술의 모습

박진희(동국대 조교수)

1. 위기의 지구환경

지구환경 위기를 극복하기 위해서는 지금보다 더 적극적인 행동이 필요하다는 목소리가 여느 때보다 높아지고 있다. 그도 그럴 것이 최근 기후변화와 연관된 연구 보고서들이 한결같이 온난화에 따른 환경재앙의 가능성을 시사하고 있기 때문이다. 2006년 발표된 영국의 「스턴 보고서」는 지구온난화가 지구 경제의 20%를 와해시킬 수 있으며 지금 바로 행동에 나선다면 세계 GDP의 1% 정도의 비용으로 기후변화의 영향을 완화시킬 수 있지만, 행동하지 않을 경우 치러야 할 비용은 세계 GDP의 20%까지 늘어날 것이라고 경고했다. 2007년 2월 2일 유엔 정부간 기후변화위원회(Intergovernmental Panel on Climate Change: IPCC)는 2001년의 보고서에서와 달리, 지구온난화의 책임이 사람에게 있을 확률이 90% 이상이라고 해, 그간의 다른 요인에 의한 기후변화 가능성을 일축했다. 아울러 당장 이산화탄소 농도를 2000년 수준에서 동결하더라도 십 년마다 0.1도씩의 기온 상승이 불가피하고, 화석연료를 대량으로 소비하는 현재와 같은 사회가 지속된다면 평균기온이 4° 상승해 '재앙'이 올 수도 있음을 시사하고 있다. 1992년 리우 회의 이후로 지구환경 문제가 국제적인 주목을 받으며, 선진 각국의 이산화탄소 배출량을 줄이는 교토 의정서 협약 체결 등의 행동을 취하기는 했지만, 이 보고서들은 이런 변화만으로는 앞으로 닥칠 기후변화에 대응할 수 없음을 지적하고 있는 것이다.

기후변화 등의 지구환경 문제의 중요성은 세계 최고 경영자 포럼인 다보스 포럼에서도 확인되었다. 2007년 1월에 열린 다보스 포럼에 참석한 최고 경영자 500명을 대상으로 기업경영에 가장 영향을 미치는 요소에 대한 설문을 돌린 결과, 응답자 38%가 지구온난화 등의 환경 변화라고 답했던 것이다. 신흥 시장이나 테러와 같은 요인들보다 환경이 21세기 기업이 직면한 가장 큰 문제로 꼽힌 것이었다. 기후변화로 인해 자원산지의 이동이 일어날 수도 있고, 기상 악화에 따른 물류비용의 증가나 신규 시장의 출현 등이 일어날 수 있기 때문이다. 현재로서는 정확한 예측이 불가능한 이 환경 변화에 얼마나 잘 적응하는지가 기업의 미래를 결정할 수도 있는 것이다.

세계적으로 경고의 목소리가 높아지고 있지만, 아직 우리 사회의 경우 기후변화를 비롯한 지구환경 문제는 먼 남의 나라 이야기로 여겨지는 것 같다. 한반도에서도 기후변화가 뚜렷하게 관측되고 있고, 이로 인한 피해 역시 증가하고 있는 데도 말이다. 기상연구소에 따르면 지난 100년 간 한반도의 평균기온은 1.5° 상승했다. 1920년에 비해 겨울이 한 달 정도 짧아진 반면, 여름은 다소 더워져 냉방일수는 20일이나 증가했다고 한다. 기온 상승과 더불어 눈비가 오는 양상도 달라져, 폭설이나 폭우가 잦아진 것이다. 이로 인해 기상재해가 잦아지면서, 연간 피해액은 1980년대 4,419억 원에서 2000년대에 2조 6,863억 원으로 1980년대 대비

무려 6배나 증가했다.

　지구환경 문제는 단지 이제 옛날보다 맑은 시냇물을 볼 수 없고, 개구리 울음소리를 들을 수 없는 그런 문제가 아니라 한 사회의 경제, 문화의 총체적 손실을 초래하는 원인이 되고 있다. 이런 환경문제를 우리보다 한발 앞서 심각하게 받아들인 유럽 각국은 국가정책은 물론, 시민들의 일상까지 환경을 중심으로 새롭게 조직되고 있다고 해도 과언이 아니다. 생산 효율성 대신에 생태 효율성, 지속가능성이 사회의 새로운 규범이 되었고, 경제성장 대신 생태적 근대화가 추구되고 있다. 이런 생태적 전환은 과학기술 분야에서도 발견된다.

2. 환경정책과 과학기술 개발 패러다임의 변화

　과학기술이란 사회로부터 독립된 고유한 발전법칙을 내재하고 발전해가는 것이 아니라 사회와 '이음새 없는 망'을 이루며 상호작용하면서 발전한다. 미국의 우주기술은 소련과의 체제 경쟁에서 승리하려고 한 케네디 정부의 과도한 투자로 발전할 수 있었고, 철도기술은 런던, 파리와 같은 메트로폴리스의 출현을 가능하게 해주었다. 사회의 다양한 집단 사이에 벌어지는 가치관의 충돌이 이러한 과학기술의 발전에 영향을 미치기도 한다.

　1960년대 레이첼 카슨의 『침묵의 봄』으로부터 시작되었다고 할 수 있는 환경운동은 과학기술의 발전에도 큰 영향을 미쳤다. 무분별한 농약 사용으로 인한 생태계 파괴의 심각성을 알린 카슨의 저작은 산업 생산설비가 발달하면서 발생한 자연생태계 파괴 문제로 사람들이 눈을 돌리게 했다. 여전히 경제성장을 추구하던 정부의 안일한 대응에 맞서, 시민들은 자연녹지를 파괴하는 고속도로 건설 반대, 공장에서 나오는 폐수, 폐기물 처리 규제를 직접 요구하고 나섰다. 이런 시민환경운동의 영향 아래 미국, 유럽 등지에서는 이미 1960년대 말부터 각종 환경 관련 규제법이 제정되는 등 환경정책이 대두하게 되었다.

그런데 초기의 환경정책은 사후 규제적인 성격을 띤 것으로, 생산설비 등에서 유독가스, 폐수, 폐기물이 배출되면 이를 '사후 처리기술(End of Pipe Technology)'로 제거한다는 원리에 근거하고 있었다. 이 정책들의 실시는 한편으로 집진기술, 폐수 정화기술, 소각기술과 같은 환경기술의 발전을 가져왔다. 어떤 의미에서 환경정책은 새로운 기술시장을 형성하는 결과가 되었다. 하지만 사후 처리기술과 규제 중심의 환경정책은 환경문제를 완화시키는 것이었지 문제를 해결하는 것은 아니었다. 공장에서 나오는 유독가스, 폐수는 줄었지만, 사후 처리기술을 거친 최종 오염물질의 처리는 여전히 해결되지 못했다. 규제정책에도 불구하고 발생하는 오염물질 총량은 줄어들지 않았고, 이용 가능한 기술 수준에 맞춘 오염 허용치는 사후 처리기술 개발도 정체상태에 머물게 했다.

사후 규제적인 환경정책은 1980년대에 들어와서 근본적인 변화를 겪게 된다. 사후 처리에서 사전 예방 원칙으로 전환이 이루어진 것이다. 사전 예방 원칙이란 전 생산 과정, 여기에 투입되는 자원의 순환 과정을 고려해, 최종적으로 나오는 오염물질 총량을 감소시킨다는 것이었다. 이를 위해 폐기물, 폐수 등을 생산 과정에 다시 투입하는 리사이클링 기술이 이용되었다. 덴마크의 경우, 청정기술 프로그램하에서 자원소비를 감소시키고, 폐수, 폐기물을 가능한 한 생산 공정에 재투입하는 공정 개선을 진행했다. 이 과정에서 공정기술 혁신도 일어나서, 덴마크 섬유산업에서는 물 소비를 90%까지 줄이는 데 성공했다고 한다. 이 밖에 산업 간 재활용 네트워크를 구축해, 한 산업분야의 폐기물이 다른 산업의 자원으로서 재활용되도록 했다. 이런 산업 간 재활용 네트워크는 덴마크 이외 유럽의 많은 국가에서도 활용했다. 사전 예방적인 환경정책하에서 나온 PVC나 CFC와 같은 특정 물질의 사용 금지는 이를 대체할 수 있는 기술 개발을 촉진해, 화학산업 분야의 기술 혁신을 이끌기도 했다. 투입되는 자원이나 에너지 소비를 줄이는 것을 생산 공정 혁신의 목표로 삼게 되면서, 서서히 생태적 효율성은 공정 혁신의 목표로 정착되어갔다.

사전 예방적인 환경정책은 1990년대의 생태근대화론의 영향을 받으면서, 산업분야뿐만 아니라 사회 전체의 생태 효율성 지향을 목적으로 하게 된다. 기술적인 측면에서 보자면, 생산 공정의 혁신에서 나아가 상품 혁신까지 도모하게 된다. 덴마크에서는 배출가스가 덜하고, 환경이나 건강 위험물질을 덜 함유하고 있으며, 에너지 소비가 줄고, 재생 가능하지 않은 재료를 덜 사용하는 상품을 개발해, 환경친화적 소비사회를 구축하는 프로그램도 실행되었다. 독일의 경우에도 폐기물법 등을 재정비해, 생산자가 상품 설계 과정에서부터 폐기물을 덜 발생시키게 하는 생산원리를 내재화하는 방안을 강구했다. 즉 친환경 상품을 통해 생산뿐만 아니라 소비에서 발생하는 환경문제를 해결하고자 한 것이었다. 아울러 1980년대 말에 도입되기 시작한 환경경영은 기업경영의 원칙으로 자리 잡게 되었다. 유럽 화학 산업에서는 널리 정착된 환경경영 시스템은 환경, 건강, 안전 부서들 간의 협력체제로 구성되는데, 이 시스템을 통해 자원과 에너지의 유·출입이 관리되고 있다. 이러한 경영 시스템이 확립된 회사에서는 매년 환경보고서, 환경 회계보고서를 제출하고 있다. 이런 환경경영은 기업의 이미지 상승에도 크게 기여하고 있다. 한편 사회적으로도 생태친화적인 지속 가능한 사회 구현을 목표로 에너지와 물질 소비를 최소화하도록 교통, 주거 등의 기반 설비를 갖추고, 생태친화적 기술 혁신을 촉진할 수 있는 제도들도 정비하고 있다. 이제는 새로운 상품에 대한 평가가 그 상품생산과 소비가 환경에 얼마나 부담을 주고 있는지에 근거해서 이루어지며, 기업에 대한 투자도 기업의 친환경성에 따라 이루어지고 있다. 이런 변화는 과학기술의 발전경로도 바꾸어 놓고 있다.

3. 지속 가능한 과학기술의 출현

사전 예방적 환경정책, 생태친화적 지속 가능 사회 구현의 노력들은 이전과 전혀 다른 과학기술, 과학기술 상품의 등장을 가능하게 했다. 이 새로운 기술은 그 지향하는 바에 근거해서 녹색공학(Green Engineering) 기술로 총칭될 수 있다. 녹색공학기술은 환경 품질과 경제성 향상을 목적으로 하는데, 구체적으로는 폐기물 절감, 오염 방지, 자원의 효율적 관리, 상품의 질 향상을 목표로 한다. 즉 녹색공학기술은 산업혁명기 이후 현대까지의 생산 효율성 지향의 기술과 달리 환경 부담을 최소화하는 방식으로의 기술발전을 지향하고 있는 것이다.

이 녹색공학기술 중에서 가장 각광을 받고 있는 것이 '환경을 위한 디자인(Design for the Environment)'이다. 기능성이나 상품 미학에 중심을 둔 전통적인 제품설계와 달리, 여기서는 상품의 생애주기 사이클 동안 일어나는 환경영향을 최소화하는 것에 목적을 둔다. 최초 설계 과정에서 어떤 재료를 쓰고, 어떤 공정을 선택하는지에 따라 제품이 미치는 환경영향이 커질 수 있기 때문이다. 따라서 '환경을 위한 디자인'에서는 최소의 폐기물이 나오는 제작 방식에 맞는 디자인, 분해가 간단하고 유지 보수가 쉬워 장기간 사용이 가능한 디자인, 사용 후 제품의 원료들이 손쉽게 재생 활용될 수 있게 하는 디자인을 그 주된 내용으로 한다. 이 원리들을 구현하는 성공적인 설계를 마치자면, 설계자는 어떤 재료를 써야 할지, 이런 재료의 강도나 기능은 적합한지, 재생물질을 사용할 수 있는 것인지, 공정에 쓰이는 용매는 환경에 유해한 것인지, 다른 공정을 택하면 이런 유해물질을 사용하지 않을 수 있는 것인지 등을 모두 고려해야만 한다.

현재 일반적으로 제시되고 있는 가이드라인으로는,

① 가능한 한 적은 재료를 써서 디자인을 간단하게 유지하고, 유해물질을 사용하지 말 것
② 모듈 디자인을 선택하고, 내구성을 갖출 것
③ 분해나 공정 과정에서 생태 효율성 구현이 어려웠더라도 부품을 이용할 수 있게 하여 폐기물을 줄일 것
④ 생산자와 공급자 간의 네트워크를 형성해 제품 관리를 할 것

등이 있다. 이 디자인을 구현한 제품으로는 오펠 사의 자동차, 독일의 녹색 TV 등이 있다.

이와 유사한 개념으로 1992년 리우 회의에서 세계지속발전경영위원회(The World Business Council for Sustainable Development: WBCSD)가 주창한 에코 디자인(Eco Design) 개념이 있다. 제품의 생산, 포장, 유통, 소비, 복구, 재활용, 소각 등의 전 과정에서 환경 부담을 최소화하는 것을 목표로 하는데, 여기에는 제품설계만 들어가는 것은 아니다. 상품을 구입해 소비하는 대신에 일정 기간 대여해주는 사업, 폐기물 제로 배출을 위한 기술 개발, 재생 가능한 재료의 개발 등이 에코 디자인에 포함된다.

이 밖에 전통적인 산업인 화학 산업 등의 분야에서도 기술 혁신이 생태적 전환을 맞고 있다. 중합체 생산회사의 경우 새로운 중합체 개발 이외에 투자의 많은 부분을 플라스틱 재생기술 개발에 쏟고 있고, 또한

환경친화적인 플라스틱 개발에 노력하고 있는 것이다. 소비재 원료의 상당 부분을 차지하고 있는 플라스틱은 폐기물 처리기술에 한계를 노정시키는 물질 중 하나이다. 때문에 생산자 부담 원칙의 자원 리사이클링 제도가 확산되면서, 플라스틱 생산업자들은 재생기술 업체와 이런 기술 개발에 협력하기도 하고, 나아가 생물적으로 분해되는 플라스틱 개발에도 노력을 기울이고 있다.

이런 개별 기술의 개발 이외에 기존의 산업공단 자체를 생태친화적으로 만들려는 시도가 계속되고 있다. 생태공단(Eco Industrial Parks)이 그것인데, 단지 내 업체들이 에너지, 용수와 원료물질, 기반 시설을 효율적으로 공유해 이런 것의 사용을 최소화함으로써 지속 가능한 경제적·생태적·사회적 관계를 구축하려는 산업시스템으로 정의되고 있다. 무엇보다도 여기서는 물질과 에너지의 계획적인 교환관계 개발을 통해 공단의 환경 부담을 줄이고자 하고 있다. 미국과 유럽 등에서는 25개 이상의 생태공단이 개발 중에 있고, 우리나라의 경우도 포항에 사업이 진행 중에 있다. 덴마크의 칼룬드보르 단지에서는 정유회사와 화력발전소에서 발생하는 폐열이 인근 지역의 지역난방으로 활용되고, 잉여 스팀은 제약회사에서 이용되는 에너지 공유 시스템을 갖추고 있다. 정유공장에서 부산물로 발생되는 황은 인근 황산 제조업체에 공급되고, 화력발전소에서 부산물로 발생되는 발황석고는 인근 시멘트회사에 원료로 공급되며, 제약회사에서 발생되는 부산물인 슬러지는 비료 제조에 활용되고 있다. 에너지·물질의 이러한 순환으로 단지 내 공장들은 폐기물 처리비용을 현저히 낮출 수 있었다고 한다. 생태공단의 확산으로 미래의 산업지형도는 크게 달라질 것으로 보인다.

한편 재생에너지 기술의 발달은 과학기술 발전 경로의 또 다른 변화를 제시해준다. 태양광, 풍력, 소수력 등의 재생에너지 기술은 거대 화력

발전이나 원자력 발전과 달리 지역성과 분산성을 지향한다. 석탄과 석유 등의 화석연료에 의한 지금까지의 에너지 시스템은 중앙집중식 발전을 통한 경제성을 지향해, 연료 생산뿐만 아니라 연료 수송과 에너지 수송에 의한 환경영향도 막대했다. 석탄, 석유 채굴에 의한 경관의 파괴, 석유 저장탱크 파손에 의한 해양오염, 탄화수소 발생에 의한 대기오염, 대형 수력 발전소와 원자력 발전에 의한 사고 위험성 역시 상존해왔다. 때문에 유럽 등에서 기후변화에 대응할 목적으로 진행되는 재생에너지 기술 개발은 기존의 에너지 기술이 지닌 환경문제를 극복하는 방향으로 이루어지고 있는 것이다. 가능한 한 지역의 에너지원을 활용해 지역자급성을 높이고, 환경 부담을 최소화하는 방향으로 기술 개발이 이루어져야 한다는 것이다. 이런 지역성과 분산성은 과학기술 발전 경로의 새로운 원칙으로 보인다.

4. 과학기술의 생태적 전환을 넘어서

미국 경제주간지 ≪비즈니스 2.0≫은 최신호에서 '지구를 살리는 8가지 기술'을 소개했다. 여기서 말하는 기술이란 중금속과 오염물질을 빨아들이는 '디톡스 나무'의 엔자임 물질 증식기술과 '멸종위기 동물 추적시스템', 에너지 기술로 '가정용 수소연료 충전기', '차세대 스마트 파워 그리드'와 오염 제거 또는 측정기술로 '환경 센서 네트워크', '초음파빔 정수기', '핵폐기물 중성화 장치' 등이다. 이 기술들은 가장 핵심적인 환경문제와 연관되어, 각 기술의 상용화는 많은 이들에게 새로운 희망을 가져다줄 수 있을 것이다. 그런데 앞서 살펴본 과학기술의 생태적 전환과 이 첨단기술들의 개발이 우리가 직면한 지구환경 문제를 해결해줄 수 있을 것인가? 역사적으로 드러났듯이 과학기술은 환경위기를 불러온 원인이자 해결사라는 이중성을 내포하고 있다. 현대 환경위기의 주요한 원인 중 하나인 대량 소비는 포드의 대량 생산기술에서 연유하기도 했다. 하지만 1960년대 이후 발전된 환경기술은 또한 환경문제를 완화시키기도 했다. 지구 오존층의 파괴나 기후변화의 예측은 슈퍼컴퓨터를 이용한 기후 모델이 없었으면 불가능했다. 이렇게 과학기술은 오늘날 우리가 '환경문제'를 정의하는 것에서부터 기술적 해결을 찾는 것에까지 관여하고 있다. 이런 점에서 환경문제를 과학기술에 의존하지 않고 해결한다는 것은 불가능하다.

그렇지만 과학기술을 마법의 탄환으로 보는 이들의 견해처럼 지구온난화와 같은 문제도 화석연료를 대체할 수 있는 핵융합 등의 새로운 에너지 기술 개발로 자연히 해결될 것이라고 기대할 수도 없다. 지구환경의 위기는 산업혁명 이후 물질적 진보에 대한 성찰 없는 신뢰, 인간중심주의, 지속 가능한 발전을 방해하는 세계 경제체제와 이의 물질적 토대를 제공한 거대 과학기술에서 유래했다. 1960년대 이후 서구 유럽을 중심으로 이에 대한 반성이 시작되었고, 풀뿌리 시민운동에 의해 조금씩 변화들이 진행되었다. 이런 변화 속에서 과학기술의 새로운 시도들도 가능했고, 아울러 우리는 사회의 전반적인 생태적 전환 없이 지구환경의 위기로부터 벗어날 수 없다는 것도 알게 되었다. 화석연료 의존 구조에서의 탈피, 절대적 에너지 소비의 감소 등 지금까지 우리가 익숙하게 여겨온 소비행동에 뚜렷한 영향을 미치게 될 실천행위 없이는 지구환경 위기에서 벗어나기 어렵다. 디젤 자동차를 환경친화적인 하이브리드 카로 바꾸는 것이 아니라, 자동차가 필요 없는 도시를 조성하는 것이 더 시급하다. 지구를 살리기 위해서는 일상의 과학기술 문명에서 벗어날 수 있어야 한다.

참고문헌_ 12장 대안적인 과학기술의 모습

박진희. 2005. 「시민 환경 운동과 기술발전」. ≪환경철학≫, 제4집. 환경철학회.
정례모 2003. 「기상이변, 한국은 괜찮은가?」. 보고서 2003-134-08. 삼성지구환경연구소. http://www.greensamsung.com/data/report.
조정국. 「환경이슈: 생태공단 개발의 필요성」. 현대환경연구소.
환경부. 2005. 『지방자치단체 기후변화 대응 활성화 방안』.
워스터, 도널드(Donald Worster) 외. 1995. 『지속 가능한 사회를 향한 생태전략』. 문순홍 편역. 도서출판 나라사랑.

Billatos, Samir B. and Nadoa A. Basaly. 1997. *Green Technology and Design for the Environment*. Taylor & Francis.
Kivimaa, Paula and Per Mickwitz. 2006. "The challenge of greening technologies-Environmental policy integration in Finnish technology policies." *Research Policy*, 35.
Norberg-Bohm, Vicki. 1999. "Simulating 'green' technological innovation: An Analysis of Alternative Policy Mechanisms." *Policy Sciences*, 32.
Remmen, Arne. 2001. "Greening of Danish Industry-changes in Concepts and Policies." *Technology Analysis & Strategic Management*, Vol.13. No.1.

지은이(집필순)

한면희
성균관대 졸업, 동 대학원 철학박사
현재 녹색대 녹색문화학과 교수
저서: 『미래세대와 생태윤리』(2007, 철학과현실사), 『초록문명론』(2004, 동녘) 외

최병두
서울대 지리학과, 동 대학원 지리학과(석사)
영국 리즈(Leeds)대 지리학부(박사)
현재 대구대 지리교육과 교수
저서: 『도시 속의 환경 열두달』(한울, 2003), 『근대적 공간의 한계』(삼인, 2002) 외

한경구
서울대 인류학과 및 동 대학원 졸업, 하버드대 인류학(박사)
현재 국민대 국제학부 교수
저서: 『맛있는 국제이해교육』(공저, 일조각, 2007), 『국경을 넘는 방법: 문화, 문명, 국민국가』(공역, 2006) 외

김정희
이화여대 사회학과, 동 대학원 여성학과(석·박사)
현재 이화여대 한국여성연구원 연구교수
저서: 『오늘의 사자소학』(2007), 『생명여성정치의 현재와 전망』(푸른사상, 2005) 외

권성아

성균관대(문학사), 서울대(교육학석사), 강원대(교육학박사), 한국학중앙연구원 초빙연구원(학술진흥재단 박사후연수과정)
현재 상지대 겸임교수
저서: 『통일시대 근현대 민족정신사 연구』(공저, 백산서당, 2006), 『홍익인간사상과 통일교육』(집문당, 1999) 외

차명제

독일 뮌스터대 사회학 박사과정 수료(사회학박사)
현재 동국대 생태환경연구센터 교수
저서: 『아시아의 시민사회』(공저, 아르케, 2003), 『NGO란 무엇인가』(공저, 아르케, 2000) 외

최미희

숙명여대(이학사), 동 대학원 경제학과(박사)
현재 국회예산정책처 산업사업평가팀장
저서: 『새만금 네가 아프니 내가 아프다』(공저, 돌베개, 2004)

조명래

영국 서섹스대 대학원 도시 및 지역학과(박사)
현재 단국대 사회과학대학 도시계획전공 교수
저서: 『한국사회의 신빈곤』(공저, 한울, 2006), 『개발정치와 녹색진보』(공저, 환경과 생명, 2006) 외

권영근

성균관대 경제학과(학사), 건국대 경제학과(석·박사)
현재 한국농어촌사회연구소 소장
저서: 『한국 농업·농민 문제 연구 I』(공저, 연구사, 1988), 『위험한 미래』(당대 출판사, 2001) 외

김기윤

서울대 과학교육학 학사 졸업
오클라호마대학 과학사(박사)
현재 한국과학사학회 회장

박병상

인하대 대학원 생물학과, 동 대학원 생물학과(석·박사)
현재 인천 도시생태·환경연구소 소장
저서: 『이것은 사라질 생명의 목록이 아니다』(알마, 2007), 『녹색의 상상력』(달팽이, 2006) 외

박진희

서울대 자연과학대학 물리학과
베를린 공과대학 과학기술사 박사
현재 동국대 교양교육원 조교수
저서: 『근현대 과학기술과 삶의 변화』(공저, 두산동아, 2005), 『세계를 바꾼 20가지 공학기술』(공저, 생각의 나무, 2004) 외

한울아카데미 963

초록 눈으로 세상읽기: 환경의 학제적 이해

ⓒ UNEP 한국위원회, 2007

엮은이 | UNEP 한국위원회
지은이 | 한면희·최병두·한경구·김정희·권성아·차명제·최미희·조명래·
  권영근·김기윤·박병상·박진희
펴낸이 | 김종수
펴낸곳 | 도서출판 한울

편집책임 | 신인영
편집 | 최진희

초판 1쇄 인쇄 | 2007년 9월 15일
초판 1쇄 발행 | 2007년 9월 25일

주소 | 413-832 파주시 교하읍 문발리 507-2(본사)
  121-801 서울시 마포구 공덕동 105-90 서울빌딩 3층(서울 사무소)
전화 | 영업 02-326-0095, 편집 02-336-6183
팩스 | 02-333-7543
홈페이지 | www.hanulbooks.co.kr
등록 | 1980년 3월 13일, 제406-2003-053호

Printed in Korea.
ISBN 978-89-460-3781-6 93300(양장)
ISBN 978-89-460-3782-3 93300(학생판)

* 책값은 겉표지에 있습니다.

* 이 도서는 강의를 위한 학생판 교재를 따로 준비했습니다.
  강의 교재로 사용하실 때에는 본사로 연락해주십시오.